家藏文库

法 言

〔西汉〕扬雄 著　　纪国泰 注评

中州古籍出版社
·郑州·

图书在版编目(CIP)数据

法言 /(西汉)扬雄著；纪国泰注评 . —郑州：中州古籍出版社，2022.6
（家藏文库）
ISBN 978-7-5738-0235-4

Ⅰ.①法… Ⅱ.①扬…②纪… Ⅲ.①古典哲学-中国-西汉时代②《法言》-注释③《法言》-研究 Ⅳ.① B234.99

中国版本图书馆 CIP 数据核字（2022）第 094455 号

JIACANG WENKU：FAYAN

家藏文库：法言

出 版 人	许绍山
选题策划	卢欣欣
约稿统筹	卢欣欣
责任编辑	刘 琳
责任校对	周 靖
封面设计	王 歌
版式设计	曾晶晶

出 版 社	中州古籍出版社（地址：郑州市郑东新区祥盛街 27 号 6 层 邮编：450016　电话：0371-65788693）
发行单位	河南省新华书店发行集团有限公司
承印单位	河南新华印刷集团有限公司
开　　本	640 mm×960 mm　1/16
印　　张	31.75
字　　数	400 千字
版　　次	2022 年 6 月第 1 版
印　　次	2022 年 6 月第 1 次印刷
定　　价	89.00 元

本书如有印装质量问题，请与出版社调换。

目 录

序言：扬雄及其《法言》的现代阐释 ……………… 谭继和 1
绪论：读懂扬雄——关于扬雄及其著述的几个问题 ……… 21
例 言 ……………………………………………………… 98

《学行》卷第一 ……………………………………………… 1
《吾子》卷第二 ……………………………………………… 26
《修身》卷第三 ……………………………………………… 52
《问道》卷第四 ……………………………………………… 86
《问神》卷第五 …………………………………………… 116
《问明》卷第六 …………………………………………… 143
《寡见》卷第七 …………………………………………… 170
《五百》卷第八 …………………………………………… 195
《先知》卷第九 …………………………………………… 222
《重黎》卷第十 …………………………………………… 251
《渊骞》卷第十一 ………………………………………… 299

《君子》卷第十二 ……………………………………… 340
《孝至》卷第十三 ……………………………………… 366

参考资料 …………………………………………………… 398
后记 ………………………………………………………… 402

序言：

扬雄及其《法言》的现代阐释

谭继和

扬雄是中国文化史上很有影响的大学者。扬雄所著《法言》（或称《扬子法言》）内容相当复杂，除了反映扬雄的哲学思想外，还涉及政治、经济、军事、文学、艺术、自然科学、历史人物、诸子学说等诸多方面，是集中反映扬雄哲学思想和政治理念的代表著作，为历来研究扬雄思想的学者所关注。

自《法言》问世以来，给《法言》作注解的学者代不乏人，其中最有代表性的注家，汉有侯芭、宋衷，其注已亡；晋有李轨，以蜀刻本最称善；唐有柳宗元；宋有宋咸、吴祕、司马光；明有赵大纲；近代则有汪荣宝、刘师培等。古代和近代的学者研究《法言》，大多是将它奉为经典，于是除了对《法言》的词句作烦琐的考证之外，还总是不惮其烦地寻绎作者的"微言大义"，表现了汉代以来经师们注释经书的特点。

在《扬子法言》译著类著述中，《扬子法言今读》（纪国泰著，巴蜀书社2010年出版，以下简称《今读》）可谓博采众长、后出转精。《今读》全书约40万字，其中绪论《读懂扬雄》约5万字。《读懂扬雄》集中讨论了关于扬雄及其《法言》研究中一些存在争议的问题，如扬雄的姓氏、籍贯、生平事迹、学术派别、思想倾向，以及《法言》的语言、结构、主题及贡献等。其中占篇幅最多、亦最有学术价值的，是对扬雄"事莽美新"

问题的讨论。《今读》的正文，采用了明代以来"按话题分章"的传统方法，每章的原文之下，包括注释、译文、按语三部分。在众多研究扬雄《法言》的著作中，《今读》既重学术性，努力吸收前人研究成果，充分反映了有关《法言》的研究状况；又重解读性，为一般读者所畅晓，便于普及推广，堪称《扬子法言》研究的力作。对于像《法言》这样以"简奥"著称的古代文献的整理研究，能够达到《今读》这样程度的，实在是不多见的。

综观《今读》全书，主要有以下几点突出的优势。

一、用翻案思维看扬雄的"事莽美新"

扬雄是汉代模仿孔子言行并以孔子道统传承者自居的主要人物，是继孟子、荀子之后孔子思想传承的集大成者。这不仅为扬雄的同时代人所认可，如桓谭《新论》就有记载说："张子侯曰：'扬子云，西道孔子也，乃贫如此。'吾应曰：'子云亦东道孔子也。昔仲尼岂独是鲁孔子？亦齐楚圣人也。'"[一]而且直到扬雄去世千年之后的北宋，学术界绝大多数人仍然承认扬雄"圣贤"的地位，尤其是像司马光这样的大政治家和权威历史学家，甚至认为扬雄对孔子儒学的贡献超过了孟子和荀子[二]207。

到了南宋，朱熹在《通鉴纲目》上所批的"莽大夫扬雄死"和他在《楚辞后语》等文章中对扬雄的批判，使扬雄的历史地位从此一落千丈，扬雄便由"圣人"而成了媚事王莽的"小人"。从此以后，中国学术界便出现了"尊雄"与"贬雄"的两派。两派争论的核心问题，主要是所谓"事莽"（给王莽做臣子）和"美新"（歌颂王莽新朝）。

"尊雄派"一直坚持为扬雄"事莽美新"的罪名辩诬。综合近千年来"尊雄派"为扬雄辩诬的意见，大致有以下几种：一种是完全否认，即完全否认扬雄给王莽做过臣子,也不存在扬雄写过歌颂王莽的《剧秦美新》一事。最早坚持这种观点的是明朝时候的简绍芳,清朝时候很多川籍学者也坚持这种观点,直到近代的大学者刘师培仍持此说。刘师培写过一首为扬雄辩诬的长诗,其中有句云:"吾读华阳志,雄卒居摄初,身未事王莽,兹文得无诬?雄本志淡泊,何至工献谀?班固传信史,微词雄则无。"[三]

另外一种意见是:扬雄"事莽"无可厚非,朱熹等人对扬雄的指责是出于理学家道德标准的苛刻和自私。坚持这种意见的典型人物是明、清之际的著名哲学家费密。费密在他的《弘道书·从祀旧制议》中说:王莽篡汉是一场"和平演变"式的政变,没有任何理由要求扬雄辞官冒犯王莽,给自己招来杀身之祸。费密还用"微子归周,圣人未尝不许以仁""管仲相桓公,民到于今受其赐",以及孔子也在季氏专权的鲁国做官为例,说明扬雄"身仕二朝"或者"不为汉殉节",并不是什么"德败""失节"的事情。费密还特别强调:如果因为一言一事有过失就遭否定贬损,那么程朱理学的创立者们没有哪一个逃得了被否定贬损的命运[四]77—79。

还有一种意见是:扬雄"事莽美新"有其历史的客观原因,绝不是为了个人的荣辱进退而讨好王莽;扬雄声望大起大落的原因,是由于儒学政治观发生变化造成的;朱熹把扬雄视为乱臣贼子,是一个冤案。这种意见,见于四川省社科院文学研究所沈伯俊研究员所撰《在矛盾中追求超越的扬雄》[五]和西华师范大学杨世明教授所撰《扬雄身后褒贬评说考议》[六]两篇文章。

《今读》在有关扬雄"事莽美新"的问题上,与上引各家观点最大的不同是:上引各家的论述无不是以为扬雄"辩诬"为目的,《今读》则是把"事莽美新"作为展示扬雄的高尚人格来论述的。

《今读》认为,扬雄"美新"完全是一种发自内心的自觉与自愿,是因为在扬雄心目中,王莽不仅具有"内圣"的道德修养,而且具有"外王"

的治世才能,以致晚年的扬雄把实现儒家"圣王政治"的理想完全寄托在了王莽身上。《今读》指出:"王莽的每一条新政措施,都正好符合扬雄对社会改革的愿望……成、哀两朝的乱政之后,王莽新政无疑给人以'拨乱反正'的感受。这就难怪扬雄盛赞王莽之美德胜过周公、王莽之勤劳胜过伊尹了。"

《今读》还特别强调:"扬雄撰《剧秦美新》,是他坚持儒家积极入世、务求有补于世观念的曲折表现。这跟他作'四赋'以讽劝成帝勤政恤民,撰《太玄》《法言》倡导道德仁义期望统治者修明政治的动机,是完全一致的。……扬雄一辈子不在意个人的荣辱进退,却一心关注着国家的治乱和百姓的疾苦,无愧于司马温公给他以'大贤'的评价,岂一般俗儒可匹?"

《今读》将扬雄"事莽美新"的原因归纳为三点:一是出于扬雄对"圣王政治"理想的追求,二是符合扬雄"因循革化"的哲学思想和历史发展观,三是出于扬雄一生敢于反传统的"异端"思想。《今读》这样的认识,显然就不是一般的"辩诬",而是在褒赞扬雄的政治理念了。

《今读》认为扬雄的人格是高尚的,理由是:尽管扬雄是发自内心地拥护王莽的"托古改制",但是在王莽篡汉前需要借助"符命"制造舆论的时候,扬雄却宁肯放弃可以使自己升官发财的机会,也绝不参与既违背自己信仰也违背道德的政治投机活动。

我认为《今读》对"事莽美新"事件的分析,可以自成一家之言。尽管与我历来的观点有所不同,但我仍然觉得《今读》能突破"辩诬"思维的局限,进入翻案思维,肯定扬雄高尚的人格,这种思维方式是值得肯定的。

扬雄历成、哀、平三世不徙官,唯校书于天禄阁,用心于内,不求于外,可见是甘于淡泊的人。就是仕王莽时,也不过以"耆老久次"而迁转为大夫,并未汲汲于名利。但他却写了一篇《剧秦美新》,陈秦朝之过,美新朝之功,因此而引起对他"一味颂谀,气节有亏"的评议。我在1997年所作的一篇文章[七]中，曾引用宋人洪迈的评论，认为应该从巴蜀文化的固有特色和文化基因来深刻分析扬雄的文化心理层次才能弄清楚这个问题。

宋人洪迈说："扬雄事汉，亲蹈王莽之变，退托其身于列大夫之中，不与高位者同其死，抱道没齿，与晏子同科。世儒或以《剧秦美新》贬之，是不然，此雄不得已而作也。夫诵述新莽之德，止能美于暴秦，其深意固可知矣。序所言配五帝冠三王，开辟以来未之闻，直以戏莽尔。使雄善为谀佞，撰符命，称功德，以邀爵位，当与国师同列，岂固穷如是哉？"（宋洪迈《容斋随笔》卷十三"晏子扬雄"条）洪迈的观点是从文化心理的深层次所作的精当分析。扬雄不是贪利邀功之辈。试想王莽篡汉登基之时，谈说之士竞相用符命谶纬称颂王莽功德，因而获邀封爵者众矣。扬雄并未因《剧秦美新》而封爵，一是他并未用肉麻的符命方式吹捧王莽，二是他美新只是同暴秦相比较，而未同西汉王朝相比较，其深意不过是说新朝只不过比暴秦略好一点而已，并没动摇扬雄心目中对西汉王朝正统地位的信念。也许王莽这种一世之奸雄，权变机敏诈伪过人，看出了扬雄的深层次文化心理，所以，并未因一篇谀辞而让他获国师爵位。

如果我们用文化学观点分析洪迈这段话，更可看出扬雄"剧秦美新"的深意。洪迈说扬雄用"配五帝冠三王，开辟以来未之闻"的类似词语比喻新朝，看似歌功颂德，实为"直以戏莽尔"。这种曲笔讽谏的手法，我们在司马相如和扬雄的大赋里是熟悉的。这就是劝百讽一、颂不忘规的手法。扬雄说："诗人之赋丽以则。"既要谀丽，又要不失大道，坚持原则。虽多虚辞滥说，但宗旨归于讽谏，这是汉大赋的特色。而汉大赋以蜀为中心基地，因此，应该说这就是蜀人的思维特点。据《汉书·地理志》的看法，蜀人的文化性格特征是"好文刺讥，贵慕权势""轻易淫佚，柔弱褊厄"，具有表面柔弱、绵里藏针的个性。扬雄所表现的正是蜀人这种文化性格，他是用谀新的表面文章将自己保护在天禄阁小天地的环境里，以圣人自居，仿《论语》作《法言》、仿《易》作《太玄》，著传世之作，撰不刊之书，可以说充分地表现了对中国传统圣贤文化的自信与自觉。这正是蜀人柔中带刚的文化心理的反映。由此看来，《今读》一文采取赞许《剧秦美新》的态度，肯定扬雄的高尚人格，这是符合蜀人的文化性格的，是蜀人"集体无意识"的文化心理的反映。《今读》采用翻案思维作翻案文章，这也是蜀人的思维传统的反映。从司马相如到扬雄，从苏轼到杨升庵，直到郭沫若，哪个不是用翻案思维作翻案创新的高手？所以，不管学术结论如何，我赞成今天的蜀人要继承我们巴蜀文宗的翻案创新的思维传统。这是《今读》给我们提供的有价值的、值得思考的闪光点。《今读》对扬雄的充分肯定，是建立在对宋明理学所坚持的封建"正统"观念的否定基础之上的。应当说，这是抓住了问题的关键的。《今读》在"绪论"《读懂扬雄》中说：

理学家的道德评判标准最大的谬误就是"存天理，绝人欲"。扬雄所关注的是老百姓的生计问题，而朱熹所关注的是君臣道德标准问题。扬雄认为，王莽新政能够改变民不聊生的社会现实，所以王莽可以取代刘汉政权；朱熹认为，以臣代君，是为窃位，扬雄为"窃天子位"者歌功颂德，罪大恶极。朱熹大概忘记了，同样被他奉为"圣人"的周文、武，不亦是"以臣代君"吗？令他"诚惶诚恐"的皇帝的祖宗赵匡胤，难道不是"乱臣贼子"？因此，朱熹对扬雄的评价，实在是"不足为训"的。至于其他那些以"美新"为口实贬抑扬雄的言论，就更不在话下了。

相反地，笔者认为：扬雄的"异端"行为，正是他胸怀博大、思想精深、人格高尚的具体表现。

所谓"正统"问题，或称"正闰"问题，是中国古代史研究中最敏感的问题。《今读》的意见很值得重视，但因为它关系到对王莽历史地位的评价，所以又不得不持谨慎态度。《三国演义》以刘备的蜀汉政权为正统，所以曹操就成了"汉贼"；而《三国志》是以曹魏为正统，所以魏之诸帝列为"纪"，蜀、吴两国诸帝便只能入"传"。可以这样设想：假如王莽姓"刘"，或者后来取代王莽新朝的人不姓"刘"，那么史书上记载的王莽就不仅不存在"篡位"的罪名，而且完全可能是一位旷世罕有的"明君"。

《今读》评价扬雄的眼光是"独到"的。其"独到"之处就在于：它认为扬雄没有封建正统观念，扬雄坚持"因循革化"的历史发展观，以是否有利于国计民生的统治效果来衡量封建皇帝，而不是以姓氏来决定所谓"正统"。这样的认识，是符合扬雄政治理念实际的。

传统儒学以南宋理学的出现为界分为旧儒学和新儒学。先秦至汉唐的旧儒学，都主张"民为邦本"，即孟子所说的"水可载舟，亦能覆舟"。与扬雄同时的谷永主张"天道循环，有德者王"，所以谷永说："天下乃天下人之天下，非一人之天下也。"[八]3467 西汉昭帝时的眭弘、宣帝时的盖宽饶，都是因为主张禅国让贤而被杀的。另有史料记载，当王莽推辞接受"宰衡"封号时，上书请他接受"宰衡"封号的吏民多达四五十万。可见王莽的"篡位"，既有旧儒学的思想基础，也有当时的社会基础。刘歆以汉朝宗室子弟而成为王莽新朝的重臣，被后世指斥为卖身投靠、认贼作父的无耻文人，也是因为论者不了解当时的时代背景和历史真相，纯粹按照理学的"正统"学说来衡量历史人物造成的。其实，这样的问题很值得探讨。司马光在修《资治通鉴》时是不采"正闰"之说的。他说：

窃以为，苟不能使九州合为一统，皆有天子之名而无其实者也。

虽华夷、仁暴、大小、强弱或时间不同，要皆与古之列国无异，岂得独尊奖一国谓之正统，而其余皆为伪僭哉？……正闰之论，自古及今，未有能通其义、确然使人不可移夺者也。臣今所述，止欲叙国家之兴衰，著生民之休戚，使观者自择其善恶得失以为劝戒，非若《春秋》立褒贬之法，拨乱世反诸正也。正闰之际，非所敢知，但据其功业之实而言之。[九]2187

司马光这种重事实而轻正闰的治史方法，无疑是客观和科学的。

《今读》对王莽事迹的梳理，也是抛开"正闰"观念来进行的；而对扬雄"美新"问题的论述，着重强调他歌颂王莽的原因，是因为王莽新政有益于国家、有利于民众。当然这个观点是否符合历史实际，还需讨论，但在为扬雄"辩诬"的著述中，《今读》能够给人以耳目一新的感受。

二、注求其实，疏贵其通

古代和近代的《法言》注家，由于大多将《法言》视为儒家经典，便总是用大量篇幅不厌其烦地寻绎书中之"微言大义"；加上《法言》自身语言过于"简奥"的特点，又使得后世注家难免各陈己见，以致《法言》一书的注解内容异说纷呈，甚至不乏牵强附会之说。现代著名学者卫仲璠先生在其《扬子法言会笺·前言》一文中，对历代注解《法言》的著作作了简要的评述，他说：

（注解《法言》的著作）存于今者，以东晋李轨注为最早，以近代汪荣宝《义疏》最为精博……同时，刘师培亦与上下其议论而自树一帜,其说亦颇多可采者。然《义疏》之作,穷源竟委,纵笔所至,枝叶蕃衍,有时汗漫无边。初学者每苦其繁,不易掌握其要领。似有芟其芜碎,予以重写、勒为简编之必要。刘师培对《法言》一书,既为《斠补》,又撰《补释》,搜讨之勤、识议之博,应予承认,且良多确诂。然其牵强附会之处,亦复不少,不仅在文字训诂上极尽穿凿微绕之能事,而且以民众为冥顽无知,亦不足为训也。[一〇]

卫仲璠的这番评论,是既客观又中肯的。将卫先生的意见概括起来说,就是汪荣宝的《法言义疏》失之于考证过于烦琐,使读者很难把握要领;刘师培的《法言斠补》和《法言补释》,则失之于太多牵强附会的内容,使读者容易产生误解。

前人即谓《法言》"文高而绝,义秘而渊",司马光亦说"扬子之文简而奥。唯其简而奥也,故难知"[二]207。贬损扬雄者则说《法言》故为艰险,至不可属读"[二]196,甚至说他"好为艰深之词,以文浅易之说"[二]200。总而言之,语言过于简略、文意过于艰深、旨趣过于隐晦,这是《法言》最显著的特点。前人用"简奥"来概括这一特点是准确的。因其过于"简奥",使得前人给《法言》所作注解,要么失之于过于简略,如宋咸对柳宗元《法言新注》的批评:"中有义易决者反疏之,理尚秘者则虚焉;阙文者弗能正,讹字者乃无辨;至于言不诂而事不属,议失旨而举失类。"[二]205—206要么就会像上文所述汪荣宝、刘师培二人的注解那样,失之于考证过于烦琐或者太多牵强附会之说。

《今读》充分考虑到《法言》过于"简奥"的特点,更考虑到当代人阅读古代文献的水平和实际需要,于是采用了注释、白话译文、按语相结合的注疏形式。单就该书的注疏形式而论,已足以表现作者对待古籍整理工作的务实精神和科学态度。

对于该书的"注释",作者在《例言》中有这样的说明:"注释力求简明扼要,凡是不存在歧义或对理解原文不产生影响的词语,一般不引出处、不作辨析,但是,对理解原文思想内容关系极大或可能产生歧义的词语或人物、事件,则尽可能详赡。"

就我所见到的《法言》"译注"类著作的注释内容,《今读》是最具特色,也是处理得最恰当的。为了便于说明,我们不妨选用两部同类著作,将它们与《今读》的注释进行比较。

例1:金口而木舌(《学行》第3章)

《译注》注:指木铎。铎以金属制成,故称金口,铎舌木制的称木铎。《论语》:"天将以夫子为木铎。"木铎比喻制作法度,号令天下。"莫若使诸儒金口而木舌"比喻使诸儒出仕在位,号令天下,以行其道。[一]

《全译》注:《周礼·天官·小宰》"循以木铎",郑玄注说:"古者将有新令,必奋铎以警众,使明德也。木铎,木舌也。文事奋木铎,武事奋金铎。"语本《论语·八佾》:"天下之无道也久矣,天将以夫子为木铎。"[二]

《今读》注:形容说话小心谨慎。这是告诫诸儒切莫信口雌黄。李轨注:"金宝其口,木质其舌。传言如此,则是仲尼常在矣。"

例2:螟蛉,蜾蠃(《学行》第5章)

《译注》注:螟蛉:桑虫。蜾蠃:细腰蜂。

《全译》注:螟蛉:鳞翅目昆虫螟蛾的青色幼虫。螟蛉之子:螟蛉本身就是昆虫的幼虫,不可能有子,古人错把小的螟蛉当成了螟蛉之子。蜾蠃:属膜翅目的细腰蜂。五臣注本"蠃"作"蠃"。细腰蜂在产卵期间,将螟蛉麻醉,置入巢中,以供其幼虫将来为食。幼虫长成化蛹,再化为成虫,然后破巢而出。古人不了解蜾蠃的生长过程,只看见蜾蠃衔螟蛉入巢,破巢而出的却是蜾蠃,就误以为是蜾蠃把螟蛉变成了自己的后代。

《今读》注:螟蛉:一种绿色的小虫。蜾蠃:细腰蜂。蜾蠃是一种寄生蜂,产卵于螟蛉体内,吸取其养料。蜾蠃幼虫从螟蛉体内产出,使人误以为蜾蠃不产子,喂养螟蛉为子,故《诗经·小雅·小宛》云:"螟蛉有子,蜾蠃负之。"后以螟蛉为义子之称。螟蛉之子,实为蜾蠃之子,故"久则肖之"。

按:以上两例中,《今读》"力求简明扼要"的优点是不难看出的。但是真正有价值的还是在对原著内容的正确理解上,诚如唐人陆德明所说:"注既释经,经由注显;若读注不晓,则经义难明。"[一二]将《今读》关于"金口木舌"和"蜾蠃"的注释内容,同与它们相关的原文结合起来认真理解,便不能不让人承认:应当说《今读》是把《法言·学行》中的相关文字读懂了的。在对原文内容理解正确的基础上,又能用简明扼要的语言将关键性词语解释出来,这样才真正有助于读者理解原文。虽然这是对古书注解的基本要求,但要真正做到却不容易。统观《今读》全书的注释,是达到了这一基本要求的。

此外,《今读》对一些很有歧义的词语的解读,总是能够紧密联系上下文或者结合扬雄的整个思想体系来理解,所以既有新意又让人感到比较合乎情理。也试举两例予以说明。

《问神》第3章有"龙以不制为龙,圣人以不手为圣人"一句,句中的"不手"甚多分歧之说,《今读》的注解是:

> 历来对"不手"的解说极为分歧。例如:刘师培释"手"为"又"通"有","有"通"囿",则"不手"犹"不囿","不囿"与"不制"义近。汪荣宝释"手"为"持",以《春秋公羊传·庄公十三年》"曹

子手剑而从之"、《礼记·檀弓篇》"手弓"、《尚书·周书》"手太白"、《史记·吴世家》"手匕首"、司马相如《上林赋》"手熊罴"等为例,以证"手"作"持"解。李轨注:"手者,桎梏之属。"则"不手"犹言"不被别人捆住手脚"。谨按:刘说牵强,李说无据,汪说似可通。汪说以"不持"义近"不制"而可通,但无法照应所问"圣人不制,则何为乎羑里"。笔者认为,扬雄之所以用"不手"代"不制",应当是暗示"不手"的对象是"心"而非"形"。这样理解的根据有二:一是上句说龙之"不可得而制"时,强调的是"形";二是周文王拘于羑里,则可见其"心"是不可"制"的。作这样的理解,就照应了所问"圣人不制,则何为乎羑里"。是否确当,仅供参考。

由于"不手"对正确理解文意的关系极大,所以《今读》作了"尽可能详赡"的分析说明。有了这样的注释之后,《今读》将这句话翻译为"龙是以其形体不受人控制而成为龙,圣人是以其思想不受人控制而成为圣人"。这就照应了上一句的问话:"你是说圣人也像龙一样不会受人控制,那为什么周文王还是被商纣王拘囚在羑里呢?"("圣人不制,则何为乎羑里?")《译注》将"不手"注释为"不执着、不专执一端",《全译》未作注解但其译文是"随机应变可伸可屈"。将这两种理解与《今读》的注释和译文相比较,其高下优劣便泾渭分明了。

《先知》第11章有"象龙之致雨,难矣哉"一句。句中的"象龙",李轨注云:"象,似也。言画绘刻木以为龙而求致雨,则不可得也。"《译注》的注解是"模拟真龙绘画或雕塑成龙形",《全译》未注但其译文是"象形的龙"。三家的意见是基本一致的。

《今读》却不同于各家的理解,《今读》的注释是:

象龙：似龙而非龙者。从上下文的内容看，这是影射西汉末期朝廷政权状况，即"真不真，伪不伪"的情形。哀帝、平帝有皇帝之名而无皇帝之实，王莽有皇帝之实而无皇帝之名。

这要算是《今读》的"一家之言"。《今读》在这一章的"按语"中申说了自己作如此理解的几点理由。其理由都是从分析扬雄"事莽美新"的原因和扬雄的思想体系得出的。应当说，这些理由具有很大的可信度。如果《今读》的作者缺乏对扬雄思想的深刻理解和总体的把握，《今读》全书的注释是不可能达到这种程度的。

三、晓畅今绎，追寻元典真实立意

文言文的翻译是很难尽如人意的，何况是《法言》这样连古人都觉得过于"简奥"的古代文献；但是《今读》作者竟然在《例言》中给自己提出了"译文力求信、达、雅"的要求。

应当说，《今读》的作者立意甚高，努力用晓畅的译笔，追寻元典真实的立意，在充分理解原作、探其精微的基础上，用今人语境加以解答，收到了古今融通的效果。古文今译，最难的是探求古人的真实立意和当时的语境，然后用今语明白晓畅地翻译出来。否则，不求甚解，游谈无根。今人之白话翻译，多患此病。作者能注意及此，努力避免当今白话翻译界游谈无根的乱象，坚定地走自己实译求其是、立论求其真之路。不管成功与否，这点都是值得称道的。下面仅选两段文字的不同翻译加以比较。

《先知》第11章

象龙之致雨，难矣哉！曰："龙乎？龙乎？"或问："政核？"曰："真伪。真伪则政核。如真不真，伪不伪，则政不核。"

《译注》译文：用假龙求雨，是难以实现的，龙啊！龙啊！有人问："为政怎样才能真实？"回答说："以真为真，以伪为伪。把真的当作真的，把假的当作假的就能使为政真实，假如不把真的当真的，不把假的当假的，那么为政就不能真实。"

《全译》译文："用象形的龙来求雨，真是太难了呀！"回答说："这是龙吗？这是龙吗？"有人问治理国家怎样才坚实可靠。回答说："真的知道是真的，假的知道是假的，治理国家就会坚实可靠。如果真的不知道是真的，假的不知道是假的，治理国家就不会坚实可靠。"

《今读》译文：要想让似龙而非龙的东西行云播雨，实在是太难啦！扬子感叹道："（不能行云播雨，）还能算是龙吗？还能算是龙吗？"有人问："政权的核心问题是什么？"扬子说："防止真伪莫辨。真伪分明就解决了政权的核心问题。如果执政者有其名而无其实，或者无其名而有其实，那么政权就没有解决核心问题。"

《问明》第13章

訑言败俗，訑好败则，姑息败德。君子谨于言，慎于好，亟于时。

《译注》译文：胡乱之言败坏风俗，荒诞的喜好败坏法则，暂且苟安败坏人的品德。君子小心出言，谨慎自己的嗜好，珍惜时间。

《全译》译文：荒诞的言论败坏风俗，荒诞的嗜好败坏法度，苟且放任败坏道德。所以君子严谨地对待言谈，慎重地对待嗜好，抓紧时间修养自己的道德。

《今读》译文：说奉承话会败坏社会风气，喜欢听奉承话会损害公正原则，宽容自己的错误会损害个人道德。因此君子在语言上相当谨慎，在爱好上非常慎重，发现错误就及时改正。

按：比较是最好的鉴别方法。以上两例中的译文，《今读》与《译注》《全译》之间的差别，除了有"达"（流畅）、"雅"（文采）上的高下之别外，更主要的差别是"信"（内容可靠）。对于像《法言》这样相当"简奥"的文言文来说，如果没有非常深入的研究和探讨，特别是对扬雄生活的背景有过系统深入的研究探讨，是很难对《法言》的理解做到正确可信的。

《全译》根据《后汉书·礼仪志·请雨》"兴土龙"句的注解曾引"象龙之致雨艰矣哉"，所以把"象龙"理解为"象形的龙"，看似有根有据。但《今读》认为，这里的"象龙"不是用来求雨的工具，而是承担行云播雨的职责的"龙"自己；谓之"象龙"，是因为它"似龙而非龙"。从后文"真不真，伪不伪"的一段文意看，应当说《今读》的理解才能使这段话文从字顺。《今读》的这种理解，跟它在"绪论"中所论述的扬雄"因循革化"的哲学思想和社会发展观是一致的；而此前研究扬雄思想的学者，还没有人把扬雄的社会发展观提到这样的高度。

至于《问明》第13章的译文，《今读》与《译注》和《全译》的最大差异是对"訏"字的理解。《译注》和《全译》根据无名氏所著《法言音义》说："訏，天复本作'谺'。谺，音于，又音纡，妄言也。"所以将"訏"译为"荒诞"或"胡乱"。《今读》则从本字不改，引《广雅·释言》："訏，诒也。"故将"訏言"译作"说奉承话"，"訏好"译作"喜欢听奉承话"。《今读》对本章的"按语"是："巴结奉承是奸佞之辈索取权势惯用的伎俩，好听谀辞是昏庸之主具有的共性，宽宥自己的错误则是一般人的通病。做下属，不以谀辞取悦上司；为君长，不听谀辞以持公正；为人处世，严于律己，宽以待人。

这便是'君子'。"结合译文和按语，应当说《今读》的理解更接近扬雄思想的实际。

《今读》全书的译文，大多明白晓畅，很少生僻艰涩的词语，也少有不合语法规则的病句，表现了作者较高的语言修养。这样的古文翻译，实在是不多见的。

四、提要钩玄，启迪文心

"按语"，不仅是《今读》在《法言》译注类著作中的一大特色，而且是《今读》一书学术性的集中体现。作者在《例言》中说"按语，主要是为了帮助读者理解原文的意思"，其实，按语在书中起着提要钩玄、导读阐发的作用。

给《法言》这样"简奥"的古书作注疏，既不能像汪荣宝的《义疏》那样，"穷源竟委"以致"汗漫无边"，使"初学者每苦其繁，不易掌握其要领"；也不能像柳宗元的《新注》那样，"虽释二三而不能尽补其亡误……至于言不诂而事不属，议失旨而举失类"，以至于"使扬氏之意尚有所晦，学子不能无冗豫"。

《今读》的按语，大多具有提示纲领、钩取玄奥的作用。这样，就可以避免出现"言不诂而事不属，议失旨而举失类"的现象，就不至于"使扬氏之意尚有所晦，学子不能无冗豫"了。为了使人信服，下面略举几例以供参考。

《今读》的有些按语，是为了帮助读者将前后文内容结合起来理解扬雄某一方面的思想和主张，例如《先知》第3章"为政日新"的按语：

（上一章）"审其思敩"要求为政者解决老百姓"衣食足"的问题，（本章的）"日新"则要求为政者解决"礼义兴"的问题。两者结合，相当于现代所谓的"物质文明与精神文明一起抓"。扬雄"为政日新"的主张，要求执政者教育民众能达到把关爱别人、见义勇为作为一种自觉的主动的行为的程度，形成一种人人争做好人好事、彼此互相关心的社会氛围，这就比孟子"老吾老，以及人之老；幼吾幼，以及人之幼"的仁政理想更进了一层。扬雄在这里所表达的，其实就是儒家"大同"的社会理想。

　　《今读》的有些按语，是向读者解释自己"一家之言"的依据，以帮助读者正确理解文意。《先知》第11章"象龙之致雨"的按语，便是向读者说明自己将"象龙"理解为"似龙而非龙"的主要理由的。这里再举《修身》第3章"孔子之事多矣"的按语如下：

　　　　孔子在鲁国，做过小吏，也做过大官，甚至"摄行相事"；离开鲁国的十四年间，周游列国，奔走于权势者门下，虽屡遭拒绝，但也非无人礼聘。因此，文中的"不用"，似不当理解为"不被任用"，应当是指其"王道"学说不为各国诸侯所采用。孔子之仕，并非为了干求禄位，而是为了实现"王道"政治的理想，不能则去。孔子任鲁国大司寇摄行相事期间，齐国上下皆恐，于是献了一批美女给鲁国，鲁国君臣沉溺于声色，孔子谏而鲁君不听，遂去职而不仕于鲁。

　　《今读》的有些按语，是结合本章内容深入阐述扬雄思想，以帮助读者透过字面意思深刻理解文章的旨趣。例如《先知》第2章"何以治国"

的按语：

> 扬雄强调，治国必须首先确定正确的方针，这个方针就是施政纲领。而施政纲领的正确与否，完全决定于最高执政者的道德修养。在"朕即国家"的封建社会制度下，天下百姓的安危系于人君一人，人君道德修养的决定作用是不言而喻的。所以扬雄认为人君"身立，则政立"。
> 怎样检验"为政"措施是正确还是错误？
> 扬雄提出了"审其思敩"的重要思想。所谓"审其思敩"，就是要以老百姓的好恶作为考察检验为政效果的唯一标准。扬雄要求最高统治者"执政为民"，这是儒家民本思想的集中体现。扬雄生活在西汉末期的乱世，成、哀二帝的荒淫腐朽与天下百姓的艰困痛苦形成鲜明对比，尽管他自己晚年的生活穷困潦倒，但他仍然没有忘记为民鼓呼，其精神是难能可贵的。

《今读》的有些按语，是为读者答疑解难，揭示扬雄说话的"弦外之音"。例如《先知》第 6 章"以往圣人之法治将来"的按语：

> 在证明圣人绝不"胶柱鼓瑟"的四个事例中，除了王位继承、刑罚制度、对外关系之外，最值得注意的是涉及孔子的"春秋之时，齐、晋实予"。这句话隐约地告诉人们，孔子对齐桓、晋文代天子行使"礼乐征伐"大权是并不反对的。扬雄这样说是有根据的。孔子在回答子贡"管仲非仁者与"的问题时说："管仲相桓公，霸诸侯，一匡天下，民到于今受其赐。微管仲，吾其被发左衽矣。"又说："桓公九合诸侯，不以兵车，管仲之力也。如其仁！如其仁！"（《论语·宪问》）管仲

佐齐桓公用"霸道"匡扶天下，使老百姓得到实惠，被孔子称赞为"仁"政。本来，"霸道"与儒家的"王道"是冰炭不容的，但是在周天子名存实亡的春秋时期，哪怕是用"霸道"匡扶天下使民受惠，仍然得到了孔子的赞许，可见圣人确实是不会"胶柱鼓瑟"的。

　　扬雄举孔子赞齐桓、晋文之事为例，应该还有更深一层的用心。王莽摄政，取汉而代之，颇类齐、晋行霸道代周天子行使"礼乐征伐"大权。既然孔子对齐、晋两霸匡扶天下、使民受惠给以肯定，那么王莽摄政时推行新政惠及天下，自然也是应该得到肯定的。这才是扬雄论述历代圣人都不"胶柱鼓瑟"而能通权达变的真正目的。换言之，扬雄的"事莽美新"，完全是出于他"因循革化"的哲学理念。

　　总之，《今读》的数百条"按语"各有各的作用，都是它的作者深入研究扬雄、深入研究儒学、深入研究《法言》所取得的成果的具体表现。《扬子法言今读》一书，其"绪论"《读懂扬雄》，讨论了有关扬雄及其《法言》的一些重大问题，见解独到，甚有学术价值，颇具"笺解"的作用；对《法言》原文的注释则精当凝练，译文畅达，再加上具有提要钩玄作用的数百条按语，一部结构严整、内容丰富、语言晓畅，笺解与注释结合的古籍今译便呈现在了读者面前。

　　说《今读》是既重学术性又重今语解读性的大众化学术著作应不为过，甚至说它是国内近年来并不多见的古籍整理校注今译的力作，也应不是溢美之词。

　　是为序。

庚子年孟夏于成都寓所

参考资料：

［一］严可均辑：《全后汉文》，商务印书馆1999年10月版。

［二］韩敬：《法言全译》，巴蜀书社1999年9月版。

［三］张绍诚：《试论文记诗联对乡贤扬雄的评论》，载《蜀学》第一辑。

［四］费密著、刘锋晋点校：《弘道书》，成都市新都区政协文史委2007年11月编印。

［五］沈伯俊：《在矛盾中追求超越的扬雄》，载《巴蜀文化研究通讯》2003年第4期。

［六］杨世明：《扬雄身后褒贬评说考议》，《四川师范学院学报》（哲社版）2001年第2期。

［七］谭继和：《郭沫若与巴蜀文化》（中），载《郭沫若学刊》1997年第1期。

［八］班固：《汉书》，中华书局2002年11月版。

［九］司马光：《资治通鉴》，中华书局2002年11月版。

［一〇］卫仲璠：《扬子法言会笺·前言》，载《安徽师大学报》（哲社版）1989年第3期。

［一一］李守奎、洪玉琴：《扬子法言译注》，黑龙江人民出版社2003年1月版。

［一二］陆德明：《经典释文·条例》，中华书局1983年版。

绪论：

读懂扬雄
——关于扬雄及其著述的几个问题

在两千年来的中国文化史上，扬雄这个名字，简直就是一个"谜"！在他生前，不少人没有读懂他；在他身后，仍然很少人把他读懂。

于其人，崇拜者尊他为"圣人"，贬抑者斥之为"小人"；于其书，崇拜者"以为过于五经"[一]3585，贬抑者以为"剽窃摹拟"[一四]522。

同是一人，同为一书，何以毁、誉如此悬殊？曰：其人难"懂"，其文亦难"懂"。

扬雄被"读"了两千年，时至今日，竟然连他的姓氏、籍贯尚且难以确定；至于他究竟是"古文家"还是"今文家"，是"醇儒"还是"杂儒"，研究者们众说纷纭，很难达成共识。岂不是"人难懂"吗？

《太玄》草成之日，连扬雄自己也说它"观之者难知，学之者难成"，以至"难《玄》太深，众人之不好"[一]3575。《法言》虽不及《太玄》难知，但有人从中"读"出的扬雄是"圣人之徒"，有人"读"出的扬雄却是欺世盗名的"小人"一个。这岂不是"文亦难懂"吗？

其人难懂、文亦难懂，使扬雄生前、身后绝少知音，甚至枉背骂名。但是有一个现象很值得注意，这就是：推崇扬雄、给他以极高的评价甚至将他视为"圣人"的，大多是中国历史上著名的思想家或者政治家，如两汉的桓谭、王充、张衡、班固，魏晋的陆绩、范望、常璩，唐宋的韩愈、柳宗元、刘知幾、王安石、司马光、曾巩、邵雍，明代的杨升庵，清代的张问陶等。桓谭认为扬雄"度越诸子"[一]3585，王充将扬雄与孔子相提并论[二]《论衡·自纪篇》，张衡认为扬雄"妙极道数"[三]1897，陆绩称扬雄是"圣人"[四]266，韩愈将扬雄归入儒学道统谱系列在孟子、荀子之后，司马光则认为扬雄在儒学道统谱系中的地位应在孟、荀之前[五]207，王安石盛赞"儒者陵夷此道穷，千秋止有一扬雄"。

应当怎样解释这种现象呢？有学者撰文指出：

> 由于扬雄的学说，是他提炼了中国上古各家学说精华而自成体系的知识学问，他并不拘束于某家理论，而是承前启后和继往开来；所以，这在那些习惯于用某种固定的学派格式去套看所谓中国学术的人看来，就很不自在。这样，中国历史上就出现了这样一种局面，即：真正读懂了扬雄的人，无不推崇他并运用他的学说；但是，读不懂扬雄的人，或者拘束于某一派理论之见的人，就要排斥他。[六]

此说虽然未必完全正确，但是肯定不无道理。

笔者认为，所谓"读懂扬雄"，就是要从他的著作中，弄清楚他究竟"提炼"了先秦各家学说的什么"精华"，形成了他自己怎样的知识体系；弄清楚他在中华文化传承上做了哪些"承前启后和继往开来"的工作，有什么突出的贡献。

"没有读懂"扬雄的人，往往是被《太玄》"艰深"的内容所蒙蔽，看不到它跟《法言》之间的关系，不能理解扬雄是"在为人类社会的等级森严寻求形而上依据"[七]181，其创作目的是在向世人证明儒家伦理及礼乐主张的合理性。"没有读懂"扬雄的人，又往往被《法言》"简奥"的文字所干扰，看不到它推尊孔孟而小诸子的真正目的是为了张扬儒家大一统的思想；不能理解扬雄用近四分之一的篇幅来品藻历史人物，是要将儒家伦理道德具体化，是在模仿孔子著《春秋》以论定是非。有学者撰文指出：

> 扬雄根据《太玄》所写作的《法言》，则为当时已经摇摇欲坠的儒家思想文化注入了活力，使儒家理论有了更新发展的可能性。……《易》和《太玄》这两个玄学的主体文本，就像中国思想文化大厦中的两根有生命活性的主栋梁，既支撑起了中国历史思想文化大厦，而又不断先导性地发现中国思想文化与动态历史本身所带来的不适应，从而为中国思想文化不断注入新的资源与活力，使中国文明文化长期保持了青春[六]。

如果此说不谬，那就不难理解自桓谭以下的那些著名思想家和政治家，为什么那样地推崇扬雄，司马光为什么认为扬雄在儒学道统中的地位应该在孟子、荀子之上了。或许，他们正是"真正读懂了扬雄"的人。

还有"读不懂"扬雄和"不读懂"扬雄的人。这就是那些"习惯于用某种固定的学派格式去套看所谓中国学术的人"。这类人视扬雄"仕莽美新"为大逆不道，于是因人废言，将扬雄及其著作说得一无是处，以此显示只有他们才是忠臣义士，并且炫耀自己才是儒学正宗。

扬雄仕王莽为"莽大夫"，歌颂王莽新政而作《剧秦美新》文，在《法言》中大肆赞颂王莽，这些都是不争的事实。后世的扬雄研究者，在对待扬雄"仕莽美新"这个问题上，有过各种各样的态度和说法，归纳起来，大致可以分为以下四种情况：

一是贬斥派。

以朱熹、"二程"为代表的南宋理学家,大多痛斥扬雄"仕莽美新"的行为。"二程"说:"扬子云仕莽贼,谓之旁烛、无疆。可乎?隐可也,仕不可也。"(《二程外书》卷十)朱熹在其《通鉴纲目》中,采用春秋笔法,写下"莽大夫扬雄死"的判词。学宗程朱的南宋官吏黄震说:"扬子终篇称王莽之勤劳过于阿衡,是岂可齿善类?……迹其言议,况多粗浅,不过掇拾(孔孟)余绪以盗名尔。"[五]195

二是否认派。

晋人李轨注《法言》,处处为扬雄颂莽之语开脱,于"周公以来,未有汉公之懿也"句注云:"或以此为媚莽之言,或以为言逊之谓也。吾以为箴规之深切者也。"[二]《扬子法言》43 意思说,这不过是扬雄对王莽的告诫和鼓励。清代的川籍儒生,以及曾在四川讲学的晚清大学者刘师培等,为了维护扬雄的名誉,竭力寻找各种证据和理由,企图否认扬雄"仕莽美新"的行为。请参看下文。

三是理解派。

现当代不少学者,认为扬雄"仕莽美新"的行为是可以理解的,与政治品质无关。例如,有学者指出:

> 站在历史的制高点来看,历史上王莽的篡汉自立和托古改制,乃是一次失败了的政治改良。在王莽篡汉之前,西汉王朝已经极端腐败,社会矛盾已经极端尖锐,老百姓的生活极端痛苦,大厦将倾,人心思变,已是不可阻挡的趋势。王莽看到了这种趋势,掌权之后,即通过示人节俭、献钱献地分给贫民、救济灾民、增加太学生名额、严惩杀死奴婢的亲生儿子等手段,竭力笼络人心;代汉自立后,又禁止买卖土地、

奴婢，企图缓和社会矛盾。因此，王莽称帝前后，受到士大夫的普遍拥护，也得到部分百姓的好感，许多人把社会改良的希望寄托在他的身上。在这种情况下，扬雄写作《剧秦美新》，以暴虐的秦朝为鉴戒，期望王莽建立一种清平的政治，实在并不奇怪。这不过表达了一个善良书生的幻想，绝非什么献媚投靠；若要献媚投靠，炮制几个宣扬王莽受命于天、理应代汉称帝的符命，岂不是更能讨得王莽的欢心吗？但他却没有这样做。[九]

此说立论平实、说理充分，能够为多数人所接受，是正确理解扬雄"仕莽美新"行为的重要参考资料。

四是肯定派。

所谓"肯定"，就是认为扬雄"仕莽美新"的行为，不仅不是什么耻辱的政治失节行为，恰恰相反，这正好表现了扬雄伟大的人本主义思想和超越前人的进步的历史发展观，是他"因循革化"的哲学思想的具体体现。笔者就是持这种观点，具体内容请参看下文。

由于"仕莽美新"给扬雄身后造成的负面影响非常大，不仅影响到对这位文化巨人的正确评价，也直接影响到后世读者对扬雄著作的正确理解，所以笔者拟就这个问题作专门的讨论。

扬雄仿佛是一个"谜"。不仅他一生的行事令人费解，就连他的姓氏和籍贯也让人捉摸不定。而要"读懂"扬雄，这也是不应该回避的问题。要全面了解扬雄，还应该知道他一生最大的"幸运"与"不幸"。至于扬雄的著作，遭受非议最大最多的是《法言》；诸如《法言》的主题、结构、语言等，前人和今人都有过不少的訾议和批评。所以亦拟对此谈谈笔者的看法，以期有助于《法言》的读者。下面按照"人"和"文"来作分类介绍。

一、关于扬雄生平的几个问题

（一）扬雄的姓氏和籍贯

1. 先说扬雄的姓氏之争

由于汉以后的历代文献上，"扬雄"或作"杨雄"，于是引发扬雄究竟姓"扬"还是姓"杨"的争论。对扬雄姓氏的用字问题，主要有以下四种分歧意见：

"字误说"。以清人段玉裁、王念孙为代表的一派认为，扬雄姓"杨"，"扬"是误用了同音字。其主要理由是：《广韵》对"扬"字的解说，不言为姓氏用字，而对"杨"字的解说中有姓氏用字之说。按：此说断难成立。遍稽姓氏用字，不见于字书解说为姓氏用字者夥，岂独一个"扬"字？

"通用说"。清人汪荣宝在其《法言义疏》中说："同声通用，古书常例，托名幖帜，尤无正假可言。谓雄姓从手，与'杨'不同，斯为妄论；必以作'扬'为谬，亦乖通义。"按：此说难以服人。"同声通用"固为"古书常例"，但姓氏用字不在此例；否则，"纪、季、计"三氏无别矣。若自姓氏血缘考之，"扬"氏与"杨"氏均为伯侨之后，则二氏同；但伯侨数子，食采于"扬"地者曰"扬氏"，食采于他邑者曰"杨氏"，二氏贵贱有别，则不为一氏一姓矣。

"改姓说"。现代著名学者徐复观先生在其《两汉思想史》一书中说，扬雄祖先本姓"杨"，后为避仇家追杀而改姓"扬"；既然已经改姓，故当以"扬"为正字。按：据扬雄《反离骚》自述，避仇改姓说不太可信。

"扬姓说"。问永宁博士在其《试论扬雄的姓》一文中说，扬雄字子云，其姓、名、字"扬、雄、云"三字包含了汉高祖刘邦《大风歌》的全部内容，并且说西汉末"流行这种姓、名、字相互关联的起名方式"。还进一步针对学术界有人认为"扬姓少见"的说法，举例说明"姓扬者代不乏人"。于是论定扬雄姓"扬"不姓"杨"。按：此说结论足资参考，其根据不免牵强之嫌。

关于扬雄姓氏的用字问题，郭君铭博士的说法最有参考价值，他说：

> 既然从手"扬"早出，《汉书》本传中扬雄对祖先"以地为氏"的交代非常清楚，又扬雄字"子云"与"扬"互映，扬雄之姓为从手"扬"无疑。至于史籍中的纷乱，是因为西汉以后，从手"扬"较之从木"杨"为小姓，不为世人广知，所以著书与刊刻者多有误将"扬"字作"杨"者，故起纷乱。[七]11

郭说坚持"扬"为正姓，理由充足且简明扼要，可靠可信。总之，"扬雄"不得写作"杨雄"。

2. 再说扬雄的籍贯之争

在关于扬雄籍贯的介绍中，主要有三种说法：成都、郫县、成都郫县。一般的读者，对文献上的这三种说法都可能表示"理解"，因为他们不知道汉代的"成都"和"郫县"都是当时"蜀郡"下辖的县，根本没有隶属关系。而在知道汉代成都、郫县不存在隶属关系的人看来，这样的说法是难以理解的。

分歧的产生源于《汉书·扬雄传》。《汉书》既说"扬雄字子云，蜀郡成都人也"，后面又说扬雄五世祖扬季"汉元鼎间避仇复溯江上，处岷山之阳曰郫，有田一廛，有宅一区，世世以农桑为业"。

《汉书》记述上的这种矛盾，早就引起了人们的关注。宋人高惟几《辨扬子云宅碑记》，采用扬雄"成都人"说，于是找了两个主要的所谓"理由"：

一是"郫不在岷山之阳",二是根据《蜀记》所载扬雄宅地址与《成都县志》所载废址相符合,于是论定"是知季五世传一子,世世为成都人也"。

高氏的说法显然站不住脚。所谓"岷山之阳"是指"岷山之东",则成都、郫县均在"岷山之阳"。宋代隐士张俞(《蚕妇诗》"昨日入城市,归来泪满襟"作者)在家乡郫县创办"少愚书院",后人改称"子云书院",清代乾隆年间郫令任履素又改称"岷阳书院"(今成都市郫都区第一中学)。这是"岷山之阳曰郫"的铁证。至于成都"扬雄宅",有三种可能:一是扬雄求学成都时确有其宅,二是《蜀记》和《成都县志》附会杜撰,三是后世的纪念性建筑。

又有现代学者撰文支持"成都人说",其理由是:汉代郫县的知名度不在成都之下,如果扬雄是郫县人,他就没有必要在《自序》(《汉书·扬雄传》"赞曰"之前的文字为扬雄自述)中说自己是"蜀郡成都人"。于是作者提出,"处岷山之阳曰郫"中的"郫"不是指郫县,而是指流经成都境内的"郫江",并且确指,这个"郫"就是成都少城石牛门外市桥畔的郫江之滨。[一〇]

这样的说法同样是站不住脚、也是很难令人信服的。指称蜀地地名,凡言"郫"者,莫不是指"郫县"。《说文》:"郫,蜀县也。"《汉书·地理志》:"蜀郡,县十五:成都、郫、广都……"扬雄《蜀王本纪》:"望帝治汶山下邑曰郫,积百余岁。"言"水",则谓之"郫水""郫江"或"郫别江",概无单言"郫"而谓水名的例子。如《华阳国志·蜀志》:"冰乃壅江作堋,穿郫江、检江,别支流双过郡下。"《水经注·江水》:"江入郫江、检江以行舟。"因此,扬雄和班固绝不会以邑代水,用"郫"代指"郫江"。况且,郫江从灌县到成都,迤逦一百多里,如果"郫"可指"郫江",则郫江沿岸何处不可曰"郫"?为什么就一定是指"成都少城石牛门外市桥畔的郫江之滨"？

笔者认为，扬雄是"郫县人"的说法最接近历史的真实。理由如下：

第一，《汉书》说自从扬雄五世祖扬季避难来到郫县以后，"世世以农桑为业"，可见扬家从来没有因为经商或其他原因离开过郫县，那么，扬雄就一定出生在郫县。

第二，即使是在扬雄的名声被搞得很臭的明、清两代，郫县人仍然认同扬雄是自己的乡贤。例如清嘉庆十七年所修《重修郫县志·序》说："阅旧《志》，始知江、汉炳灵，为何君公之所栖宅，扬子云之所钓游。"嘉庆十八年所修《郫县志·序》说："郫为成都属邑……井络会昌，英哲如扬子云之文学，何君公之风节。"道光二十四年《补刊郫县志·序》说："郫之为县，古都上古……降至西京，扬子云、何汜乡文章忠节，彪炳岷峨。"光绪二十四年所修《郫县乡土志·序》说："望帝故都，扬雄遗宅，凭吊者犹能确指其处。"

第三，郫县有不少与扬雄有关的历史掌故。传说郫县（今成都市郫都区）友爱镇子云村就是扬雄故宅所在地，子云坟亦在附近（"子云坟"见于历代《郫县志》）。据老辈人说，民国年间尚有"子云亭""吐凤轩"（清《郫县志》有载）。郫县新民场境内有"子云桥"。郫县唐昌镇的"平乐山"（亦名"环山子"），传说为扬雄向严君平学《易》的旧址。

第四，现代不少著名学者认同扬雄是郫县人。已故著名语言学家和古典文学专家、《文史哲》编委、山东省社科联副主席、山东大学教授殷孟伦先生是郫县人，他将自己的一部著作命名为《子云乡人稿》，并且自号"子云乡人"。四川省文史馆馆员、著名巴蜀史专家冯广宏先生，在著文涉及扬雄籍贯时，一直坚持说扬雄是"郫县人"，如："在落下闳完成治历的100多年后，成都出了一位百科全书式的人才，他就是出生在郫县的扬雄。"

又:"严君平的高足扬雄(前53~18),字子云,祖居郫县,务农为业。"[一]26 四川省社科院文学研究所所长沈伯俊研究员在其《在矛盾中追求超越的扬雄》一文中说:"《汉书·扬雄传》说他是蜀郡成都(今四川成都)人,具体而言,则是今成都郫县人。"[九]

第五,关于《汉书》为什么会出现这样矛盾的记述,笔者试作这样的假设:因为郫县、成都是先后的"蜀都",宋人罗泌《路史·余论》卷一载:"开明子孙八代都郫,九世至开明尚,始去帝号称王,治成都。"扬雄在"自序"家世时,既不说自己是"郫县人",也没有说自己是"成都人",而说是"蜀都人",因为后文有"处岷山之阳曰郫……世世以农桑为业"的记述,读者应该明白这"蜀都"是指郫县(《法言》中就有不少这样的笔法)。班氏父子在编著《汉书》时,只是感到"蜀都"不合地名规范,而没有理解扬雄的用心,于是随手将"蜀都"改为"蜀郡成都"。古代文献上类似的错讹原因并非鲜见。当否,谨供参考。

总之,在扬雄籍贯的争论中,"郫县"说是最可信的。一般的扬雄研究者虑不及此,往往径采《汉书·扬雄传》而谓之"成都人",非川籍学者尤其是这样。

(二)扬雄"离蜀进京"的年代问题

1."荐雄待诏"者问题的缘起

《汉书·扬雄传·赞》(以下行文简称《传赞》)记载:

> 初,雄年四十余,自蜀来至游京师,大司马车骑将军王音奇其文雅,召以为门下史,荐雄待诏,岁余,奏《羽猎赋》,除为郎,给事黄门,与王莽、刘歆并。哀帝之初,又与董贤同官。(笔者注:引文标点据中华书局2007年10月版32开本)

根据以上引文的文字和标点，这段引文记载了以下信息：第一，扬雄四十余岁离蜀进京；第二，王音招揽扬雄给自己做幕僚，并且举荐他到宫中做"待诏"；第三，扬雄做待诏一年多以后，便因为奏《羽猎赋》被汉成帝授官黄门郎；第四，扬雄跟同为"黄门郎"的王莽、刘歆一起在宦者署共事；第五，哀帝即位之初，扬雄又跟同为黄门郎的董贤共事。

以上《传赞》内容，最遭后世学者质疑的是第一、二两点，其原因是：据《扬雄家牒》记载，扬雄生于汉宣帝甘露元年（前53），如果他"年四十余"离蜀进京，则一定不会早于汉成帝永始四年（前13）；而大司马车骑将军王音卒于永始二年（前15），哪有召扬雄为门下史和"荐雄待诏"的可能？

因此，后世学者在"荐雄待诏"者究竟是谁的问题上，各持己见，以致众说纷纭。概括起来，主要有以下几种分歧意见或者不同的解释：

（1）"荐雄待诏"者为杨庄。

坚持这种说法的代表人物是唐朝人李周翰。《文选》卷七《甘泉赋》李周翰注云：

> 扬雄家贫好学，每制作，慕相如之文，尝作《绵竹颂》。成帝时，直宿郎杨庄诵此文，帝曰："此似相如之文。"庄曰："非也，此臣邑人扬子云。"帝即召见，拜为黄门侍郎。[一二]1

李周翰此说颇有影响。不少介绍扬雄生平的文章也采此说，清人钱绎撰《方言笺疏》，不仅征引李周翰注，并且加按语说："（李说）与《传》所称互异，当是《传》误也。"[一二]1

针对李说，王青先生在其《扬雄评传》中指出："班固所说与扬雄自述并无矛盾，杨庄的推荐只是使成帝召见扬雄，并对他留下初步印象，并

不意味着马上除官。真正任命其为黄门侍郎,要等扬雄上《甘泉赋》之后。《文选》李周翰之注乃想当然之言。"[一三]60

笔者认为,王青认为"班固所说"(即《传赞》所说王音"荐雄待诏")与"扬雄自述"(即传文所说汉成帝"召雄待诏承明之庭")是两码事并且"并无矛盾"的说法,是很有价值和意义的。要知道,汉代的"黄门郎"与"待诏"是有很大区别的:黄门郎是正式的官员,虽然官阶很低,但由于是皇帝身边的近臣,往往是日后飞黄腾达的基石和阶梯,汉代的不少公侯将相都曾任过黄门郎一职;而"待诏"并非正式官员,有点类似于现代的所谓"工人"或者"以工代干"人员,是没有官阶的。从"扬雄自述"来看,扬雄虽然已经在宫中任"待诏",但汉成帝还没有召见过他,多亏了杨庄在成帝面前诵读《绵竹颂》,才使他有了"奏《羽猎赋》,除为郎"的机会。但《传赞》所云"荐雄待诏"的人并非杨庄。

不过,《文选》李周翰注所云也并非"想当然之言"。李周翰说杨庄是举荐扬雄入仕的人,至少有三点依据:首先是因为《传赞》的说法有矛盾,不足以采信;其次是扬雄《自序》中说"客有荐雄文似相如者……(成帝)召雄待诏承明之庭";再次,扬雄《答刘歆书》说"蜀人有杨庄者为郎,诵之于成帝。成帝好之,以为似相如,雄遂得以外见"。在李周翰看来:既然班固《传赞》的说法不足采信,我用扬雄本人的记述,应当是可靠的吧!

(2)"荐雄待诏"者为王根。

首倡此说者为胡三省。《资治通鉴·考异》卷一"扬雄待诏"条下,胡三省注云:"时王音卒已久,盖王根也。"

针对胡三省的说法,台湾学者李周龙在其《扬雄学案·年谱》中说:

温公以为"音"乃"根"之误字,以孚合"雄年四十馀,自蜀来至游京师"之说。然根之拜大司马骠骑将军在元延元年十二月庚申,考陈援庵《二十史朔闰表》,元延元年十二月庚申是二十七日;而子云则于次年正月即从上甘泉作赋,距根拜大司马仅三日。夫子云素无捷才,而《甘泉》一赋篇幅广大,铺陈其事不厌其详,岂是三日之内所能写就？温公之说,显为失实。况"车骑"与"骠骑"不同,误认"冯京"为"马凉",亦难免贻笑后人也。[一四]45（笔者注："温公"司马光应为"胡三省"。）

李周龙对胡三省说法的反驳,很有道理,是值得采信的。

然而,竟有不少学者采信胡三省说法,以为《传赞》中的"王音"应当是"王根"之误。王青即认为《传赞》的记载有误,并且说"我主张王音为王根之误",甚至将"车骑将军"的头衔加到王根头上,他说："我们现在已经无法知道扬雄与当时的大司马车骑将军王根有什么关系,可能就是凭借他出众的才华和宏丽的文章,得到了这位显赫无比的贵族的青睐,召其为门下史,并荐其待诏。"[一三]58 如此对待历史文献,是否显得不合适了呢？

（3）"荐雄待诏"者为王商。

倡此说者为近人陆侃如。陆侃如在《扬雄与王音、王商之关系》一文（载《大公报·文史周刊》第39期）中,提出"王音乃王商之误"的说法,其主要依据是"音与商形近易讹"。[一四]45

针对陆侃如的说法,李周龙评论指出：

> 商、音二字固形近易讹,然"卫"字恐难误作"车骑",盖二者实不相侔也。职是之故,王音不可改作王根或王商,否则,证据不足,

法言 | 33

难免失之武断。况班固时近扬雄,亲见扬子云《家牒》与刘歆《七略》,所言必不差谬矣!谓其以王根或王商误作王音,骠骑将军或卫将军误作车骑将军,岂情理之常?能取信于人乎?[一四]44

李氏所云甚近情理。汉成帝阳朔三年(前22)八月,大司马大将军王凤卒,九月,王音继任大司马,封车骑将军;扬雄时年32岁。成帝永始二年(前15)正月,王音卒,三月,王商继任大司马,封卫将军;扬雄时年38岁。成帝元延元年(前12)十二月辛亥,王商卒,十二月庚申,王根继任大司马,封骠骑将军;扬雄时年41岁。可见,胡氏、陆氏为合于扬雄"年四十余"离蜀进京的记载,故有王根或王商误作王音之说。但其不合情理,是难以令人信服的。

(4)坚持"荐雄待诏"者为王音的几种理由。

尽管《传赞》的说法明显有误,但是相信王音是"荐雄待诏"者的学者仍然不少。对于《传赞》存在的矛盾,这些学者各有看法,概括起来,其代表性说法有以下几种:

第一种,"约辞"说。

持此说法者为清人王先谦。王氏在其《汉书补注》中说:

《三史拾遗》曰:"雄以天凤五年卒,年七十一,则成帝永始四年,年始四十有一。而王音之薨,乃在永始二年正月。使果为音所荐,则游京师之年,尚未盈四十也。"窃以为雄之至京师,当在音卒之前年,固未及四十,而史称四十余者,约辞也。[一四]44

笔者按:王音卒时,扬雄年三十八;若雄至京之年果真"在音卒之前年",

则扬雄至京时不过三十六岁。将三十六岁称作"年四十余"实在不近情理，绝非史家笔法。王氏之"约辞"说断难成立。

第二种，"时日讹乱"说。

持此说者为李周龙。李氏在《扬雄学案·年谱》中说：

> 子云自蜀来游，当在三十八岁，王音召以为门下史，又荐为待诏。疑其时手续繁杂，行政迟缓，故久久未见召，于是蜀人杨庄乃复为之荐。及雄赴待诏之时，或已永始三年。时音死已久，而子云亦已年届不惑矣！事后追忆，人名易记，而时日则难免讹乱，遂含胡言之，谓"年四十余"。[一四]45—46

笔者按：此说与"约辞"说相近，但更加不近情理。其不近情理者有三：其一，"待诏"非正式官员，何用"手续繁杂"方得见召？其二，王音乃一人之下、万人之上的朝廷重臣，对他所引荐的区区"待诏"一事，焉有"行政迟缓"、尚需"蜀人杨庄乃复为之荐"的道理？其三，修史无不是"事后追忆"，《汉书》所载他人事迹尚且年月日分明，鲜有"讹乱"；而扬雄是最受班固推崇的前辈，且扬雄之殁距班固之生仅十五年，岂有"时日则难免讹乱，遂含胡言之"的道理？

第三种，"三"字误作"四"字说。

倡此说者为清人周寿昌。周氏在其《汉书注补正》中说：

> 古"四"字作"亖"，传写时由"亖"字误加一画。应正作"三十余"始合。[一四]45

法言 | 35

针对周说，李周龙评论指出："使子云果于三十二岁游长安，则与下文'岁余，奏《羽猎赋》'不符。此其失审也明矣！"[一四]45

笔者按：若"四"字果真作"三"，则"误加一画"将"三十余"写作"四十余"的可能性最大，这应当是解释《传赞》记载矛盾的最有力的理由。但是，诚如李周龙所说，如果扬雄是32岁离蜀进京，那就应当是在汉成帝阳朔三年（前22）或者阳朔四年（前21）；而"奏《羽猎赋》"是在成帝元延二年（前11）；[一六]那么，扬雄奏《羽猎赋》的时间，就不是"荐雄待诏"后的"岁余"，而是"十岁余"了。故李氏谓周说"其失审也明矣"。

如此看来，"荐雄待诏"者究竟是谁，还真的成了一个一千多年来悬而未决的大问题。

2. 试论"荐雄待诏"者确实是王音

此前讨论"荐雄待诏"者问题的学者，无不就事论事，仅仅从讨论扬雄游学京师的时间和王音卒年之间的矛盾来分析问题，以致总是顾此失彼，很难自圆其说。

笔者认为，要弄清《传赞》是否有误、误在哪里以及致误原因，就必须认认真真地解读《传赞》全文，了解《传赞》究竟传达了什么样的信息和怎样传达的；在此基础上，对与扬雄游学京师年代密切相关的信息作具体深入的分析，这样才有可能探索到问题的真相，才可能找到令人信服的答案。

下面让我们全面地来探讨与"荐雄待诏"者相关的几个方面的问题：

（1）确证扬雄"年三十余"游学京师。

古今学者对《传赞》所载扬雄"给事黄门，与王莽、刘歆并"无异议，那么，考察王莽什么时候任黄门郎、任了多久的黄门郎，便成为考察扬雄游学京师时的年龄和王音是否有可能"荐雄待诏"的关键。

《汉书·王莽传》载：

> 阳朔中，世父大将军凤病，莽侍疾，亲尝药，乱首垢面，不解衣带连月。凤且死，以托太后及帝，拜为黄门郎、迁射声校尉。[一]4039

《资治通鉴·成帝纪》载："阳朔三年八月丁巳，凤薨；九月甲子，以王音为大司马、车骑将军。"[一五]990 不难看出，汉成帝阳朔三年（前22），王音拜大司马、车骑将军，王莽任黄门郎。

王莽当了多长时间的黄门郎呢？最多一年多时间。为什么这么肯定？因为他"拜为黄门郎、迁射声校尉"都是在"阳朔中"；"阳朔"这个年号用了四年，王莽拜黄门郎是在阳朔三年，那他"迁射声校尉"，最晚也是在阳朔四年。换言之，阳朔四年以后，王莽就不再"给事黄门"了。因此，王莽只当了一年或者一年多时间的黄门郎。

明确王莽任黄门郎"给事黄门"的时间之后，扬雄游学京师的时间便不难确定了。

笔者认为，扬雄离蜀至京的时间，不会早于阳朔二年，也不会晚于阳朔四年。

这又是为什么呢？

首先，据《汉书·扬雄传》记载，其《反离骚》《广骚》《畔牢愁》等多篇辞赋作品，均为在蜀时所作。其中《反离骚》中尚有"汉十世之阳朔兮，招摇纪于周正"的说法，颜师古引苏林注云："言己以此时吊屈原也。"又引晋灼注云："成帝八年乃称阳朔。"可见，阳朔初年，扬雄尚在蜀地。以他之后写作《广骚》《畔牢愁》等其他作品所需时日计算，扬雄写作《反离骚》之后，应该还在蜀地待了大约一年时间。因此，阳朔二年，扬雄尚未游学京师。

其次，如前所述，王莽于阳朔三年秋拜为黄门郎，阳朔四年即迁射声校尉；如果扬雄晚于阳朔四年至京，他就没有可能跟王莽一起"给事黄门"。因此，扬雄游学京师的时间，只能是在阳朔三年，并且是阳朔三年的年底；因为如果是在春夏，王音尚未拜为大司马车骑将军，《传赞》亦不便书作"大司马车骑将军王音"。

阳朔三年（前22）时的扬雄多大年纪？三十二岁。因此，我们完全有理由认为，《传赞》中的"年四十余"，确系"年三十余"之误。换言之，班固主观上要表达的扬雄游学京师时的年纪，应当是"年三十余"，而不是"年四十余"。

（2）确证扬雄任待诏"十岁余"。

按照现今版本《传赞》记载，扬雄任待诏后"岁余，奏《羽猎赋》，除为郎"。

根据上文的考证结论，扬雄任待诏是在阳朔三年或者四年；"岁余"，便是阳朔四年（前21）或者鸿嘉元年（前20）。然而，扬雄奏《甘泉》《河东》《羽猎》三赋，都是在元延二年（前11），相差了整整十年时间。

这应当作何解释呢？

笔者认为，这是因为扬雄任待诏的时间不是"岁余"，而是"十岁余"。

扬雄跟王莽、刘歆一起"给事黄门"的时候，仅仅是"待诏"，而不是"黄门郎"。其实，《传赞》已经传达了这样的信息。《传赞》在介绍扬雄跟王莽、刘歆的"同事"关系时说"给事黄门，与王莽、刘歆并"；而在介绍扬雄跟董贤的"同事"关系时，则说"哀帝之初，又与董贤同官"。要知道，"并"在这里是"在一起"的意思，"同官"则是说他跟董贤都是"黄门郎"。如果不是因为有这样的区别，《传赞》只需将"董贤"放到上句中的"刘歆"之后，完全没有必要另起一句来介绍扬雄跟董贤的同事关系了。遗憾的是，《汉书》原文没有标点，后世学者在点校《汉书》的时候，竟然忽略了这一层的意思，以致用错标点，使得人们在阅读时产生错误理解，以为扬雄是以黄门郎的身份跟王莽、刘歆共事。《扬雄评传》就是这样理解的。[一三]60—61

扬雄在侍从汉成帝游甘泉、河东和观羽猎的时候，还只是一个"待诏"而不是"黄门郎"。根据《甘泉赋·序》的叙述，直至元延二年"从上甘泉"之前的十年间，京城长安，除杨庄之外，还没有其他人知道扬雄是辞赋高手。足见王音"奇其文雅"中的"文"，不是指扬雄的辞赋；否则，成帝这个"好文辞"的风流天子[一五]1011，绝不至于对已经"待诏"十年的扬雄的辞赋才干，竟然一无所知。应当说，写作"四赋"之前的扬雄，简直是默默无闻的。他得以"外见"（崭露头角），完全得力于杨庄。因此，扬雄对杨庄的举荐之恩一直念念不忘，他不仅在《甘泉赋·序》中说"客有荐雄文似相如者"，还在《答刘歆书》中介绍了杨庄举荐的具体情况："雄始能草文，先作《县邸铭》《王佴颂》《阶闼铭》及《成都城四隅铭》。蜀人有杨庄者为郎，诵之于成帝。成帝好之，以为似相如，雄遂以此得外见。"[一二]卷十三第53页奏《甘泉赋》之后，可能因为讽谏的意味太浓、讽谏的事也太过敏感（谏成帝莫太宠幸赵飞燕姐妹），所以仍然没有被授官。稍后所奏《羽猎赋》合了成帝口味，扬雄这才被"除为郎"，结束了"待诏"的临时工生涯，正式步入了仕途。

阳朔三年，王音"荐雄待诏"，使一介布衣的扬雄得以"给事黄门"；元延二年，杨庄荐雄辞赋，使扬雄得以"外见"而被授官黄门郎。这两件事相隔了整整十一年。所以从"荐雄待诏"至"奏《羽猎赋》"，应当是"十岁余"，而不是"岁余"。

还应当了解的是,"岁余,奏《羽猎赋》,除为郎"不合乎班固撰写《传赞》的文意和题旨。

与《汉书》其他人物的"传赞"相比较,扬雄《传赞》最显著的特点是"寓赞于记"。之所以寓赞于记,是为了弥补扬雄"自序"的缺失,故其"赞曰"的文字比那些数人合传的赞文还多了好几倍。

班固在扬雄《传赞》中"记述"了六件大事:扬雄入仕道路的坎坷、"三世不徙官"的仕途、主要的著述、"投阁"事件的来龙去脉、凄凉的晚境、时人的评判。通过补记的这六件大事,"赞扬"了扬雄"恬于势利"的人格、"好古而乐道"的追求、敢于挑战权威的精神、在学术上的成就和影响。与本文议题相关的是赞扬扬雄"恬于势利"的人格,这一写作意图是通过记述第一、二两件事来实现的。

如果依照现在版本的《传赞》来理解,扬雄的入仕道路应当说是"一帆风顺"的:一介布衣又没有"明经"资历的扬雄,凭借权臣王音的举荐,很顺利地就进入宫中当了待诏;一年多以后,因为奏《羽猎赋》,就被授官黄门侍郎,正式进入仕途。这就好比今天的一个既没有大学文凭又没有高贵出身的社会青年,凭借认识某位北京的高官,不仅在中南海国家机关找到了工作,而且很快就被提拔当上了科长。果真如此,还能说扬雄的入仕道路"非常坎坷"吗?

要知道,十年"待诏"的临时工生涯,使扬雄经济上和精神上都受尽了煎熬。

"待诏"是编外人员,薪俸很少且没有保障,使扬雄无法安下心来做他想做的事。十年时间,光阴虚度,"时不我待"的焦虑在随时折磨着他。他虽然没有政治上飞黄腾达的欲望,但是他自少年时起,就怀着"欲求文章成名于后世"的抱负和愿望。[一]3583 对他来说,当上黄门郎,有了固定收入,不为衣食担忧,就是为实现自己的人生追求提供了保障。有人说他是"朝隐"(做官只是为了挣饭钱),实在是有些道理。然而,为了这一天,竟耗费了他十年的光阴,能不让他痛苦吗?从他在《甘泉赋·序》和《答刘歆书》中多次提到蜀人杨庄使他得以"外见"而当上黄门郎的事来看,便不难想象"待诏十年"给他带来的痛苦有多巨大、多残酷了。

记述扬雄"入仕的坎坷"并不是《传赞》的目的,目的是赞扬扬雄"恬于势利""好古而乐道"的高尚人格。[一]3583《传赞》采用对比手法,用王莽、刘歆、董贤后来的"权倾人主,所荐莫不拔擢"跟扬雄的"三世不徙官"相对比[一]3583,扬雄"恬于势利""好古乐道"的形象便跃然纸上了。

(3)探讨《传赞》误"三"漏"十"的原因。

笔者认为,造成《传赞》讹误的最根本的原因,应当是《汉书·扬雄传》最早的刻本将"年三十余"误作"年四十余"所致。诚如周寿昌所云,若古文献中"四"字果真可以写作"亖",那么"三"字多写一画误作"四"字的可能性就太大了。即使"四"不作"亖",古代文献上数目字发生讹误的现象并不鲜见。甚至可以假设,班固一时笔误,在"三"字上多加一笔,将"三"误作"亖",也不是没有这样的可能。

至于将"十岁余"误作"岁余",最大的可能是:在将"年三十余"误作"年四十余"之后,《汉书》最早的编校者发现,如果是"十岁余,奏《羽猎赋》",则包括《羽猎赋》在内的"四赋"的写作时间,便应当是在汉哀帝建平年间(前4~前3),这显然说不过去,于是便以为"十"字是衍文而将它删去。这样,原文的"十岁余"便成了后来的"岁余"。

古代学者则因为古代文献不使用新式标点,所以只能顺着文字看下去,根据误"三"漏"十"后的文字来理解这段话,虽然发现了"年四十余"与王音"荐雄待诏"之间存在的矛盾,却受"岁余,奏《羽猎赋》"这句话的影响，而很难发现"年四十余"与扬雄"给事黄门，与王莽、刘歆并"之间也存在矛盾，于是只能把质疑的焦点放在"荐雄待诏"者身上。这就出现了"荐雄待诏"者是杨庄、是王根、是王商的分歧意见；或者虽然肯定是王音，但是解释矛盾产生原因的理由，却总是顾此失彼、左右失据而很难令人信服。

根据以上的考证，前面所引《传赞》那段文字及其标点，应当作如下订正和改动：

初，雄年三十余，自蜀来至游京师。大司马车骑将军王音奇其文雅，召以为门下史，荐雄待诏。十岁余，奏《羽猎赋》，除为郎。给事黄门，与王莽、刘歆并；哀帝之初，又与董贤同官。

上文标点改动，最关紧要的是两处：一处是改"除为郎"后面的逗号为句号，一处是改"与王莽、刘歆并"后面的句号为分号。为什么说这两处标点的改动"最关紧要"？综观《传赞》全文，从"初，雄年三十余"至"恬于势利乃如是"为第一部分，这部分包含两层意思：第一层止于"除为郎"，是客观介绍扬雄入仕经历的文字；第二层从"给事黄门"至"恬于势利乃如是"，是列举事例以赞扬雄"恬于势利"高尚人格的评论性内容。不在"除为郎"后面用句号，不仅层次不分明，而且极易使读者产生扬雄跟王莽一起"给事黄门"时就已经"除为郎"的错觉。将"与王莽、刘歆并"后面的句号改为分号，具有显示层次的作用，避免将"给事黄门，与王莽、刘歆并"归入上一个层次去理解。因此，这两处标点改动"最关紧要"。至于前面两处改逗号为句号，仅仅是为了使意思更加显豁；即使不改动，也不至于使读者产生误解。

如果没有人能够否认扬雄曾经跟王莽一起"给事黄门",也没有人能够否认王莽于汉成帝阳朔三年"拜为黄门郎"和"阳朔中"迁射声校尉;那么,班固《传赞》所载大司马车骑将军王音"荐雄待诏",就是一个毋庸置疑的事实。换句话说,扬雄游学京师时应当是"年三十余",绝不可能是"年四十余";扬雄在宫中任"待诏"应当是"十岁余",绝不可能是"岁余"。

(三)**扬雄"仕莽美新"的原因**

从古至今,无论是尊崇扬雄的学者,还是贬抑扬雄的学者,无不把《剧秦美新》视为扬雄丧失人臣节操、败坏文人道德的重大"历史问题"。只是在对待扬雄这一"历史问题"的态度上截然相反而已。

尊雄派大多矢口否认并竭力为扬雄开脱。他们或者以《汉书·扬雄传》不载《剧秦美新》为理由,如冉瑞岱《书扬子云传后》诗云:"扬子文章载《汉书》,美新一帙本来无。"[一七]103 或者以有可能是"张冠李戴"为理由,如田世醇《读范涞平反子云一记书后》诗云:"美新一颂从何起,忘却当年两子云。"[一七]103(按:王莽集团成员谷永亦字"子云"。)或者以《汉书》载扬雄"恬于势利"为理由,如刘师培诗云:"雄本淡泊志,何至工献谀?"[一七]103

贬雄派则对扬雄"仕莽美新"的行为大张挞伐,确有"必欲置之死地而后快"的气势。朱熹在其《通鉴纲目》中留下"莽大夫扬雄死"的判词。以朱熹在儒学史上崇高的地位和影响,其判词使扬雄在儒学史上的地位一落千丈。近人蔡东藩在其《后汉通俗演义》第一回中,不仅编造了扬雄撰写《剧秦美新》的动机和情节,把扬雄丑化成一个靠出卖灵魂苟全性命的无耻文人,还在第一回的评语中写道:"扬雄甘为莽大夫,投阁不死,反为美新之文以谄媚之。老而不死是为贼,区区文名,何足道乎?揭而出之,亦维持廉耻之一端也。"

其实，尊雄派企图用否认扬雄曾撰《剧秦美新》来为扬雄开脱，这完全是徒劳的。扬雄撰《剧秦美新》不仅完全有可能（请参看拙文《扬雄"莽大夫"身份考论》），而且还有完全可靠的文献记载。《剧秦美新》虽不见载于《汉书·扬雄传》，班固却在其《典引·序》中有过"《剧秦》典而不实"的评价。刘勰《文心雕龙·封禅》亦有"及扬雄《剧秦》，班固《典引》，事非镌石，而体因纪禅"的论述。不过，班固、刘勰都只是就文论文，并未将文章与扬雄的人品操守联系起来。最早将《剧秦美新》与扬雄的政治操守联系起来的是颜之推，颜之推在其《颜氏家训·文章篇》中说："扬雄德败美新，李陵降辱夷虏。"由此可见，扬雄撰写《剧秦美新》，应当是一个不争的事实。近来有学者考证指出，扬雄"于始建国四年作《剧秦美新》"[一八]。

然而，是否如贬雄派所说，扬雄因为撰写《剧秦美新》歌颂王莽，就是"德败"，就是"谄媚"，甚至十恶不赦呢？笔者的回答是否定的，并且认为：扬雄撰写《剧秦美新》，有其特殊的历史背景。如果认真分析扬雄生活时代的特殊历史背景，认真探讨扬雄"美新"的主客观原因，结合扬雄一生的行事原则和表现，再采用历史唯物主义的理论来评断是非的话，那么扬雄的"美新"之举，不仅不是什么丧失人臣节操的"德败"行为，相反，它正好表现了扬雄一心关注民生疾苦而不计较个人进退的高尚人格，正好反映了扬雄"因循革化"的哲学思想和进步的历史发展观。

1. "美新"出于扬雄对"圣王"政治理想的追求

儒家道统思想的特征之一，就是对"圣王"价值的认同。孔子主张"祖述尧舜，宪章文武"（《礼记·中庸》）。孟子说"五百年必有王者兴，其间必有名世者"（《孟子·公孙丑下》），其历史间隔是尧、舜、禹至汤，汤至文、武、周公，文、武、周公至孔子。有学者指出："儒家之所以极力赞扬三代政治，视尧舜禹时代为理想政治的范体，原因之一在于那是一个圣、王一体，师、道合一的时代，现实政治中的君王同时是道德领域的圣人。"[七]对此，笔者认为还应当作如下补充：先秦儒家之所以视"圣"与"王"为一体，是因为他们把能使国家安定、百姓安乐的人视为"圣人"和"王者"，这样，就不难解释为什么周公摄行王事，践履文武之道，故被视为"王者"。而孔子以布衣之身远绍诸圣，为传播治国安民的圣王之道奔走呼号，故后世谓之"素王"。孔子之所以为"圣人"，主要是因为他奠定了以"仁"为核心、以"礼"为手段的儒家政治理论的基础。这就不难理解为什么被儒家视为"圣王"的尧、舜、禹、汤、文、武无一不是"仁君"，因为勤政爱民、礼乐治国是衡量"仁君"的重要标准。

因此，扬雄特别强调："适尧、舜、文王者为正道，非尧、舜、文王者为它道。君子正而不它。"(《法言·问道》)这里的"君子"绝非泛指，应当是专指担有治国责任的君王和公卿大臣。扬雄还为"君子"怎样"适正道"提出了具体的要求，他说："君子为国，张其纲纪，谨其教化。导之以仁，则下不相贼；苞之以廉，则下不相盗；临之以正，则下不相诈；修之以礼义，则下多德让。"(《法言·先知》)扬雄在这里将儒家"内圣外王"的理论作了具体的诠释。"仁""廉""正"和"修礼义"，是对君子"内圣"（个人修养）的要求；"张其纲纪，谨其教化"，是对君子"外王"（治国方法）的建议。

然而，残酷的社会现实击碎了扬雄的政治理想，使他对刘汉政权完全绝望了。

西汉中后期，皇帝昏庸，政治黑暗，民生凋敝。汉成帝"自为太子时，以好色闻"[一五]958，即位之后，先是宠幸许皇后，继而宠幸赵飞燕而废许后，后又宠幸赵昭仪（飞燕妹）而疏远赵飞燕。赵飞燕以皇后之尊与宫中"侍郎、宫奴多子者"私通，上演了一幕幕淫乱宫闱的丑剧；而成帝拒绝接受群臣对赵飞燕丑行的检举，"有白后奸状者，帝辄杀之"，其昏庸可想而知。成帝好游猎，仅一年多时间，便有甘泉、河东、长杨、羽猎等大规模的游猎活动。因其耗费巨大，伤民甚剧，扬雄曾作"四赋"予以讽谏，成帝均置若罔闻。太中大夫谷永上疏指出：

> 六月之间，大异四发，二二而同月。三代之末，春秋之乱，未尝有也。臣闻三代所以陨社稷、丧宗庙者，皆由妇人与群恶沉湎于酒；秦所以二世、十六年而亡者，养生泰奢、奉终泰厚也。二者，陛下兼而有之。……今陛下轻夺民财，不爱民力，听邪臣之计……百姓愁恨感天，饥馑仍臻，流散冗食，馁死于道，以百万数。[一五]1008—1010

但成帝仍然我行我素，毫无修明政治的打算。

汉哀帝之昏庸，比汉成帝有过之而无不及。哀帝是个同性恋者，对董贤的宠幸，竟至于"出则参乘，入御左右，赏赐累巨万，贵震朝廷。常与上卧起"[一五]1095。成帝还将董贤妻子和妹妹召进宫中，有时自己竟"止贤庐"（在董贤家留宿）。后来"又召贤女弟以为昭仪，位次皇后"[一五]1096，并且诏命为董贤在皇宫北阙下建造了一座与皇宫规模相似的府第，还授董贤父亲董恭少府官职并赐爵关内侯。更为荒唐的是，哀帝竟把掌管军国大事、位同丞相的"大司马卫将军"一职授予年仅二十二岁、对军政大事毫不知晓的董贤。大臣郑崇"以贤贵宠过度谏上"，竟被下狱问罪、榜掠而死。哀帝一朝的政治黑暗、民生凋敝状况，见于谏大夫鲍宣的"上书"中。鲍宣指出，其时民有"七亡""七死"。其中有"水旱为灾"而"县官重责更赋租税"，"豪强大姓，蚕食亡厌"，"苛吏徭役，失农桑时"，"酷吏殴杀"，"冤陷亡辜"，"盗贼劫略，取民财物"，"岁恶饥饿"而"时气疾疫"等[一五]1100。简直活脱脱的一座人间地狱的恐怖景象！

汉平帝即位时年仅九岁，"太皇太后临朝，大司马莽秉政，百官总己以听于莽"[一五]1128。王莽秉政，始于平帝元始元年（1），至扬雄撰《剧秦美新》（公元12年）已有十三年之久。要探讨扬雄"美新"的原因，就必须考察王莽在这十三年间主要干了些什么事情，结合王莽一贯的表现及臣民的反映，再摒除封建史家所受封建正统观念的局限，一个近于历史真实的王莽便不难被世人所了解，扬雄因为"美新"而蒙受的不白之冤也就有望得以昭雪了。

《汉书》和《资治通鉴》所记载的王莽事迹，让人深切感受到王莽应当是一位符合儒家"内圣外王"要求的"君子"。

请看王莽的"内圣"修养：

> 莽因折节为恭俭，勤身博学，被服如儒生；事母及寡嫂，养孤兄子，行甚敕备；又外交英俊，内事诸父，曲有礼意。大将军凤病，莽侍疾，亲尝药，乱首垢面，不解衣带连月。……爵位益尊，节操愈谦。散舆马、衣裘振施宾客，家无所余。[一五]1001

按：王莽生活节俭、勤奋博学、事亲孝悌、位尊不骄、广交才俊、散财济贫，可谓集传统美德于一身。《资治通鉴》又载：

> 初，王莽既就国，杜门自守。其中子获杀奴，莽切责获，令自杀。在国三岁，吏民上书冤讼莽者百数。至是，贤良周护、宋崇等对策，

复深颂莽功德。[一五]1114

按：儿子王获所杀家奴而已，"切责"已属严厉，何况迫"令自杀"！吏民感其执法公正，故能向王莽上书申冤。

类似的记载，在《汉书》《资治通鉴》中还有不少。尽管撰述人是以突出王莽的"诈伪"为出发点来记载的，但是假如王莽姓"刘"，或者假如王莽没有"篡汉"，其事又当何说？

让我们再看王莽的"外王"表现。

王莽秉政以后，首先诛戮了董贤及其党羽，罢免了一大批成帝、哀帝后党的官吏，有力地打击了丁、傅等豪强大姓的势力。王莽在拒绝接受朝廷"二万八千户"的封赏时说："愿须百姓家给，然后加赏。"他一方面拒绝接受朝廷封邑赏赐，一方面却建言褒赏群臣……"下惠士民鳏寡，恩泽之政，无所不施"[一]4048。

王莽执政时期，坚持"导之以仁""莅之以廉"的德政措施，例如：郡国大旱，蝗，青州尤甚，民流亡。王莽白太后"宜且衣缯练，颇损膳，以视天下"。莽因上书，愿出钱百万，献田三十顷，付大司农助给贫民。于是公卿皆慕效焉。……每有水旱，莽辄素食。[一]4050

按：献田捐钱、节食以赈民困，堪称仁君风范！致公卿敬慕而效仿，何"诈伪"之有？

王莽"篡汉"以后，首先"张其纲纪，谨其教化"，大刀阔斧地实行了一系列改革措施。针对原来朝廷官署职掌不明的情况，他在篡位后颁布的第一道"策群司"诏中说：

月刑元股左，司马典致武应，考方法矩，主司天文，钦若昊天，敬授民时，力来农事，以丰年谷。日德元肱右，司徒典致文瑞，考圜合规，主司人道，五教是辅，帅民承上，宣美风俗，五品乃训。斗平元心中，司空典致物图，考度以绳，主司地理，平治水土，掌名山川，众殖鸟兽，蕃茂草木。[一]4101—4102

按：明确司马、司徒、司空三公职份，以张扬朝廷纲纪，收"丰年谷""美风俗"之政绩。

王莽又针对秦、汉弊政虐民的问题，企图实行"井田"制度以抑制豪强对土地的兼并，落实"三十而税一"的赋税制度以减轻百姓的负担，并且禁止买卖人口，他在诏书中说：

秦为无道，厚赋税以自供奉，罢民力以极欲，坏圣制，废井田，是以兼并起，贪鄙生，强者规田以千数，弱者曾无立锥之居。又置奴婢之市，与牛马同栏，制于民臣，专断其命。奸虐之人因缘为利，至略卖人妻子，逆天心，悖人伦。……汉氏减轻田租……厥名三十税一，实什税五也。父子夫妇终年耕耘，所得不足以自存。故富者犬马余菽粟，骄而为邪；贫者不厌糟糠，穷而为奸。……今更名天下田曰"王田"，奴婢曰"私属"，皆不得卖买。其男口不盈八，而田过一井者，分余田予九族邻里乡党。[一]4110—4111

按：王莽的新政措施，无不关注民生问题，与刘汉成、哀两朝相比，怎能不令扬雄欢欣鼓舞？

上引王莽的每一条新政措施，都正好符合扬雄对社会改革的愿望。扬雄主张用井田制来抑制豪强对土地的兼并,他说:"井田之田,田也;肉刑之刑,刑也。田也者,与众田之;刑也者,与众弃之。"(《法言·先知》)扬雄主张减轻百姓租税负担,他说:"什一,天下之正也。多则桀,寡则貉。"(《法言·先知》)扬雄竭力反对统治者的穷奢极侈,他痛恨"禽兽食人之食,土木衣人之帛;谷人不足于昼,丝人不足于夜"的"恶政"(《法言·先知》),提倡"罪不孥,宫不女,馆不新,陵不坟"的"德政"(《法言·重黎》)。

王莽素来以儒者自居,他不仅尊重儒家的道统,也尊五帝三王为"圣王",而且自称是舜帝后裔。在做"安汉公"摄政于平帝朝的时候,王莽就向朝廷"奏起明堂、辟雍、灵台,为学者筑舍万区,作市、常满仓"[一]4069,又"奏车服制度,吏民养生、送终、嫁娶、奴婢、田宅、器械之品,立官稷及学官"[一]355。王莽在推行礼乐教化方面的这些表现,毫无疑问地,也更增加了扬雄对他的推崇和赞赏。

晚年的扬雄,把实现儒家"圣王"政治的理想完全寄托在了王莽身上,从他以盛赞王莽的话作为《法言》全书的结尾,就可以体会到他的这种心情和良苦用心。他说:

> 周公以来,未有汉公之懿也,勤劳则过于阿衡。汉兴二百一十载而中天,其庶矣乎!辟雍以本之,校学以教之,礼乐以容之,舆服以表之,复其井、刑,勉人役,唐矣夫!(《法言·孝至》)

按:成、哀两朝的乱政之后,王莽新政无疑给人以"拨乱反正"的感受。这就难怪扬雄盛赞王莽("汉公")之美德胜过周公、王莽之勤劳胜过伊尹("阿衡")了。

因此笔者认为,"美新"出于扬雄对"圣王"政治理想的追求,既不是"诌媚"王莽,更不是什么"德败"的行为。

2."美新"符合扬雄"因循革化"的哲学思想

《法言》结尾对王莽功德的赞美,是把王莽作为贤臣来赞美的;而《剧秦美新》对王莽功德的赞美,是把王莽作为明君来歌颂的。

这样一来,问题就闹大了。因为根据封建社会帝王相续的所谓"治统",王莽是"窃国大盗"。按照中国传统道德,趋附权贵尚且为人所不齿,何况扬雄趋附的是"窃国大盗"王莽呢?

班固明知扬雄撰《剧秦美新》,却非但没有指责他"谄媚"权贵,反而再三褒赞他"澹泊""恬于势利",尤其是赞誉他"非其意,虽富贵不事也"。可见,扬雄"美新",完全是符合他心意的自觉自愿的行为,根本不带任何功利的个人企图。

研究扬雄的哲学思想便不难发现,扬雄"美新"的原因,除了出于他对"圣王"政治理想的追求之外,还有一个不容忽视的重要原因,这就是他的"因循革化"的哲学思想。

"因循革化"是扬雄哲学思想的重要内容。他说:

> 夫道有因有循,有革有化。因而循之,与道神之;革而化之,与时宜之。故因而能革,天道乃得;革而能因,天道乃驯。夫物不因不生,不革不成。故知因而不知革,物失其则;知革而不知因,物失其均。革之匪时,物失其基;因之匪理,物丧其纪。因革乎因革,国家之矩范也。矩范之动,成败之效也。(《太玄·玄莹》)

按:"因循",犹言"继承、传承";"革化",犹言"革除、变化"。"道"是一个内涵非常丰富的概念。这段话告诉人们以下几个基本道理:第一,对待"道"的态度。不能将"道"视为一成不变的死教条,应当有"因"有"革",即所谓"有批判地继承"。第二,明确"因循革化"的道理。有"因"有"革"是为了"得天道"和"驯(顺)天道"。但"得天道"才是目的,"驯天道"只是手段,故"革化"比"因循"更重要。第三,掌握"因循革化"的原则。"因革"关乎国家治理的成败,因此必须掌握好"因"要合理、"革"要适时的基本原则。扬雄"因循革化"的思想也表现在他的《法言》一书中,而且阐述得更为具体。例如,"或问:'道有因无因乎?'曰:'可则因,否则革。'"(《问道》)在扬雄看来,当"法度彰""礼乐著"时,人们就只需"因循"守道;而"法度废""礼乐亏"时,人们就应当"革化"图新。"因循"也不是墨守成规,而是"新则袭之,敝则益损之"(《问道》)。尽管扬雄对孔子和以孔子为代表的"圣人之法"推崇备至,但他仍然反对把"圣人之法"看作教条,反对固守或机械地照搬"圣人之法",他说:"如独守仲尼之道,是漆也。"又说:"以往圣人之法治将来,譬犹胶柱而调瑟。"并且强调"圣人之法,未尝不关盛衰"。(《先知》)因为世道有盛衰变化,运用"圣人之法"自然就应当视其盛衰而"因循革化"。

不难看出,扬雄"因循革化"的思想,具有朴素唯物辩证法的合理因素,是一种进步的历史发展观。

虽然扬雄为了全身远祸不得不采取"爱清爱静""惟寂惟寞"的人生态度并时有离俗遁世的思想流露,但是,作为一个笃信孔子并且胸怀"成圣之志"的儒者,他从来没有忘记过自己的社会责任,也始终没有放弃对儒家"圣王"政治理想的渴望与追求。因此,他公开宣示自己"不遁于世,不离于群"(《先知》),憧憬着"老人老,孤人孤,病者养,死者葬,男子田,妇人桑"(《先知》)的理想社会。

扬雄是皇帝的文学侍从,而且在成、哀、平三朝干了近二十年之久。

皇帝的昏庸、政治的黑暗，扬雄是比谁都看得清楚的。他说他之所以"默然独守吾《太玄》"而不求政治上进，是因为"为不可为于不可为之时，则凶"（《解嘲》）。可见他已经清醒地看到自己生活在一个"不可为"的时代。对于这个"法度废""礼乐亏""不可为"的时代，扬雄一定会依据他"因循革化"的理论，希望将它"革"而"化"之的。

如前文所述，王莽既给人以"内圣"的印象，其新政又具有"张纲纪""修礼乐"的"外王"特点，在扬雄心目中，王莽就是实现他"圣王"政治理想的"明君"。应当说，《剧秦美新》就是扬雄在这种心理支配之下撰写出来的。

（四）从"美新"看扬雄的"异端"思想

扬雄是一位以思维奇特独步古今的大学者。他不仅在学术思想上好发"异端"之想，其一生行事亦多"异端"行为。这既是他学术上获得巨大成功的根本原因，也是造成他悲剧人生的根源所在。

扬雄思想的不同凡俗，不仅今人难以理解，即使他的同时代人也很难理解和认同。《太玄》书成之初，刘歆说"吾恐后人用覆酱瓿"，而桓谭却说它"必度越诸子"。时至今日，关于扬雄思想的研究，尚有"醇儒""变儒""非儒"之争。

扬雄一生，始终走着与别人完全不同的道路。汉儒多以训释经典作为谋取仕途的手段，扬雄却"不为章句，训诂通而已"。汉代读书人靠权势者的举荐进入仕途，即所谓"察举""征辟"，而扬雄以三十余岁的年纪进京之后，明知自己的郫县同乡何武时为"三公"之一的大司空，却不拜门求人，俨然一副"待价而沽"的模样。曾与扬雄一起在宦者署共事的王莽、刘歆、董贤，后来无不位极人臣，而他却在"黄门侍郎"这个位子上原地踏步了二十多年，可谓创造了中国仕宦史上另类的奇迹！扬雄在皇帝身边当差，竟然官没有升过一级，钱没有捞到一文，以致"家素贫，嗜酒，时有好事者载酒肴从游学"[一]3585。扬雄名为王莽"大夫"，死后，竟然无钱安葬，又膝下无子，多亏其名义上的学生"侯芭为起坟，丧之三年"。

"美新"是扬雄一生最大的"异端"行为。如果说其他的"异端"行为造成了他生前的不幸的话，那么，"美新"一事铸成了他身后的悲剧。

依照儒学传统，扬雄有两大"异端"行为：一是颂扬窃天子位的王莽，一是"非圣人而作经"。前者指撰《剧秦美新》，后者指撰《法言》《太玄》。王夫之说："天下所极重而不可窃者二：天子之位也，是谓治统；圣人之教也，是谓道统。"[七]206 准此，扬雄是既违"治统"，又违"道统"。又因"治统"系国脉，所以"美新"是扬雄被人诟病的根本原因。

然而，中国历史上真正的学术通人和伟大的政治家，如汉代的班固、桓谭，魏晋的陆绩、范望，唐代的韩愈、柳宗元，宋代的司马光、王安石、曾巩等，虽然他们无一不是封建治统和儒学道统的忠实维护者，但是他们在扬雄仕莽、"美新"问题上，竟然无不表示理解和同情，不仅没有给扬雄以丝毫的责难，相反，他们都是竭力为扬雄辩解，并且给扬雄以极高的评价。这是一个非常值得注意和研究的历史现象。笔者认为，上述学者和政治家之所以能对扬雄"美新"的行为表示理解和同情，最主要的原因就是他们都能理解扬雄追求"圣王"政治的理想，也能理解扬雄"因循革化"的哲学思想。

按理说，朱熹和扬雄同是有功于孔子之学的大儒，为什么朱熹会对扬雄大张挞伐呢？有学者认为："朱子评论历史人物，一向喜用道德判断，忽略了时代和处境的因素，对人缺乏同情的了解，实不足为训。"[一九]341 这个说法是有道理的。理学家的道德评判标准最大的谬误就是"存天理，绝人欲"。扬雄所关注的是老百姓的生计问题，而朱熹所关注的是君臣道德标准问题。扬雄认为，王莽新政能够改变民不聊生的社会现实，所以王莽可以取代刘汉政权；朱熹认为，以臣代君，是为窃位，扬雄为"窃天子位"者歌功颂德，罪大恶极。朱熹大概忘记了，同样被他奉为"圣人"的周文、武，不亦是"以臣代君"吗？令他"诚惶诚恐"的皇帝的祖宗赵匡胤，难道不是"乱臣贼子"？因此，朱熹对扬雄的评价，实在是"不足为训"的。至于其他那些以"美新"为口实贬抑扬雄的言论，就更不在话下了。

相反地，笔者认为：扬雄的"异端"行为，正是他胸怀博大、思想精深、人格高尚的具体表现。

扬雄模仿《易经》体例而作的《太玄》，不仅奠定了他在儒家道统中的崇高地位，也奠定了他在中国古代哲学史上的崇高地位。扬雄在回答有人问"《玄》何为"时说："为仁义。"（《法言·问神》）故司马光认为，《易》《玄》"殊途而同归，百虑而一致。皆本于太极、两仪、三才、四时、五行，而归于道德仁义礼也"[四]7。有学者指出："玄，是最高哲学范畴，包涵了天地人及万物之本源，其演绎以复杂的数序和谐排列，又具有高深微妙的哲理思辩……其占卜方法、数理逻辑结构及所含蕴的玄妙哲理，学者们至今难以理解。"[二〇]扬雄思想的博大精深，岂是一般的俗儒所能理解得了的？

扬雄撰《剧秦美新》，是他坚持儒家积极入世、务求有补于世的观念的曲折表现。这跟他作"四赋"以讽劝成帝勤政恤民，撰《太玄》《法言》倡导道德仁义期望统治者修明政治的动机，是完全一致的。说它是"曲折表现"，无非是强调它是同一动机支配下的不同形式而已。

尽管班固是以汉臣撰写汉史，必然要受到时代和历史的极大局限，在对"汉贼"王莽的评价上根本不可能做到客观和公正，但他在《汉书·王莽传赞》中仍给我们留下了极具参考价值的文字，他对王莽的评价是：

王莽始起外戚，折节力行，以要名誉，宗族称孝，师友归仁。及其居位辅政，成、哀之际，勤劳国家，直道而行，动见称述。岂所谓"在家必闻，在国必闻""色取仁而行违"者邪？

　　按：如果将这段文字中的"以要名誉""色取仁而行违"这种带感情色彩的话去掉，班固岂不是也在"美新"颂莽吗？

　　笔者无意于为王莽翻案，无非是想强调指出：扬雄一辈子不在意个人的荣辱进退，一心关注着国家的治乱和百姓的疾苦，无愧于司马温公给他以"大贤"的评价，岂一般俗儒可匹？

（五）扬雄恪守"中和"的行事原则

　　近年来，研究扬雄的学者们在扬雄经学师承和思想特征的问题上争论不休。争论的核心问题无非是两个：扬雄是"古文经学家"还是"今文经学家"，扬雄是"醇儒"还是"杂儒"。不少论争者，总是从扬雄所习是"古文经书"还是"今文经书"入手去考察其经学师承，看似科学客观，其实不然。大概这些学者忘记了扬雄是一个"博览无所不见""自有大度，非圣哲之书不好"的人，只要是"圣哲之书"，他又哪里会像一般俗儒那样，为了"发策决科"的需要而不得不选择"今文"或者"古文"呢？至于"杂儒"论者，多以"儒主道辅"或"本道兼儒"概括扬雄思想的特征。持此论者，无非强调严君平对扬雄思想的影响、《太玄》的"玄"与《老子》的"道"具有相似性、扬雄尚"隐"和主张"无为"等。"杂儒"论也是看似论据充分，其实未必正确。如果所谓"本道"中的"道"，是指"儒家之道"，尚可说得过去，但是其"兼儒"之说，就断难成立了。

　　在笔者看来，研究扬雄的经学师承和思想特征这一类问题，当然很有必要也很有价值，但是，如果方法不对头或者先入为主，就难免会将枝叶当作树干、把假象看成本质，很难得出符合实际的结论。

笔者认为，了解扬雄恪守"中和"的行事原则，是我们研究扬雄经学师承、思想特征和其他相关问题的前提，也不失为重要的思想方法。

"中和"即"中庸"，这是儒家最高的道德标准。《礼记·中庸》第一章说："中也者，天下之大本也；和也者，天下之达道也。致中和，天地位焉，万物育焉。"所谓"中和"，就是一个人内心要淡泊虚静、处事要不偏不倚。孔子将"中和"视为最高的道德标准，而且认为一般人是做不到的，他说："中庸，其至矣乎！民鲜能久矣。"（《中庸》第三章）孔子把"中庸"作为区别"君子"和"小人"的重要标准，他说："君子中庸，小人反中庸。"（《中庸》第二章）

扬雄一生，恪守"中和"的行事原则，并因此牺牲了很多他本来可以得到的东西，虽然实现了自己道德的完美，然而却根本不为人所理解，甚至后世的不少扬雄研究者也没有注意到这一点。

《法言》中有不少关于"中"的论述，说明扬雄对"中庸"的高度关注，例如："龙之潜亢，不获其中矣。是以过中则惕，不及中则跃，其近于中乎？"（《先知》）这是说，"过中"与"不及中"都不行，"龙"总是要努力使自己达到"中"的最佳境界。又："圣人之道，譬犹日之中矣，不及则未，过则昃。"（《先知》）扬雄把"圣人之道"比作中午的太阳，不仅强调坚持圣人之道，做事就应当不偏不倚；而且告诉人们，"中庸"的立场和态度是最具有威力的。

综观扬雄的一生，"中庸"之道是被他贯彻始终的。这主要表现在以下几个方面：

第一，在处理与王莽的关系上，扬雄虽然积极支持王莽篡汉前后的一系列改良措施，但绝不参与编造"符命"向王莽邀功的活动。因此，扬雄与王氏家族的关系并不一般,但扬雄不是王莽的直接亲信。歌颂支持王莽,是因为王莽的为人与改良措施符合"圣人之道";编造符命邀功请赏,则是"诎道而信身"的小人行为。扬雄恪守"中和",把握住一个"度",这个"度"就是宁肯"诎身将以信道",绝不"诎道而信身"(《五百》)。

第二,在对待皇权问题上,扬雄强调人君的重要性,并且深知"圣君少而庸君多"(《先知》);所以强调人君也要"修身",学习圣人之道是使庸君成为圣君的唯一途径。如果庸君而不修身,以致完全不能发挥人君作用的时候,就成了"象龙"(似龙而非龙)。"象龙"是不能"致帝者之用"的,故云"象龙之致雨也,难矣哉"(《先知》)。扬雄认为,政权的核心问题是要防止真伪莫辨的局面,"象龙"就是有其名而无其实的"伪龙",故云"如真不真,伪不伪,则政不核"(《先知》)。扬雄在《太玄》和《法言》中都表述了自己一个非常重要的哲学思想——"因循革化"。这个"因循革化"理论的思想基础仍然是"中和"。人君在其位而不谋其政或者不能谋其政的时候,就是"不及中"的"龙"。这"不及中"的龙,就是所谓"象龙"。对"象龙"应该"革"而"化"之,这是扬雄的历史发展观。可是,无论推崇扬雄还是贬抑扬雄的人,很多都没有认识到这一点。

第三,在评论历史人物和历史事件的时候,扬雄更是恪守"中和",坚持实事求是的科学态度,对所评论的人物和事件,绝大多数都做到了公正客观。扬雄把不能实事求是地赞扬别人("妄誉")和批评别人("妄毁")提高到损害"仁义"的原则高度,他说:"妄誉,仁之贼也;妄毁,义之贼也。贼仁近乡原,贼义近乡讪。"(《渊骞》)因此,无论是对被他所鄙视的"诸子",还是对他所尊崇的孔、孟,他都能坚持不偏不倚的"中庸"立场,做出客观公正的评价。扬雄"小诸子",他在评论庄、邹、申、韩等数家时说:"庄(周)、杨(朱)荡而不法,墨(翟)、晏(婴)俭而废礼,申(不害)、韩(非)

险而无化,邹衍迂而不信。"(《五百》)这些批评大都一语中的。但当有人问到"诸子"有无可取之处时,扬雄以"少欲"评庄周、"自持"评邹衍(《问道》)。尽管他非常反感"申、韩",说"申、韩之术,不仁之至矣",但是,他同时指出,如果庄周、申、韩不违背儒家圣人之道,单就才能和影响而言,即使是最为孔子所称道的颜渊、闵子骞,也是比不过庄周、申、韩的,他说:"庄周、申、韩不乖寡圣人而渐诸篇,则颜氏之子、闵氏之孙,其如台?"(《问道》)我们姑且不论其评价是否公允,但其态度是非常客观的。论者都说扬雄深受老子影响,但扬雄对老子的评价仍然是不偏不倚的,他说:"《老子》之言道德,吾有取焉耳;及搥提仁义,绝灭礼学,吾无取焉耳。"(《问道》)扬雄推崇孟子,甚至"窃自比于孟子",但是他不仅不盲从孟子的"性善论"而提出了"善恶混"新说,而且对孟子"五百年必有王者兴"的历史观提出批评。扬雄虽然竭力提倡以圣人之道为论定是非的唯一标准,但是他没有把圣人之道当成僵死的教条,他同意"以往圣人之法治将来,譬犹胶柱而调瑟"(《先知》)的说法,这跟他"因循革化"的哲学思想是完全一致的。扬雄品评历史人物所坚持的"中和"原则和立场,直接影响了《汉书》的作者,班氏父子在其《汉书》品评人物的"赞曰"中,很多地方就直接或间接地引用了扬雄对该人物的评价;唐人刘知幾著《史通》,以"品藻"名篇,宣称以"实录直书"为贵,可见扬雄史学观念影响之深远。

在研究扬雄经学师承和思想特征的时候,如果没有注意到扬雄"恪守中和"这一原则立场,就可能仅凭其著作中的只言片语去论定是非,从而得出并不合乎实际的结论。笔者很同意有位学者的说法,他说:

> 康有为在《新学伪经考》中将扬雄归入古文经学派,而诋斥其为
> 谄媚攀附王莽的小人,今人遂多以扬雄反对谶纬迷信也把他与桓谭同

归入古文经学派。其实扬雄并非经师,而是所谓"通人",博通诸子之说,融会今古文经学,上承《淮南子》、司马迁兼采百家的传统,下开桓谭、王充述而有作的风气。[二一]8

按:单就关于扬雄的评论而言,这位先生是把扬雄"读懂"了的。但是他后文说:"扬雄赞誉《齐论》(齐《论语》)名家,而不提及传《鲁论》(鲁《论语》)者,也可见他更重《齐论》之说,仿今文《齐论》而作《法言》。"很显然,这又犯了仅凭扬雄只言片语而论定是非的毛病。他不知道,另外一位学者讨论扬雄经学师承的文章,所得出的结论与他恰恰相反[一三]。

(六)扬雄的"幸运"与"不幸"

在四川籍的古代学者中,就其学术成就和影响而论,以扬雄类比苏轼,应当是一点也不为过的。扬雄的学术成就是多方面的。他以《太玄》奠定了自己在中国古代哲学史上的一席地位,更以《法言》使自己赢得在中国儒家道统中的"大儒"之尊,他又是世界上从事方言研究的第一人,他还是"西汉末年最著名的辞赋家"[二二]142。除此之外,他在文字学、天文学等方面的成就也是颇令世人瞩目的。据说,他有非常丰富的音乐知识,曾著有《琴清音》一书。因此,有人说扬雄是"一位百科全书式的人才"。如果仅就扬雄"欲求文章成名于后世"[一]3583的个人志向来说,他的志向实现了,可能还远远超过了他的预期。

在扬雄所有的著述中,成就最高、影响最大的是《太玄》和《法言》。有学者认为,"《太玄》的创作目的在于解说儒家伦理……为人类社会的等级森严寻求形而上依据。……而《法言》一书是扬雄表述其成圣志向、阐述其内圣外王思想之作"[七]181。汉至唐宋的诸多儒学大师,不仅盛赞扬雄捍卫儒道的伟大功绩,而且将其纳入儒家道统谱系,将他视为继孟子之后的一代大儒和圣贤。例如：

北宋殿中侍御史柳开说：

> 吾之道，孔子、孟轲、扬雄、韩愈之道。

北宋国子监直讲石介说：

> 孔子殁，杨、墨作，道大坏也，荀况存之；汉祚微，王莽篡，道大坏也，扬雄存之。

北宋殿中丞孙复亦说：

> 吾之所谓道者，尧、舜、禹、汤、文、武、周公、孔子之道也，孟轲、荀卿、扬雄、韩愈之道也。[七]200

在众多的扬雄崇拜者中，以司马光为最。司马光在其《扬子法言集注·序》中，对韩愈在儒学道统谱系中将扬雄列在孟轲、荀卿之后不以为然，他说：

> 韩文公称荀子，以为在轲、雄之间。又曰：孟子醇乎醇者也，荀与扬大醇而小疵。三子皆大贤，祖六艺而师孔子。孟子好《诗》《书》，荀子好《礼》，扬子好《易》。古今之人，共所宗仰。如光之愚，固不敢议其等差。然扬子生最后，监于二子而折衷于圣人，潜心以求道之极致，至于白首然后著书，故其所得为多。后之立言者，莫能加也。虽未能无

小疵,然其所潜最深矣。恐文公所云,亦未可以为定论也。"[五]207

在司马光心目中,扬雄对儒家经学发展的贡献超过孟子、荀子,因此他在儒学道统中的地位也应该在二人之上。

司马光所说的"扬子好《易》"而且"所潜最深",主要是针对《太玄》而言。可见《太玄》代表了扬雄的最高学术成就。关于《太玄》,有学者解读说:

> 这是一部奇书,《四库全书》列入术数类。全书由经与传组成,经部分为八十一首,每首四重,称为方、州、部、家;每首九赞,为七二九赞,加踦、嬴两赞,共为七三一赞;两赞为一日,计为三六五日又二分之一日,相当于一年的时间;关于八十一首的解释,为"玄首都序"。"玄"是最高哲学范畴,包涵了天地人及万物之本源,其演绎以复杂的数序和谐排列,又具有高深微妙的哲理思辨。[二〇]

《太玄》是将自然科学和社会科学综合在一起的哲学著作。其写作动机,一是为支持"浑天说"推翻"盖天说"提供理论依据,所以《汉书·扬雄传》说"而大潭思浑天,参摹而四分之,极于八十一……其用自天元推一昼一夜阴阳数度律历之纪,九九大运,与天终始";一是在于解说儒家伦理,为儒家礼乐治国的主张提供理论根据,所以该传又说:"撢之以三策,关之以休咎,絣之以象类,播之以人事,文之以五行,拟之以道德仁义礼知。无主无名,要合五经,苟非其事,文不虚生。"[一]3575 所以有学者说,《太玄》"构建了一个包括时间与空间,包容天、地、人的世界图式"[七]。

《太玄》的科学思维和哲学思辨,非一般人所能理解,故《扬雄传》说"观之者难知,学之者难成",以至于连刘歆那样博学而且是扬雄朋友和同僚的人,也竟然发出"空自苦"和"恐后人用覆酱瓿"[一]3585的慨叹。但是,扬雄也不乏知音,其中首推桓谭。

桓谭是我国古代杰出的思想家,其突出贡献是反对以谶纬经学为代表的神学目的论,促进了我国唯物主义哲学和无神论思想的发展。他在王莽居摄时为大夫,与扬雄是同僚而位在扬雄之上。他在"诸儒或讥以为雄非圣人而作经"时,公开宣传说:

> 凡人贱近而贵远,亲见扬子云禄位容貌不能动人,故轻其书。……今扬子之书文义至深,而论不诡于圣人,若使遭遇时君,更阅贤知,为所称善,则必度越诸子矣。[一]3585

受《太玄》启发,桓谭著《新论》二十九卷,继续宣传"浑天说"。

王充是桓谭的学生,也是继桓谭之后我国古代又一位伟大的唯物主义哲学家。王充对扬雄推崇备至,将扬雄与孔子相提并论,他说:

> 身与草木俱朽,声与日月并彰;行与孔子比穷,文与扬雄为双。吾荣之。[二]《论衡》287

又说:

> 王公子问于桓君山以扬子云,君山对曰:"汉兴以来,未有此人。"君山差才,可谓得高下之实矣。[二]《论衡》135

有学者指出：

> 王充关于反对天命、反对谶讳迷信、反对人可以成仙不死、主张天道自然无为等思想，就是直接继承了《法言》中有关的思想，而又有所发展。[五]46

在两汉众多的知名学者中，扬雄的知音主要有四人。除桓谭、王充之外，还有《汉书》的作者班固和伟大的思想家、科学家张衡。班固对扬雄的推崇，主要表现在以下几个方面：

第一，班固不惜用大量篇幅保存扬雄的著作与言行。在《汉书》记载人物言事的"纪""传"中，占篇幅最多的是"王莽传"，其次是"高帝纪"，第三是"扬雄传"。《汉书·扬雄传》不仅全文收录了扬雄的《反离骚》《甘泉赋》《羽猎赋》《河东赋》《长杨赋》《解难》《解嘲》等主要的辞赋作品，还著录了《太玄》《法言》两书的写作缘起，以及《法言》各卷的序和篇名。以致纪晓岚在《四库全书总目提要》中不无感慨地说："雄本传具列其目曰：学行第一，吾子第二……凡所列汉人著述，未有若是之详者。盖当时甚重雄书也。"[五]200

第二，《汉书》对有些人物进行直接评价的"赞曰"，竟然直接引用扬雄《法言》对该人物的议论或评价。如《东方朔传》"赞曰"中的"朔言不纯师，行不纯德，其流风遗书蔑如也。……应谐似优，不穷似智，正谏似直，秽德似隐。非夷齐而是柳下惠，戒其子以上容：'首阳为拙，柱下为工；饱食安步，以仕易农；依隐玩世，诡世不逢。'其滑稽之雄乎"这段话，几乎全文照录自《法言·渊骞》。类似情况还见于其他人物的传赞。这充分说明，扬雄在评价历史人物时所坚持的道德标准和历史观点，班固是完全认同的。甚至扬雄在《法言·孝至》中公开歌颂王莽时所说的"周公以来,未有汉公之懿也,勤劳则过于阿衡",我们也不难在《汉书·王莽传》的"赞曰"中发现班固的"共鸣":

> 赞曰:王莽始起外戚,折节力行,以要(邀)名誉,宗族称孝,师友归仁。及其居位辅政,成、哀之际,勤劳国家,直道而行,动见称述……

按:如果去掉这段话中带感情色彩的"以要名誉",人们所见到的,难道不是一位道德美好、勤劳国事的"忠臣"王莽的形象?

第三,班固对扬雄的才能和道德推崇备至,对扬雄一生的遭际充满了同情。请看下面一段《汉书·扬雄传》中的文字:

> 雄少而好学,不为章句,训诂通而已,博览无所不见。为人简易佚荡,口吃不能剧谈,默而好深湛之思。清静无为,少嗜欲,不汲汲于富贵,不戚戚于贫贱,不修廉隅以徼名当世。家产不过十金,乏无儋石之储,晏如也。自有大度,非圣哲之书不好也;非其意,虽富贵不事也。

按:与俗儒志向不同,故"不为章句";"博览"而"好深湛之思",故才智殊异;有大德,故"不汲汲于富贵,不戚戚于贫贱";有大志,故"非其意,虽富贵不事也"。在班固心目中,扬雄确乎是一位才智殊异、有大德、有大志的人。

大智、大德、大志的扬雄"三代不徙官"的遭遇,激起班固极大的同情。班固在"赞曰"中为扬雄鸣不平说：

> （雄）给事黄门，与王莽、刘歆并；哀帝之初，又与董贤同官。当成、哀、平间，莽、贤皆为三公，权倾人主，所荐莫不拔擢，而雄三世不徙官。及莽篡位，谈说之士用符命称功德获封爵者甚众，雄复不侯，以耆老久次转为大夫，恬于势利乃如是。

按："三公"秩二千石以上，黄门郎秩仅"比四百石"。位次之悬殊，犹如宰相与县丞。扬雄在黄门郎这个位置上一干就是二十年。王莽篡汉以后，实在过意不去了，也才因扬雄的资历很老将他"转为大夫"。这个"大夫"其实是"中散大夫"，是个虚衔，秩不过六百石，尚不及县令的级别且没有实权，王莽给他的职务是到天禄阁校书。按照常理，"郎"的官位虽低，却是皇帝近臣，是最容易平步青云的，所举王莽、刘歆、董贤便是。所以班固只好用"恬于势利"（自己淡泊名利）来解释扬雄的"三世不徙官"。

在世人訾议扬雄的讥诮声中，伟大的思想家和科学家张衡对人说："吾观《太玄》，方知子云妙极道数，乃与五经相拟。"（《后汉书·张衡传》）张衡对扬雄的推崇，绝非纯粹受其老师王充的影响，而是出于他对扬雄的深刻理解。

尽管扬雄官当得很小，但他能够受到像桓谭、王充、班固、张衡这样的汉代大名士、大学者的如此推崇，已经是他的幸运了；而在他身后一千年左右的唐、宋两代，竟又有韩愈、司马光等人给他以极高的评价，并且将他归入儒学道统谱系，奉为仅次于孔、孟的一代圣贤，甚至在宋代神宗朝享受到与孟子一样被请入文庙从祀孔子的最高待遇。命运能如扬雄者，能有几人？

古人云:"人生得一知己足矣。"又云:"太上有立德,其次有立功,其次有立言。"扬雄身后,得天下众多名儒为知己,德配孔、孟,功在儒学,言垂万世,其荣何极!

应当说,扬雄是非常幸运的。

然而,纵观扬雄的生前与身后,扬雄又是非常不幸的。其最大的不幸有三:

一是屈身隐忍的痛苦。

扬雄以三十余岁的盛年离蜀入京求仕,而且不愿以"章句训诂"之学为手段步入仕途,可见,他是企图干一番大事业的。有学者撰文指出:

> 从史籍文献反映出的人生经历看,扬雄玄默外表的深处,激荡着昂扬上进的雄心;透过艰深晦涩的文句,我们能感觉到他立言成圣的冲动。所以说,扬子不是一个满足于"朝隐"的"智者",而是一位自觉捍卫儒学正统、以接续圣人之道为己任的鸿儒。[七]199

然而,残酷的现实击碎了他的梦想。由于扬雄不走一般儒生以为经典作注而入仕途的"章句训诂"之路,又不愿主动巴结投靠权势者,俨然一副"待价而沽"的模样,所以仅靠权势者"奇其文雅"而被人看重,做了一个官卑职小的黄门侍郎。然而,扬雄始终坚持"君子仕则欲行其义,居则欲彰其道"(《法言·五百》)的处世原则,从来不以个人的荣辱进退为意,这就决定了他"三世不徙官"的命运。

扬雄的内心是非常痛苦的。他羡慕"解缚而相"的管仲、"释褐而傅"的宁戚、"倚夷门而笑"的侯嬴,因为这些人"颇得信其舌而奋其笔,窒隙蹈瑕而无所诎也",甚至"或立谈间而封侯,或枉千乘于陋巷"[一]3570。

换言之，他羡慕先秦之士能够凭着自己的才能被人君重用而施展其才能和实现自己人生的抱负。他也羡慕汉初的萧何、曹参、张良、陈平，甚至霍去病、公孙弘、叔孙通等人，因为这些人都能"会其时之可为"[一]3573而被人君重用。对于他自己所处的时代，扬雄是有清醒认识的，并且因此而痛心疾首。他不无愤怒地说：

当今县令不请士，郡守不迎师，群卿不揖客，将相不俯眉；言奇者见疑，行殊者得辟，是以欲谈者宛舌而固声，欲行者拟足而投迹。向使上世之士处乎今，策非甲科，行非孝廉，举非方正，独可抗疏，时道是非，高得待诏，下触闻罢，又安得青紫？[一]3570

扬雄知道自己是"言奇者""行殊者"，也知道自己的行为是"抗疏"和"时道是非"，并且深知这是自己不得"青紫"的原因。但是，他仍然坚持"诎身，将以信道也。如诎道而信身，虽天下，不为也"（《法言·五百》）的处世原则，绝不做为了个人的荣华富贵（"信身"）而有损道义（"诎道"）的事情，这就注定了他一生悲剧的命运。尤其使扬雄痛苦的，是既不能伸展大志于天下，又不能做一个彻底的隐者而退隐江湖，因为他不仅需要朝廷那一份赖以生存的菲薄的俸禄，而且他还需要朝廷秘阁丰富的藏书以使自己"欲求文章成名于后世"，从而实现自己"捍卫儒学正统、以接续圣人之道"的另一番人生理想。这样，他就不得不"隐忍苟活"，其痛苦是可想而知的。

二是贫穷丧子的悲惨。

扬雄的一生是在贫穷中度过的。《汉书·扬雄传》说他"家产不过十金，乏无儋石之储"，有学者考证说："汉代黄金一斤为一金，值万钱。所以十金就是十万钱。"[五]3初看上去，这"十金"的家产也应当算是富裕的了,但是根据"用马五匹值二万,牛车二辆值四千"的汉代物价来看,扬雄的全部家产,也就只能购买25匹"用马",或者50辆"牛车"。又《汉书·文帝纪》说:"百金,中民十家之产。"可见,以家产论,扬雄也就是一个"中民",实际上是个小地主的经济条件。扬雄官阶低,薪俸少,又不善理财治家,加之晚年"嗜酒",故班固说他"家素贫"。"贫"到什么程度呢?据《汉书》记载,已经做了王莽"大夫"的扬雄,竟然很少有人到他家去。偶尔有喜欢扬雄学问的人上门讨教,也就需要自己带着酒和菜去作为贽礼。或许有人会说:"扬雄好歹也是个朝廷的大夫,何至于穷到这样的地步呢?"要知道,扬雄的"中散大夫"是虚衔,只是个荣誉称号,是不涨薪俸的。而黄门侍郎一职是个闲官,既无职权,又无衙署,住房也有可能是租用的,家里如果还有一两个童仆,再加上自己的家属,扬雄晚年又嗜酒如命,岂能不"入不敷出"?长期的入不敷出,以致"乏无儋石之储",也就是说,有时穷到连一两百斤粮食的储备都没有。对此,有学者有不同看法,认为:

> 关于扬雄的家庭情况,《汉书·扬雄传》说"家产不过十金",虽然接近真实,终不免有些缩小;而说"乏无儋石之储",就更是为了强调扬雄的"不戚戚于贫贱",而故意夸张其词了。[五]4

果真是"夸张其词"吗?笔者认为,班固的记载完全是据实言之,如我上文所分析的那样。之所以有此分歧,主要在于对"家产"一词的理解。这位学者所理解的"家产",相当于今天所说的"家庭储蓄",没有包括家庭的其他财产。因为传载扬雄"有田一廛,有宅一区","一廛"在汉代为"晁错所说的二百四十亩"甚或更多[五]3。如果真是这样,那么"家产不过十金""乏无儋石之储"就确实是"故意夸张其词"了。然而,无论古今,"家产"都应当是指一个家庭的全部财产,绝不会只指家庭的现金储蓄。至于扬雄在郫县的田产,我的理解是这样的:扬雄在离蜀进京前,或延师受教,或四处游学,这必然是一笔不小的花费;离蜀进京需要一笔数额不菲的盘缠,"世世以农桑为业"的扬雄,只有靠变卖田地房产来凑足这笔资费;加之离开故乡时,家里已经没有了父母和其他亲人(古训"父母在,不远游",既能离蜀进京,足见父母已不在;传谓"自季至雄,五世而传一子",足见已无其他亲人),扬雄必定会将所剩不多的蜀地家产变卖一空以充作入京的资费。因此,"家产不过十金"应当是扬雄的全部财产。

晚年丧子以致绝嗣的遭遇,给扬雄的打击尤为沉重。扬雄有一个儿子,而且是个神童。《法言·问神》说:"育而不苗者,吾家之童乌乎?九龄而与我《玄》文。"《太平御览》卷三八五引《刘向别传》载:"扬信,字子乌,雄第二子。幼而聪慧,雄算《玄经》不会,子乌令作九数而得之。雄又拟《易》'羝羊触藩',弥日不就,子乌曰:'大人何不云荷戟入榛?'"可见扬雄的这个儿子确实是个少见的神童。可是这样一个神童竟然"育而不苗",没有长大成人就夭折了。古训:"不孝有三,无后为大。"无论就伦理责任而言,还是就个人感情而言,五世单传的扬雄在五十多岁的暮年失去这样一个神童儿子,其精神痛苦之巨大是可想而知的。晚年的扬雄,纯粹成了一个形单影只的孤寡老人。再加上因为"投阁事件"摔断了腿,他让我们很自然地联想到鲁迅笔下的"孔乙己"。晚年的扬雄,与孔乙己所不同的,就只有他头上还罩着一顶"中散大夫"的帽子而已。但正是因为这顶"帽子",连累他身后蒙受了千年的不白之冤。扬雄在贫病交加和孤独无助中死去时,王莽朝廷竟连殡葬的优抚都不给,幸亏有侯芭这样的孝义弟子代尽孝子之谊,为他"起坟,丧之三年"[一]3585,不然,扬雄的一把老骨头连安葬之所也找不到,其结局就更加惨不忍睹了。

三是身后蒙冤的遗恨。

扬雄的一生，都是在不被人理解中度过的。扬雄最不能被人理解的，主要有三件事：一是"非圣人而作经，犹春秋吴、楚之君僭号称王，盖诛绝之罪也"[一]3585；二是王莽篡汉以后，扬雄竟然接受了王莽授予他的"中散大夫"，心甘情愿地做起了汉家天子的"逆子贰臣"；第三个最不能被人理解和原谅的，是他竟然冒天下之大不韪，撰写了一篇为王莽新朝歌功颂德的《剧秦美新》文。

不过，直到朱熹在《通鉴纲目》中给扬雄以"莽大夫扬雄死"的判词以前，如前文所述，扬雄在绝大多数汉代以来的大学者心目中的形象都是很崇高的。尤其是像班固这样历史观倾向于封建正统和相对保守而且与扬雄为同时代人的历史学家，不仅没有因为扬雄仕莽而将他视为"逆子贰臣"，也没有把扬雄撰《剧秦美新》视为媚事王莽或者政治节操问题。

但是，自从朱熹"莽大夫扬雄死"的判词出现以后，扬雄及其著作便不断遭到贬损，扬雄也因此由"圣人"而成了"小人"。扬雄在明代的名声最坏，攻讦之声甚嚣尘上。明朝洪武二十九年，大臣杨砥建言："黜扬雄从祀。"即要求将扬雄神主从各地文庙中撤除，其理由是"臣事贱莽"。清嘉庆二十一年重修之《新都县志》尚载"罢祀扬雄"。明、清两代的大学者，大多对扬雄持否定态度，甚至像顾炎武这样思想激进、卓有成就的大学问家，也难免受其影响，请看下面这段文字：

> 扬子有云："多闻则守之以约，多见则守之以卓；少闻则无约也，少见则无卓也。"此其语有所自来，不可以其出于子云而废之也。（顾炎武《答友人论学书》）

按:中国有"以人废言"的传统,顾炎武引用《法言·吾子》语录时,专门强调不要因为这话出自扬雄之口而不重视它。由此不难想象,这时候扬雄的名声"臭"到什么程度了。

近人蔡东藩(1877~1945)著历史演义,在涉及扬雄"事莽""美新"的问题时,发挥想象,附会情节,使扬雄成为一个贪生怕死的谄媚小人。蔡氏不仅在回末点评中说:"扬雄甘为莽大夫,投阁不死,反为美新之文以谄媚之。老而不死是为贼,区区文名,何足道乎?揭而出之,亦维持廉耻之一端也。"而且还作诗一首讥讽扬雄,诗曰:

才高倚马算文豪,一落尘污便失操。
赢得头衔三字在,千秋笔伐总难逃。[二三]9

扬雄的不被人理解,在蔡东藩笔下达于极点。如果扬雄泉下有知,将情何以堪?然而,就在扬雄遭到贬斥的同时,学术界为扬雄辩诬的斗争也从来没有停止过。这场斗争从宋代开始,由宋而明,由明而清,一直持续到现在。扬雄为"莽大夫"和撰《剧秦美新》的"历史问题",已经成为中国学术界近千年来的一桩历史公案。

二、关于扬雄著述的几个问题

古今学者,在涉及扬雄著述问题的讨论时,主要有以下几个悬而未决的问题:一是《法言》的主题、结构及语言特点;二是《方言》的著作权问题;三是"四赋"的写作年代问题;四是对扬雄"拟经"的认识问题。笔者不揣浅陋,拟对这四个问题谈谈自己的看法,既以就教于时贤,亦以供初学扬雄著述者参考。

（一）关于《法言》的几点说明

《法言》是扬雄的代表作之一，是研究扬雄思想最重要的依据，为历代扬雄研究者所重视。古今研究《法言》的人很多，在字词解读、句意解析上的分歧实难尽述，见仁见智，可以不必深究。但是，对《法言》主题的理解所产生的分歧，对《法言》的结构和语言所产生的批评意见，却是不能不加以解释和说明的。

1.《法言》的主题与贡献

古人直接探讨《法言》主题思想的文章不多，偶有论及者，也是多以《汉书》扬雄"自序"所述为据，如唐人刘知幾说："仲尼既没，微言不行。史公著书，是非多谬。由是百家诸子，诡说异辞，务为小辨，破彼大道。故扬雄《法言》生焉。"[一四]515 刘知幾认为，《法言》是扬雄为了纠正《史记》的谬误和批评诸子的"诡说异辞"而著的一部书。这是把写作缘由当成了《法言》的主题，自然是不准确的。

现代学者，有的认为，"扬雄是想通过此书的创作为世人树立可资效法的典范"，并且指出："《法言》的基调和主旨还是很清晰的，正如扬雄自己所云，此书是针对当时思想界'各以其知舛驰'的混乱局面，意欲以圣人之道为标准，重建价值体系之作。"[七]另有学者认为，"《法言》是用正统的儒学观点驳难诸子之说及有悖于'圣人'之教的一切言行，来维护儒教之至尊，其目的是解时惑、答人疑"[二四]。还有学者指出："《法言》就是作为准则而对事情的是非给以评判之言。……他（扬雄）是根据当时的社会条件，按照自己的需要来理解和审查过去的各派学说，然后套用来褒贬当时的社会现象。"[五]

以上三家关于《法言》主题的解说，可以分别概括为"重建儒家价值体系说""维护儒家至尊说""褒贬社会现象说"。

笔者认为,将这三种说法归并起来,应当就是《法言》一书的主题,即《法言》通过褒贬各种历史人物和历史事件以维护孔子及其儒学的至尊地位,从而建构了新的儒家价值体系。

这个"新的儒家价值体系",就是以封建伦常为核心的思想体系。这个思想体系,在儒学发展史上具有相当重要的作用。说它的作用"相当重要",主要基于以下三个方面的原因:

第一,它为两汉之际已经摇摇欲坠的儒家思想文化注入了新的活力,使正在遭到各种质疑的儒学理论又有了继续向前发展的力量。

第二,它第一次向世人公开宣示,只有孔子之道才是封建伦常的核心内容,巩固了孔子在儒学道统中独尊的地位。

第三,它塑造了孔子这个封建伦理的代表形象,以至于在后来长达两千年的封建社会中,孔子作为中国传统文化的代表的地位从来没有动摇过。

这是《法言》的历史贡献,也是扬雄的历史贡献。明乎此,也就不难理解桓谭、王充、张衡等扬雄的同时代人为什么会认为扬雄是"西道孔子",也就不难理解唐宋那些伟大的政治家和思想家为什么会那样推崇扬雄,也就不难理解司马光为什么会认为扬雄在儒学道统中的地位应该在孟子、荀子之上了。

2.《法言》的结构特点

晋人袁准说:"《法言》杂错而无主。"[一四]520 所谓"杂错",是说结构杂乱,篇章之间缺乏逻辑联系;所谓"无主",是说一篇或一章的主题很难把握,仿佛没有主题。

客观地说,《法言》语言"简奥艰深",加之仿《论语》一问一答的语录体形式,这就难免给人以结构散乱("杂错")的印象。由于《法言》的结构"杂错",使不少研究《法言》、为《法言》作注释的人,总是难免给人留下遗憾以致遭到批评和责难,如唐人柳宗元为《法言》所作的注释,就遭到宋人宋咸的严厉批评,宋咸说:"唐柳宗元删定,虽释二三而不能尽补其亡误。故中有义易决者反疏之,理尚秘者则虚焉,阙文者弗能正,讹字者乃无辨。至于言不诂而事不属,议失旨而举失类,已什其手。是使扬氏之意尚有所晦,学子不能无冗豫也。"[五]205—206 简而言之,宋咸批评柳宗元避重就轻,该注释的没有注释,不必注释的却作了注释,以致读者无法正确理解《法言》文意。究其缘由,都是因为《法言》结构"杂错"所致。

《法言》的结构果真"杂错无主"吗?

应当说,只要肯下功夫细绎原文,《法言》的行文脉络和全书结构,还是可以理出一个头绪,还是可以发现十三篇之间其实是有逻辑联系的,贯穿全书的行文脉络就是对"圣人"和"圣人之道"的高度赞赏。

《法言》以《学行》始,以《孝至》终,各篇主题大致可以归纳如下:

《学行》:概述关于学习的几个原则问题,强调必须以圣人和圣人之道为学习对象。

《吾子》:论述学习对象,强调必须辨别圣人之道的真伪。

《修身》:论述学习目的,强调应该树立"修身以成圣"的志向。

《问道》:论述学习方法,强调坚持圣道原则,抵制诸子邪说。

《问神》:论述圣人的思想体系,强调圣人之道的博大精深。

《问明》:论述圣人的行事原则,强调圣人"尚智"以明哲保身。

《寡见》:论述圣人的治国理念,强调圣人"尚德"以治理天下。

《五百》:论述圣人的卓越道德,强调圣人"诎身信道"的处世原则。

《先知》:论述圣人的政治理想,强调圣人希望建成一个"中和"的太平盛世。

《重黎》《渊骞》：品评历史人物和历史事件，为世人学习仁义礼乐提供正面和反面的典型。

《君子》：论述圣人的人才标准，强调"进退以礼""自爱自敬"和"以德益寿"。

《孝至》：论述孝道的标准和表现，强调"致帝者之用，成天地之化"是人君最大的孝道。

以上的归纳肯定是不全面的，但是它也大致勾画出了儒家封建伦常的核心内容，也能让人看到扬雄所构建的新的儒家价值体系。所以批评《法言》"杂错而无主"是不客观也不公允的。

至于《法言》全书的结构为什么会给人"杂错无主"的印象，宋咸在其《重广注扬子法言·序》中的解释是正确的，他说："群经之文，支离寡要者也。非夫孔传众氏之解，则章趣之会，无乃隐焉，欲辨纲常，不可得也。"[五]205 "支离"谓结构散乱，"寡要"谓文意难明。各种经典都是如此，故《五百》有"何五经之支离"一问。《法言》既然是"拟经"之作，其"杂错""支离"的结构特点，也就不难理解。

3.《法言》的语言特点

从古至今，学者无不以"艰深简奥"概括《太玄》《法言》在语言上的特点。

《法言》的"艰深简奥"主要表现在两个方面：一是句子过于简略，二是句子之间的逻辑关系很不明显。句子过于简略，势必句意难明，甚或可以有多种理解；句子间缺乏逻辑关系，一章的旨趣必然费解。

《法言》的"艰深简奥"，使扬雄的推崇者褒赞它说："惟彼《法言》，准夫《论语》，文高而绝，义秘而渊。"[五]206 贬抑者则批评它说："《论语》

无意为文而自灿然成文。乃《法言》故为艰险,至不可属读。自识者观之,不独《太玄》可覆瓿矣。"[五]196

至于《法言》"艰深简奥"的原因,前人大多认为是扬雄故意为之,如有人说:"扬子云拟《论语》作《法言》,其言曰'圣人之经不可使易知',其意以为圣经亦只是欲使人难知尔。殊不知圣经明白易简,初岂有意为艰深之辞哉!"[五]196 还有人说:"雄《长杨》诸赋,文章殊绝;《训纂》诸书,于小学亦深。惟此书摹仿《论语》,徒为貌似。"[五]203 应当说,这两种说法都不无道理,因为除《太玄》《法言》之外,扬雄的其他文章,都不是这种行文风格,也都不像这样"艰深简奥"。

扬雄为什么要把《太玄》《法言》故意写得"艰深简奥"呢?

其根本原因就在于他是在"拟经"。原来,儒家六经,都是经孔子删削过的。删削,就是要去掉繁文以明经义,故经文都从简。对此,王守仁有过详细的论述,他说:

《书》自《典》《谟》以后,《诗》自《二南》以降,如《九丘》《八索》,一切淫哇逸荡之词,盖不知其几千百篇;《礼》《乐》之名物度数,至是亦不可胜穷。孔子皆删削而述正之,然后其说始废。如《书》《诗》《礼》《乐》中,孔子何尝加一语……至于《春秋》,虽称孔子作之,其实皆鲁史旧文。所谓笔者,笔其旧;所谓削者,削其繁。是有减无增。孔子述六经,惧繁文之乱天下,惟简之而不得,使天下务去其文,以求其实。[二四]

按:王守仁认为,孔子著述尚简略,故删订六经时,文字有减无增。原因是"惧繁文之乱天下"。

孔子著经尚简略，当然没有错，一切文章都应当以简明扼要为上。但是，简略不等于"简奥"晦涩。扬雄为了"拟经"而故意使《太玄》《法言》的文字"简奥"晦涩，确实是不可取的，也就难怪别人说他"徒为貌似"了。

（二）关于《方言》的著作权问题

《方言》全名《輶轩使者绝代语释别国方言》。自汉末应劭《汉书集解》征引文献时称"扬雄《方言》"以来，学界大多认可《方言》为扬雄著作。对《方言》著作权提出质疑的是宋人洪迈，洪迈在其《容斋随笔》中指出：

> 今世所传扬子云《輶轩使者绝域语释别国方言》……以予考之，殆非也。雄自序所为文，《汉书·本传》但云："经莫大于《易》，故作《太玄》；传莫大于《论语》，作《法言》……辞莫丽于相如，作四赋。"雄平生所为文，尽于是矣，初无所谓《方言》。《汉书·艺文志·小学》有《训纂》一篇，《儒家》有雄所序三十八篇，《杂赋》有雄赋十二篇，亦不载《方言》。观其答刘子骏书，称"蜀人严君平"。按：君平本姓"庄"，汉显宗讳"庄"，改曰"严"。《法言》所称"蜀庄沈冥""蜀庄之才之珍""吾珍庄也"皆本字，何独至此书而曰"严"？……既云成帝时子骏与雄书，而其中乃云"孝成皇帝"，反复抵牾。又书称"汝、颍之间"，先汉人无此语也。必汉魏之际，好事者为之。[一四]209

洪迈质疑的理由有二：一是据《汉书·扬雄传》和《汉书·艺文志》，均不载扬雄著作有《方言》一书；二是据扬雄《答刘歆书》，信中称"严君平""孝成皇帝""汝颍之间"，均不合情理。由此断定，《方言》"必汉魏之际，好事者为之"。

洪迈的质疑，引起众多学者关注，但支持者寡，辩驳者多。在众多辩驳文章中，以清代学者的辩驳最为精审而令人信服。今试举几例以说明之。

戴震《方言疏证自序》云：

> 刘歆遗雄书求《方言》，则当王莽天凤三四年间，未几而雄卒……答书有云："语言或交错相反，方复论思详悉集之。如可宽假延期，必不敢有爱。"然则《方言》终属雄未成之作，歆求之而不与，故不得入录，班固次《雄传》及《艺文志》不知其有此。至应劭集解《汉书》始见征引，称"扬雄《方言》"……盖是书汉末魏晋乃盛行，故应劭举以为言，而杜预以释经。江琼世传其学，以至于式。他如吴薛综述二京，解晋、张载、刘逵注《三都赋》，晋灼注《汉书》，张湛注《列子》，宋裴松之注《三国志》，其子骃注《史记》，及隋曹宪，唐陆德明、孔颖达、长孙讷言、李善、徐坚、杨倞之伦，《方言》及注几备见援摭。其后，独洪迈疑之，谓"雄所为文，尽见于《自序》"及"《汉志》初无所谓《方言》"……又未考雄之文，如《谏不受单于朝书》《赵充国颂》《元后诔》等篇，溢于《雄传》及《艺文志》外者甚多。而轻置訾议，岂应劭、杜预、晋灼及隋唐诸儒，咸莫之考实耶？常璩《华阳国志》于林闾翁孺、杨庄，并云见《扬子方言》；李善注《文选》，引张伯松曰"是悬诸日月不刊之书也"，亦直称"扬雄《方言》曰"，可证。[一四]210

戴震针对洪迈的质疑，分别从四个方面列举事例予以辩驳：其一，《方言》未被《汉书》收录，是因为《方言》是扬雄"未成之作，歆求之而不与，故不待入录"刘歆《七略》，班固也就"不知有此"；其二，扬雄著作未被《汉书》收录者"甚多"，认为未被《汉书》收录的就非扬雄著述的说法不能成立；其三，汉末魏晋以后的历代著名学者，在其传注笺疏中援引《方言》时皆称"扬雄《方言》曰"，足见《方言》的作者为扬雄无疑；其四，"刘歆遗雄书求《方言》，则当王莽天凤三四年间"，那么，扬雄《答刘歆书》中称汉成帝谥号"孝成皇帝"，也就不足为奇。

戴震辩驳洪迈的四条理由，前面三条均有据，毋庸置疑，唯第四条显得牵强无力。但纪晓岚《四库全书总目提要》中的一段话，可视为戴震辩驳理由的支持和补充，纪晓岚说：

> 称雄作《方言》，实自歆始。魏晋以后，诸儒转相沿述，皆无异词。唯宋洪迈《容斋随笔》，始考证《汉书》，断非扬雄作。然迈所摘刘歆与雄往返书中，既称在"成帝时"，不应称"孝成皇帝"一条，及东汉明帝始讳"庄"，不应西汉之末即称庄遵为"严君平"一条，则未深中其要领。考书首"成帝时"云云，乃后人题下标注之文，传写舛讹，致与书连为一，实非歆之本词。文义尚犁然可辨。书中载"杨庄"之名，不作"严"字，实未尝预为明帝讳。其"严君平"字，或后人传写追改，亦未可知，皆不足断是书之伪。[一四]212

纪晓岚认为，在扬雄与刘歆往还的书信中，之所以出现"成帝时"与"孝成皇帝"的矛盾，是因为后人传写时，将"题下标注之文"与书信原文"连为一"体造成了"舛讹"。根据二人往还书信的原文中，"杨庄"并没有写作"杨严"，可以判定信中"严君平"很可能为"后人传写追改"所致。纪晓岚这样的解释，是能令人信服的。

综合戴震和纪晓岚辩驳的理由，洪迈对扬雄拥有《方言》著作权的质疑，应当是站不住脚的；换言之，扬雄确实是《方言》的作者。不过，有必要加以说明的是,洪迈并非"贬雄派",相反,洪迈亦是扬雄的"粉丝",并且为扬雄"仕莽"辩诬非常卖力;洪迈对《方言》著作权的质疑,完全是出于学者对事情真相的追寻,"在宋元以来,六书故训不讲"的学术风气下,洪迈的学术精神尤为难能可贵。

(三)关于"四赋"的写作年代

1. 关于扬雄"奏赋"年代的分歧意见

关于扬雄"四赋"的写作时间,争议最多的是《甘泉赋》和《羽猎赋》。前者的争议,源于扬雄"至京"年代的分歧意见;而后者的争议,则源于《汉书》"成帝纪"与"扬雄传"记载的不一致。

(1)《甘泉赋》写作年代的分歧意见。

"永始三年"说。倡此说者为托名刘歆的《七略》。《文选·甘泉赋》李善注云:"《七略》曰:'《甘泉赋》,永始三年正月,待诏臣雄上。'《汉书》(永始)三年无幸甘泉之文,疑《七略》误也。"[一四]47

笔者按:据《汉书·成帝纪》,自成帝建始元年(前32)十二月朝廷"罢甘泉、汾阴祠"以来,迄至永始三年(前14)十月,朝廷都没有过祭祀甘泉泰畤、汾阴后土的活动,永始三年也没有成帝行幸甘泉的记载,故李善注曰"疑《七略》误也"。

"永始四年"说。此说的代表人物为何焯。何在其《义门读书记》中说:"雄生在宣帝甘露元年,至成帝永始三年为四十岁。班书赞中言年四十余,自蜀游京师,王音荐为待诏,则《甘泉赋》为四年所上。"[一四]45

台湾学者李周龙对何说首鼠两端,既说:"此说亦不能称是。盖何氏未将王音拜大司马及薨年一考之也。"又说:"平心而论,何焯之说最为可取。焯虽失考王音卒年,然谓《甘泉赋》永始四年上,则与李善《甘泉赋·注》同。"[一四]45、48

"元延二年"说。坚持这种说法的学者较多,可以沈钦韩为代表。沈在其《汉书疏证》中说:"《成帝纪》,永始四年正月,元延二年正月、四年正月,俱有幸甘泉事。据此《传》下云:其三月,将祭后土;其十二月,羽猎。不别年头,则为一年以内之事。奏《甘泉赋》,当在元延二年,与《纪》方合。"[一四]48

李周龙则表示反对,其理由是:"子云于永始元年至长安,三年待诏,岁余奏《羽猎赋》,则《甘泉》《河东》《羽猎》三赋,当是永始四年写进。"[一四]49

(2)《羽猎赋》写作年代的分歧意见。

扬雄因奏《羽猎赋》而"除为郎",因此《羽猎赋》成为扬雄生平中一件大事,受到众多学者的关注。研究者们发现:据《汉书·扬雄传》记载,《羽猎赋》描写的"校猎"活动发生在元延二年十二月,《长杨赋》描写的"长杨观猎"发生在元延三年秋,应该是两次活动;但是,据《汉书·成帝纪》记载,汉成帝"元延二年冬,行幸长杨宫,从胡客大校猎",元延三年没有"行幸长杨宫"的活动。对此,研究者们各有说法,其代表性观点主要有以下三种:

"《帝纪》有误"说。此说以钱大昕为代表。钱在其《三史拾遗》中说:"《传》云'其十二月羽猎',即《纪》所书'冬,行幸长杨宫,从胡客大校猎'也。次年秋复幸长杨射熊馆,则《本纪》无之。盖行幸近郊射猎,但书最初一次,余不尽书耳。但(元延)二年校猎,无'从胡客'事,至次年乃有之。并两事为一,则《纪》失之也。"[一四]47—48

笔者按:钱大昕认为,《帝纪》元延三年不载"长杨观猎",是因为"行幸近郊射猎,但书最初一次",这是可以理解的;但是把元延三年才有的"从胡客大校猎"记在元延二年冬的"羽猎"的名下,这是将两件事混为一件事了,是《帝纪》的失误。

"《雄传》有误"说。持此说者为戴震。戴氏的说法见于钱大昕《三史拾遗》所引,钱氏说:"戴氏震以《本纪》元延三年无长杨校猎事,断为《传》误。不知《羽猎》《长杨》二赋原非一时所作:《羽猎》在元延二年之冬,《长杨》则三年之秋。子云自序,必不误也。"[一四]48

"一事二赋"说。倡此说者为沈钦韩。沈在其《汉书疏证》中说:"《羽猎》《长杨》二赋,均是(元延)二年冬事。而《传》次序,一在当年,一在明年,盖以上赋之先后为次也。《羽猎赋》序,但言苑囿之广、泰奢以风(讽)。先闻有校猎之诏,逆作赋,在行幸长杨之前。及雄从幸长杨,亲睹搏兽,归奏此赋,在明年尔。盖雄于每篇自序作赋之由,故须别起。班但承其文耳,非有误也。"[一四]48

笔者按:沈钦韩认为,《羽猎》《长杨》二赋,不仅都是描写元延二年冬成帝"长杨观猎"一事,而且《长杨》不过是《羽猎》的续篇而已。《羽猎赋》作于"长杨观猎"之前,是凭空想象的产物;《长杨赋》是"长杨观猎"之后,据实补充的内容。两赋在扬雄序中"跨年"的原因,是因为奏赋的时间与观猎的时间"跨年"。

以上三种说法,孰是孰非,姑且不论,聊备参考而已。

2. 扬雄"奏赋"年代考证

在确定扬雄"至京"的时间为成帝阳朔三年之后,扬雄写奏"四赋"的年代问题就变得简单多了。我们只需将《汉书·成帝纪》所载汉成帝的"行幸"活动,跟《汉书·扬雄传》所载"四赋"的序文相参证,便不难确定"四赋"的写作年代。

《汉书·成帝纪》载,成帝一年中"正月,行幸甘泉,郊泰畤;三月,行幸河东,祀后土"的情况共四次,分别是:永始四年、元延二年、元延四年、绥和二年。又载:"元延二年冬,行幸长杨宫,从胡客大校猎。"

《资治通鉴·成帝纪》载:"元延二年春正月,上行幸甘泉,郊泰畤。三月,行幸河东,祠后土;既祭,行游龙门,登历观,陟西岳而归。"

以上史料显示:元延二年,汉成帝不仅行幸了甘泉、河东,还行幸了长杨宫;行幸河东时,在完成祭祀后土的仪式之后,还游历了龙门、历观、西岳等地。这是其他年份的"行幸"活动所没有的。

再来考察《汉书·扬雄传》所载"四赋"的序文。《甘泉赋》序曰:"正月,从上甘泉,还,奏《甘泉赋》以风。"《河东赋》序曰:"其三月,将祭后土……既祭,行游介山,回安邑,顾龙门,览盐池,登历观,陟西岳以望八荒……还,上《河东赋》以劝。"《羽猎赋》序曰:"其十二月羽猎,雄从……又恐后世复修前好,不折中以泉台,故聊因《校猎赋》以风。"

扬雄在"正月"前未署年号和年序,但在"三月"和"十二月"间均有"其"字。据上引《资治通鉴·成帝纪》元延二年三月"既祭……"所云,可知《河东赋》为元延二年作。诚如沈钦韩所云,"不别年头,则为一年以内之事","三月"和"十二月"前的"其"字,犹如今之所谓"该年"。这样,我们便有理由认为,《甘泉》《羽猎》二赋,亦为元延二年作。《长杨赋》继《羽猎赋》之后作,既曰"明年",则为元延三年作无疑。

现在的问题是:《帝纪》所载的成帝"行幸长杨宫,从胡客大校猎"是在元延二年冬,并且不载"羽猎"事;而《扬雄传》所序从成帝"长杨观猎"事是在"明年"(元延三年)秋。

这究竟是怎么一回事呢?

笔者认为,元延二年冬十二月的"羽猎",是为"长杨观猎"训练仪仗队和安保人员的一次活动。扬雄既将"羽猎"视为"长杨观猎"的开始,或者说视两事为一事,故以《校猎赋》名篇。班固理解扬雄用意,为了避免一事重见,故将"长杨观猎"系于"羽猎"活动之年而不单列"羽猎"

之事。《汉书》这样的处理，既非如钱大昕所说"行幸近郊射猎，但书最初一次"，更不是如沈钦韩所说"以上赋之先后为次"。

笔者如此解读的主要依据有以下几个：

第一，《羽猎赋》的命名值得玩味。描写汉成帝游幸的"四赋"，其他三赋均以游幸地名为赋名，只有《羽猎赋》或《校猎赋》是以活动内容为赋的名称。这是为什么？我们在赋的序和正文中都找不到"羽猎"活动的地点，说明"羽猎"就是在京师长安近郊开展的活动。还有一个佐证是：其他三赋的序文中，都有一个表示跟从成帝行幸归来的"还"字，唯独《羽猎赋》序中没有；因为观看"羽猎"并没有离开长安，所以才不会用"还"字来表示归来。何谓"羽猎"？颜师古注引服虔曰："士负羽。"所谓"士负羽"，是说军士们戴着插有羽毛的头盔参加活动。这些头盔上插着羽毛的军士，不分明是由御林军充当的仪仗队吗？

第二，《羽猎赋》的序文暗藏玄机。"四赋"序文中，其他三赋都有表示皇上意义的"上"字，如《甘泉赋》序的"正月，从上甘泉"，《河东赋》序的"上乃帅群臣横大河、凑汾阴"，《长杨赋》序的"上亲临观焉"。唯独《羽猎赋》序中找不到这个"上"字。这是为什么？这分明是告诉读者，皇上并没有亲临"羽猎"现场，因为"羽猎"是一种非正式活动。这样，《汉书·成帝纪》元延二年不载《羽猎》的原因，不就找到了吗？从《羽猎赋》序末所云"然至羽猎，田车、戎马、器械、储偫、禁御所营，尚泰奢丽夸诩，非尧、舜、成汤、文王三驱之意也"来看，被扬雄批评为"泰（太）奢丽夸诩"的，也全是属于仪仗队所需要的物件。至于"三驱"，颜师古注云："三驱，古射猎之等也。一为笾豆，二为宾客，三为充君之庖也。"可见，所谓"羽猎"者，确实只是一种演习性质的活动。由于这只是为"明年"成帝"大夸胡人以多禽兽"的"长杨观猎"做准备的活动，所以扬雄将它视为"长杨观猎"的开始,《汉书》则将它与"长杨观猎"并为一事而不单独记载。应当说,这也是序文谓之"羽猎"而赋名却是《校猎赋》的原因吧。

第三,《羽猎》《长杨》二赋的讽谏主题一致。"四赋"都是用于讽谏的作品,但讽谏的针对性不尽相同。针对汉成帝时代的弊端,《甘泉赋》之所"风(讽)",是祭祀过于铺张和赵飞燕姐妹过分受宠幸;《河东赋》之所"劝"(鼓励),是成帝过分宠幸外戚而不思进取;而《羽猎赋》《长杨赋》之所"风",是校猎严重扰民伤农。《羽猎赋》与《长杨赋》的讽谏主题虽然相同,但讽谏所用的手段却很不一样。《羽猎赋》是虚写,话说得很委婉,是在借批评前朝武帝放纵观游的话题之下,表示自己"恐后世复修前好"的担心;并且借歌颂明君对待观游的表现("罕徂离宫而辍观游,土事不饰,木工不雕,承民乎农桑")来表达自己的希望("立君臣之节,崇贤圣之业,未皇苑囿之丽、游猎之靡也"[一]3553)。《长杨赋》是实写,话说得很直白,不仅在序文中直陈"是时,农民不得收敛"的扰民后果,而且在赋文中借"子墨客卿"之口,几近愤怒地指出:"今年猎长杨……此天下之穷览极观也。虽然,亦颇扰于农民……岂为民乎哉!"[一]3558 扬雄所作"四赋"中,《羽猎赋》"虚写"的成分最重,可谓"极丽靡之辞,闳侈巨衍,竞于使人不能加也",加之讽谏的主题较隐晦;因此,"帝反缥缥有凌云之志"[一]3575,扬雄也才得以因奏此赋而"除为郎"。很可能因为两赋讽谏主题的一致性,扬雄才会将描写"羽猎"场面的文章命名为《校猎赋》,以显示"羽猎"与"长杨观猎"在时间上的延续性;而《汉书》将元延三年的"长杨观猎"系于"羽猎"举行的元延二年,则是为了显示"羽猎"和"长杨观猎"的同质性。这应当是《汉书》"并两事为一"的原因和依据,而不是所谓"失误"。

通过以上考证之后,我们完全有理由认为:《甘泉赋》《河东赋》《羽猎赋》写奏于汉成帝元延二年,《长杨赋》的写奏时间为元延三年。

（四）浅议扬雄的"拟经"

扬雄著述，无一不是"拟经"之作。《汉书·扬雄传·赞》云："(扬雄)以为经莫大于《易》，故作《太玄》；传莫大于《论语》，作《法言》；史篇莫善于《仓颉》，作《训纂》；箴莫善于《虞箴》，作《州箴》；赋莫深于《离骚》，反而广之；辞莫丽于相如，作四赋：皆斟酌其本，相与放依而驰骋云。"《方言》亦不例外,《华阳国志》云："典莫正于《尔雅》，故作《方言》。"[二五]705

扬雄著述中,《太玄》《法言》"拟经"的痕迹最为明显。司马光在其《说玄》一文中说："《易》与《太玄》大抵道同而法异。《易》画有二，曰阳曰阴；《玄》画有三，曰一曰二曰三。《易》有六位，《玄》有四重……《易》以八卦相重为六十四卦,《玄》以一二三错于方、州、部、家为八十一首……《易》每卦六爻，合为三百八十四爻；《玄》每首九赞，合为七百二十九赞。"如此看来,《太玄》之"拟"《易》，似乎亦步亦趋，其相似度之高，简直令人瞠目结舌。至于《法言》之"拟"《论语》，不仅扬雄公开承认《法言》"象《论语》"，而且有学者指出："《法言》拟《论语》之篇章，拟《论语》之句法，拟《论语》之文意。"[一四]笔者甚至认为,《法言》的"书名"和"撰写意图"亦"象《论语》"。

如果把扬雄所谓的"象"或者后人所说的"拟"，理解为"摹仿"经典的体例或写作模式，那么，扬雄的著述，除了他自创的"连珠"一体外，确乎无一不是"拟经"之作。

常言道"文贵创新"。模仿之作，能有多大的意义和价值？譬如古玩字画，"赝品"之于"真迹"，其价值相差，何止百倍千倍！

然而，扬雄的"拟经"之作，竟然使得与他同时代的众多泰斗级学者敬佩不已。传载"刘歆及范逡敬焉，而桓谭以为绝伦"；王充认为扬雄"卓尔蹈孔子之迹，鸿茂参二圣之才"；张衡说："吾观《太玄》，方知子云妙极道数，乃与五经相拟，非徒传记之属，使人难论阴阳之事，汉家得天下二百岁之书也。"

扬雄身后的两千年中，虽然亦时遭訾议，甚至被贬抑得一文不值；但是从总体上看，扬雄的"拟经"之作，一直拥有众多的崇拜者。

三国吴人陆绩说："（扬雄）建立《玄经》，与圣人同趣，虽周公繇《大易》，孔子修《春秋》，不能是过。"晋人范望亦说："昔者文王屈抑而系《易》，仲尼当衰周而述《春秋》，为一代之法，以彰圣人之符。子云志不申显，于是覃思，耦《易》著《玄》，其道以阴阳为本，比于庖牺之作，事异道同。"在陆绩、范望等人的心目中，扬雄的怀才不遇，犹如文王、孔子之遭逢困厄；扬雄之著《太玄》《法言》，如同文王之演《周易》、孔子之著《春秋》。

南朝梁人刘勰，对扬雄的辞赋创作和文学观念极其赞赏。刘勰不仅用"枚、马同其风，王、扬骋其势"给扬雄作品以极高的评价，而且用扬雄反对辞赋过分追求辞藻华丽的观点来表达自己的文学主张，他说："繁华损枝，膏腴害骨；无贵风轨，莫益劝戒。此扬子所以追悔于雕虫、贻诮于雾縠者也。"（《文心雕龙·诠赋篇》）

唐人对扬雄亦极为推重。韩愈说："晚得扬雄书，益尊信孟氏。因雄书而孟氏益尊，则雄者亦圣人之徒欤！"（韩愈《读荀》）刘知幾说："仲尼既没，微言不行；史公著书，是非多谬。由是百家诸子，诡说异词，务为小辨，破彼大道，故扬雄《法言》生焉。"（刘知幾《史通》）柳宗元则为《法言》作注释。杜甫以扬雄文学成就为追攀对象，有诗云："赋料扬雄敌，诗看子建亲。"

北宋一代，扬雄的声誉达于巅峰。前文已经述及，此不赘述。最值得注意的是，从南宋开始，不仅贬抑扬雄道德的声浪日甚一日，而且对扬雄著述的批判更是一浪高过一浪。宋人贬雄之锋芒所向，一般仅止于《太玄》《法言》；明、清两代的贬雄者，则将批判的矛头指向了扬雄所有的著述，甚至冠以"剿取""剽窃"的罪名。兹略举数例以资说明：

宋人晁公武《郡斋读书志》云："雄之学，自得者少。其言务拟圣人，靳靳然若影之守形，既鲜所发明，又往往违其本指，正古人所谓画者谨毛而失貌者也。"晁氏所贬于扬雄者，是谓扬雄著述绝少新意（"自得者少"）。

宋人胡宏曰："《论语》乃孔门弟子记诸善言，诚有是人相与问答也。《法言》则假借问答以则《论语》，且又浅近特甚，有不必问、不必答、不必言之者。"（朱彝尊《经义考》所引）胡氏之贬于扬雄者，是谓《法言》纯粹是一部毫无价值的著作。

明人艾南英《天佣子集》云："扬子《太玄》乃剿取《太初历法》，铢两尺寸，阴用其实，而别为名以新之。"艾氏之贬于扬雄者，谓《太玄》是在抄袭（"剿取"）《太初历》之后换个新名字而已。

清人谢章铤《赌棋山庄全集》云："子云人品不足道，而著述则好之者众：论辞赋则侪之相如，论学业则等之孟、荀。然其剽窃摹拟，食古不化，谬种流传至今日，直为场屋中揣摩风气者作鼻祖。"谢氏之贬于扬雄者，谓扬雄无非是"剽窃摹拟"的高手和"鼻祖"。

更有甚者，清人方东树在贬抑扬雄著述的同时，还把批判的矛头直接指向了给扬雄著述以极高赞誉的司马光，方东树曰："《法言》《太玄》，理浅而词艰，节短而气促，非文之工者也……夫以扬氏书与孟氏相比，差等殊绝，若河、潦之不可同观如彼。而司马氏犹非孟子而尊扬雄，是尚得为知言乎哉？"（王先谦《续古文辞类纂》卷一）

不难看出，受宋明理学道德批判标准的影响，南宋以来的不少学者，不仅将"仕莽美新"作为贬抑扬雄的把柄，而且抓住扬雄著述"拟经"的特点，把扬雄著述贬得一文不值。

要知道，中国素来有"因人废言"的文化积习，这种积习至明、清以来尤甚。在宋明理学家心目中，扬雄是一个不折不扣的"逆子贰臣"。对这样一个有"严重历史问题"的人，怎能让他在人民心目中留下正面形象？怎能让他享有崇高的学术地位？顾炎武《答友人论学书》云："扬子有云：'多闻则守之以约。多见则守之以卓；少闻则无约也，少见则无卓也。'此其语有所自来，不可以其出于子云而废之也。"好一个"不可以其出于子云而废之"！仅此一语，便不难想象当时扬雄的名声已经"臭"到何种地步，更不难想见明、清"因人废言"的现象何等严重。在这种文化氛围之下，扬雄著述被贬得一文不值，还有什么值得奇怪的呢？

不过，扬雄著述遭到贬抑或误解，扬雄自身亦有相当的责任。所谓"文简而奥""节短而气促"，是说《太玄》《法言》的语言相当晦涩难懂，而这是无可否认的事实。

试想，连司马光在学习《太玄》时，尚且"初则溟涬漫滃，略不可入；乃研精易虑，屏人事而读之数十过，参以首尾，稍得窥其梗概"[四]《谈玄》；学习《法言》，亦是"研精竭虑，历年已多"。试问：自古及今，有多少人能有司马光那样的才学与器识？又有多少人能有司马光这样"研精易虑，屏人事而读之数十过"的钻研精神？

司马光之后的贬雄者在论及《太玄》《法言》时，往往喜欢引用苏东坡"以艰深文浅易"的判词。笔者认为，东坡既与温公同时，又与扬雄"同乡"，绝对不具有后来的理学家对扬雄的那种"偏见"；若论才学与器识，东坡也绝对不会下于温公。但是，东坡的兴趣毕竟不是在哲学上，对《太玄》《法言》，也就不可能像温公那样"研精易虑，屏人事而读之数十过"了。如果把学习《太玄》《法言》的人分为"读不懂"和"不读懂"两类，东坡应该是后者。"以艰深文浅易"的判词,虽然未必公允,但应该是可以理解的——因为虽然未必"浅易",但确实"艰深"。

《太玄》《法言》果真"自得者少""浅近特甚"吗?扬雄果真是"剽窃摹拟"的鼻祖吗?

让我们用宋明理学最为盛行时期的两位哲学家的评论来回答这两个问题。

南宋著名哲学家、文学家陈亮,是朱熹的好友,但在对待扬雄及其著述的态度上,却与朱熹大相径庭,他说:

> 雄之书,非拟圣而作也。《玄》之似《易》也,《法言》之似《论语》也,是其迹之病也,而非其用心之本然也。不病其迹而推其用心,则《玄》有功于《易》者也,非《易》之赘也。有太极而后有阴阳,故《易》以阴阳而明理;有阴阳而后有五行,故《洪范》以五行而明治道。阴阳五行之变,可穷而不可尽也,而学者犹有遗思焉。则雄之因数明理也,是其时之不可已而事之不得不然者也……《法言》之书,所以讲论古今、掇拾人物以旁通其义者也。《玄》尚不知,虽知《法言》,犹不知也。因数以明理,是雄之所以自通于圣人者也,安得而不度越诸子哉?(陈亮《龙川文集》卷九《扬雄度越诸子》)

陈亮认为,《易经》是"以阴阳而明理",《洪范》是"以五行而明治道",《太玄》则是"因数以明理",因此完全是独立的哲学著作,并非"拟圣而作"。陈亮进一步指出,《易经》《洪范》存在着"阴阳五行之变,可穷而不可尽也,而学者犹有遗思焉"的不足;而《太玄》所用的"数"是不可穷尽的,这使它的"明理"功能优于《易经》,故曰《玄》有功于

《易》者也"。陈亮强调,扬雄著《太玄》"因数明理",是为了适应时代发展的需要不得不采用的手段,故曰"是其时之不可已而事之不得不然者也"。至于《法言》,陈亮认为,《法言》是通过"讲论古今"事理、品评历史人物,以捍卫和彰显儒学价值观的著作;并且强调,理解《太玄》,是读懂《法言》的前提,故曰"《玄》尚不知,虽知《法言》,犹不知也"。陈亮认为,扬雄能够发明"因数以明理"的哲学理论,说明他已经达于与圣人思想相通的境界,当然是远远超越了"诸子"的水平。

陈亮所云,可视为对张衡"吾观《太玄》,方知子云妙极道数"一语的注释,亦是对"桓谭以为绝伦"一语的解读。

金代哲学家赵秉文,亦对《太玄》有过类似陈亮的解读。赵秉文说:

> 《太玄》何为者也?将以发明大《易》而羽翼之者也。《易》有八物,而五行万事在其中。《玄》则列之以三才,本之以五行,表之以阴阳,推之以律历,而天下万事之理具要其中。为仁义而作也。卦用八,蓍用七;《玄》则首用九,蓍用六五,彰之也。《易》有道义象数,记《易》者言道义则遗象数,言象数则遗道义;《玄》实兼之,其于圣经,不为无助……后之言数术者,孰与张平子?以平子不敢轻议《太玄》,而后儒非之,恐几率易。(见《闲闲老人滏水文集》卷十五《太玄笺赞引》)

赵秉文在比较《易经》与《太玄》的结构特点、卜筮方式之后,强调指出:《易经》存在着使"说《易》者言道义则遗象数,言象数则遗道义"的不足,而《太玄》具有克服《易经》不足的优势,有助于人们学习《易经》。针对"后儒"对《太玄》的非议,赵秉文予以反驳说:连张衡这样的"数术"

权威都赞赏《太玄》"妙极道数"，你们的非议，只能说明自己的无知与轻率。

综合毁、誉双方的信息，我们认为：所谓扬雄著述"自得者少""浅近特甚"的说法，不是因为没有"读懂"，便是出于"因人废言"的偏见；至于"剽窃""剿取"之论，则纯属恶意中伤了。

班固在介绍扬雄"拟经"时，曾强调指出："用心于内，不求于外，于时人皆忽之。"这里的"用心于内"，是说扬雄对文章的内容或写作主题是非常"用心"和考究的；而"不求于外"，是说扬雄对文章的结构形式则不太讲究。尽管扬雄在结构形式上不太讲究，可是他所选择的"摹拟"对象，无一不是经典中的经典。

从班固特别强调的那几个"莫大于""莫善于""莫深于""莫丽于"来看，他分明是在提醒人们注意扬雄"拟经"的目的。扬雄"拟经"的目的是什么？笔者认为，如果说被扬雄模拟的经典是华丽的"旧瓶"，扬雄"因数明理""讲论古今"的思想内容是他自己酿造的"新酒"，那么，扬雄"拟经"的目的，无非是用经典的"旧瓶"，装自己思想的"新酒"。要知道，在儒学已经被朝廷定于一尊的西汉末年，儒学经典就无疑是一个个最扯眼球的"商标"。为了使自己"因数明理""讲论古今"的思想能够引起人们的广泛关注，扬雄充分利用了经典的"广告效应"，这才应当是扬雄"拟经"的主要目的。

事实证明，扬雄"拟经"的目的达到了，甚至超过了他的预期。

首先，扬雄凭借《太玄》《法言》，得以与贾谊、刘向等一大批著名学者并列为"诸子"。《文心雕龙·诸子篇》云："若夫陆贾《新语》、贾谊《新书》、扬雄《法言》、刘向《说苑》、王符《潜夫》、崔寔《政论》、仲长《昌言》、杜夷《幽求》，或叙经典，或明政术，虽标论名，归乎诸子。"

其次，汉代"诸子"著述，唯扬雄《太玄》《法言》得以"度越诸子"而享有经典美誉。有学者指出："今之所传，若陆贾《新语》，后人疑其失真；

贾生《新书》，亦紊乱无条理，宜非原书。而《潜夫》《申鉴》《中论》，或为政论，或本经训，或撷拾遗文，或汇集故实，蔓延杂沓，不足观也。独子云所作，为后世诸儒所推崇……盖子云之学，非特主儒宗孔，亦兼通老氏，故能卓然度越诸子。"[一四]304—305 这位学者仅以《法言》为例，"考其所得，约有数端：一曰'一扫经生之积弊……'二曰'推尊孟子以继孔……'三曰'严斥谶纬之荒诞……'四曰'破除方士之迷信……'其识见卓越，所得若是其大，宜乎桓谭诸人以为必传也"[一四]305—306。在这位学者看来，《法言》虽"象《论语》"，但是它既非"政论"，也不"本经训"，更非"撷拾遗文"，亦不是"汇集故实"，而是"识见卓越，所得若是其大，宜乎桓谭诸人以为必传"的不朽著作。

其三，《太玄》《法言》借助于所拟经典的"广告效应"，提高了自己的传播速度，扩大了自己在学界的影响。班固说"诸儒或讥以为雄非圣人而作经"，这里的"诸儒"，是跟桓谭、扬雄同时的那些读书人。诚如有学者所说："《太玄》之以'经'名，乃后人所加；子云原书，仅称《太玄》已也。"《太玄》写成以后，之所以被"诸儒"以为扬雄是在"作经"，无非是《太玄》模拟了《易经》的结构形式；但正是《易经》这个儒家首经的"金字招牌"，使《太玄》立即引起人们的关注，并且自觉或不自觉地就给它冠以"经"的美名。由此可见扬雄"拟经"所产生的"广告效应"。似乎因为尝到了拟经的"甜头"，所以后来在《法言》写成之后，扬雄竟然公开宣示自己的《法言》是在"象《论语》"。

关于扬雄的"拟经"，台湾学者李周龙的看法值得参考，他说："夫子云一生著述，皆以摹拟为主，此世所共知也。唯其摹拟，宜就内容与形式分别观之。《法言》之拟诸《论语》也，但借其形式而已；论其内容，仍为一己之思想也。"[一四]304 另一位台湾学者兰秀隆先生，把扬雄"拟经"

的问题说得更为透彻,他说:"扬子著书,旨在尊孔卫道、羽翼风教。因其有所宗主,故论不诡于圣人;有所自得,故不嫌与圣人异。斯其所以成一家之学者也……《法言》体例、句法与文意,常有模范《论语》者,愈见其学之醇笃也。"〔一四〕204

李周龙强调指出:扬雄的拟经,"但借其形式而已;论其内容,仍为一己之思想"。兰秀隆则揭示了扬雄拟经获得成功的原因:一是著书的宗旨非常明确("尊孔卫道、羽翼风教");二是著书的特色非常鲜明(既有借鉴——"有所宗主",又有创新——"有所自得");三是著作的成就非常突出("成一家之学者")。唯其如此,扬雄才没有步同辈学者的后尘,把文章写得"蔓延杂沓,不足观也";才能以其"识见卓越"而"度越诸子",并且因此成为"一家之学者"。

综上所述,笔者认为:扬雄的"拟经",在借鉴与创新、合理地批判继承传统文化遗产方面,给后世树立了光辉榜样;其敢于挑战权威的精神,更是扬雄留给我们的宝贵精神财富。

信笔写来,有关扬雄的话竟然说了这么多。本来是希望有助于读者"读懂"扬雄的,焉知会不会事与愿违?所论可取无多,权当引玉之砖。

纪国泰

庚子岁立冬写讫于西华大学西华苑管蠡斋

参考资料:

[一] 班固:《汉书》,中华书局 2002 年 11 月版。

[二] 国学整理社辑:《诸子集成》,中华书局 1986 年 5 月版。

[三] 范晔:《后汉书》,中华书局 2003 年 8 月版。

[四] 司马光集注、刘韶军点校:《太玄集注》,中华书局 2013 年 8 月版。

[五] 韩敬:《法言全译》,巴蜀书社 1999 年 9 月版。

[六] 江天圣:《扬雄与〈太玄〉》,天下论文网 2004 年 6 月 3 日 22 时发布。

[七] 郭君铭:《扬雄〈法言〉思想研究》,巴蜀书社 2006 年 12 月版。

[八] 郑万耕:《扬雄的史学思想》,载《史学史研究》1998 年第 2 期。

[九] 沈伯俊:《在矛盾中追求超越的扬雄》,载《巴蜀文化研究通讯》2003 年第 4 期。

[一〇] 孙琪华:《扬雄故里问题之我见》,载《文史杂志》2002 年第 2 期。

[一一] 冯广宏:《天府哲学面面观》,巴蜀书社 2003 年 9 月版。

[一二] 钱绎:《方言笺疏》,上海古籍出版社 1983 年 11 月影印。

[一三] 王青:《扬雄评传》,南京大学出版社 2011 年 4 月版。

[一四] 李周龙:《扬雄学案》,台湾师范大学国文研究所 1979 年博士论文集。

[一五] 司马光:《资治通鉴》,中华书局 2007 年 6 月版。

[一六] 纪国泰:《亦论"扬雄至京、待诏、奏赋、除郎的年代问题"》,载《西华大学学报》(哲社版) 2017 年第 4 期。

［一七］张绍诚：《试论文记诗联对乡贤扬雄的评论》，载《蜀学》第一辑。

［一八］陈朝辉：《扬雄思想浅析》，载《成都师专学报》（哲社版）2002年第1期。

［一九］韦政通：《中国思想史》，上海书店2003年12月版。

［二○］谢桃坊：《论蜀学的特征》，载《蜀学》第二辑。

［二一］束景南:《〈法言〉仿〈齐论语〉辨》，载《古籍整理研究学刊》1993年第3期。

［二二］游国恩等：《中国文学史》，人民文学出版社1981年7月版。

［二三］蔡东藩：《后汉通俗演义》（上），浙江人民出版社1980年5月版。

［二四］黄开国：《国学与巴蜀哲学》，巴蜀书社2008年5月版。

［二五］常璩著、刘琳校注：《华阳国志校注》，巴蜀书社1984年7月版。

例　言

一、本书《法言》原文，以《诸子集成》（中华书局1986年5月版）所辑之清人秦恩复重刻治平监本《扬子法言》为底本，即所谓"李轨注十三卷本"。原书所附《法言音义》一卷，本书未收录。原书将《法言·序》置于十三卷末，本书则将各卷序文分别移置各卷卷首。这样做的目的，主要是考虑到现代书序的排列习惯，其根据则是司马光、宋咸《法言》注本，亦曾将各卷序文移置卷首。原书常用字中的异体字今改用正体字，均不再加注说明。本书凡云"李轨注"者，均不另注明出处。

二、将《法言》文字作分章解读，始于金人赵秉文《法言微旨》，其后注家多从之。因为各家对文意的理解不尽相同甚或分歧很大，故其分章之起讫、数量亦不尽相同。本书所分各章，在参考他书的基础上，主要按照个人对原著文意的理解来进行，故较多不与他书相同者。每卷各章原文之前，均标示番号，以便查考。

三、本书对《法言》原文，全部采用规范的新式标点符号。问答部分的内容，分别加上引号。

四、本书正文内容，除《法言》原文外，由注释、译文、按语三部分构成。注释力求简明扼要，凡是不存在歧义或对理解原文不产生影响的词语，一般不引出处、不作辨析,但是,对理解原文思想内容关系极大或可能产生歧义的词语或人物、事件,则尽可能详赡。译文力求信、达、雅,由于原文语言过于简略,为使一句话的语意通畅连贯而增加的文字,均不标示符号,但是,为了使句子之间的语意连贯而增补的文字,均用括号标示出来;原文"或曰"和"曰"字后的内容为提问或表示疑问的,一般用"有人问""有人说"或"再问""又问"等对译;原文"曰"字后内容为正面回答问题的,均用"扬子说"或"扬子又说"等对译。按语,主要是为了帮助读者理解原文意思,如果本章文字与理解扬雄思想或者儒家学说关系密切,则按语内容可能有所引申。《法言》"艰深简奥",扬雄思想博大精深,所加"按语"权当一家之言,仅供参考而已。

五、《读懂扬雄——关于扬雄及其著述的几个问题》一文,重在解析扬雄研究中颇有争议的问题,意在为读者认识扬雄、解读扬雄著述提供一点参考意见。没有对扬雄的家世、生平、学术成就等基本情况作系统介绍,主要是考虑到本书读者大多是对扬雄基本情况有一定了解的文化人,而且扬雄的有关情况亦大多散见于文中。

《学行》卷第一

序

天降生民，倥侗颛蒙①，恣乎情性，聪明不开②。训诸理，撰《学行》。

[注释]

①倥侗（kōng tóng）颛（zhuān）蒙：蒙昧无知。

②聪明：善听为"聪"，善视为"明"。"聪明"犹言"智力"。

[译文]

被老天降生到世上的人，原本蒙昧无知，放纵天性，智力没有得到开发。为了用道理训导他们，撰《学行》一卷。

[按语]

蒙昧无知，则是非不明；放纵天性，则无恶不作。故李轨注云："夫学者，所以仁其性命之本。本立而道生，是故冠乎众篇之首也。""仁其性命之本"者，使人改恶从善以获得做人的基本素质。学习之用大焉，故列于全书之首。

1.1

学①，行之，上也；言之②，次也；教人，又其次也；咸无焉，为众人。

[注释]

①学：谓"所学"，即圣人之道。

②言之：谓著书立说来阐述它。

[译文]

对所学习的圣人之道，能够身体力行的，是最好的；能够著书立说阐述它的，是比较好的；只能教人理解其道理的，就要差一些了；以上三点都做不到的，就是一般的人了。

[按语]

扬雄"学行统一"的思想，来源于先秦儒学圣贤。孔子提倡"君子欲讷于言而敏于行"（《论语·里仁》），荀子更强调"学至于行之而至矣。行之，明也；明之，为圣人"（《荀子·儒效》）。

强调理论学习要注重身体力行，这是很有现实意义的。时下的有些当权者，口头上大讲廉政的理论，私下里大搞贪腐的勾当。其劣迹丑行，又岂"为众人"哉？

1.2

或曰："人羡久生①，将以学也，可谓好学已乎②？"曰："未之好也，学不羡。"

[注释]

①羡：希望得到。《说文》："羡，贪欲也。"贪欲，即"贪图"。《淮南子·说林训》："临河而羡鱼，不如归家织网。"

②已：通"矣"。

[译文]

有人说:"人都希望长寿,并且将为此而学习,可以说得上是好学了吗?"扬子说:"这不能说是好学,因为学习是不能掺杂个人贪欲的。"

[按语]

扬雄视学习为使人向善的重要途径,因此反对将学习作为达到个人目的的手段。

1.3

"天之道①,不在仲尼乎?""仲尼,驾说者也②。""不在兹儒乎?""如将复驾其所说,则莫若使诸儒金口而木舌③。"

[注释]

①天之道:即"圣人之道"。儒家宣扬圣人是"代天立言",圣王则是"替天行道"。

②驾说:传承圣人学说。李轨注:"驾,传也。"或以为"驾说"即"驾脱",比喻休息,是"死"的婉语。

③金口而木舌:形容说话小心谨慎。这是告诫诸儒切莫信口雌黄。李轨注:"金宝其口,木质其舌。传言如此,则是仲尼常在矣。"

[译文]

有人说:"圣人之道,不是都掌握在孔子手中的吗?"扬子说:"孔子,只是传承圣人学说的人。"又问:"圣人的学说不就在那些儒者们的议论中吗?"扬子说:"如果将由这些儒者来传承孔子所论述的圣人之道,就莫如使儒者们说话时小心谨慎。"

[按语]

这是扬雄针对汉儒假孔子之名随意解经、各逞臆说的现象所发的议论,意在告诫诸儒不可信口雌黄，也是提醒学者要警惕和分辨所学的内容。

1.4

或曰："学无益也，如质何①？"曰："未之思矣。夫有刀者砻诸②？有玉者错诸③？不砻、不错，焉攸用④？砻而错诸，质在其中矣。否，则辍⑤。"

[注释]

①质：本质，指人的天性。

②砻（lóng）：磨砺。

③错：通"厝"，磨刀石。此处谓"打磨"。

④攸：犹"所"。

⑤辍：止。此处指"学习所具有的改变本性的作用就表现不出来"。

[译文]

有人说："学习是毫无用处的，它对改变人的天性有什么作用呢？"扬子说："这是没有动脑筋思考过问题。有刀的人磨砺过刀吗？有玉的人琢磨过玉吗？刀不经磨砺、玉不经琢磨，哪里会有用处呢？就像刀的磨砺、玉的琢磨一样，学习改变人天性的作用也就在这个过程中表现出来了。否则，学习的作用就表现不出来。"

[按语]

强调学习是一个磨砺意志、琢磨问题的过程。一个人的成才，不经过长期艰苦的努力，不克服一切影响成长的因素，那是不可能的。古人云"玉不琢，不成器；人不学，不知义"，就是这个道理。

1.5

螟蛉之子①，殪而逢蜾蠃祝之曰②："类我，类我！"久则肖之矣。速哉！

[注释]

①螟蛉：一种绿色的小虫。

②殪（yì）：通"翳"，义为"隐蔽"。《诗经·大雅·皇矣》"作之屏之，其菑其翳"，《释文》引《韩诗》，"翳"作"殪"。《说文》："翳，华盖也。"华盖作遮蔽之用，此处是"隐蔽"的意思。蜾蠃（guǒ luǒ）：细腰蜂。蜾蠃是一种寄生蜂，产卵于螟蛉体内，吸取其养料。蜾蠃幼虫从螟蛉体内产出，使人误以为蜾蠃不产子，喂养螟蛉为子，故《诗经·小雅·小宛》云："螟蛉有子，蜾蠃负之。"后以螟蛉为义子之称。螟蛉之子，实为蜾蠃之子，故"久则肖之"。祝：祈祷。

[译文]

螟蛉的幼子，在隐藏的时候遇到蜾蠃向着它祈祷说："像我吧！像我吧！"时间一久螟蛉幼子就果然像蜾蠃了。这样的变化真快啊！

[按语]

扬雄以螟蛉肖蜾蠃为喻，其寓意是很深刻的。学习要改变的，是人的天性中不善的东西，使人发生质的变化，因此它需要艰苦的付出和长久的磨炼。螟蛉肖蜾蠃，仅仅是形貌的变化，而且是一种自然的发展变化，变化速度虽快，但实际上什么也没有改变。

1.6

七十子之肖仲尼也①，学以治之，思以精之，朋友以磨之，名誉以崇之②，不倦以终之。可谓好学也已矣。

[注释]

①七十子：《史记·仲尼弟子列传》载："孔子曰'受业身通者七十有七人'，皆异能之士也。"传末"太史公曰"取其成数，谓"学者多称七十子之徒"，后世多以"七十子"代称孔门优秀弟子，如颜渊、闵子骞、公西华等。

②名誉以崇之：从名誉上极力推崇它。本章后面的五个"之"字，都是指代"孔子之学"，即儒家之道或圣人之道。

[译文]

孔门七十弟子之所以那样像孔子，因为他们对孔子的学说，总是努力学习并且认真研究它，认真思考并且努力精通它，朋友之间相互切磋它，从名誉上极力推崇它，孜孜不倦地探究它。他们可以称得上好学的了。

[按语]

扬雄认为，孔子学说博大精深，要得其旨趣，就得调动一切学习手段、竭尽全力地去学习和探讨。

1.7

孔子，习周公者也；①颜渊，习孔子者也②。羿、逢蒙分其弓③，良舍其策④，般投其斧而习诸⑤，孰曰非也？或曰："此名也，彼名也，处一焉而已矣。"曰："川有渎，山有岳，⑥众人所不能逾也。"

[注释]

①孔子（前551~前479）：名丘，字仲尼，春秋鲁国人。据古文经学家说，孔子删订《诗经》《尚书》，制定《礼》《乐》，赞《周易》，修《春秋》。孔子学说，以"仁"为核心、"礼"为手段，"祖述尧、舜，宪章文、武"，

政治上主张内行"仁政"、外行"王道"。自汉武帝"罢黜百家,独尊儒术"以来,孔子学说经历代儒生补充、修正和改造,成为中国封建社会的统治思想,孔子其人则被汉武帝以来的历代封建统治者尊为"圣人"。周公:姓姬名旦,文王子、武王弟,助武王灭商,建立周朝。武王分封,周公封于鲁,由其子伯禽为鲁君,周公留在王廷辅政。武王死,成王幼,周公摄政。周公平武庚、管、蔡之乱,建成周洛邑,使西周王朝日渐巩固,传说周代的礼乐制度都为周公所订。周公以其功绩和德行,被以孔子为代表的儒家学派尊为"圣人"。

②颜渊(前521~前490):名回,字子渊,鲁国人。颜渊以其勤奋好学、乐道安贫的精神,最受孔子器重。

③羿(yì)、逄(páng)蒙:古代传说中的善射者。分:通"焚"。

④良:王良,古代善于驾车的人。《楚辞》:"当世岂无骐骥兮,诚无王良之善御。"策:马鞭。

⑤般:公输般,鲁国人,后世通称"鲁班",古代善制器械者。

⑥渎:大河。《尔雅·释水》:"江、河、淮、济为四渎。"岳:山之高而大者。《六书故》:"岳,山之崇大者也。"

[译文]

孔子学习的目标是周公,颜渊学习的目标是孔子。让羿和逄蒙烧掉他们的良弓,王良丢弃他的马鞭,公输般抛弃他的斧头,都来学习周公、孔子的儒道,谁说这样不好呢?有人说:"精通儒道是一种名誉,精通技艺也是一种名誉,二者能居其一就行了嘛。"扬子说:"如同河流有沟渠和四渎之别、山峦有丘陵和五岳之分一样,周公、孔子是众人所不能超越的。"

[按语]

"圣人"是《法言》重点讨论的一个概念,《法言》充分表现了扬雄"宗儒崇圣"的思想。其实,"圣人"的初始意义与"智者""通人"为同义语。《说文》:"圣,通也。"段注:"圣从耳者,谓其耳顺……言闻声知情。……凡一事精通,亦得谓之圣。"故有"诗圣""茶圣""酒圣"之称。但是,自《论语》始,就完全赋予"圣人"以伦理的内涵并将其推到极崇高的地位,以至连孔子也说:"若圣与仁,则吾岂敢?"(《论语·述而》)张岱年先生说:"圣并非一德,而是完全人格之称。德无不备,明哲绝伦,而能拯救生民,乃称为圣。圣是最高人格之名称,而非生活的准则。"(《张岱年全集》第二卷,河北人民出版社,1996年12月版,第291页)扬雄笔下的"圣人",就是一个被理想化了的涵盖众德且能救民于水火的人物。在扬雄看来,周公助武王灭商,平管、蔡之乱,是解民于倒悬的大德;制订礼、乐,使西周政治昌明、百姓安乐,是"仁政"的典范;功大而不居,还政于成王,是优秀人格的楷模。至于孔子,编订六经,首创儒家学派;周游列国,传播"王道"理想;提倡"仁政",惠及天下万民;创办私塾,普及文化教育;学问道德,堪称万世师表。基于这样的认识,扬雄视周公、孔子为圣人。扬雄的"圣人观",具有鲜明的理性主义和道德理想主义色彩。

1.8

或问:"世言铸金[①],金可铸与?"曰:"吾闻觌君子者问铸人[②],不问铸金。"或曰:"人可铸与?"曰:"孔子铸颜渊矣。"或人踧尔曰[③]:"旨哉[④]!问铸金,得铸人。"

[注释]

① 铸金:炼石成金。"铸"谓销熔,《说文》:"铸,销金也。"桂馥注:"凡金铁销冶而成者谓之铸。"其引申义即锻炼、培养。

② 觌(dí):相见,拜见。

③跋（cù）尔：即"跋然"，惊惧貌。

④旨：食物甘美，这里指"美好"。

[译文]

有人问："社会上有炼石成金的说法。金子真的可以从石头熔炼而成吗？"扬子说："我听说君子相见问的是怎样锻炼人，不会问炼石成金的事。"问者说："人是可以锻炼的吗？"扬子说："孔子锻炼了颜渊。"问者惊异地说："太好啦！询问炼石成金的事情，懂得了锻炼人的道理。"

[按语]

看重金钱还是看重个人道德修养，从来都是衡量一个人思想素质的根本标准。扬雄教育那些关心"铸金"术的人，应当把对黄金的向往转变为对个人道德修养的重视。

1.9

学者，所以修性也①。视、听、言、貌、思，性所有也；学则正，否则邪。

[注释]

①性：天性。扬雄认为，人的天性中"善恶混"，必须"修"而使之"正"。

[译文]

学习是改造人们天性的手段。视物、听声、说话、表情、思维，是人所具有的天性。学习，这些天性就能正常发展；不学习，这些天性就会误入歧途。

[按语]

"视、听"关乎辨别是非，"言、貌"关乎待人接物，"思"则关乎趋从去取。此五者，不仅关乎人的道德修养，亦关乎人生事业之成功与失败。因其"正""邪"事关重大，故必"学"而使之"正"。

1.10

师哉，师哉！桐子之命也①。务学不如务求师。师者，人之模范也②。模不模，范不范，为不少矣。

[注释]

①桐子：即"童子"。"桐"通"僮"，《说文》："僮，未冠也。"《广雅·释言》："僮，稚也。"僮，亦作"童"。

②模范：模具与铁范。《说文》以"法"释"模"、释"范"，段注曰："以木曰模，以金曰镕，以土曰型，以竹曰范，皆法也。"所谓"法"，犹言"模具"，即铸造器具时所用的模型。

[译文]

老师呀老师呀！他们是关系到孩子们命运的人。一心致力于学习莫如一心致力于选择老师。老师是铸造人才的木模铁范。木模不像木模，铁范不像铁范，这样的老师实在为数不少。

[按语]

前一章强调学习的重要性，本章强调老师的重要作用。不合格的老师为数不少，所以慎重地选择老师就显得尤为重要了。

1.11

一閧之市①，不胜异意焉；一卷之书②，不胜异说焉。一閧之市，必立之平③；一卷之书，必立之师。

[注释]

①閧（xiàng）：同"巷"。

②书：谓传、笺之类的解释经典的书。

③平：谓官方规定的物价标准。

[译文]

在一条街巷的市场上，会出现难以尽数的不同价格；在对一卷经典的解释中，会出现难以尽数的分歧说法。因此，一条街巷的市场，必须给它规定一个物价的标准；一卷经典的解释，必须给它确定一个解释的权威。

[按语]

老师的重要作用，必然表现在能否正确理解和认真讲授经典的含义上。对经典的理解异说纷呈，老师就会无所适从；因此需要确立一种解读经典的权威。汉朝设五经博士，就是要给当时的读书人确立解读经典的权威。

1.12

习乎习①，以习非之胜是，况习是之胜非乎？于戏！学者，审其是而已矣②。或曰："焉知是而习之？"曰："视日月而知众星之蔑也③，仰圣人而知众说之小也。"

[注释]

①习乎习：习惯于所习见（经常见到）的东西。意思是：因为习见而容易成为习惯。

②审其是：审察自己所学的知识是否正确。

③蔑：小貌，犹言"渺小"。

[译文]

人总是习惯于经常见到的事物,因为经常见到的错误东西尚且能战胜正确的东西,何况经常见到正确的东西能不战胜错误的东西吗?唉!学习,就是要审察自己所学的东西是否正确罢了。有人说:"怎样才知道是正确的东西从而学习它呢?"扬子说:"望见太阳、月亮就会知道群星的十分渺小,仰观圣人形象就会了解各家学说的微不足道。"

[按语]

汉代的经学研究,除了今、古文之争外,"析辩诡辞,以挠世事"而"是非颇谬于经"(《汉书·扬雄传》)的现象非常严重。学习固然重要,但是学习的内容和学习的对象更为重要。因为习惯而形成的思维定式对人的影响很大,所以扬雄特别强调"学者审其是"。在评价"是"与"非"的标准问题上,扬雄认为圣人的言行是唯一正确的标准。

1.13

学之为王者事①,其已久矣。尧、舜、禹、汤、文、武汲汲②,仲尼皇皇③,其已久矣。

[注释]

①王者:孔子虽然不拥有天下,但儒者认为孔子虽无王者之名而有王者之德,故与诸王并称。

②汲汲:急忙。此谓"抓得很紧"。《广雅·释训》:"汲汲,剧也。又欲速也。"

③皇皇:同"遑遑",匆忙。此谓"非常着急"。

[译文]

学习是帝王非常关注的大事,大概这是由来已久的现象了。尧、舜、禹、汤和周文王、周武王,都把学习的事情抓得很紧;孔子为学习的事情,更是非常着急,大概这也是由来已久的事情了。

[按语]

尧、舜、禹、汤、文、武和孔子,都是儒家最为尊奉的"圣人"。强调圣人都是关注学习的,意在为后文所论及的学习内容张本。

1.14

或问:"进①?"曰:"水。"或曰:"为其不舍昼夜与?"曰:"有是哉!满而后渐者②,其水乎?"或问:"鸿渐?"曰:"非其往不往,非其居不居,渐犹水乎?"请问:"木渐?"曰:"止于下而渐于上者,其木也哉!亦犹水而已矣。"

[注释]

①进:谓学习时的进取方式。或说谓"仕进"(见汪荣宝《法言义疏》卷二)。

②渐:前进。《玉篇》:"渐,进也。"

[译文]

有人问:"学习怎样才能上进?"扬子说:"像水一样。"问者说:"就因为它昼夜不停地流动吗?"扬子说:"是有这个道理啊!此外,注满低洼之处以后还能继续前进的,大概就只有水吧?"又问:"大雁的飞行有什么特点?"扬子说:"不该它去的地方它不会飞去,不该它栖息的地方它不会栖息。大雁的飞行不就像水的流动一样吗?"又问:"树木的生长有什么特点?"扬子说:"把根子牢牢地扎在地下而又不断地向上生长的,大概就只有树木吧!不过它也如同水的'满而后渐'就是了。"

[按语]

本章主要论述学习的态度问题。"水"之喻，重在强调不断进取和永不自满的精神。"鸿"之喻，除了强调"水"的精神之外，还强调了学习应当专注和专一的问题。"木"之喻，除了包含"水"的精神之外，还强调了学习应当立场坚定和基础扎实的问题。

1.15

吾未见好斧藻其德①，若斧藻其棁者也②。

[注释]

①斧藻：修饰，即"使美好"。《文心雕龙·原道》："剬《诗》缉《颂》，斧藻群言。"《尔雅·释器》"斧谓之黼"郭注："黼文，画斧形，因名云。"据考证，此句中"好"字为衍文。

②棁（jié）：斗拱，即房柱上方承接大梁的方木。中式房屋建筑多在斗拱上刻绘图画。

[译文]

我还从来没有见过修饰自己的道德，像修饰自己房屋上的斗拱那样认真的人。

[按语]

这句话有两种理解。一种理解是，扬雄感叹和批评世人对自己道德修养的关注程度，远远不及对自己感官享受的关注程度，为后面关于道德礼义的论述作铺垫。另一种理解是，"扬雄把道德修养和房屋的修饰相类比，反映出他对道德修养的理解是停留在关注外在表现的层面上"（郭君铭《扬雄〈法言〉思想研究》）。似以前一种理解为妥。

1.16

鸟兽触其情者也①,众人则异乎?贤人则异众人矣,圣人则异贤人矣。礼义之作,有以矣夫②!人而不学,虽无忧,如禽何?

[注释]

①触其情:谓鸟兽雌雄接触就会产生情欲。

②有以:"有所以"的省略形式,意为"有作用"。

[译文]

鸟兽是雌雄接触就会产生情欲的动物,一般的人同鸟兽会有差异吗?但是贤人就跟一般人不同了,而圣人跟贤人又会有所不同。礼义的制订,是有用处的呀!做人而不学礼义,虽然没有什么忧患,但是跟禽兽有什么区别呢?

[按语]

本章论述礼义存在的合理性和必要性问题。以动物与人的情欲为例,说明如果没有礼义的约束,人和禽兽是不会有区别的。柳下惠坐怀不乱,故为"大贤";武松怒斥潘金莲的勾引,是为"大义"。作为道德规范,礼义是维持社会正常秩序的重要工具。孟子也认为,人与禽兽之分就在道德礼义。

1.17

学者,所以求为君子也①。求而不得者有矣夫,未有不求而得之者也。

[注释]

①君子:可以有两种理解,一指"贤人"(才德杰出者),一指"权势者"(官吏)。从上文言"礼义之作"和下文言"颜之徒"来看,当以"贤

人"理解"君子"为妥。

[译文]

学习是追求成为君子的重要途径。有过追求而没有达到目的的情况是有的,但是绝对不会有不曾追求过而达到目的的。

[按语]

使自己成为君子,这是人们普遍的人生追求。学习是实现这一追求的重要途径和手段。但是,能否成为君子要受诸多因素和条件的影响和制约。因此扬雄强调:虽然学习不一定能够使你成为君子,但是不学习便绝对成不了君子。

1.18

睎骥之马①,亦骥之乘也②;睎颜之人,亦颜之徒也③。或曰:"颜徒易乎?"曰:"睎之则是。"曰:"昔颜尝睎夫子矣,正考甫尝睎尹吉甫矣④,公子奚斯尝睎正考甫矣⑤。不欲睎则已矣,如欲睎,孰御焉⑥?"

[注释]

①睎(xī):仰慕;希望(成为)。《说文》:"睎,望也。"今作"希"。

②乘(shèng):古代一车曰"一乘"。一车三马或四马,故"骥之乘"犹言"骥之同类"。骥,良马。

③颜之徒:"颜"谓颜渊,见前注。"徒"犹言"同类"。

④正考甫:春秋时宋襄公的大夫。相传正考甫很仰慕周宣王重臣尹吉甫,受尹吉甫作《崧高》《烝民》《韩奕》(均收入《诗经·大雅》)等篇以赞美宣王中兴之德的启发,作《商颂》(《诗经》篇名)以效之。

⑤公子奚斯:春秋时鲁僖公的大夫。相传公子奚斯因仰慕正考父作《商

颂》，遂作《鲁颂》以效之。《诗经·鲁颂·閟宫》："新庙奕奕，奚斯所作。"

⑥御：抵御。犹言"阻拦""禁止"。

[译文]

希望成为良马的马，也就是良马的同类；希望成为颜渊那样的人，也就是颜渊一类的人。有人说："成为颜渊一类的人容易吗？"扬子说："希望那样也就是那一类的人了。"接着又说："从前颜渊曾经希望自己成为孔子那样的人，正考甫曾经希望自己成为尹吉甫那样的人，公子奚斯也曾经希望自己成为正考甫那样的人。不希望自己成为君子也就罢了，如果希望自己成为君子，谁能阻拦得了他呢？"

[按语]

无论是从理论上说还是从实践上说，人人都成为圣人、贤人或者君子是不可能的。但是，一个人最终能够成为什么样的人，一定是首先取决于他的志向，然后才是努力的程度和结果。扬雄非常推崇圣人、贤人，但是他绝不神化圣人、贤人，而是鼓励人们都应当树立"睎圣"之志并且为"成圣"而不断努力。这是对孔子"见贤思齐"思想的继承和发展。宋儒周敦颐又发挥了扬雄的这一思想，提出："圣希天，贤希圣，士希贤。"（《通书·志学》）

1.19

或曰："书与经同而世不尚①，治之，可乎？"曰："可。"或人哑尔笑曰②："须以发策决科③。"曰："大人之学也为道④，小人之学也为利。子为道乎？为利乎？"或曰："耕不获，猎不飨⑤，耕猎乎？"曰："耕道而得道，猎德而得德，是获飨已。吾不睹参、辰之相比也⑥，是以君子贵迁善⑦。迁善者，圣人之徒与？百川学海而至于海，丘陵学山不至于山。是故恶乎画也⑧。"

[注释]

①书与经同：与经典同样有价值的其他书籍。汉代被立于学官的经典是《周易》《尚书》《诗经》《礼》和《春秋》。

②哑（è）尔：哑然，笑貌。

③发策决科：解答策问的问题、决出考试的等级。策问，亦叫"对策"，是汉代朝廷选拔官吏的一种考试方式。"科"指考试结果，犹名次。

④大人：谓道德意义上的"君子"，与下句中的"小人"意义相对。

⑤飨（xiǎng）：指"猎物"（捕猎所得）。《说文》："飨，乡人饮酒也。"段注："《传》曰：'乡人饮酒也，其牲，乡人以狗，大夫加以羔羊。'"因"飨"必有"牲"（肉食），引申之，指捕猎所得的猎物。

⑥参、辰：参、商二星。参在东，商在西，出没各不相见，古人常用以比喻双方隔绝或冰炭不容。如杜甫《赠卫八处士》："人生不相见，动如参与商。"相比：相并立，谓"相亲"。

⑦迁善：犹言"向善"，即改恶从善。

⑧恶（wù）乎画：犹言"讨厌故步自封"。《说文》："画，界也，象田四界。"为四界所围，则止步不前。《论语·雍也》："今汝画。"朱熹注："画者，如画地以自限也。"

[译文]

有人说："与经典同样有价值却不被世人看重的书籍，有人要研究它，可以吗？"扬子说："当然可以。"那个人笑嘻嘻地说："必须是能够用来解答策问的问题、决出考试名次的书籍才值得研究啊。"扬子说："君子的学习是为了追求道义，小人的学习是为了追逐名利。你是为道义学习呢，还是为名利学习呢？"有人说："如果耕种得不到收获，打猎得不到猎物，还会有人去耕种和打猎吗？"扬子说："耕耘道而得到道，猎取德而得到德，这就是得到了收获和猎物嘛。我从来没有见过参、商二星互相亲密地在一起的景象，因此君子非常看重能够改恶从善的人。能改恶从善的人，也算是圣人那一类的人吧？大大小小的河流学习大海而最终融入大海，而大大小小的丘陵学习高山却始终成不了高山，因此我最恶恨故步自封。"

[按语]

本章采用设喻和对比的方法来论述学习目的和学习态度的问题。扬雄认为，学什么固然重要，但为什么学更重要；故有"大人之学"和"小人之学"的区分。扬雄一方面视"为利"而学的"小人"与"为道"而学的"大人"为冰炭不容的"参、辰"，但又提倡"君子贵迁善"，并且把能"迁善者"视为"圣人之徒"。这是对"过而能改，善莫大焉"的圣人思想的继承和发展，其目的则是为了让更多的人"为道"而学。扬雄反对学习上的自满情绪和固步自封的态度，"百川学海"与"丘陵学山"之喻，再次解读了他所提倡的"水"的精神。

1.20

频频之党①，甚于鹀斯②，亦贼夫粮食而已矣③。朋而不心④，面朋也；友而不心，面友也。

[注释]

①频频：犹"比比"，谓处处。党：谓"朋党"，为一己私利而勾结在一起的同伙。

②鹀（yù）斯：乌鸦。《说文》："雅，楚乌也，一名鹀，一名卑居。"《尔雅·释鸟》："鹀斯，鹎鶋。"郭注："雅乌也。小而多群。"

③贼：伤害，犹言"糟蹋"。李轨注："斯群行啄谷，喻人党比游宴，

贼害粮食,有损无益也。"

④朋:同门,即同学。《论语·学而》"与朋友交而不信乎"郑注:"同门曰朋,同志曰友。"

[译文]

到处都会遇到的那些朋党,比乌鸦还要可恶,他们也就是一些糟蹋粮食的家伙而已。是同学却不能推心置腹,这只是名义上的同学;是同志却不能同心同德,这只是名义上的同志。

[按语]

朋友是"五伦"之一,历来为儒家所重视,交友之道也成为历代儒家学者们所关注的话题。同学、同志之间应当互相团结和友爱,但不能像朋党那样为一己私利而沆瀣一气,所以孔子说:"君子周而不比,小人比而不周。"(《论语·为政》)朋党中人相互之间钩心斗角、心存芥蒂,是不可能推心置腹、同心同德的。而真正的同学、同志之间是应当真诚相待的,故曾子"日三省乎已"中便有"与朋友交而不信乎"的反躬自问。古往今来,朋友对人一生的影响是巨大的,所谓"近朱者赤,近墨者黑"。《礼记·学记》一方面强调学习不能"无友",指出"独学而无友,则孤陋而寡闻";另一方面又反对"燕朋"(酒肉朋友),指出"燕朋逆其师,燕辟废其学"。这也是古人把朋友区别为"益友"和"损友"的道理。朋党即是损友,故扬雄说他们比糟蹋粮食的乌鸦还可恶。

1.21

或谓:"子之治产,不如丹圭之富①。"曰:"吾闻先生相与言②,则以仁与义;市井相与言③,则以财与利。如其富④!如其富!"或曰:"先生生无以养也,死无以葬也,如之何?"曰:"以其所以养⑤,养之至也；以其所以葬⑥，葬之至也。"

[注释]

①丹圭：疑即白圭。白圭，战国时期周人，与魏文侯同时，以经商"乐观时变"致富。其事见《史记·货殖列传》。

②先生：犹言"有德之人"。

③市井：谓"市井之人"。到集市上买卖货物的人，谈及价钱必然涉及财与利。这里指商人。

④如其富：犹"乃其富"，意思说：这是"先生"与"市井"不同的两种财富观念。"如"通"乃"，《经传释词》卷七："如，犹'乃'也。"

⑤所以养：养身之道。谓君子以追求道德完美为乐事，这样的养身之道是"养之至"（养身的极致）。

⑥所以葬：葬身之礼。谓君子葬身讲究礼仪，这样的葬身之礼是"葬之至"（葬身形式的极致）。

[译文]

有人对扬子说："先生治理的家产远远不如丹圭的富有。"扬子说："我听说有德之人相互谈论的时候，总是以仁和义为话题；市井小人相互谈论的时候，总是以财和利为话题。这是他们不同的财富观念！这是他们不同的财富观念！"那人又说："像先生这样，活着的时候没有足以养身的衣食，死了的时候没有足以葬身的钱财，将怎么办啊？"扬子说："用我自己的养身之道来养身，这是最好的养身办法；用我欣赏的葬身之礼来葬身，这是最好的葬身方式。"

[按语]

能否做到"安贫乐道"，是儒家衡量一个人是否道德完美的重要标准。孔子十分赞赏颜渊，就因为颜渊"一箪食，一瓢饮，在陋巷，人不堪其忧，回也不改其乐"(《论语·雍也》)。但真正要做到"安贫乐道"谈何容易！古往今来，能"安贫乐道"者又有几人？而扬雄是真正做到了"安贫乐道"的。《汉书》说他"少嗜欲，不汲汲于富贵，不戚戚于贫贱，不修廉隅以徼名于当世。家产不过十金，乏无儋石之储，晏如也"。然而扬雄又是最富有的，他以其《太玄》《法言》，不仅赢得了他在儒学道统中颇为崇高的地位，而且奠定了他在中国古代哲学史上很受重视的一席地位；其《輶轩使者绝代语释别国方言》，首开方言研究先例，使他成为中国甚至全世界从事方言研究的第一人；所作辞赋，尽管数量不多，但仍以其独特的艺术魅力和关注国计民生的思想性，使他在中国文学史上赢得一席地位，被称为"西汉末年最著名的辞赋家"。可是，"丹圭之富"何在？

1.22

或曰："猗顿之富以为孝①，不亦至乎？颜其馁矣②。"曰："彼以其粗，颜以其精；彼以其回③，颜以其贞④。颜其劣乎？颜其劣乎？"

[注释]

①猗顿：春秋时鲁国人，以经营盐业致富，富比王侯。见《史记·货殖列传》。

②颜其馁：意思是说，颜渊乐道安贫固然是一种美德，但父母难免会跟着他挨饿受冻，哪里还谈得上尽孝心呢？

③回：犹言"邪道"。"回"谓迂回，商人使货物反复转手以牟利，故谓之"回"。

④贞：谓"正道"。《易经·师卦》："彖曰：师，众也；贞，正也。"

[译文]

有人说："用猗顿那样巨额的财富来孝敬父母，不是再孝敬不过了吗？像颜渊那样恐怕就难免会使自己的父母饿肚子了。"扬子说："那种人是用他粗俗的财物来尽孝，颜渊是用他高尚的道德来尽孝；那种人用的是邪道获取的钱财，颜渊用的是坚持正道的精神。颜渊的孝敬难道比他差吗？颜渊的孝敬难道比他差吗？"

[按语]

父母固然需要儿女物质的赡养，但是更需要儿女精神上的安慰。如果儿女为了敛取钱财而贪赃枉法、违法犯罪，一旦锒铛入狱甚至掉了脑袋，父母遭受的就是巨大痛苦和沉重打击。从这个意义上说，做儿女的走正道、堂堂正正地做人，是对父母最大的尽孝。

1.23

或曰："使我纡朱怀金①，其乐不可量已。"曰："纡朱怀金之乐，不如颜氏子之乐②。颜氏子之乐也内，纡朱怀金者之乐也外。"或曰："请问屡空之内③？"曰："颜不孔，虽得天下不足以为乐。""然亦有苦乎？"曰："颜苦孔之卓之至也。"或人瞿然曰④："兹苦也，祇其所以为乐也与⑤？"

[注释]

①纡（yū）朱怀金：意为"做大官"。"纡朱"，身佩赤色绶带；"怀金"，怀揣金印。这是品级很高的大官才能享受的服饰。

②颜氏子：指颜渊。

③屡空：指经常处于困乏境地。《论语·先进》："回也其庶乎，屡空。"句中代指颜渊。

④瞿然：惊异貌。《说文》："瞿，鹰隼之视也。"

⑤祇（zhǐ）：正好。《集韵》："祇，适也。""适"犹言"正好""恰好"。

[译文]

有人说:"假如我能够身佩朱绶、怀揣金印,那真是其乐无穷啊!"扬子说:"身佩朱绶、怀揣金印者的欢乐,远不如颜渊的欢乐。颜渊的欢乐在内心深处,身佩朱绶、怀揣金印者的欢乐仅在表面。"那个人说:"请问颜渊的内心深处会把什么视为欢乐?"扬子说:"在颜渊内心深处,如果得不到孔子的教诲,即使让他得到天下,也不值得他快乐。"又问:"那么他也有苦恼吗?"扬子说:"颜渊苦恼的是,孔子卓越到了极点。(自己实在无法赶上他。)"那个人惊异地说:"这样的苦恼,大概正是他内心欢乐的原因吧?"

[按语]

不同的苦乐观和荣辱观,最足以反映一个人道德品质的崇高与卑微、精神世界的博大与褊狭。颜渊追求道德的完美,把圣人作为学习的对象,为道而学,视道德上的成就为最大的欢乐。其实,颜渊的苦乐观、荣辱观,正是扬雄自己的真实写照。所以班固赞其"恬于势利""实好古而乐道"。扬雄不仅自己学习颜渊,而且要求所有为"道"而学的人,都应该像颜渊那样,不以物质上的匮乏为苦,而以达不到圣人的境界为苦。

1.24

曰:"有教立道①,无心仲尼②;有学术业③,无心颜渊。"或曰:"立道仲尼④,不可为思矣;术业颜渊⑤,不可为力矣。"曰:"未之思也,孰御焉?"

[注释]

①有教:谓"有所以教",即"有教人成材的方法"。立道:建立学说。即提出自己新的见解。

②无心：疑为"无止"之讹。《法言音义》曰："天复本并作'无止'。"李轨注："孔子习周公，颜回习孔子，无止之者。"汪荣宝《法言义疏》曰："心、止，隶形相近而误。""止"谓"拘泥"。

③有学：谓"有所以学"，即"有值得学习的地方"。术业：犹"述业"。"术"通"述"。

④立道仲尼：意为"像孔子那样创立学说"。

⑤术业颜渊：意为"像颜渊那样传述孔子的事业"。

[译文]

扬子说："有了教人成材的方法，就可以建立自己的育人之道，不必拘泥于孔子；有了值得学习的榜样，就可以传述孔子的伟大事业，不必拘泥于颜渊。"有人说："像孔子那样建立自己的学说，我是不可以作这样的打算了；像颜渊那样传述孔子的事业，我是不具有他那样的能力了。"扬子说："这是不动脑筋的说法；（如果志向远大、不断努力，）谁能阻拦你实现自己的目标呢？"

[按语]

本章明确表达了扬雄自己的"成圣"志向。尽管扬雄非常推崇孔子、赞赏颜渊，并且明确指出圣人、贤人与普通人（"众人"）的本质区别，但是他并不神化圣人、贤人，不把他们视为不可企及的对象；相反，他强调每个人只要从生活的小事做起，既有高远的志向，又能坚持努力，"成圣"并不是不可能的事情。扬雄思想的可贵就在于，他没有把"圣人""贤人"看作一个僵死的概念要求人们去模仿，而是提出"无止"于圣人、贤人，并且认为"睎之则是"。这是扬雄"因循革化"的哲学思想在人才观上的具体体现。

《吾子》卷第二

序

降周迄孔①,成于王道②。然后诞章乖离③,诸子图徽④。撰《吾子》。

[注释]

①降周迄孔:自周公以来直到孔子。《汉书·扬雄传》颜师古注:"周,周公旦也。迄,至也。孔,孔子也。"

②成于王道:完成了帝王治国之道。颜师古注:"言自周公以降至于孔子,设教垂法,皆帝王之道。"

③然后:《汉书》作"终后",《法言音义》据《汉书》作"终后",今从之。诞章乖离:荒诞之说明显违背圣人旨趣。颜师古注:"言其后浇末,虚诞益章,乖于七十弟子所谋微妙之言。"

④诸子:指先秦以来迄至汉代的诸子。图徽:企图各树旗号,自成一家。

[译文]

周公以来直到孔子,圣人制订完成了供帝王设教垂法的治国之道。但是孔子死后各种荒诞的说法明显地违背圣人的旨趣,诸子更是企图各树旗号以逞异说。(为了不致是非混淆,)撰《吾子》一卷。

2.1

或问:"吾子少而好赋?"曰:"然。童子雕虫篆刻①。"俄而曰:"壮夫不为也!"或曰:"赋可以讽乎②?"曰:"讽乎?讽则已。不已,吾恐不免于劝也③。"或曰:"雾縠之组丽④。"曰:"女工之蠹矣⑤。""《剑客论》曰:剑可以爱身⑥。"曰:"狴犴使人多礼乎⑦?"

[注释]

①雕虫篆刻:意为"书写古文字的功夫"。"虫"谓鸟虫书,"篆"谓大、小篆,"刻"谓刻符,皆古文字体;古文字须"雕"(刻写)。

②讽:讽谏,专指对帝王含蓄地批评劝阻。

③劝:鼓励,此处犹言"助长"。

④雾縠(hú)之组:用绉纱编织的如云雾般飘曳的绶带。"縠"是绉纱,"雾縠"是指如云雾般飘曳的绉纱绶带。《说文》:"组,绶属也。"此处用以比喻辞赋文辞的恣肆与华美。

⑤女工之蠹(dù):残害女工身体的蠹虫。喻指辞赋是摧残人才的东西。

⑥爱:通"薆"。薆,蔽也,引申为"保护"。

⑦狴犴(bì àn):传说中的一种野兽,古代牢狱门上常绘其图形,故以代称牢狱。

[译文]

有人问:"听说先生年轻时喜欢辞赋?"扬子说:"是的。那不过是孩子们书写古文字的书法练习。"过了一会儿扬子又说:"大丈夫不能做这样的事!"那个人说:"辞赋不是可以用来讽谏皇上吗?"扬子说:"真可以讽谏吗?真可以讽谏,就会使皇上停止做错事。辞赋不仅没有使皇上停止做错事,我担心还难免会助长他的错误行为。"那个人又说:"像云雾般飘曳的绉纱绶带是很华美的。"扬子说:"但它是残害女工身体的蠹虫。"那人又说:"《剑客论》上说:刀剑(可以杀人,但是也)可以防身。"扬子说:"难道牢狱还能使人讲究礼仪吗?"

[按语]

　　受司马相如辞赋影响,年轻时的扬雄"尝好辞赋"。扬雄一生所作辞赋,以任待诏随汉成帝出游时所作"四赋"为最。汉成帝"好文辞",这应该是扬雄投其所好以求飞黄腾达的绝好机会。然而,扬雄偏偏要坚持"赋者,将以风(讽)也"的创作原则,针对汉成帝好游好色过分奢侈的行为,分别用赋予以讽谏。如汉成帝宠幸赵飞燕姊妹以致赵飞燕淫乱宫闱,扬雄在《甘泉赋》中讽谏成帝"屏玉女,却宓妃";针对成帝不思进取以致王氏集团长期把持朝政,扬雄在《河东赋》中鼓励成帝"轶五帝,蹑三皇";针对成帝好游历讲排场而靡费钱财的行为,扬雄在《羽猎赋》中讽谏成帝"辍观游,弘仁惠";针对成帝长杨观猎严重扰民的行为,扬雄在《长杨赋》中提醒成帝"平不肆险,安不忘危"。然而扬雄苦口婆心的讽谏,不仅没有使皇帝有丝毫的醒悟和改变,反而使自己的仕途受阻——在皇帝身边一干二十年,以"黄门侍郎"终其一生。扬雄因此得出"赋劝而不止"的结论,并且认为它"非法度所存",于是"辍不复为"。辞赋以铺张扬厉为特点,"极丽靡之辞,闳侈钜衍,竞于使人不能加也",因此说它像"雾縠之组丽";但是也如同编织"雾縠"伤害女工身体一样,创作辞赋无异于摧残人才。在扬雄看来,如果说"剑"还有它杀人和防身的双重性的话,那么辞赋是一点用处都没有的。当然,这是扬雄愤激之言。

2.2

　　或问:"景差、唐勒、宋玉、枚乘之赋也[①],益乎?"曰:"必也,淫②。""淫，则奈何？"曰："诗人之赋丽以则③，辞人之赋丽以淫。如孔氏之门用赋也，则贾谊升堂、相如入室矣④。如其不用何？"

[注释]

①景差、唐勒、宋玉：三人与屈原同时，都是楚国人，又都是著名的辞赋家。《史记·屈原贾生列传》云："楚有宋玉、唐勒、景差之徒者，皆好辞而以赋见称。"枚乘（？～前140）：西汉淮阴人，著名辞赋家，《七发》是其代表作。

②淫：指文辞过于铺张艳丽。

③则：谓有度，犹言"不过分"。

④贾谊升堂、相如入室：贾谊（前200～前168），西汉著名政论家和辞赋家。《新书》十卷为其政论著作，辞赋以《鵩鸟赋》和《吊屈原赋》为其代表作。贾谊的赋，大多很有兴寄，但是多以抒发个人被贬黜的忧愤为内容，故谓之"升堂"。"相如"即司马相如（约前179～前118），蜀郡成都人，是汉赋的代表作家，《子虚赋》《上林赋》是其代表作。司马相如的赋，其兴寄大多关乎国家大事，故谓之"入室"。"升堂""入室"比喻造诣或成就在程度上的差别，"入室"为最高境界，首见于《论语·先进》："由也升堂矣，未入于室也。"

[译文]

有人问："景差、唐勒、宋玉、枚乘的赋，有特点吗？"扬子说："如果一定要有个评价的话，那就是过于铺张华丽。"又问："过于铺张华丽是什么意思？"扬子说："诗人的赋华丽而有度，辞人的赋华丽而无度。如果说到孔子门派用赋的话，那么贾谊可算是登堂，司马相如堪称入室了。但是他们的讽谏仍然不被采用，有什么办法呢？"

[按语]

赋与诗的最大区别就在于"淫"（过于铺张华丽）。而儒家圣人在论及文章写作时，坚决反对"淫"，提倡"言以足志，文以足言"（《左传·襄公二十五年》）、"情欲信，辞欲巧"（《礼记·表记》）。所以《文心雕龙·征圣》明确指出："志足而言文，情信而辞巧，乃含章之玉牒，秉文之金科矣。"总之，儒家主张为文要有感而发，要表达真实思想，语言讲究含蓄美（"巧"），作诗则讲究"兴寄"，这就是孔子所说的"文质彬彬"。所谓"诗人之赋"，如屈原的《离骚》便是典型。淮南王刘安说："《国风》好色而不淫，《小雅》怨而不乱。若《离骚》者，可谓兼之。"（见班固《离骚序》）刘勰也说"《离骚》之文，依经立义"，"体同《诗·雅》"（《文心雕龙·辨骚》）。尽管扬雄在主观上是要作"诗人之赋"，但客观效果仍是"劝而不止"。扬雄在分析其原因时，也是归结到"淫"头上，他说："赋者，将以风（讽）也，必推类而言，极丽靡之辞，闳侈钜衍，竞于使人不能加也，既乃归之于正，然览者已过矣。"过分的铺张、过多的华丽辞藻往往掩盖了作赋者的真实意图，这就是"淫"的后果。

2.3

或问："苍蝇红、紫①？"曰："明视②。"问："郑、卫之似③？"曰："聪听④。"或曰："朱、旷不世⑤，如之何？"曰："亦精之而已矣。"

[注释]

①苍蝇红、紫：是说"怎样分辨苍蝇的头部是红色的还是紫色的"。红、紫色近，故难分辨。或说"苍蝇"是用《诗经·小雅·青蝇》的典故，"红紫"是用《论语·乡党》"红紫不以为亵服"的典故。

②明：善视为"明"。此处指眼力很好的人。

③郑、卫之似:是说"怎样分辨郑国和卫国的音乐"。郑、卫之声都是"淫声",故言"似"。或说"怎样区别郑卫之声与雅乐"。

④聪:善听为"聪"。此处指听力很好的人。

⑤朱、旷不世:"朱"谓离朱,传说离朱是黄帝时人,能在百步之外辨察秋毫之末。"旷"谓师旷,师旷是春秋时人,晋平公的乐师,传说能在八音齐奏时辨别出雅、邪之声。"不世"是说"像离朱、师旷那样的人不是每个时代都会出现的"。

[译文]

有人问:"怎样才能分辨苍蝇的头部是红色还是紫色?"扬子说:"让眼力最好的人来看。"又问:"怎样才能分辨非常相似的郑国音乐和卫国音乐?"扬子说:"让听力最好的人来听。"那个人又问:"像离朱那样眼力最好、师旷那样听力最好的人并不是每个时代都会出现,怎么办?"扬子说:"也就只有自己去精通善视善听的本领了。"

[按语]

扬雄生活的时代,古文经学与今文经学的分歧已经产生,对经典的解读"不与圣人同,是非颇谬于经"的现象相当严重。针对这种情况,扬雄提出了"辨似"的问题。扬雄认为,辨似的方法有两个:一是借助于"圣人"(离朱是善视的圣人,师旷是善听的圣人),一是努力使自己也成为"圣人"。

2.4

或问:"交五声、十二律也①,或雅或郑②,何也?"曰:"中正则雅③,多哇则郑④。"请问:"本?"曰:"黄钟以生之⑤,中正以平之。确乎⑥,郑、卫不能入也。"

[注释]

①五声：宫、商、角（jué）、徵（zhǐ）、羽五种音阶。十二律：古乐十二调，阴、阳各六，阴曰"律"、阳曰"吕"，合称"律吕"。详见《汉书·律历志》。

②雅：谓"雅乐"。"雅"，正也，犹言合乎标准。郑：郑国音乐。"郑声淫"，故以"郑"代"淫声"。

③中正：谓"正直"，即不存邪念。

④多哇：多谄谀之气。《说文》："哇，谄声也。"段注："淫哇也。"淫哇，犹今语"嗲（diǎ）声嗲气"。

⑤黄钟：古乐十二律之一，声音最洪大响亮。黄钟为十二律之始，《礼·月令》仲冬之月："其日壬癸……其音羽，律中黄钟。"注："黄钟者，律之始也。"仲冬之月，冬至所在，阴气尽阳气生，故黄钟为阳律之首。

⑥确：本为"坚实"，此言"坚守"。

[译文]

有人问："同样是用五声、十二律配合组成的音乐，有的是雅乐，有的是郑声，这是什么原因？"扬子说："保持中正平和气韵的就成为雅乐，充满谄谀媚俗之气的就成为郑声。"又问："请问防止郑声的关键是什么？"扬子说："以黄钟之律为基调配五声，以中正之气为原则来平衡气韵。能坚守这样的作曲原则，郑、卫的淫声就不可能混入其中了。"

[按语]

礼、乐互为表里，乐是推行政治教化的重要工具，故为儒家所重视。"雅乐"可以移风易俗、补救时弊、鼓舞士气，有助于政令教化的推行；"郑声"则助长淫邪、瓦解斗志，阻碍政令教化的推行。扬雄强调，保持"中正"之气是防止"郑声"的关键。在儒家的哲学理论中，"中正"与"中和""中庸"

是相同的概念。《中庸》说:"中也者,天下之大本也;和也者,天下之达道也。致中和,天地位焉,万物育焉。"朱熹注:"中为道之体,和为道之用。"可见,所谓"中正以平之",就是要用儒家的"道"来衡量,这样就可以防止"淫声"。

2.5

或曰:"女有色①,书亦有色乎②?"曰:"有。女恶华丹之乱窈窕也③,书恶淫辞之淈法度也④。"

[注释]

①色:谓"修饰"。

②书:写作。

③华丹:"华"谓铅华,一种用作敷面的白色颜料,犹言"脂粉"。"丹"指用作涂唇的红色颜料,如"蔻丹"。

④淈(gǔ):浊,犹言"混淆"。《说文》:"淈,浊也。"

[译文]

有人说:"女人有容貌修饰的习惯,写作也有文辞修饰的讲究吗?"扬子说:"有的。女人的修饰忌讳脂粉蔻丹过重而破坏了窈窕的本色,写作的修饰忌讳辞藻华丽铺陈而混淆了文章的主题。"

[按语]

辞赋尚且忌讳"淫辞",何况其他?孔子说:"过,犹不及也。"故凡事取其"中"。程颐序《中庸》说:"中者,天下之正道;庸者,天下之定理。""书"岂能无"色"?孔子曰:"言之无文,行而不远。"但"文"不可"过",孔子曰:"质胜文则野,文胜质则史。文质彬彬,然后君子。"故君子之文不"淫"。

2.6

或问:"屈原智乎①?"曰:"如玉如莹②,爰变丹青③。如其智?如其智?"

[注释]

①屈原(约前340~约前278):名平,字原,战国楚人。楚怀王时,屈原任左徒、三闾大夫,力主联齐抗秦,后遭诬陷被放逐。顷襄王时,再遭谗毁被流放汨罗江一带。秦将白起攻陷郢都,屈原彻底失望,遂自沉汨罗江以身殉国。屈原将自己的爱国热情和无限忧愤写成诗歌,主要作品有《离骚》《九歌》《天问》《九章》等。屈原的诗歌,思想深沉、文辞优美,开中国浪漫主义诗风,对后世文学产生巨大影响。

②如玉如莹:"玉"喻人格之美,"莹"喻文采之美。《说文》:"莹,玉色也。"

③丹青:本来是指丹砂、空青两种颜料,由于用丹砂、空青所绘图画或所写文字不易褪色,故言"丹青"以喻屈原精神和文章不朽。

[译文]

有人问:"屈原明智吗?"扬子说:"屈原将自己美玉般纯洁的人格、玉色般璀璨的才华,变化为千古流传的美丽诗篇。有谁像他这样明智?有谁像他这样明智?"

[按语]

其实扬雄并不赞许屈原以身殉国的行为,"以为君子得时则大行,不得时则龙蛇,遇不遇命也,何必沉身哉"!但是他又非常钦佩屈原的人格和文采,对其遭遇也惺惺相惜,故有《反离骚》之作,并且"自岷山投诸江流以吊屈原"。扬雄之所以认为屈原明智,完全是从屈原伟大的文学成就方面来说的，甚至可以说是屈原的行为启发了他，所以他才会在政治抱负不得施展的情况下，宁肯隐忍苟活，也要"欲求文章成名于后世"。

2.7

或问："君子尚辞乎①？"曰："君子事之为尚②。事胜辞则伉③，辞胜事则赋④，事辞称则经⑤。足言足容⑥，德之藻矣。"

[注释]

①辞：修辞，即语言修饰。

②事之为尚：即"尚事"。"尚"谓崇尚与追求，"事"谓内容的表达。

③伉（kàng）：过于直白。

④赋：谓"过于夸张"。《文心雕龙·诠赋》："赋者，铺也，铺采摛文，体物写志也。"

⑤经：谓"典范"。

⑥足言足容：即"足言足用"，意为"足以表达思想足以发挥作用"。《释名·释姿容》："容，用也。"

[译文]

有人问："君子崇尚语言的修饰吗？"扬子说："君子崇尚内容的表达。内容表达胜过语言修饰，就会显得过于直露；语言修饰胜过内容表达，就会显得过于夸张；内容表达与语言修饰相称，才是堪称典范的文章。足以表达思想又足以发挥作用的语言，才是最具有道德力量的语言。"

[按语]

"事"与"辞"的关系，也就是内容与形式的关系。形式一定是为内容服务的，故曰"君子事之为尚"。形式与内容，即孔子所谓之"文"与"质"，因此一准于"文质彬彬"的原则。

2.8

或问:"公孙龙诡辞数万以为法①,法与?"曰:"断木为棋,挽革为鞠②,亦皆有法焉。不合乎先王之法者,君子不法也。"

[注释]

①公孙龙(约前320~前250):字子秉,赵国人,战国时期名家的代表人物。所著《白马》《坚白》《指物》《名实》《通变》《迹府》等,被后人辑为《公孙龙子》一书。《公孙龙子》主要论述名实关系,其著名论题"白马非马"被不少学者视为"诡辞",其实具有朴素的辩证法思想。

②挽(wán)革:刮磨曰"挽";去毛之兽皮曰"革"。革须刮除渣滓、磨之使平,才能制"鞠"。"鞠"是古代"蹴鞠"所用道具,类似现代的足球。

[译文]

有人问:"公孙龙将数万字的诡辩言辞作为名家的法则,应当将它奉为法则吗?"扬子说:"截断木头制作棋子,刮磨皮革制成鞠球,也都是有法则需要遵循的。但是不合乎先王之法的其他法则,君子是不会将它奉为法则的。"

[按语]

扬雄认为,世间万事万物各自有所师法,但以先王之法为根本,凡不合乎先王之法者,皆不足以效法。名家乃诡辩之学,多作伪之辞,故不当效法。

2.9

观书者,譬诸观山及水:升东岳而知众山之峛崺也①,况介丘乎②!浮沧海而知江河之恶沱也③,况枯泽乎!舍舟航而济乎渎者④,

末矣；舍五经而济乎道者⑤，末矣。弃常珍而嗜乎异馔者⑥，恶睹其识味也？委大圣而好乎诸子者⑦，恶睹其识道也？

[注释]

①东岳：泰山。《尔雅·释山》："泰山为东岳。"崱屴（lǐ yǐ）：低矮而连绵不绝貌。《广韵》："崱屴，沙丘状。"

②介丘：犹"孤丘"。《庄子·庚桑楚》："夫函车之兽，介而离山，则不免于网罟之患。""介"谓孤独无助。

③恶沱："恶"谓水质浑浊，"沱"谓水道分歧。《说文》："沱，江别流也。"或说"恶沱"是联绵词，谓水流细缓貌。

④舟航：犹言"小船大船"。"航"谓两船相并。《淮南子·氾论训》："古者大川名谷冲绝道路，不通往来也，乃为窬木方板以为舟航。"注："舟相连为航。"济：渡河。即"横渡"。溃：指"大河"。

⑤五经：汉代以《易经》《尚书》《诗经》《礼经》《春秋》为"五经"。

⑥常珍：常见的美味。异馔：怪异的菜肴。

⑦委：放弃。

[译文]

看书学习，就如同观看山水：登上泰山，便知道群山连绵起伏而且是那样的低矮，何况那形影相吊的孤丘呢！浮游大海，便知道江河泥沙俱下而且是那样的分歧，何况那水源枯竭的湖泽呢！放弃舟楫去横渡大河的人，是再愚昧不过的了；放弃五经去探求圣道的人，也是再愚昧不过的了。对常见的珍馐不屑一顾却对怪异的菜肴情有独钟，哪见得他是能够辨识味道的人呢？对大圣的孔子毫不理睬却对诸子之学特别喜爱，哪见得他是认识大道的人呢？

[按语]

在扬雄看来，孔子如同泰山，儒学如同沧海；诸子不过是群山，诸子之学不过是江河。二者之间，不仅有高下、大小之分，而且有专精与歧异之别。不学"五经"，犹如不辨五味；不尚孔子，犹如不识道路。

2.10

山岊之蹊①，不可胜由矣；向墙之户，不可胜入矣。曰："恶由入②？"曰："孔氏。孔氏者，户也。"曰："子户乎？"曰："户哉！户哉！吾独有不户者矣③？"

[注释]

①山岊之蹊：从山脚登山的小路。"岊"通"胫"，胫犹"足"（脚）。《说文》："蹊，徯或从足。"段注："凡始行之以待后行之径曰蹊。"段注的意思是："蹊"是由人自己踩踏出来的道路。从山脚登山，人们可以任意选择一条路线踩踏前进，故下文云"不可胜由"。

②恶（wū）：同"何"。

③独：犹言"岂"。矣：通"耶"，表反诘语气。

[译文]

从山脚登山的蹊径有无数条，不知道应该走哪一条；面对墙壁的门有无数道，不知道应该进哪一道。有人问："我该从哪道门进入呢？"扬子说："孔氏之门。孔氏，就是我们入学的门啊。"那人说："先生也是门吗？"扬子说："门啊！门啊！我岂有不做门的道理呢？"

[按语]

圣人是洞察幽微、通达事理的智者，因此能够引领人们探索大道获得真理。在异说纷呈、真假莫辨的情况下，只有圣人才是引领人们进入真理殿堂的门户。孔子是这样的门户，扬雄公然宣称，自己也是这样的门户。这就是有些《法言》研究者所说的，"《法言》全书贯穿着一条'成圣'的主线。三百三十余条正文，逐次展现了扬雄的成圣之志和以当代圣人自居为人世建中立极的逻辑进程"（郭君铭《扬雄〈法言〉思想研究》71—72页）。研究扬雄思想，研究其《法言》，"成圣之志"确乎是一个不容忽视的重要方面。

2.11

或欲学《仓颉》《史篇》①。曰："史乎②？史乎？愈于妄阙也③。"

[注释]

①《仓颉》《史篇》：《仓颉》本来是秦相李斯编著的字书，但汉代人所谓的"《仓颉》"，还包括了赵高所编的《爰历篇》、胡毋敬所编的《博学篇》，俗称"三苍"。"三苍"所收汉字为秦篆，即小篆。《史篇》即《史籀篇》，传说为周宣王太史籀所编著的字书，所收汉字为籀文，即大篆。汉代通行隶书，汉代人大多不识大篆、小篆，称大篆、小篆为"古文奇字"。扬雄精通"古文奇字"，曾仿《仓颉》体例撰《训纂》一书，故时人常从扬雄学习"古文奇字"。

②史："古文奇字"图画性强，能比较真实地反映造字时代的许多历史情况，因此这类字书大多具有史料价值，故谓之"史"。

③妄阙："妄"指虚妄不实之词，"阙"指缺乏文字记载的史实。

[译文]

有人想跟从扬子学习《仓颉》《史篇》。扬子说："不就是要学习历史吗？不就是要学习历史吗？这也比无稽之谈和抱残守缺要好得多。"

[按语]

在扬雄看来，探求圣道应该以学习儒家经典（五经）为首要。但由于今文经学家常常以今文字（隶书）解经，便不免虚妄不实之词，或者对经典所缺妄加增补；"古文奇字"具有原始的史料价值，可以纠正某些"妄阙"之词。因此，退而求其次，不先学经而学记载着"古文奇字"的《仓颉》《史篇》，也不失为一种可取的选择。

2.12

或曰："有人焉，自云姓孔而字仲尼。入其门，升其堂，伏其几，袭其裳①，则可谓仲尼乎？"曰："其文是也②，其质非也。""敢问质？"曰："羊质而虎皮，见草而说③，见豺而战④，忘其皮之虎矣。"

[注释]

①袭：谓"穿衣"。

②文：谓"外表"。

③说：同"悦"。

④战：谓"战栗"。

[译文]

有人说："有个人在那里说自己姓孔字仲尼。难道走进孔子的家门，登上孔子的大厅，伏在孔子的几案上，穿着孔子的衣服，就可以说自己是孔子吗？"扬子说："论其外表，很像是孔子；究其本质，就完全不是了。"那人说："请问怎样辨别其本质？"扬子说："例如本质是羊却披着虎皮的东西，见了牧草就会高兴，见了豺狼就会战栗，因为它已经忘记自己披着的虎皮了。"

[按语]

汉代尊儒宗孔，难免会有假孔子旗号者。扬雄认为，假的就是假的，倚仗伪装骗人的，无论如何改变不了自己的本质，也就一定会露出马足来。

2.13

圣人虎别①，其文炳也②；君子豹别，其文蔚也③；辩人貍别④，其文萃也⑤。貍变则豹，豹变则虎。

[注释]

①虎别：谓"犹如虎类"。"别"，类别。

②文：谓"皮毛"。炳：光明，此处犹言"闪耀着光辉"。

③蔚：茂盛，此处犹言"色彩鲜艳"。

④辩人：明辨事理的人。"辩"通"辨"。貍：指貍猫，一种类似猫的野兽，蜀人谓之"野猫子"。貍猫皮毛细密柔软，富有光泽。

⑤萃：丛聚，此处犹言"细密光鲜"。

[译文]

圣人犹如虎类，其皮毛光辉闪耀；君子犹如豹类，其皮毛色彩鲜艳；明辨事理者犹如貍猫，其皮毛细密光鲜。貍经变化就成为豹，豹经变化就成为虎。

[按语]

本章纯粹是用比喻来说明圣人、君子、辩人三者之间的差别与关系。扬雄用虎、豹、貍喻圣人、君子、辩人，这跟他的圣人观是一致的。因为上一章论述的是圣人的本质，所以这里着重讨论圣人的外表。在有人问到"圣人表里"时，扬雄说："威仪、文辞，表也；德行、忠信，里也。"（《法言·重黎》）威严的仪容和优美的言辞，是圣人的外在表现。老虎仪容威严、皮毛优美，故以喻圣人外表。以仪容、皮毛而论，次于虎者豹，次于豹者貍，故以喻君子、辩人。扬雄所谓"貍变则豹，豹变则虎"，是他"人人皆可成圣"思想的反映。先秦儒学大师即不乏"圣人可成"的论述，孟子曰"圣人与我同类"（《孟子·告子上》），荀子曰"始乎为士，终乎为圣人"（《荀子·劝学篇》）。扬雄继承并发扬了先秦儒学大师的"成圣"思想，其《法言》贯穿了这一思想主题。

2.14

好书而不要诸仲尼①，书肆也；好说而不要诸仲尼②，说铃也③。

[注释]

①好书：喜欢读书。要诸仲尼：用孔子思想来得其要领。

②好说：喜欢辩说。包括书面辩说（著书）。

③说铃：会说话的铜铃。意谓有声而无思想。

[译文]

喜欢读书而不能用孔子思想来寻绎书中的要点，那就像一家售书的店铺；喜欢辩说而不能用孔子思想来指导辩说的要点，那就像一个会说话的铜铃。

[按语]

本章强调读书、著书都应当以孔子学说为指导。应当注意的是，扬雄主张读书要广泛涉猎，他自己便是"博览无所不见"；但是对所读之书的内容一定要加以分辨，他自己是"非圣哲之书不好也"。"不好"并非"不读"。著书立论与人辩说，必当确定分辨是非的标准；扬雄认为，这个标准就是孔子的儒家学说。

2.15

君子言也无择①,听也无淫②。择则乱,淫则辟③。述正道而稍邪哆者有矣④,未有述邪哆而稍正也。

[注释]

①无择:谓"无可择",犹言"无可挑剔"。"择"谓拣选,拣选则有所挑剔。李轨注:"非法不言,何所择乎?"或说"择同败乱"。

②无淫:谓"无偏邪",犹言"无偏颇"。《礼记·儒行》"其居处不淫"注:"淫,倾邪也。"

③辟:同"僻",谓"邪僻"。

④邪哆(chǐ):即"邪侈",谓偏离正道。

[译文]

君子说话应当无可挑剔,听话应当无偏无颇。可挑剔就会造成混乱,有偏颇就会助长邪僻。口头上讲述正道而行动上稍微偏离正道的人是有的,但不会有口头上鼓吹偏离正道而行动上稍微接近正道的。

[按语]

本章论述对"君子"言行的要求。这里的"君子",应当主要是指入仕为官的人。扬雄强调"君子"说话、听话都应当非常谨慎,因为说话有漏洞,别人就会钻空子而产生混乱;听话有偏向,也会被人利用而仗势放纵。因此,君子既要"慎言",莫乱发号令;也要"兼听",莫乱表态。但是,扬雄深知人无完人的道理,"君子"也有言行不一致的时候。所以,他认为行动上稍微偏离正道,这无损于"君子"形象;如果公开鼓吹偏离正道,那就不是"君子"不"君子"的问题,是异端邪说或者犯罪的问题了。扬雄的这种认识是难能可贵的,因为人都难免有说错话、做错事的时候,也有不得已而做违心的事情的时候。这些只要在"述正道"这个前提之下,就是可以理解和原谅的;如果公然"述邪哆",那就绝对不行了。扬雄要维护和捍卫的是"正道",是孔子学说的原则。所谓"不可以一眚掩大德",就是这个道理。

2.16

孔子之道,其较且易也①。或曰:"童而习之,白②,纷如也③。何其较且易?"曰:"谓其不奸奸④,不诈诈也⑤。如奸奸而诈诈,虽有耳目,焉得而正诸?"

[注释]

①较:谓"简明"。《广雅·释诂》:"较,明也。"疏证:"较之言皎皎也。"

②白:谓"皓首"。

③纷如:纷然;杂乱貌。

④奸奸:是说"用奸道对付奸道"。李轨注:"奸奸者,以奸欺奸;诈诈者,以诈欺诈。"

⑤诈诈:是说"用诈术对付诈术"。

[译文]

孔子的学说,大概是既简明又平易的。有人说:"不少人从孩童时就开始学习它,直到头发都白了,还是乱纷纷地没有个头绪,为什么还说它既简明又平易呢?"扬子说:"(说它简明平易,)是说它不用奸道对付奸道、不用诈术对付诈术。如果它是用奸道对付奸道、用诈术对付诈术,虽然有人愿意听他的议论、有人愿意看他的文章,又哪里能够学有所得并且修正错误呢?"

[按语]

　　本章重在论述孔子学说的"不奸""不诈"。何谓"奸"?《广雅·释言》:"奸,伪也。""不奸"即"不伪"。何谓"诈"?《吕氏春秋·务本》:"无功伐而求荣富,诈也。""不诈"即"不骗人"。孔子学说的核心是"仁",孔子历来反对虚伪、反对欺诈,孔子曾经痛心疾首地说:"巧言令色,鲜矣仁!"(《论语·学而》)从《论语》所记述的孔子言论看,他要提倡什么、反对什么,从来都是旗帜鲜明的,毫不含糊。他甚至痛恨模棱两可、两面三刀的好好先生("乡愿")。他对学生的缺点错误也毫不姑息,总是直言不讳地给予严厉的批评,宰我"昼寝",被孔子指责说"朽木不可雕也,粪土之墙不可圬也"。仅小他八岁的子路,因为好出风头,也常常受到孔子的批评。"奸"必须伪装,"诈"得弄手段,一切伪学术总是故弄玄虚以售其奸、以掩其诈。孔子学说旗帜鲜明地宣布"仁",宣讲"礼",不奸不诈,故扬雄谓之"较且易也"。由于圣人之道是无所不通的,因为博大思精、非常深奥,即使是孔子的弟子们也往往是知其然而不知其所以然:"子游、子夏得其书矣,未得其所以书也;宰我、子贡得其言矣,未得其所以言也;颜渊、闵子骞得其行矣,未得其所以行也。"(《法言·君子》)所以扬雄对"童而习之,白,纷如也"的说法不置一词。

2.17

　　多闻则守之以约①,多见则守之以卓②。寡闻则无约也,寡见则无卓也。

[注释]

　　①守之以约:以约守之。"约"谓所闻之精要,《孟子·公孙丑下》"又不如曾子之守约也"注:"约,要也。""之"谓孔子之道。

②卓：谓所见之卓识。所闻甚多，加以比较就能抽绎出其中的精要。所见甚多，加以归纳自能发现其中的卓识。

[译文]

听到的东西愈多，愈能用所闻的精要观点来捍卫孔子之道；看到的东西愈多，愈能用所见的卓越见解来捍卫孔子之道。听到的东西太少，就不会有精要的观点；看到的东西太少，就不会有卓越的见解。

[按语]

本章论述学习应当"多闻""多见"的道理。古人历来反对孤陋寡闻，《学记》说："独学而无友，则孤陋而寡闻。"但扬雄强调"多闻""多见"的目的是最值得注意的。他告诉人们："多闻"要善于比较，这样才能抓住其中精要的东西；"多见"要善于归纳，这样才能发现其中的远见卓识。扬雄为什么要作这样的强调？因为他发现汉代"诸子各以其知舛驰，大氐诋訾圣人"（《汉书·扬雄传》），所以强调"多闻""多见"的目的是要捍卫孔子之道。不如此，学习者就会"溺于所闻而不自知其非也"（《汉书·扬雄传》）。

2.18

绿衣三百①，色如之何矣；纻絮三千②，寒如之何矣。

[注释]

①绿衣：绿色衣服。秦汉有"正色"与"间色"之分，"正色"指青、赤、黄、白、黑五色，"间色"指绿、红、碧、紫、骝黄五色。按照古礼，穿"间色"衣服不能进入宗庙参加祭祀。

②纻（zhù）絮：用纻麻做的衣、被填充物。纻麻粗糙，保暖性极差，纻絮难以御寒。

[译文]

虽然绿色衣服有三百件,无奈穿着它们不能进入宗庙;虽然纻絮被盖有三千床,无奈盖着它们不能抵御严寒。

[按语]

"绿衣""纻絮"喻诸子之说。诸子各家虽众,犹如"绿衣"之非"正色"而不能进入宗庙;而孔子儒学为天下正宗之学,正、邪自判,岂可同日而语?孔子儒学为圣道,圣道无所不通,犹如狐裘可以御严寒;诸子各家虽众,犹如"纻絮"之不能御寒,虽众无益。"绿衣"之喻,意在比较孔子儒学与诸子之说在地位上的悬殊;"纻絮"之喻,意在比较二者在功能上的大小。

2.19

君子之道有四易①:简而易用也,要而易守也,炳而易见也,法而易言也。

[注释]

①君子:此处是指"治理政事的人",犹言"统治者"。"君子之道"谓君子治理政事的措施。四易:"四易"中的"简"谓形式简明,"要"谓内容扼要,"炳"谓主旨显明,"法"谓语言规范。

[译文]

君子的政治措施应当具有"四易"的特点:形式简明而易于操作,内容扼要而易于遵守,主旨明显而易于理解,语言规范而易于讲述。

[按语]

君王以其施政纲领治官,百官以其治事措施治民。对其纲领和措施,扬雄提出了"四易"的要求。虽然扬雄并未真正从政,但其"四易"所述的内容却表现了扬雄优秀的政治素质。

2.20

震风陵雨①,然后知夏屋之为帡幪也②;虐政虐世,然后知圣人之为郛郭也③。

[注释]

①震风陵雨:狂风暴雨。八卦中,"震"谓雷电;狂风之使人震恐与雷电同,故谓之"震风"。大山曰陵,故以"陵"喻大,故暴雨曰"陵雨"。

②夏屋:大屋,即"大厦"。《方言》:"夏,大也。自关而西,秦晋之间,凡物之壮大者而爱伟之,谓之夏。"帡幪(píng méng):帐篷。喻遮蔽作用。

③郛(fú)郭:"郛"与"郭"同,均指外城墙,古代抵御敌人进攻的防御工事。喻保护作用。

[译文]

遭遇过狂风暴雨的袭击,然后才能体会到大屋广厦的遮蔽作用;遭受过暴政乱世的折磨,然后才能理解到圣人学说的保护作用。

[按语]

本章强调儒家圣人之道的社会功能。孔子儒学以"仁"为核心,以"礼"为手段。为什么要以"仁"为核心?在孔子看来,天下的祸乱起于人君之"不仁",君"仁"则天下安。所以儒学一派总是以宣扬"仁"道为己任。"仁"是什么?"仁"的本质就是对与自己无血缘关系、无利害关系的人的亲爱之心,是对人的一种普遍的尊重,所以孔子说"仁者,爱人"。这种仁爱之心是怎么产生的?儒家学派认为,"仁"产生于"孝悌",是把对自己父母兄弟的爱敬之心推广开去,从而爱敬天下一切人。有若说"孝悌也者,其为仁之本与!"(《论语·学而》)孟子说"亲亲,仁也"(《孟子·离娄上》)。应当说,儒家极力宣扬孝道,其实际用心仍在于"仁"。《礼记·大传》把这个关系阐述得最为清楚:"自仁率亲,等而上之到于祖;自义率祖,顺而下之至于祢。是故人道亲亲也。亲亲故尊祖,尊祖故敬宗,敬宗故收族,收族故宗庙严,宗庙严故重社稷,重社稷故爱百姓。"可见统治者由孝而仁,最终惠及百姓。祸乱起于私欲。国君的私欲导致战争,百姓的私欲导致斗殴、欺诈等罪恶行为。故孔子从消弭战争和消除罪恶的愿望出发,提出"克己复礼为仁"。"克己复礼为仁"是什么意思?郭沫若先生认为,"孔子仁的含义是克己为人的一种利他的行为。他要人们除掉一切自私自利的心机,而养成为大众献身的牺牲精神"。(郭沫若《十批判书》)如果人人都能"克己"、都能"为仁",不仅不会有战争、斗殴、欺诈等祸乱和罪恶发生,还必然会形成"老吾老,以及人之老;幼吾幼,以及人之幼"的良好社会风尚。果真如此,天下百姓自然就会安居乐业,生活得非常幸福。这就是扬雄赞美孔子儒学,说"圣人之为郛郭"的根本原因。

2.21

古者杨、墨塞路①,孟子辞而辟之②,廓如也。后之塞路者有矣,窃自比于孟子。

[注释]

①杨、墨:杨朱、墨翟。杨朱,战国时魏国人,前于孟轲、后于墨翟;其学说,主张"重在爱己,不以物累,不拔一毛以利天下",与儒学"仁者爱人,舍一身以利天下"尖锐对立。墨翟,春秋战国之际的思想家,鲁国人;其学说,主张"兼爱、非攻,尚贤、尚同",但是反对儒家"繁礼厚葬",提倡"薄葬、非乐"。

②孟子(前372~前289):名轲,字子舆,战国时邹国人,受业于孔子之孙子思之门人,是孔子学说的忠实继承者,后世尊为"亚圣"。辞:谓"著

书立说"。

[译文]

古时候杨朱、墨翟的异端邪说堵塞了儒学发展的道路,孟子著书立说扫清了这些障碍,儒学的发展才又出现了一条宽阔的发展道路。孟子之后又出现了塞路者,我便私下里将自己比作孟子。

[按语]

本章表明自己誓做儒学捍卫者和忠实继承人的决心。先秦时期"百家争鸣",儒学发展的道路是不平坦的。孟子不仅忠实地捍卫了孔子的学说,而且深刻地阐述了儒家"仁"和"礼"的实质,还大胆地提出了"民为贵,君为轻,社稷次之"和"民,水也;君,舟也。水能载舟,亦能覆舟"的命题,为儒学发展作出了杰出的贡献。扬雄生活的时代,儒学已定于一尊,诸子之学对儒学的批评和否定,不再是以堂而皇之的面貌出现,而是假儒学之名以攻击儒学即所谓"即为怪迂,析辨诡辞,以挠世事"(《汉书·扬雄传》)。因此,扬雄对儒学的捍卫与继承,不再是像孟子、荀子那样有明确的反驳对象;扬雄所要做的,主要是辨伪、辨似以引导人们正确认识和理解儒学的精髓。扬雄宣称"自比于孟子",也是他"成圣之志"的公开坦露。

2.22

或曰:"人各是其所是①,而非其所非②,将谁使正之?"曰:"万物纷错则悬诸天③,众言淆乱则折诸圣④。"或曰:"恶睹乎圣而折诸?"曰:"在则人,亡则书,其统一也⑤。"

[注释]

①是:正确。用作意动,犹言"认为正确"。

②非：错误。用作意动，犹言"认为错误"。

③悬：物悬则直，直则位正，故引申为"纠正"。

④折：折而断之，犹言"判断""评定"。

⑤统：根本。《易经·乾卦》"乃统天"注："统，本也。"

[译文]

有人问："人们各自坚持自己认为正确的就是正确的，自己认为错误的就是错误的，将由谁来纠正这种情况呢？"扬子说："万物纷乱错杂就让上天来纠正，众说混淆杂乱就由圣人来评判。"那个人说："哪里见得到圣人而能由他来评判呢？"扬子说："圣人在世就由圣人亲自评判，不在世就根据他的书来评判。圣人和他的书所讲的根本问题是完全一致的。"

[按语]

本章强调圣人之道是评判是非的唯一标准。在扬雄看来，圣人不仅是儒者们心目中的偶像，而且是评判思想是非的主审法官；圣人之道不仅是儒者们为之奋斗的最高理想，而且是评判思想是非的唯一标准。在关于扬雄思想的研究中，有"醇儒""杂儒""非儒"几种观点。为什么会有如此之大的分歧？似乎应当从观察问题的方法和评判是非的标准两个方面去找找原因。

《修身》卷第三

序

事有本真①,陈施于意②,动不克咸③,本诸身④。撰《修身》。

[注释]

①本真:本源和真相。

②陈施:分布和表现。意:通"亿"。《汉书·扬雄传》作"亿",李奇注:"布陈于亿万事也。"

③动:是指人们从事的各种活动。

④本:谓"根本原因"。

[译文]

事物都有各自的本源和真相,这些本源和真相就分布和表现在亿万事物之中。人们所从事的活动不能都做得很好,其根本原因就在自己身上。(为了提高人们认识事物本源和真相的能力,)撰《修身》一卷。

3.1

修身以为弓①,矫思以为矢②,立义以为的③,奠而后发④,发必中矣。

[注释]

①修身：使自己道德美好。即提高自己道德修养。

②矫思：犹"正心"。即端正自己的思想。

③立义：确立正确的人生目标。《礼记·中庸》："义者，宜也。"《释名·释言语》："义，宜也；裁制事物使合宜也。"所谓"裁制事物使宜"，即作出正确的选择；于人生即确立正确的人生目标。的：鹄的，即箭靶。

④奠：定，谓"定神"，犹言"全神贯注"。

[译文]

把提高道德修养作为弓，把纠正错误思想作为箭，把确定正确目标作为靶，全神贯注之后再射发出去，就一定能百发百中了。

[按语]

本章以射箭为喻，阐述"修身"（道德修养）、"矫思"（端正思想）、"立义"（人生目标）三者之间的关系，旨在强调"修身"的重要性，为《修身》一卷内容张目。古语云"挽弓当挽强，擒贼先擒王"，足见射艺中"弓"是最重要的。弓良则矢速，矢速则易中的。

儒家把"明德于天下"作为人生奋斗的最高目标，"修身"是实现这一最高目标的基本条件。《礼记·大学》"经文章"云："古之欲明明德于天下者，先治其国；欲治其国者，先齐其家；欲齐其家者，先修其身。"扬雄以"弓"喻"修身"，以"的"喻"明德于天下"。

怎样才能"修身"？"矫思"（正心）是修身的第一步，也是必不可少的基本功夫。故《大学》云："欲修其身者，先正其心。"《大学》解释"心不得其正"的表现是：有所愤怒，有所恐惧，有所好乐，有所忧患。因此"君子"的修养表现为"温、良、恭、俭、让"，是不会为愤怒、恐惧、欢乐、忧患所动的。扬雄以"矢"喻"矫思"，以"弓"喻"修身"，正好说明二者之间必须紧密配合方能致用，而"修身"是前提也最重要。

"奠而后发"中的"奠"，仅从字面上理解为"定神"是不够的。应当如《大学》所云："知止而后有定，定而后能静，静而后能安，安而后能虑，虑而后能得。"原来，"奠"是静下来认真思考，思考成熟有所得。具备了完美的道德，端正了进取的目标，深思熟虑之后才决定行动，自然是"发必中矣"。

3.2

人之性也善恶混①。修其善则为善人，修其恶则为恶人。气也者②，所以适善恶之马也与？

[注释]

①性：天性。天性是人与生俱来的品质。孟子主张"性善"，荀子主张"性恶"，扬雄则认为"善恶混"（兼有善、恶两种倾向）。

②气："气"在中国古代哲学中是一个分歧较大的概念，今人对它的解说仍然很不统一。为了便于称说，我们姑取"志气"一说（参见黄开国《扬雄思想初探》，巴蜀书社1989年11月版，第151页）。

[译文]

人的天性中混杂着善的成分和恶的成分。培养其中的善性就可能成为善人，发展其中的恶性就可能成为恶人。"志气"这个东西，犹如载着人朝着善的方向或者朝着恶的方向奔跑的马吧？

[按语]

本章旨在强调"气"（立志）的重要性。按照黄开国先生的说法，扬雄此处所说的"气"，并非中医理论上所谓的精气、元气之类的物质性的东西，而是类似现代人所说的"志气""志向"之类的功能性的东西，即人的主观精神意向。照此理解,"气"就是支配着一个人向善或者向恶的主观意志。

此处的"善恶",并非一般道德意义上的善恶,而是以是否符合儒家圣人确立的道德规范为标准来衡量的。

"气"之所以重要,因为人的主观意向性在人的事业发展过程中(包括道德修养过程中)往往起着决定性的作用,立志是一个人达到目的获得成功的必要条件。故扬雄在前面的《学行》中就说:"学者,所以求为君子也。求而不得者有矣夫,未有不求而得之者也。"本卷第12章又再次强调:"有意哉?孟子曰:'夫有意而不至者有矣,未有无意而至者也。'"

3.3

或曰:"孔子之事多矣[①],不用,则亦勤且忧乎[②]?"曰:"圣人乐天知命[③]。乐天则不勤,知命则不忧。"

[注释]

①事:同"仕",为官。据《史记·孔子世家》记载,孔子为了实现自己的政治理想,除了在鲁国"尝为季氏史""司职吏"等小官外,还做过"中都宰""司空""大司寇"等大官;后来离开鲁国十四年,先后奔走于齐、宋、卫、陈、郑、蔡等国求仕,楚国也曾"使人聘孔子"。故云"孔子之事多矣"。

②勤:谓"苦恼"。

③乐天知命:乐于接受上天对自己命运的安排。《易经·系辞上》:"乐天知命,故不忧。"

[译文]

有人问:"孔子担任过很多的职务,但是都没有机会施展自己的才能和抱负,那么他也会苦恼和忧虑吧?"扬子说:"圣人乐于接受上天对自己命运的安排。乐于顺从天意就不会苦恼,了解命运安排就不会忧虑。"

[按语]

孔子在鲁国,做过小吏,也做过大官,甚至"摄行相事";离开鲁国的十四年间,周游列国,奔走于权势者门下,虽屡遭拒绝,但也非无人礼聘。因此,文中的"不用",似不当理解为"不被任用",应当是指其"王道"学说不为各国诸侯所采用。孔子之仕,并非为了干求禄位,而是为了实现"王道"政治的理想,不能则去。孔子任鲁国大司寇摄行相事期间,齐国上下皆恐,于是献了一批美女给鲁国,鲁国君臣沉溺于声色,孔子谏而鲁君不听,遂去职而不仕于鲁。

"乐天安命"是儒家的处世哲学之一,扬雄奉行不悖,并且因此认为屈原之以身殉楚为不可取,他说:"君子得时则大行,不得时则龙蛇,遇不遇命也,何必湛(沉)身哉!"

3.4

或问"铭①?"曰:"铭哉!铭哉!有意于慎也②,圣人之辞可为也③。使人信之④,所不可为也⑤。是以君子强学而力行⑥。"

[注释]

①铭:刻于器物之上、用以称述功德或者使人自警的文辞。

②慎:禁戒,犹言"谨记不忘"。《史记·吴王濞世家》"慎无反"注:"慎,禁戒也。"《说文》:"慎,谨也。"段注:"未有不诚而能谨者,故其字从真。"

③可为:意为"可为铭文"。

④信之:意为"完全信守铭文所云"。

⑤所不可为:意为"是不可以这样想的"。

⑥君子强学而力行：意思是说，立志向善的人（君子）是不会注重"铭"这样的形式的，他们总是发奋学习并且努力实践圣人的学说。

［译文］

有人问："应当怎样对待铭文？"扬子说："铭文啊，铭文啊！其用意是要人谨记莫忘，只有圣人的言论可以用作铭文。但是要使人完全信守铭文，那也是办不到的。因此君子总是发奋学习并且努力实践圣人的学说。"

［按语］

本章文字费解，有人将它分为两章。我认为这是以"铭"为话题，表现了扬雄注重实际、反对形式主义的可贵思想，应当是一章。

扬雄认为，"铭"是让人用以自警并且永记莫忘的文字，那就只有圣人的言论才配制作"铭"的内容；并且指出，即使制作了各式各样的"铭"，要使人们完全信守铭文也是不太可能的。不难看出，扬雄其实是不太赞赏"铭"这种自律形式的。他认为，真正的"君子"一定是认认真真地学习和踏踏实实地实践圣人的学说，何必一定要用"铭"这种形式来做样子呢？其"铭哉！铭哉"一语，其实就是这种感情的表达。

3.5

珍其货而后市①，修其身而后交②，善其谋而后动③，成道也④。

［注释］

①珍其货：使自己的货物珍贵。市：出售。这句话的字面意思是"待价而沽"，实际意思是"被人重视的时候才应当出面求仕"。

②修其身：使自己才能道德都很美好。

③善其谋：使自己的行动计划很完善。

④成道：成功之道。

[译文]

使自己的货物珍贵之后才拿去出售,使自己才德美好之后才与人交往,使自己的计划完善之后才开始行动,这是谋事获得成功的道理。

[按语]

扬雄历来认为,一个人事业能否成功,时机往往起着至关重要的作用。他在《解嘲》中列举范雎、蔡泽、娄敬、叔孙通、萧何等人成功的事例后,总结说:"故为可为于可为之时,则从;为不可为于不可为之时,则凶。"这就是他为什么把"珍其货而后市"置于首要位置的原因。他说:"蔡泽,山东之匹夫也……西揖强秦之相,扼其咽,炕其气,附其背而夺其位,时也。"所以要想事业成功,首先应当像商人一样"待价而沽",善于抓住"推销"自己的机会。

抓住了"商机",还必须要是"好货"才能卖得出去,"修其身"就是为了使自己成为别人争相购买的"好货"。因此接着强调"修其身而后交"。

一个德才兼备的人才,在面临大好机遇的时候,还必须要善于运作,使自己的考虑很周密,才能获得最大的成功。因此扬雄还强调"善其谋而后动"。

3.6

君子之所慎:言、礼、书①。

[注释]

①言、礼、书:"言"谓与人交谈,"礼"谓与人交往,"书"谓著书立说。

[译文]

君子所应当谨慎的是:与人交谈,与人交往,著书立说。

[按语]

孔子历来就告诫弟子要"慎言"。针对爱说大话的人,孔子说:"古者言之不出,耻躬之不逮也。"(《论语·里仁》)针对爱说假话的人,孔子说:"巧言令色,鲜矣仁。"(《论语·阳货》)针对爱说奉承话的人,孔子说:"巧言,令色,足恭,左丘明耻之,丘亦耻之。"(《论语·公冶长》)因此,孔子主张"君子欲讷于言而敏于行"(《论语·里仁》)。孔子与人交往,最忌"失礼",哪怕是对他所讨厌的人,也绝不失礼,例如"子见南子"和阳虎"归孔子豚"的故事,这就是所谓"礼尚往来""来而不往,非礼也"。儒家提倡"述而不作",认为著书立说是圣人的事,一般学者只需踏实地传承圣人的学说,这就是所谓"慎书"。

扬雄在这里所说的"慎言""慎礼""慎书",尽管都是在转述孔子的主张,但他是有现实针对性的,所以将它们作为君子"修身"的内容。

3.7

上交不谄①,下交不骄,则可以有为矣。或曰:"君子自守,奚其交?"曰:"天地交②,万物生;人道交,功勋成。奚其守?"

[注释]

①谄:不以正道追求个人目的。《论语·学而》:"贫而无谄。"皇侃疏:"非分横求曰谄。"

②天地交:犹言"阴阳交"。

[译文]

与地位高于自己的人交往不谄媚,与地位不如自己的人交往不骄横,这样就可以有所作为了。有人说:"君子只需守住自己的节操,何必要与人交往?"扬子说:"天与地相交合,万物才得以生成;人与道相交融,功勋才得以建立。哪能够只是自守节操呢?"

[按语]

自有人类以来,人与人之间的交往便不可避免地产生了。所谓社会性,就是指人与人交往时的关系。进入阶级社会以后,人有尊卑、贫富之别,于是有社会地位的高下。人与人之间应当怎样交往,尤其是社会地位悬殊的人之间应当怎样交往,就受到人们的普遍关注。

《中庸》就提出:"在上位,不陵(凌)下;在下位,不援上。"意思与"上交不谄,下交不骄"相近。但是,《中庸》仅仅是从个人道德修养的角度来讨论问题的,所以接着说:"正己而不求于人,则无怨。上不怨天,下不尤人。故君子居易以俟命,小人行险以侥幸。"强调"正己"的目的是为了"居易"(平安)。

扬雄的可贵之处在于,他揭示了"上谄下骄"行为的危害性,即妨碍人们"可以有为"。"上谄"的人,巧言令色,溜须拍马,赔笑脸,为了什么?不就是为了从上位者那里得到本来不应该得到的好处吗?而"下骄"的人,飞扬跋扈,独断专横,顺我者昌、逆我者亡,又是为了什么?不就是一方面为了满足自己对权力的欲望,一方面为了让下属行贿巴结自己吗?"上谄"是一种钻营投机的行为,即"无所作为"而获得需要付出艰苦努力才应该获得的名誉和地位。上位者的"下骄",必然导致下位者的"上谄",因此它们都是妨碍人们"可以有为"的恶劣行为。社会进步需要人人奋发有为,而"上谄""下骄"不仅败坏了官风民风,更成为阻碍社会进步的障碍。

3.8

好大而不为①,大不大矣;好高而不为②,高不高矣。

[注释]

①大：似就事业而言。

②高：似就地位而言。

[译文]

向往成就伟大的事业却不能踏实做事，这伟大的理想是伟大不了的；追求享有崇高的地位却不愿努力奋斗，这崇高的理想是崇高不了的。

[按语]

本章强调人应当奋发有为。"上谄""下骄"是歪门邪道，断不可行。人人都有追求事业成功、地位崇高的权利，但是必须付出艰苦努力的代价来实现自己的理想。

3.9

仰天庭而知天下之居卑也哉①！

[注释]

①天庭：星垣名。亦作"天廷"，《史记·天官书》："三能三衡者，天廷也。"星垣为星辰之居，与人类居住的"天下之居"相对。

[译文]

仰望天上星辰的居处，便知道天下人类的居处实在是太卑下了啊！

[按语]

扬雄以"天庭"喻圣人之道，以"天下之居"喻诸子之学；与《学行》篇以"日月"喻圣人之道，以"众星"喻诸子之学句意相同。所不同的是，"天庭"之喻强调圣人之道地位的崇高，"日月"之喻强调圣人之道影响之广泛。

3.10

公仪子、董仲舒之才之邵也①。使见善不明,用心不刚,俦克尔②?

[注释]

①公仪子:战国时鲁穆公宰相公仪休。据《史记·循吏列传》记载,公仪休"奉法循理",主张"食禄者不得与下民争利"。董仲舒(前179~前104):西汉著名思想家,谏武帝"罢黜百家,独尊儒术",帮助汉武帝开创了中国两千多年来封建社会以儒学为正统的局面。董仲舒是专治《春秋公羊传》的今文经学家,并以儒学为宗,兼采阴阳五行和法家各派思想,建立了以"天人感应"为核心理论的神学唯心主义体系,在中国思想文化史上具有重大的影响。其主要著作是《春秋繁露》,其事迹见《史记·儒林列传》和《汉书·董仲舒传》。邵:美好。《尔雅·释诂》:"邵,美也。"

②俦(chóu):通"畴",《尔雅·释诂》:"畴,谁也。"克:能够。

[译文]

公仪休、董仲舒的才能是非常卓越的。假如他们认识问题是非不明,处理事情优柔寡断,哪里能够表现出如此卓越的才能?

[按语]

扬雄之所以赞赏公仪休,主要有两点原因:公仪休在战国"百家争鸣"的学术环境之下,能够坚持儒道,"奉法循理",此其一;身为鲁相,能够主张"食禄者不得与下民争利",此其二。董仲舒受到扬雄赞赏,则主要是因为他能够在笃信黄老之术的窦太后把持朝政的情况下,主张"罢黜百家,独尊儒术",并且"为人廉直",敢于揭发丞相公孙宏是阿谀奉承的小人。所以扬雄认为这两个人的共同特点是是非明确、刚强坚毅。

3.11

或问:"仁、义、礼、智、信之用?"曰:"仁,宅也;义,路也;礼,服也;智,烛也;信,符也。处宅,由路①,正服,明烛,执符②。君子不动③,动斯得矣。"

[注释]

①由:犹言"遵循"。

②符:符节、券契、印章等表示信用的东西。

③不动:"不动则已"的省略。

[译文]

有人问:"仁、义、礼、智、信的作用是什么?"扬子说:"仁好比住宅,义好比道路,礼好比衣服,智好比蜡烛,信好比符节。君子总是安居住宅,顺着路行,穿正衣服,点亮蜡烛,掌握符节。因此,君子不行动则已,只要行动就一定会有收获。"

[按语]

"仁义礼智信"被称作"五常"。"五常"是儒家传统道德中最主要的内容,它是儒家关于个人道德修养的基本规范,它要求我们应当怎样做人。

扬雄关于"五常"的作用所作的比喻是很有深意、也是非常贴切的。

"仁"不仅是儒学理论的核心,也是"五常"的核心内容。孔子、墨子等先秦思想家,认为社会动乱的原因是人的私欲,为了满足一己的私欲,人是什么事都干得出来的;克服私欲的唯一途径就是提倡人人具有"仁爱"之心。因此,孔子说"仁者,爱人",又说"克己复礼为仁"(《论语·颜渊》);墨子提倡"兼爱";孟子更把"仁"的范围扩大开去,希望形成一种"老吾老,以及人之老;幼吾幼,以及人之幼"(《孟子·梁惠王上》)的社会风气。郭沫若先生认为，"仁"是一种"利他"的献身精神，他说："孔子仁的含义是克己为人的一种利他的行为，他要人们除掉一切自私自利的心机，而养成为大众献身的牺牲精神。"(《十批判书》)扬雄把"仁"比作"宅"，住宅是人生活所必须有的而且是安身之所，这就意味着"仁"是每个人都必须具有的，也是一个人得以安身立命的品质，舍此便不能称其为人。难怪孔子说"仁者，人也"。"仁"是以孔子为代表的儒家学派改造社会的最主要手段。

"义"有二义：一是给人恩惠，即"利物"，《易·乾》："利物足以和义。"今之"义卖""义演"即用此义。一是适宜，即做应该做的事情，《中庸》："义，宜也。"《释名·释言语》："义，宜也；裁制事物使合宜也。"见了该做的事就大胆去做，这就叫作"见义勇为"。反之，贪图一己之私利而做不应该做的事，就叫作"见利忘义"。可见，"义"要求人们明是非，知道什么该做、什么不该做。扬雄把"义"比作"路"，走路就得择路，什么路该走、什么路不该走，都得有正确的选择；否则，就会"一失足成千古恨"。

"礼"是一个含义广泛的概念。作为道德规范的"礼"，主要是指礼节和礼让。礼节、礼让都是在与人交往时表现出来的行为，是形诸外的言谈举止，所以扬雄将"礼"比作"服"。有子论述"礼"的时候说："礼之用，和为贵。"又说："知和而和，不以礼节之，亦不可行也。"(《论语·学而》)礼是用来增进感情、加强团结的，但不能过多过滥，应该有所节制。区别礼物和贿赂的办法有两个：一是"礼尚往来"，有来有往的财物为礼物；二是所送财物的数量，数量不大的财物为礼物，所谓"礼轻人意重"。衣、食、住、行、言语都有"礼数"，按礼数待人叫作"讲礼"，按礼数让人占先叫作"礼让"。礼让是衡量一个人的教养和社会文明程度的标准之一。

作为个人道德修养的"智"，主要是指能够正确认识自己，能够正确认识形势。《荀子·正名》："知有所合谓之智。"注："知有所合，谓所知能合于物也。"所谓"所知能合于物"，即自己的主观认识能够与客观实际相符合。对自己、对别人、对社会形势，都能如此，那就叫作"智"了。"智"就是要能把一切都看得清楚，所以扬雄将它比作"烛"。孔子强调人要能够正确认识自己，所以他说："不患莫己知，求为可知也。"（《论语·里仁》）所以有"人贵有自知之明"的说法。人在社会上生活，需要做出选择的事情很多，读书时需要选择学校、选择专业、选择朋友，毕业后需要选择职业、选择婚姻，等等。"智"就是能做出正确的选择。影响正确选择的因素很多，但主要是"利"，故有"利令智昏"的说法。

"信"就是诚实，主要表现为讲真话、做实事、信守承诺、说话算数。孔子对"信"非常重视，他说："言忠信，行笃敬，虽蛮貊之邦，行矣。言不忠信，行不笃敬，虽州里，行乎哉？"（《论语·卫灵公》）又说："人而无信，不知其可也。"在为政之道的三要素中，孔子宁肯同意"去兵""去食"，也要保留"民信"，理由是"民无信不立"（《论语·颜渊》）。扬雄认为对别人的承诺，如同在契约上盖上了自己的印章一样，是必须算数的，所以将"信"比作"符"。

"五常"是中华民族优秀的传统道德。一个人人有爱心、明是非、懂礼节、知进退、讲诚信的社会，必然是非常和谐的社会。

批"三纲"连同"五常"一起批判，国人还有几个知道"五常"是什么东西？依我看，继承优秀传统文化，"五常"必当居其首。新加坡一直把儒家传统道德列入中学德育课程，"希望通过孔子学说与儒家伦理的灌输，能帮助下一代在品德与性格方面有健全的发展"（新加坡吴庆瑞《在孔子2540周年诞辰与学术讨论会上的致词》）。

3.12

有意哉①？孟子曰："夫有意而不至者有矣,未有无意而至者也。"

[注释]

①有意哉:这句话颇费解。有人认为它是赞美后面所引的孟子那句话,并将"有意"译为"有味道";有人认为"有意"是指"有志"。这两种理解都欠妥帖,因为所引"孟子曰"的内容,与《学行》篇第17章"求而不得者有矣夫,未有不求而得之者也"意思雷同。故不当单列一章,应当属上。"有意"是"有意于仁义礼智信"的省略。

[译文]

有意于努力追求仁、义、礼、智、信的美德吗？孟子说："有意要做什么事而没有达到目的的情况是有的,但不会有无意做什么事却能达到目的的。"

[按语]

"五常"是君子的美德。一般人立志向善,必须经过长期的努力修养才有可能达到君子的道德境界。扬雄引"孟子曰"来鼓励人们修身以达到君子的道德境界。

3.13

或问："治己①？"曰："治己以仲尼。"或曰："治己以仲尼,仲尼奚寡也？"曰："率马以骥,不亦可乎？"

[注释]

①治己:修正自己的错误,意为"提高自己的修养"。

[译文]

有人问:"怎样才能提高自己的修养?"扬子说:"以孔子为榜样来修正自己的错误。"那人说:"如果都是在以孔子为榜样来修正自己,为什么像孔子那样的人却很少呢?"扬子说:"让骏马带领着群马前进不是也可以吗?"

[按语]

扬雄强调学习要有榜样,而且要用高标准来要求自己。

3.14

或曰:"田圃田者莠乔乔①,思远人者心忉忉②。"曰:"日有光,月有明。三年不目日,视必盲;三年不目月,精必蒙③。荧魂旷枯④,糟莩旷沈⑤,擿埴索涂⑥,冥行而已矣⑦。"

[注释]

①田圃田:耕种大片田地。第一个"田"同"畋",耕种。"圃"通"甫","甫"同"父",大也。莠乔乔:杂草长得很高。"乔",高貌。

②远人:实指"情人""恋人"。忉忉(dāo dāo):忧伤。"或曰"所说的两句,系化用《诗经·齐风·甫田》中的句子。旧注认为,《甫田》是讥刺齐襄公好大喜功、所求非道。扬雄则借以模拟提问者口吻,对自己所说"治己以仲尼"表示反诘。

③精必蒙:眼珠必然会失去视力。"精"通"睛"(眼珠)。《说文》"蒙"字段注:"有眸子而无见曰蒙。"《说文》:"盲,目无牟(眸)子。""蒙"是所谓"睁眼瞎"。"盲"是不见眼珠的"全瞎子"。

④荧(yíng)魂旷枯:"荧魂"指眼睛的光亮和神气。"旷"谓久废。"枯"谓枯竭。

⑤ 糟莩旷沈："糟"为"精"之讹文，"精"通"睛"。"莩"通"孚"，《集韵》："孚，玉采也。""沈"同"沉"，没于水也，意为"消失"。

⑥ 擿埴（zhì zhí）索涂：意为"用手杖点戳地面探寻道路"。《说文》："擿，搔也。""埴"的本义为"粘土"（见《说文》），引申之，则"埴"亦土亦地，这里指"地面"。盲人用手杖探路，犹如用手杖给地面搔痒，故谓之"擿埴索涂"。"涂"同"途"。

⑦ 冥行：夜行。在黑暗中走路。

[译文]

有人说："耕种大片田地的，杂草必然长得很高；思念远方恋人的，心中一定充满忧伤。"扬子说："太阳闪耀着光芒，月亮显示着明光。一个人三年不看太阳，双眼必然失去眸子；三年不看月亮，眸子必然不见亮光。当眼睛的神气因长久不用而枯竭、双目的神采因长久不用而消失之后，就只有用手杖戳着地面探路，永远在黑暗中行走罢了。"

[按语]

本章解释"治己以仲尼"的原因。问者认为，以孔子为榜样来修正错误是把目标定得太高，会徒然给自己增加烦恼。扬雄则认为，孔子如同日月，人长久不见日月视力必然衰退，学习不以孔子为榜样就会迷失方向。

3.15

或问："何如斯谓之人？"曰："取四重①，去四轻，则可谓之人。"曰："何谓四重？"曰："重言，重行，重貌，重好。言重则有法②，行重则有德③，貌重则有威，好重则有观。""敢问四轻？"曰："言轻则招忧，行轻则招辜④，貌轻则招辱，好轻则招淫⑤。"

[注释]

①重:《论语·学而》:"君子不重则不威,学则不固。"皇侃疏:"重为轻根,静为躁本。君子之体,不可轻薄也。"视对象之不同,"重"有慎重、郑重、庄重、稳重之别。"轻"亦如此。

②有法:谓"有值得效法的地方"。

③德:犹言"收获"。《广雅·释诂》:"德,得也。"《庄子·德充符》:"事得以和,谓之德也。"

④辜:罪过。

⑤好(hào):嗜好。

[译文]

有人问:"怎样做才算是一个真正的人?"扬子说:"采取四重,避免四轻,就可算是真正的人。"问者说:"什么叫四重?"扬子说:"说话要慎重,做事要稳重,仪容要庄重,嗜好要郑重。说话慎重,就会有可效法;做事稳重,就会有所收获;仪容庄重,就会显得威严;嗜好郑重,就会大有可观。"问者又说:"请问为什么要避免四轻?"扬子说:"说话轻率,就会招致忧患;行为轻浮,就会招致罪过;仪容轻慢,就会招致侮辱;嗜好轻忽,就会招致淫邪。"

[按语]

本章介绍基本的修身方法。"四重"为正,"四轻"为邪。正、邪对举,取舍分明。言语、行为、仪容、嗜好,都是一个人道德修养的外饰,是源于内而形诸外的东西。在这几方面的表现,不仅关乎一个人的荣辱吉凶,而且可以作为衡量一个人道德修养优劣的补充标准。在扬雄看来,这只是作为一个真正意义上的"人"所应当具备的基本素养;如果连这些都做不到,那就不是一个够格的"人"。因此,"四重"可以被看作一般人修身的基本功夫。

3.16

《礼》多仪①。或曰:"日昃不食肉②,肉必干;日昃不饮酒,酒必酸。宾主百拜而酒三行③,不已华乎④?"曰:"实无华则野,华无实则贾⑤,华实副则礼。"

[注释]

①《礼》:指《仪礼》,俗称"礼经"。秦汉时儒家"三礼"包括《周礼》《仪礼》《礼记》,既云"多仪",当指《仪礼》。仪:指礼节、仪式。

②昃:太阳偏西,即"午后"。

③酒三行:行了三遍酒礼。一套酒礼包括献、酢(zuò)、酬三种礼节。主人给客人斟酒曰"献",客人斟酒回敬主人曰"酢",主人自饮之后再给客人斟酒曰"酬"。

④已:通"亦"。华:犹言"形式",谓太多礼数。

⑤实:与"华"相对,犹言"内容"。贾(gǔ):犹言"虚伪"。"贾"本指商人,商人多以欺诈手段获利,故引申为"虚伪"。

[译文]

《礼经》记载了很多的礼仪。有人说:"过了中午还不把酒席上的肉吃下,肉一定会变干;过了中午还不把酒杯里的酒喝完,酒一定会变酸。客人和主人互相拜谢了无数次才酒过三巡,这喝酒不就成了形式吗?"扬子说:"只有喝酒的实际内容而不讲究礼仪的形式,就会显得粗野;只是讲究礼仪的形式而没有喝酒的实际内容,就会显得虚伪。形式与内容相符合才是真正的礼仪。"

[按语]

"华实副则礼"不是扬雄的创见。《论语·学而》记载有若说:"礼之用,和为贵。"这里的"和",是"恰到好处"的意思,即"华实副"。司马迁在《史记·礼书》中把礼仪的讲究分为"隆""杀""中"三种情况,"文貌繁"谓之"隆","文貌省"谓之"杀","文貌情欲相为内外表里"谓之"中",他说:"君子上致其隆,下尽其杀,而中处其中。"君子行礼取其"中",也就是"华实副"。

"华实副"与"文质彬彬"都强调内容与形式的统一,都是着眼于"度",主张不偏不倚,追求"恰到好处"。这就是所谓"中庸"。"中庸"是中国古代哲学的重要命题,也是儒家学说的理论基础。孔子说:"中庸之为德也,其至矣乎!"(《论语·雍也》)程颐对"中庸"的解释是:"不偏之谓中,不易之谓庸。中者,天下之正道;庸者,天下之定理。"(《中庸解题》)

无论哪种社交场合,不能不讲礼节,只是不要讲究得太过分。"过犹不及"。过分地讲究礼节,不仅难免给人以虚伪的感觉,还常常让人感到不自在。大家喜欢同学聚会,其原因之一,就是同学聚会极少客套礼数的束缚,彼此都很率真自由。

3.17

山雌之肥①,其意得乎?或曰:"回之箪、瓢②,臞如之何③?"曰:"明明在上④,百官牛羊⑤,亦山雌也。暗暗在上,箪瓢捽茹⑥,亦山雌也。何其臞?千钧之轻⑦,乌获力也⑧;箪瓢之乐,颜氏德也。"

[注释]

①山雌:谓"山梁雌雉",语出《论语·乡党》:"曰:'山梁雌雉,时哉时哉!'"有人认为,"山雌"指避世隐居的君子。肥:谓"隐居得时",《周易·遁卦·爻辞》:"上九:肥遁,无不利。"

②回:颜回。见前注。箪、瓢:即"一箪食,一瓢饮",语见前注所引《论

语·雍也》。"箪"（dān），盛饭竹器；"瓢"，舀水用具。孔子所说颜回"一箪食，一瓢饮"，是说颜回生活上极端贫困。

③臞：瘦。与"肥"相对。

④明明：谓"明君"。与"暗暗"（谓"昏君"）相对。"明明在上"指世道清平的时代。

⑤百官牛羊：语出《孟子·万章上》："帝使其子九男二女，百官牛羊仓廪备，以事舜于畎亩之中。"尧非常赏识舜，让儿子们给舜当学生，把两个女儿嫁给舜做妻子，命百官侍奉舜的生活，供给他牛羊和米粟。"明明在上"一段话的意思是说：明君在位的时候，君子受到器重，物质上得到极大的满足，自然如"山雌之肥"。

⑥箪瓢捽茹：当理解为"箪茹瓢捽"，义同"一箪食，一瓢饮"，即生活非常贫困。"捽"（zuó）通"啐"（cuì），义为"小饮"。"茹"犹"食"。

⑦钧：重量单位，一钧为30斤。

⑧乌获：秦国大力士。《史记·秦本纪》："武王有力好戏，力士任鄙、乌获、孟说皆至大官。"

[译文]

孔子说"山梁雌雉"隐居得时，都懂得他说这话的含意吗？有人说："颜回过着'一箪食，一瓢饮'的贫困生活，不知瘦成什么样子了？"扬子说："明君在位，君子过着像虞舜受唐尧器重那样的优裕生活，自然有如'山梁雌雉'一样的快乐。昏君在位，君子过着'一箪食，一瓢饮'的贫困生活，也同样会像'山梁雌雉'那样的快乐。颜回怎么会瘦得不成样子呢？举千钧之重如鸿毛之轻，是因为乌获大力士的臂力；视'箪瓢'之贫为'山雌'之乐，是因为颜回真君子的道德。"

[按语]

《法言》屡赞颜回"箪瓢之乐",是扬雄以颜回自况以明志。扬雄"家产不过十金,乏无儋石之储,晏如也",与颜回相伯仲。

朱熹注《论语》引"程子"曰:"颜子之乐,非乐箪瓢陋巷也,不以贫窭累其心而改其所乐也,故夫子称其贤。""箪瓢陋巷非可乐,盖自有其乐尔。其字当玩味,自有深意。"

"其"字深意何在?不同思想境界、不同人生目标、不同道德观念的人,其"苦""乐"标准完全不同。世人大多追求权、钱、色,以拥有极高的权势、极多的金钱、众多的美色为乐。而颜回以有孔子这样的圣哲做自己的老师、以自己有人生最崇高最完美的道德追求为欢乐。扬雄为什么"恬于势利"?班固认为是因为扬雄"实好古而乐道,其意欲求文章成名于后世"。

不少权势者和商界大亨未必快乐,西方发达国家居民的幸福指数未必有某些发展中国家居民的幸福指数高。这种现象虽然未必是道德的因素使然,但确实可以说明物质享受未必是使人快乐的决定因素。

必须强调指出的是,孔子和扬雄之所以赞赏颜回,绝不仅仅是因为颜回不贪图物质享受,最主要的是颜回能够真正做到不因为贫穷而改变自己的志向和追求。这就是孔子所说的:"君子固穷;小人穷,斯滥矣。"(《论语·卫灵公》)

3.18

或问:"犁牛之鞟与玄骍之鞟①,有以异乎?"曰:"同。""然则何以不犁也?"曰:"将致孝乎鬼神,不敢以其犁也。如刲羊刺豕②,罢宾犒师③,恶在犁不犁也?"

[注释]

①犁牛：毛色不纯的牛，即"杂色的牛"。鞹（kuò）：去毛之皮。玄、骍："玄"指纯黑色的牛；"骍"（xīng）本指赤色马，这里指纯赤色的牛。它们是古代祭祀时用作牺牲的牛。

②刲（kuī）：宰杀。

③罢宾：款待客人。

[译文]

有人问："毛色不纯的牛去毛之后，跟去毛之后的纯黑色牛和纯赤色牛，会有什么不同吗？"扬子说："完全相同。"问者说："既然相同，那么为什么不用毛色不纯的牛来祭祀呢？"扬子说："为了向鬼神表示真诚的爱敬，所以不敢用毛色不纯的牛来祭祀。如果是杀猪宰羊款待客人、犒劳军队，哪里会在乎牛的毛色纯还是不纯呢？"

[按语]

本章是关于礼乐教化中祭祀问题的论述。祭祀的对象是"鬼神"，"鬼"是已故祖先的亡灵，"神"是包括天地在内的大自然的主宰。因此，对"鬼"的祭祀是出于对祖宗的孝心，对"神"的祭祀是出于对大自然的敬畏。"孝"的本质是爱敬，敬畏天地就得竭尽忠诚。选择"玄骍"作为祭祀时的"牺牲"，就是为了表达对祖先的爱敬之心和对大自然的一片忠诚，以此区别于一般的款待客人和犒劳军队。礼仪虽然只是一种形式，但它所表示的却是孝敬祖宗、敬畏天地的实际内容。扬雄在这里，既充分肯定礼仪这种外在形式的必要性，又强调了祭祀所必需的忠诚爱敬之心。

3.19

有德者好问圣人。或曰："鲁人鲜德①，奚其好问仲尼也？"曰：

"鲁未能好问仲尼故也。如好问仲尼，则鲁作东周矣②。"

[注释]

①鲁人：指鲁国的执政者。除鲁君之外，还有如季氏三桓、阳虎等。

②鲁作东周：鲁国将成为东方的西周。意为"鲁国将像周朝兴起于西方一样振兴于东方"。语出《论语·阳货》："子曰：夫召我者，而岂徒哉？如有用我者，吾其为东周乎？"

[译文]

有道德的人喜欢向圣人请教。有人说："鲁国的执政者很少道德，为什么也喜欢向孔子请教呢？"扬子说："就因为鲁国的执政者没有能够真正喜欢向孔子请教的缘故。如果他们真正喜欢向孔子请教，那么鲁国已经像周朝兴起于西方那样崛起在东方了。"

[按语]

鲁国自周公受封立国，迄鲁顷公为楚所灭，凡三十四代，很少有所作为的国君和大臣。孔子生活的鲁定公、鲁哀公两代，"三桓专权"，"阳虎擅政"，朝廷篡弑不绝，故曰"鲁人鲜德"。据《论语》《礼记》《史记》等书记载，鲁定公、哀公、季康子、阳货等，都曾向孔子"问政"或问其他事情，故云"好问仲尼"。孔子及其不少杰出的弟子是鲁国人，孔子长期得不到重用，其弟子冉求、子贡等人也只是多为鲁大夫家臣。鲁定公、哀公和季氏所问孔子之事，要么是乱政该如何收拾，要么是非关国事的逸闻趣事，如定公五年"季桓子穿井得土缶，中若羊，问仲尼云'得狗'"（《史记·孔子世家》）。故扬雄认为鲁人之"好问仲尼"，是"鲁未能好问仲尼故也"，意思是说：如果鲁国执政者真正重用孔子，就不会出现乱政，就不会问那些本不该问的问题了。定公十四年，孔子56岁，"由大司寇行摄相事"（以司法长官代行宰相职权），"齐人闻而惧，曰：'孔子为政必霸。'"

于是齐国选美女八十人、文马三十驷送给鲁君。定公和季桓子等人接受美女和音乐舞蹈之后，三日不听政，于是孔子辞官。后来季桓子临死时，喟然叹曰："昔此国几兴矣，以吾获罪于孔子，故不兴也。"（以上引文均见《史记·孔子世家》）故扬雄认为，"如好问仲尼，则鲁作东周矣"。扬雄以孔子和鲁国政事为例，强调有道德的执政者，都应该实行孔子的儒家之道。

3.20

或问："人有倚孔子之墙，弦郑、卫之声①，诵韩、庄之书②，则引诸门乎？"曰："在夷貉③，则引之；倚门墙，则麾之④。惜乎⑤！衣未成而转为裳也⑥。"

[注释]

①弦：犹言"弹奏"。郑、卫之声：谓"淫声"或所谓"乱世之音"。孔子说："郑声淫。"（《论语·卫灵公》）《礼记·乐记》："郑卫之音，乱世之音也。"

②韩、庄之书：韩非、庄周的书。代指儒学之外的"诸子之学"。韩非（前280~前233），先秦法家代表人物，与李斯同为荀子学生，著有《韩非子》五十五篇。庄周（前369~前286），先秦道家代表人物之一，学宗老子，对孔子及其儒学多否定之辞，著有《庄子》一书。

③夷貉（mò）："夷"指东方少数民族，"貉"指北方少数民族。"夷貉"泛指中原地区各国之外的少数民族地区。"貉"又作"貊"。

④麾：义同"挥"，犹言"驱赶"。

⑤惜：犹言"痛心"。《说文》："惜，痛也。"

⑥衣：穿在身体上部的服装，即今语"上装"，喻孔子之学。裳：系在腰间遮蔽下体的服装，犹今语"围裙"，喻诸子之学。

[译文]

有人问:"有人倚靠着孔子的门墙,弹奏着郑国和卫国的音乐,吟诵着韩非和庄周的书籍,就该将他引进孔子的门来吗?"扬子说:"如果是在东夷北貉地区,就可以将这样的人引进孔子之门;(如果不是,)就该将这个倚靠着孔子门墙的人赶走。真令人痛心啊!(让这种人学习孔子之道,)就像缝制上衣没有做成反而做成了裙裳一样。"

[按语]

本章有几个问题很值得注意。

同样是对孔子儒学持异端思想的人,为什么"在夷貉,则引之;倚门墙,则麾之"?扬雄把崇尚法家和道家思想、欣赏郑卫之音的人一律视为异端,但是又将他们区别为两种情况:一种是身处中原礼仪之邦却崇尚诸子之学的"倚门墙"者,一种是身"在夷貉"僻远地区莫辨儒学与诸子之学的人。对于前者,扬雄认为,他们熟知孔子儒学主张,却仍然崇尚诸子之学,可见是无法接受儒学改造的了;如果让这些人进入孔子之门,很可能会破坏儒学的纯洁性("衣未成而转为裳")。而对于后者,扬雄认为,这些人由于缺乏对孔子儒学的了解而暂时相信诸子之学,应当引导他们认识和了解孔子儒学的"礼义",使他们接受以儒学为正统的中原文化。不难看出,这是扬雄对儒家"华夷之辨"思想的忠实继承和发展。对于未受到儒家文化影响的"远人",孔子主张"修文德以来之,既来之,则安之"(《论语·季氏》)。儒家的这种民族观念和民族政策是符合中华民族演进过程的需要的,它的实质是主张用文化影响去实现各民族的统一。扬雄"在夷貉,则引之"的民族思想是一贯的。汉哀帝建平四年,匈奴单于"上书愿朝",有人主张拒绝匈奴的朝拜,于是扬雄上《谏勿许单于朝书》,陈述拒绝匈奴单于朝拜的隐患和后果。一方面指出:"匈奴本五帝所不能臣,三王所不能制，其不可使隙明甚。"就是说匈奴是不容易被武力征服的。另一方面指出，接受匈奴单于朝拜的最大益处是"兵革不用而忧患不生"（以上引文见《资治通鉴·汉纪·哀帝建平四年》）。总之，扬雄从来不主张朝廷用中原百姓的生命和靡费大量钱财去发动对少数民族地区的战争。

在关于扬雄思想的研究中，有所谓"醇儒说""变儒说"，其中最值得注意的是"变儒说"。"变儒说"认为，扬雄思想杂儒、道两家，其主要根据有三：其一是桓谭曾以扬雄譬老子，其二是扬雄盛赞严遵，其三是扬雄的"淡泊"和"朝隐"。其实，桓谭曾说："子云亦东道孔子也。"（《新论·启寤》）即以本章而论，如果扬雄杂有道家思想，应该不会将庄周之书视为异端。有学者指出："'醇儒说'庶几接近扬雄思想实质，然于扬雄思想在两汉之际的特出地位估计不足；'变儒说'与'非儒说'则夸大了扬雄思想的'特殊'成分，未能阐明扬雄思想的实质。"（陈朝辉《扬雄思想浅析》，载《成都师专学报》2002年第1期）综观《法言》全书，陈说不谬。

3.21

圣人耳不顺乎非，口不肆乎善①。贤者耳择、口择②，众人无择焉。或问："众人？"曰："富、贵、生③。""贤者？"曰："义④。""圣人？"曰："神⑤。"观乎贤人，则见众人；观乎圣人，则见贤人；观乎天地，则见圣人。天下有三好⑥：众人好己从⑦，贤人好己正，圣人好己师。天下有三检⑧：众人用家检，贤人用国检，圣人用天下检。天下有三门⑨：由于情欲，入自禽门；由于礼义，入自人门；由于独智⑩，入自圣门。

[注释]

①肆（yì）：有人认为系"违"字讹文。今从此说。

②耳择、口择：听话有所选择（非礼勿听），说话有所选择（非礼勿言）。

③富、贵、生：意为"以钱财、权势、寿命为人生最高追求"。

④义：犹言"以道义为人生的最高追求"。《礼记·中庸》："义，宜也。"所谓"宜"，即做自己应该做的事情。《太平御览》卷四二一《人事部》引《尸子》："曰：'贤者之于义，曰贵乎？义乎？'曰：'义。是故尧以天下与舜。'曰：'富乎？义乎？'曰：'义。是故子罕以不受玉为宝。'曰：'生乎？义乎？'曰：'义。故务光投水而殪。'三者，人之所重，而不足以易义。"在扬雄看来，"贤者"与"众人"的根本区别，就在于为了追求道义而宁可舍弃钱财、权势、生命。

⑤神：意为"具有超凡智慧而出神入化"。《说文》："神，天神，引出万物者也。"《易经·说卦》："神也者，妙万物而为言者也。"《孟子·尽心下》："圣而不可知之之谓神。"《淮南子·俶真训》："神者，智之渊也。"

⑥三好（hào）：三种人的不同喜好。

⑦己从：即"从己"，顺从自己。后面的"己正""己师"结构同此，分别是"修正自己""学习自己"。

⑧三检：三种人的不同检验标准。众人、贤人、圣人，各自的追求目标不同，故检验其事业成功或失败的标准也不相同。

⑨三门：即"三类"，指三类不同的人。禽兽也有"情欲"，故将唯追求情欲享受（金钱、名利等物欲享受）的人归入"禽门"。讲究"礼义"，是人区别于禽兽的根本标准（孔子说"仁者，人也"），故将追求礼义的人归入"人门"。达到"神"的境界（"独智"）的人，自然应当归入"圣门"。

⑩独智：独特的智慧，即所谓"神"。扬雄《法言》中所谓的"神"，主要有两方面的含义：一是指自然界的主宰，一是认识论意义上的心智之神。这里指后者，即超凡卓绝、出神入化的智慧。

[译文]

圣人耳朵不听不合道义的言论，嘴巴不说违背道德的话语。贤者听话、说话是有选择的，众人听话、说话都不会有选择。

有人问："众人的主要特点是什么？"扬子说："以钱财、地位、寿命为最高追求。"再问："贤者的主要特点是什么？"扬子说："以道义为最高追求。"又问："圣人的主要特点呢？"扬子说："智慧非凡乃至出神入化。"因此，观察贤人，就能看出众人的差距；观察圣人，就看出贤人的差距；观察天地，才能看出圣人的差距。

天下有三种人的不同喜好：众人喜好别人服从自己的安排，贤人喜好努力纠正自己的错误，圣人喜好世人学习自己的道义。

天下有三种人的不同检验标准：众人用治家检验自己的成就，贤人用治国检验自己的成就，圣人用治天下检验自己的成就。

天下有三种类型的人：其志向出于对情欲的追求的，应该将他们归入到禽兽类；其志向出于对礼义的追求的，应该将他们归入到人这一类；其志向出于对非凡智慧的追求的，应该将他们归入到圣人这一类。

[按语]

本章介绍了众人、贤人、圣人在道德修养、事业目标、人生追求等方面的主要差异。其中"三好"是道德修养上的差异，"三检"是事业目标上的差异，"三门"是人生追求上的差异。

关于道德修养，孔子特别强调"慎言"，他说"君子欲讷于言而敏于行"，又说"古者言之不出，耻躬之不逮也"（均见《论语·里仁》）。孔子甚至认为"刚、毅、木、讷，近仁"（《论语·子路》），他主张"不语怪、力、乱、神"（《论语·述而》）。扬雄则将孔子的"慎言"概括为"耳不顺乎非，口不肆乎善"，主张"耳择、口择"；于"慎言"之外，还加上了"审听"这一要求。没有是非标准的"好己从",势必形成跋扈、专断的作风,势必给阿谀奉承的小人以钻营的机会。"过而能改,善莫大焉",人须"日新","日新"必须"日进","日进"就是一个不断修正错误的过程,故云"贤人好己正"。圣人担负着"平天下"的责任,"平天下"包括让天下人接受礼义教化,故云"圣人好己师"。圣人的"好己师"与一般人的"好为人师"不同。圣人是真理的化身,又是真理的传播者。一般人的"好为人师"与"好己从"类似,所"师"于人者,未必是应该学习的东西。

扬雄"三检"所介绍的三类人的差异,可以视为一个人的"成圣"过程。所谓"圣人",即《礼记·大学》所说的"古之欲明明德于天下者"。怎样才能成为一个"欲明明德于天下者"呢?《大学》由"先治其国""先齐其家""先修其身""先正其心""先诚其意"一直倒推下去,最后是"先致其知"(必须使自己有知识有智慧)。怎样才能"先致其知"呢?"致知在格物"(获得知识的途径是推究事物的原理,即认真研究学习事物发展的规律)。"修身"就是使自己成为一个有大智慧、明大道理的人,其最高目标是成为"圣人"。

很值得注意的,是扬雄关于"三门"的论述。一个以追求物质享受为人生最高追求的人,哪里会顾及礼义廉耻?哪里会顾及他人的利益和生死?时下的某些"事业成功人士",要么"由于贪污",要么"由于受贿",要么"由于制假贩假",要么"由于卷款潜逃",要么"由于不顾工人死活",总之,他们为了"暴富"以满足自己的"情欲",哪里还有一点人的味道?将这些人"入自禽门",实在是再恰当不过了。而"由于礼义"者,则要不惜承担一切牺牲,不仅连天下也可以拱手让给别人,还要不惜"舍生以取义,杀身以成仁"。在儒家看来,这样的人才是真正的"人",故扬雄将他们"入自人门"。

3.22

或问:"士何如斯可以禔身①?"曰:"其为中也弘深②,其为外也肃括③,则可以禔身矣。"

[注释]

①禔(zhī):平安幸福。《说文》:"禔,安也。"王筠注:"《玉篇》:'禔,福也,安也。'以为两义。许君则云'禔也者,安也','安也者,福也',以为一义。"

②中:谓"内心",犹言"志向"。

③外:谓"外表"。肃括:严肃、检点。《说文》:"括,絜也。"段注:"絜,麻一端也。引申为絜束之絜。"絜束,犹约束;自我约束,即"检点"。

[译文]

有人问:"士怎样才能使自己平安幸福?"扬子说:"他的内心要有宏伟的志向和深沉的思考,他的外表要有严肃的态度和检点的行为,这样就能使自己平安幸福了。"

[按语]

宏伟的志向使人确立奋斗的方向。一个人有了自己的奋斗方向,就不会斤斤计较一时的得失,就会少受外物的影响,自然就会感到幸福。扬雄之所以"不汲汲于富贵,不戚戚于贫贱",就因为他有坚定的志向——"欲求文章成名于后世",更有宏伟的目标——"成圣"。

行为检点、谨言慎行是最好的自我保护。孔子说:"恭则不侮,宽则得众。"(《论语·阳货》)又说:"躬自厚而薄责于人,则远怨矣。"(《论语·卫灵公》)还说:"(君子)恶称人之恶者,恶居下流而讪上者,恶勇而无礼者……"(《论语·阳货》)孔子所说的待人恭敬、为人宽厚、不称人之恶,与扬雄所说的"肃括"意思相近。"肃括"不仅是君子的外表，而且是一般人自我保护——"远怨"（远离仇恨）的最佳方法。

3.23

君子微慎厥德①，悔吝不至②，何元憝之有③？

[注释]

①微慎：即"慎微"，对细小的事情也很谨慎。厥：他的。

②悔吝：小过失。《周易·系辞》："悔吝者，言乎其小疵也。"

③元憝（duì）：大恶，即"罪过"。

[译文]

君子对与他品德有关的小事情也非常谨慎，因此连小小的过错也不会发生，哪里还会有大的罪过产生呢？

[按语]

"防微"可以"杜渐"，所以儒家在个人道德修养上提倡"慎微"，主张"莫以善小而不为，莫以恶小而为之"。

3.24

上士之耳训乎德①，下士之耳顺乎己。

[注释]

①上士：上士、中士、下士，本为古代官爵名；又用作对学问和修养高低的读书人的区别性称呼。训：同"顺"，犹言"听得进去"。

[译文]

上士的耳朵听得进所有合乎道德的话，下士的耳朵只听得进自己乐意听的话。

[按语]

前面介绍"耳择"是贤人的修养之一，这里再次加以强调，足见"耳择""审听"的重要性。能不能听得进合乎德义却又是自己不愿意听的话，对任何人来说，都是一种考验，尤其是手握权柄的领导者。古人云"一言可以兴邦，一言可以丧邦"，这"可以兴邦"的话如果不是掌权者乐意听的话，那将怎样？俗谚云"良药苦口利于病，忠言逆耳利于行"，足见"忠言"大多是不顺耳的话。对一般人来说，听得进"忠言"的人是有道德有修养的君子；而对君王来说，是否听得进"忠言"，往往成为明君和昏君的主要区别标准。《邹忌讽齐王纳谏》的故事和魏征上给唐太宗的《十渐不克终疏》，都是正面歌颂听得进"忠言"的君王的典型例子。中国古往今来，因为君王拒听"忠言"而致"谗谄以蔽明"，最终祸乱国家乃至亡国灭族的例子岂少矣哉？看来，扬雄对"耳择""审听"的强调，绝不是多余的。

3.25

言不惭、行不耻者①，孔子惮焉②。

[注释]

①言不惭、行不耻：可以有两种理解：一种理解是，"说话没有值得惭愧的地方（从不说大话、错话），做事没有值得羞耻的地方（从不做错事、坏事）"；另一种理解是，"说大话从来不会知道惭愧（大言不惭），做错事从来不会感到羞耻（恬不知耻）"。译文从前一种理解。

②惮：惧怕。这里犹言"敬畏"。

[译文]

说话没有值得惭愧的地方、做事没有值得羞耻的地方的人，孔子也会对他表示敬畏。

[按语]

一辈子不说错话、不做错事的人实在太少了，甚至是不会有的。如果有，就连孔子也会感到自愧不如。扬雄的意思是说，尽管一个人难免会说错话、做错事，但是人们仍然应该尽量不说错话、不做错事。

照第二种理解，一个说话大言不惭、做事恬不知耻的人，就连孔子也会感到惧怕。这是对毫无自知之明者的警告。四川俗语有"人不要脸，鬼都害怕"的说法，所指就是这种情况。

《问道》卷第四

序

芒芒天道①,昔在圣考②,过则失中③,不及则不至,不可奸罔④。撰《问道》。

[注释]

①芒芒:犹"皇皇",美盛通达貌。天道:谓自然之道,犹今语"自然规律"。

②圣考:古圣、先圣。指自尧、舜迄孔子的所有圣王、圣人。《说文》:"考,老也。"

③中:无过与无不及,即不偏不倚。《中庸》:"中也者,天下之大本也。"是说"中"是天道的根本。

④奸罔:虚假不实。《广雅·释言》:"奸,伪也。"《汉书·扬雄传》苏林注:"罔,诬也。"

[译文]

纯美通达的天道,从前是在古代圣人掌握之中的。(对天道的理解,)言过其实就会失其根本,认识不足就达不到极致,绝对不可以有虚假诬罔的成分。(为了让人们了解和掌握不可失"中"的原则,)撰《问道》一卷。

4.1

或问:"道①?"曰:"道也者,通也,无不通也。"或曰:"可以适它与②?"曰:"适尧、舜、文王者为正道③,非尧、舜、文王者为它道。君子正而不它。"

[注释]

①道:本义为"道路"。作为古代哲学概念的"道",其内涵和外延都可以有许多不同的解释。在这段文字中,其字面意思为"道路",但实际内涵却是指圣人的主张或方法,即"圣道"。

②适:到……去,犹言"通往"。它:犹言"任何地方"。

③尧、舜、文王:"尧、舜"是中国上古传说中的"圣王","文王"即周文王姬昌。尧、舜以禅让而德垂后世,周文王以兴礼治国垂范后世,他们都是儒家宣扬的圣王的典型。

[译文]

有人问:"道是什么啊?"扬子说:"道就是让人通行的道路,而且是无所不通的道路。"又问:"可以通往任何地方去吗?"扬子说:"通往尧、舜、文王那里的是正道,不是通往尧、舜、文王那里的是邪道。君子只会走正道而不会走邪道的。"

[按语]

强调只有儒家宣扬的圣人之道是天下"正道",其他的诸子学说都是"它道"(邪道),表明"宗儒"的鲜明态度和立场。

4.2

或问:"道①?"曰:"道若途若川,车航混混②,不舍昼夜③。"

或曰:"焉得直道而由诸④?"曰:"途虽曲,而通诸夏则由诸⑤;川虽曲,而通诸海则由诸。"或曰⑥:"事虽曲而通诸圣,则由诸乎?"

[注释]

①道:上一章问"道是什么",这一章问"道是怎样让人通往目的地的"。

②航:大船。混混:意为"来来往往"。《广雅·释训》:"混混,转也、流也。"

③舍:停止。

④诸:代词兼语气词,犹"之乎"。

⑤通诸:犹"通乎"(通于)。由诸:犹"由之"(遵循着它)。后面两句中的"通诸""由诸"同此。

⑥或曰:司马光《法言集注》云:"扬子设为或人意寤(悟),以结上意耳。"

[译文]

有人问:"道是怎样让人通往目的地的呢?"扬子说:"道好比道路、好比河流,让车船在上面来来往往,昼夜不停地通行。"再问:"怎样才能找到一条笔直的路来让人顺着它前进呢?"扬子说:"道路虽然曲曲折折,但只要是能通向华夏的就应当顺着它走;河流虽然弯弯曲曲,但只要是能通向大海的就应当顺着它行。"问者若有所悟地说:"(先生的意思,不就是)事物虽然复杂纷繁,但只要是能通向圣道的就应当遵循它前进吗?"

[按语]

上一章论"道的正邪",是关于学习目标的问题;本章论"道的曲直",是关于学习态度的问题。扬雄强调,学习目标确定之后,就不要惧怕学习上的各种困难和曲折。

4.3

道、德、仁、义、礼,譬诸身乎①?夫道以导之②,德以得之③,仁以人之④,义以宜之⑤,礼以体之⑥,天也⑦。合则浑,离则散;一人而兼统四体者⑧,其身全乎?

[注释]

①身:谓一人之身,指"一个人的各种需要"。

②道:《释名·释言语》:"道,导也,所以通导万物也。"之:代指"身"(一个人)的需要,作"导"的宾语,以下四个"之"字的用法同此。

③德:《礼记·乐记》:"德者,得也。"

④仁:《礼记·中庸》:"仁者,人也。"

⑤义:《礼记·中庸》:"义者,宜也。"

⑥礼:《礼记·礼器》:"礼也者,犹体也。""体"谓使人做事得体。

⑦天:天性,即自然本能。

⑧四体:指首、身、手、足四部分。此处的"身"是与"头、手、足"并列的概念。

[译文]

道、德、仁、义、礼,不就好比一个人的各种需要吗?"道"是用来指导一个人行动方向的,"德"是用来使一个人获得益处的,"仁"是用来教育一个人怎样做人的,"义"是用来指导一个人正确取舍的,"礼"是用来指导一个人行为得体的。五者是人本能的需要。它们合起来是浑然一体的,分开来便五离四散了;不正像一个人必须兼备头、身、手、足,他的身体才是完整的一样吗?

[按语]

本章介绍"道的内容",即关于学习内容的问题。儒家之道,在个人修养方面强调所谓"五常"。"五常"包括仁、义、礼、智、信,与扬雄所说略有出入但可视为一致。因为"道"的内涵是"智"而且是"圣智","德"的主要表现是"信"。

扬雄在这里主要强调了两个问题。一方面强调,对于儒家的道德规范,应该从总体上把握其精神内涵,应将"仁、义、礼、智、信"视为一个不可割裂开来的整体。这是强调儒家道德的系统性。另一方面,强调儒家的道德规范是"天",是人的天性所必需的,并非强加于人的。这是宣扬儒家道德的合理性。

4.4

或问:"德表①?"曰:"莫知作,上作下。②""请问礼莫知③?"曰:"行礼于彼,而民得于此。奚其知?"或曰:"孰若无礼而德④?"曰:"礼,体也⑤。人而无礼,焉以为德?"

[注释]

①德表:谓"德政的标志"。

②莫知作,上作下:这句话费解,有几种标点形式。根据下句"请问礼莫知","作"的宾语应当是"礼"。据此,这句话是说:"没有人知道在实行礼治,其实当政者已经对民众实行了礼治。"这里的"礼",主要是指各种政治措施和规章制度。儒家主张"治国以礼","德政"的主要特点就是"礼治"。当"礼"已经成为每个人的需要和自觉行为的时候,便不会有人感觉到"礼"对自己的约束,故云"莫知作,上作下"。

③礼莫知:是问"礼不被人知"的原因。

④孰若无礼而德：犹"何如无礼而德"，意为"莫如不要礼而直接以德化民"。

⑤体：犹言"治国的根本措施"。

[译文]

有人问："德政的主要表现是什么？"扬子说："没有人知道在实行礼治，其实当政者已经对民众实行了礼治。"再问："请问为什么礼会不被人知晓呢？"扬子说："当政者在上边实行德政，而老百姓在下边得到实惠，他们哪里会感觉到礼的约束呢？"那人说："何不放弃礼治而直接实行德政呢？"扬子说："礼是治国的根本措施，治人却不用礼，还能用什么来推行德政呢？"

[按语]

本章论述"礼"与"德"的关系，说明"礼"是手段，"德"是表现，即"德"是通过"礼"来实现的；强调了"礼"的重要作用。关于"礼，体也。人而无礼，焉以为德？"这段话，还有另外一种解读。李轨注："礼如体，无体何得为人？无礼何能立德？"如果我们把"德"理解为精神，"礼"理解为身体来看它们之间的关系，没有身体，精神就没有了依傍；没有精神，身体就只是一具行尸走肉。但从根本上说，"礼"毕竟是"德"存在和表现的基础，所以最值得强调和重视的仍然是"礼"。

4.5

或问："天？"曰："吾于天与，见无为之为矣①。"或问："雕刻众形者②，匪天与？"曰："以其不雕刻也。如物刻而雕之，焉得力而给诸③？"

[注释]

①无为之为矣:什么都没有做却什么都做了。这就是所谓"自然天成"。《礼记·哀公问》:"无为而物成,是天道也。"

②雕刻众形:见《庄子·天道》:"覆载天地,刻雕众形而不为巧。此之谓天乐。"意思是说,自然界的万事万物,都是"天"着意雕刻而成。

③给(jǐ):供给。诸:代词兼语气词,即"之乎"的合音。"之"代指"天"。

[译文]

有人问:"天是什么?"扬子说:"我对于天的理解,没有见它做什么却什么都是它做的。"又问:"《庄子》所说的'刻雕众形'的,不就是天吗?"扬子说:"因为万物不是雕刻而成的。如果万物需要一个一个地刻削雕饰,那么哪来的力量供给天雕刻万物呢?"

[按语]

扬雄虽然未能给"天"以科学的界定,但是他对"天"的现象的解释是近乎科学的。用现代人的观点看,古人所谓的"天",就是"自然规律"。自然界的万事万物,都是受自然规律的支配而发展变化的,如春、夏、秋、冬四季的交替,白昼与黑夜的更迭,花开花落的变化,日月星辰的出没,等等。因此,扬雄认为万物不是由天"雕刻"出来的,而是自然形成的。什么都没有做却什么都是它做成的,这就是"天"。

4.6

《老子》之言道德①,吾有取焉耳;及搥提仁义②,绝灭礼学,吾无取焉耳。

[注释]

①《老子》:亦名《道德经》,被先秦道家奉为经典,也是后来道教的

经典。道家的学术主张多见于《老子》。《史记·太史公自序》说："道家无为，又曰无不为。其实易行，其辞难知，其术以虚无为本，以因循为用。"《汉书·艺文志》说："道家者流……清虚以自守，卑弱以自持。"关于《老子》一书的作者，一般认为：姓李，名耳，字聃，春秋末期楚国苦县（今河南省鹿邑一带）人，俗称"老子"或"老聃"，与孔子为同时代人。

②挏（duī）提：抛弃。《广雅·释诂》："挏，擿也。"《说文》："投，擿也。"擿，"掷"之古字。《中华大字典》："提，弃也。"

[译文]

《老子》关于道德问题的论述，我是有所吸取的；至于它那些抛弃仁义、绝灭礼学的主张，我是绝不赞同的。

[按语]

本来儒、道两家尖锐对立，互相贬抑，所谓"世之学老子者则绌儒学，儒学亦绌老子"（《史记·老子韩非列传》）；但是扬雄却能对《老子》及其道家之学作客观的分析与比较，吸取其符合儒学精神的部分，批判其违背儒学精神的东西，这种科学的批判精神和治学态度，与那种囿于门户之见的虚无主义态度相比，实在是难能可贵的。有的扬雄研究者却据此认为，扬雄是杂有儒、道两家思想的所谓"杂儒"，这是很不客观的，也是不符合扬雄思想实际的。

4.7

吾焉开明哉①？惟圣人为可以开明，它则苓②。大哉，圣人！言之至也。开之，廓然见四海③；闭之，閛然不睹墙之里④。

[注释]

①开明：谓"启发蒙昧使见光明"。

②苓：通"笭"，"笭"是横在车前以避风尘的竹帘。故以"苓"（笭）喻障蔽视线。

③廓然：视野开阔貌，犹言"豁然开朗"。

④閛（pēng）然：有的版本作"闇（暗）然"。"閛"为关门声，"閛然不睹墙之里"难以理解，故从他本作"闇（暗）然"。犹言"一片漆黑"。

[译文]

我哪里能够启发蒙昧使人得见光明啊？只有圣人才可以做到启发蒙昧使人得见光明，其他的人只会障蔽人们的视野。圣人是多么伟大啊！圣人的言论是尽善尽美的真理。打开这真理的大门，使人豁然开朗看得见四海；关闭这真理的大门，便一片漆黑连墙的内壁也看不清。

[按语]

尽管扬雄有"成圣之志"，但他从来不敢以"圣人"自诩，故云"吾焉开明哉"。但是两汉时期许多杰出的思想家，如桓谭、张衡、王充等人是非常推崇扬雄的，他们多将扬雄与孔子相提并论，将扬雄视为"圣人"。例见本书"绪言"，此不赘述。

本章极力赞美"圣人"，认为"惟圣人为可以开明"，虽然不免溢美之嫌，但其宗儒尊孔的用心是可以理解的。

4.8

圣人之言，似于水火。或问："水火？"曰："水，测之而益深，穷之而益远①；火，用之而弥明，宿之而弥壮②。"

[注释]

①穷：谓"穷尽探求"，即"穷究"。

②宿：积藏，积蓄。壮：犹"旺"。

[译文]

圣人的言论，与水和火非常相似。有人问："为什么说它与水、火相似？"扬子说："水，要测其深度会愈测愈深，要探其源头会愈探愈远；火，在使用它的时候便愈用愈明，在蓄藏它的时候便愈蓄愈旺。"

[按语]

"圣人之言"即孔子关于政治、哲学、礼仪、人伦等方面的言论，这些言论主要见于《论语》《礼记》等儒家经典。谓"圣人之言"似"水"，是说"圣人之言"道理非常深奥，当尽毕生之力探究其源方能有大成就。谓之似"火"，是赞"圣人之言"威力巨大，虽尽毕生之力以探究它也是值得的。

4.9

允治天下①，不待礼文与五教②，则吾以黄帝、尧、舜为疣赘③。或曰："太上无法而治④，法非所以为治也。"曰："鸿荒之世，圣人恶之，是以法始乎伏羲而成乎尧⑤。匪伏匪尧，礼义哨哨⑥。圣人不取也。"

[注释]

①允：信，诚，假设连词，犹言"果真"。《说文》："允，信也。"

②礼文：谓行礼的仪式，即礼的外在表现。五教：儒家关于家庭伦理的五点内容，即"父义，母慈，兄友，弟恭，子孝"。《尚书·尧典》："敬敷五教。"

③黄帝：指轩辕黄帝，传说中的中国上古圣王。传说中国古代的蚕桑、医药、宫室、舟车、文字、音律、算术、星相等各种文化艺术都始于黄帝时代，故谓之"人文初祖"。《尚书大传》说："黄帝始制冠冕，垂衣裳，上栋下宇以避风雨。礼文法度，兴事创业。"

④太上：与"鸿荒"一样，都是指"远古之世"，即所谓"盘古开天"之后，大致是原始社会后期私有制出现之前的一段时期。故《千字文》叙史以"天地玄黄，宇宙洪荒"为人类之始，"鸿荒"即"洪荒"。法：谓以礼乐为核心的圣人之法。

⑤伏羲：亦作"庖羲"，传说中的中国远古圣王。传说伏羲创制八卦以代文字，《周易·系辞》："古者伏羲氏之王天下也，仰则观象于天，俯则观法于地，视鸟兽之文与地之宜，近取诸身，远取诸物，于是始作八卦，以通神明之德，以类万物之情。"《说文解字·叙》引这段文字，以说明汉字始于伏羲八卦。

⑥哨（xiāo）哨：意为"歪曲"。《集韵·萧韵》："哨，口不正也。"

[译文]

果真要治理好天下，却又不采用礼仪与"五教"，那么我只有把黄帝、尧、舜都视为身上的肉瘤了。有人说："远古时候没有法度而天下依然太平安定，可见法度并非使天下太平安定的东西。"扬子说："远古时候，圣人忧虑其原始野蛮，因此法度才由伏羲始订而形成于唐尧。如果不是伏羲、唐尧制订了法度，那么礼制的意义将会完全被歪曲。这是圣人所不赞同的。"

[按语]

儒学理论的核心是礼乐，而墨子、晏子等诸子之学有一个共同点，那就是"小礼乐"。《盐铁论·论诽》说："晏子有言，儒者华于言而寡于实，繁于乐而舒于民，久丧以害生，厚葬以伤业，礼烦而难行，道迂而难遵，称往古而言誉当世，贱所见而贵所闻。"故扬雄批评"墨、晏俭而废礼"（《法言·五百》）。

扬雄为了捍卫儒学正统，于是追溯礼乐产生的缘起，说明儒学所宣扬的礼乐制度，源于上古圣王为了改变原始先民野蛮的状况而制订出来，又经后世历代圣君和圣人不断丰富完善才确定下来的。扬雄特别强调，要治理好天下，必须坚持"礼文与五教"这些礼仪伦常原则。所以他对于企图否定礼乐价值的论调，表示绝不能容忍。

4.10

或问："八荒之礼①，礼也、乐也，孰是？"曰："殷之以中国②。"或曰："孰为中国？"曰："五政之所加③，七赋之所养④，中于天地者为中国。过此而往者，人也哉？"

[注释]

①八荒：八方荒远之地，犹言"海外"。刘向《说苑·辨物》："八荒之内有四海，四海之内有九洲。"

②殷：犹"正"。《尚书·尧典》"以殷仲春"《传》："殷，正也。以正春秋之气节。"中国：中国古代文献上的"中国"，主要是指"中原各国"（黄河中下游一带地区）。因为华夏民族自以为居天下之中（"中于天地"），故称"中国"；并以"戎、狄、夷、貉"或者"蛮夷"指称"中国"以外的其他地区。扬雄在地理意义之外，还赋予"中国"以礼乐文化的意义，即"五政之所加，七赋之所养"。这是很值得注意的，它表现了扬雄进步的民族观和大一统的思想。

③五政：有"五行之政""五官之政""五常之政"等分歧说法，今从李轨注："五政，五常之政也。""五常"指"仁、义、礼、智、信"五种道德规范。

④七赋：谓"五谷桑麻"七种农作物的赋税，即"稻、粱、菽、麦、黍、桑、麻"的赋税。赋税政策是重要的统治手段，故作为区别是否"中国"的标

准之一。

[译文]

有人问:"说到海外的礼,他们的那些礼呀、乐呀,哪些是正确的?"扬子说:"都应该用中国的礼乐去纠正它。"问者说:"什么是中国啊?"扬子说:"实行五常礼教、执行七赋税制、居于天地中间位置上的那个区域就是中国。超过这个区域以外的,还能算是真正的人吗?"

[按语]

扬雄痛恨诸子"小礼乐"甚至"非礼""非乐",于是把礼乐作为是否文明进步的唯一标准。在扬雄看来,"中国"之外的"八荒之礼",都应当以孔子的礼乐为标准去修正它;否则,那里就不是文明开化之区,那里的人也就不算是真正意义上的"人"。因为广义的"礼",除了礼节、礼仪的内容之外,还包括朝廷一系列的典章制度,税赋也在其中,故有"七赋"之说。

4.11

圣人之治天下也,砒诸以礼乐①。无则禽②,异则貉③。吾见诸子之小礼乐也④,不见圣人之小礼乐也。孰有书不由笔、言不由舌?吾见天常为帝王之笔、舌也⑤。

[注释]

①砒:阻碍,犹言"防止"。诸:犹代词"之",指代天下人。

②禽:包括禽与兽,言非人类。《说文》:"禽,走兽总名。"段注:"《白虎通》曰:禽者何?鸟兽之总名。"

③貉:本指东北少数民族,这里泛指所有少数民族地区。《说文》:"貉,北方貉,豸种也。"段注:"此与西方羌从羊,北方狄从犬,南方蛮从虫,

东南闽越从虫,东方夷从大,参合观之。"貉亦作"貊",并音 mò。

④诸子:除儒家之外的先秦诸子,如道家、法家、墨家、兵家、名家、阴阳家等。小:犹言"蔑视"。

⑤天常:自然的伦常,这里指"五常"。见前"五政"注。

[译文]

圣人治理天下的时候,总是用礼乐来防止人们邪恶的行为。没有礼乐的地方就是禽兽活动的区域,异于中国礼乐的地方就是蛮夷生活的区域。我发现只有诸子才会蔑视礼乐,没有见过圣人会蔑视礼乐。哪里会有不用笔来书写的书籍、不用舌头来表达的语言呢?在我看来,"五常"就是帝王用来宣扬礼乐教化的笔和舌头。

[按语]

"礼"的原始意义,只是敬神祈福或祭祀祖先的仪式,《说文》:"礼,履也,所以事神致福也。""乐"的原始意义,也只是"娱人"(使人快乐)的一种手段而已。但是,自从周公制订周礼,对原始礼仪进行改造使之系统和规范以后,"礼"就逐步成为后世帝王用以治理百官百姓、维护统治地位的重要手段,其表现形式就是朝廷一系列的典章制度、礼节仪式和一整套的行为规范。"乐"也随之成为推行"礼"的工具,并合称"礼乐"。后来,"礼乐"与"征伐"一起成为天子权力的象征,被赋予极其庄重和神圣的色彩,如"天下有道,则礼乐征伐自天子出;天下无道,则礼乐征伐自诸侯出"(《论语·季氏》)。"礼乐"与天下治乱也发生了紧密的联系,周失纲纪,孔子谓之"礼崩乐坏"。

扬雄为了驳斥诸子"小礼乐"的言论,强调指出"礼乐"既是衡量进步与文明的唯一标准,也是圣人治理国家的重要手段。由于"五常"是关于人伦和道德规范的重要内容,故举"五常"以代"礼乐"。

4.12

智也者,知也。夫智,用不用①,益不益②,则不赘亏矣③。深知器械、舟车、宫室之为④,则礼由已⑤。

[注释]

①用不用:谓"利用别人所不用的"。

②益不益:谓"将无益的变为有益的"。

③不赘亏:既不会多也不会少。

④为:谓"制作的原理和规范"。古代器械、舟车的制造和宫室修建,都必须根据使用者地位的尊卑来确定其大小和装饰的规格,这就是《史记·礼书》所说的:"礼者,养也。……君子既得其养,又好其辨也。所谓辨者,贵贱有等,长少有差,贫富轻重皆有称也。"

⑤由:行,谓"通行"。《广雅·释诂》:"由,行也。"已:通"矣"。

[译文]

智慧这个东西,是用来认知事物本质的。智慧,可以让人利用别人所不用的东西,可以使人将无益的东西变成有益的,这样就不会觉得礼是多余的或者是有缺陷的东西了。能够深刻理解圣人关于器械、车船、宫室的建造规格,那么礼就可以通行无阻了。

[按语]

扬雄认为,诸子"小礼乐"的主要原因是认知能力问题,是因为没有认识到"礼"能使事物增加其表现作用(即"用不用,益不益")。只要认识到了这一点,就不会认为"礼"是多余的或者是有缺陷的东西了。如果让诸子再深刻体会圣人为什么要利用器械、车船、宫室的不同规格来体现地位的尊卑,那么他们就不会再坚持反对儒家的礼乐主张了。

"礼"的主要作用是"别贵贱",但行礼必须遵从"贵本而亲用"的原则。怎样"贵本而亲用"呢?《史记·礼书》说:"故大路越席,皮弁布裳,朱弦洞越,大羹玄酒,所以防其淫侈,救其雕敝。"按照礼仪的规定,天子祭天时坐的是车子("大路"),座席是蒲草编的("越席"),戴的是鹿皮帽子、穿的是麻布衣裳;天子祭宗庙时,演奏用的琴瑟是红丝弦但让底部开孔("朱弦洞越"),祭奠时献的是不调五味的肉羹和以水代酒("大羹玄酒")。这样规定的目的是"防其淫侈,救其雕敝"。祭天祭祖是"贵本",防止奢侈浪费是"亲用"。所以扬雄认为,"礼"能充分发挥智慧的作用,利用别人不用的东西,变无益的东西为有益("用不用,益不益")。道家和墨家攻击"礼乐"的原因之一,就是认为礼乐"糜财"。

4.13

或问:"大声?"曰:"非雷非霆①。隐隐耾耾②,久而愈盈,尸诸圣③。"

[注释]

①霆:大雷,即所谓"霹雳"。《尔雅·释天》:"疾雷谓之霆。"

②耾耾(hōng hōng):巨响,犹"轰轰"。宋玉《风赋》:"耾耾雷声。"

③尸诸圣:谓"主之于圣",是说"愈久愈大的轰轰巨响掌握在圣人手中"。李轨注:"尸,主也。雷霆之声闻当时,圣人之言传无穷。"

[译文]

有人问:"什么是最大的声音?"扬子说:"(振聋发聩的声音,)既不是一般的雷声也不是霹雳的巨响,而是那隐约可闻但时间愈久愈能充满宇宙空间的轰轰之声,这声音是由圣人来主宰的。"

法言 | 101

[按语]

雷霆的巨响,转瞬即逝;圣人的言论,历千载而意味弥深。《老子》说"大音希声",与扬雄认为"大声""非雷非霆"的观点不谋而合。许多看似矛盾的现象,其实都符合朴素的辩证思维逻辑。

4.14

或问:"道有因无因乎①?"曰:"可则因,否则革②。"

[注释]

①道:指"圣人之道",即儒家学说。因:因循,继承。

②革:改革,摒弃。

[译文]

有人问:"道是因循呢还是不因循?"扬子说:"可行的就因循传承,不可行的就改革摒弃。"

[按语]

扬雄一方面极力推崇"道"的神圣,认为它是"无不通也"的普遍真理;但是他同时认为,即使是代表普遍真理的"道",也必须要适应不断发展变化的时代特点才能因袭继承,否则,就得进行改革或者扬弃其不适应时代需要的部分。

"因循与革化"是扬雄一贯的思想。无论是对古代圣人的理论,还是对当代帝王的政治措施,扬雄都主张:适应时代发展需要的就继承,不能适应时代发展需要的就要加以变革或者扬弃。他在《太玄·玄莹》中系统地阐述了这一重要观点。他说"道有因有循,有革有化",是说"因循革化"是事物发展的普遍规律。又说"因而能革,天道乃得;革而能因,天道乃驯",是说只有坚持"因循革化",才能合乎自然规律,才能顺乎事物的发展。又说"物不因不生，不革不成"，是说新事物都是从旧事物产生出来的，如果只有"因循"，新事物就产生不了，也违反了事物新旧交替的规律；如果只有"革化"也不行，因为没有"因循"继承，事物将失去发展的基础和连续性。扬雄还特别强调了改革要合时宜，否则就会失去改革的基础；同时强调因循要有道理，否则就会违背变化的规律，所以他说"革之匪时，物失其基；因之匪理，物丧其纪"。扬雄认为，"因循革化"是否合时有理，关系到国家政治统治的成败，绝不可掉以轻心，他说："因革乎因革，国家之矩范也。矩范之动，成败之效也。"

扬雄的"因循革化"思想是难能可贵的。扬雄一生的行事，往往不能被人理解，常常被人视为"异端"，其原因之一，就是很少有人能够理解他所坚持的这一进步的哲学思想。事例请参考本书"绪言"。

4.15

或问："无为①？"曰："奚为哉？在昔虞、夏袭尧之爵②，行尧之道，法度彰，礼乐著，垂拱而视天下民之阜也③，无为矣。绍桀之后④，篡纣之余⑤，法度废，礼乐亏，安坐而视天下民之死无为乎？"

[注释]

①无为：即"无为而治"。"无为而治"是道家重要的学术主张，其内涵是顺应自然，不求有所作为。《老子》："是以圣人处无为之事，行不言之教……使夫知者不敢为也，为无为，则无不治。"儒家也有"无为而治"之说，但其内涵是指以德政感化民众，不施行刑治。《论语·卫灵公》："无为而治者，其舜也与？夫何为哉？恭己正南面而已矣。"

②虞、夏袭尧之爵：尧禅位给舜，舜又禅位给禹。"袭"，承袭、继承。"爵"指天子位。

③垂拱：垂手拱手，犹言"无为"。阜：谓"富足康乐"。

④绍桀之后：李轨注："绍桀者，成汤也。"成汤取夏桀而代之，故云"绍桀"。"绍"犹"继"也。

⑤篡纣之余：李轨注："篡纣者，周武也。"周武王取商纣而代之，故云"篡纣"。"篡"也犹"继"也。

[译文]

有人问："应当怎样理解无为而治？"扬子说："为什么要有所作为呢？从前虞舜和夏禹先后继承唐尧君位而有天下的时候，他们只需忠实执行尧的圣道，使法度彰明、礼乐显著，不用做什么事情就能看着天下百姓过上富足安乐的生活，这算得上是无为而治了。但是当商汤王取代夏桀、周武王取代商纣之后，都曾经面临着法度被废弃、礼乐遭破坏的局面，他们怎能坐视天下百姓死于非命而无所作为呢？"

[按语]

针对道家的"无为而治"，扬雄举例说明不可"一切顺其自然"而"无为"，应当视具体情况来决定"无为"和"有为"。

舜、禹乃"守成"之君，继圣王之位，多"因循"而少"革化"，故"无为"而天下大治。汤、武是"革命"创业之君，取暴君而代之，百废待兴，需改革弊政以安天下百姓，岂能"无为"？

4.16

或问："太古涂民耳目①，惟其见也闻也②。见则难蔽，闻则难塞。"曰："天之肇降生民③，使其目见耳闻，是以视之礼、听之乐④。如视不礼，听不乐，虽有民，焉得而涂诸？"

[注释]

①太古：远古，谓儒家礼乐产生之前。涂：通"杜"，犹言"堵塞""蒙住"。

②惟：犹言"顾虑""担心"。《说文》："惟，凡思也。"思犹"虑"也。

③肇（zhào）：始。生民：犹"初民"，谓早期人类。

④视之礼、听之乐：谓"视之以礼，听之以乐"。这里是说"应该让'生民'看到的是礼、听到的是乐"。

[译文]

有人问："远古时候堵住民众耳朵、蒙住民众眼睛，是担心民众有所见和有所闻。因为见到了的东西就难以遮掩，听到了的东西就难以堵塞。（这是怎么回事啊？）"扬子说："老天当初降生人类，就是要使他们眼睛能看、耳朵能听；因此应当让他们看到礼仪，听到音乐。但是如果他们看到的不是礼仪，听到的不是雅乐，即使有很多民众，君王又怎么能够得到他们而将他们的耳朵堵住、眼睛蒙住呢？"

[按语]

"涂民耳目"是一种愚民政策，是道家的政治主张。《老子·道德经》上篇说："五色令人目盲，五音令人耳聋，五味令人口爽，驰骋畋猎令人心发狂……是以圣人为腹不为目，故去彼取此。"道家主张"为腹不为目"，故"五色""五音"这些"目见耳闻"的东西都在"去"的范围，这就是所谓"涂民耳目"。

扬雄反对"涂民耳目"，指出老天让人降生，就是要使人们眼睛能看、耳朵能听；因此，"涂民耳目"是反人性的，也是绝对行不通的。扬雄认为，为了让民众顺从统治的意愿，唯一的办法是"视之礼，听之乐"，就是让民众接受儒家礼乐的教育，也就是孔子所说的"修文德以来之"。

4.17

或问:"新敝①?"曰:"新则袭之②,敝则益损之③。"

[注释]

①敝:破旧,犹言"过时的"。

②袭:因袭,继承。

③益损:增加和减少,意为"改革"。

[译文]

有人问:"应当怎样对待新生的和过时的事物?"扬子说:"新生的事物,就应当继承它;过时的事物,就应当改革它。"

[按语]

扬雄对待新、旧事物的态度非常鲜明。这是他"因循革化"理论在实践中的运用。

4.18

或问:"太古德怀不礼怀①,婴儿慕②,驹犊从③,焉以礼?"曰:"婴犊乎?婴犊母怀不父怀④。母怀,爱也;父怀,敬也。独母而不父,未若父母之懿也⑤。"

[注释]

①德怀:谓"以德使怀",意为"因为德政而使人怀念"。礼怀:谓"以礼使怀",即"因为礼治而使人怀念"。

②婴儿慕:意为"像婴儿依恋母亲一样依恋(君王)"。

③驹犊从:意为"像马驹牛犊追随它们的母亲一样追随(君王)"。

④母怀:依恋母亲。父怀:依恋父亲。

⑤父母:"父怀母怀"的省略。懿:美好。

[译文]

有人问:"远古时候的明君因为实行德政而使人怀念,不是因为实行礼治而使人怀念;百姓就像婴儿依恋母亲一样依恋着君王,像马驹牛犊追随它们的母亲一样追随着君王。(由此看来,)哪里用得着礼呢?"扬子说:"要说像婴儿、牛犊依恋母亲那样的情况吗?婴儿、牛犊依恋母亲不依恋父亲。依恋母亲,是出于对爱抚的需要;依恋父亲,则是礼所要求的敬重。只依恋母亲而不敬重父亲,是不如既敬重父亲又依恋母亲的效果美好。"

[按语]

本章有两点最值得注意。一是关于"母怀"与"父怀"的实质的论述。"母怀"是母子之间基于血缘关系的自然亲情,其本质是爱,而且这种爱是人和动物共同具有的。"父怀"则是宗法制度下子女对父亲的伦理亲情,其特质是敬,是只有人类才可能具有的。扬雄将德政所产生的效果比作"母怀",既说明仁爱之心应当是人的本性("仁者,人也"),也说明光靠德政来维系的政治是不健全的,还得有"父怀"。"父怀"即"礼怀"。"礼"的精神实质是自然情感与伦理情感的统一,属于伦理规范系统的东西。从作用上说,"父怀"是"母怀"的保障,因为只有在伦理规范下的爱敬之心,才不会因为自身强大以后不再需要母爱而自行消失。换句话说,礼治是德政的保障。因此扬雄强调"独母而不父,未若父母之懿也"。

另一个值得注意的,是扬雄对"母怀"所代表的血缘亲情和"父怀"所代表的伦理亲情的区分,凸现了"礼"的人性本质和礼治的社会功能,对批驳"小礼乐"的诸子学说具有很强的说服力。因此,这是扬雄对儒家伦理学说的重要贡献。

法言 | 107

4.19

狙诈之家曰①:"狙诈之计,不战而屈人兵②,尧舜也。"曰:"不战而屈人兵,尧舜也;沾项渐襟③,尧舜乎?衒玉而贾石者④,其狙诈乎?"或问:"狙诈与亡⑤,孰愈?"曰:"亡愈。"或曰:"子将六师⑥,则谁使?"曰:"御得其道⑦,则天下狙诈咸作使;御失其道,则天下狙诈咸作敌。故有天下者,审其御而已矣⑧。"或问:"威震诸侯,须于征与狙诈之力也⑨,如其亡⑩?"曰:"威震诸侯,须于狙诈,可也;未若威震诸侯而不须狙诈也。"或曰:"无狙诈,将何以征乎?"曰:"纵不得不征,不有《司马法》乎⑪?何必狙诈乎?"

[注释]

①狙(jū)诈:狙击和诡诈。作战多用"狙诈",故以言"兵","狙诈之家"即兵家。

②不战而屈人兵:语见《孙子·谋攻》:"不战而屈人之兵,善之善者也。"

③沾项渐(jiān)襟:谓"鲜血浸湿颈项、浸染衣衫",意为死伤甚多。"沾"谓浸湿。"渐"谓"浸染"。

④衒(xuàn)玉而贾(gǔ)石:吆喝着卖玉却卖的是石头。这是针对"不战而屈人之兵"的说法来的。"衒"是"衒"的异体,《说文》:"衒,行且卖也。"

⑤亡:同"无",谓"不用狙诈"。

⑥六师:即"六军",天子有六军,泛指全国的军队。《周礼·夏官·司马》:"王六军,大国三军,次国二军,小国一军。"

⑦御得其道:字面意思是"驾车人走的是正确的道路",实际意思是"所发动的战争是正义的"。"御"指车御,即驾车人。《说文》:"御,使马也。"

使马者即车御。

⑧审其御：审察自己战车的方向，意为"慎重地对待战争"。

⑨须：等待。《诗经·邶风·匏有苦叶》："人涉卬否，卬须我友。"注："须，待也。"

⑩如其亡：犹"如何其无"，意为"怎么能够不用狙诈呢"。

⑪《司马法》：春秋齐国名将司马穰苴的兵法著作。该书虽为兵法著作，所言兵事却与《周礼》相出入，故《汉书·艺文志》将其列入经部礼类，并且称之为《军礼司马法》，又云："下及汤、武受命，以师克乱而济百姓，动之以仁义，行之以礼让，《司马法》是其遗事也。"

[译文]

兵家宣称："善用诡诈的计谋，不用作战就能使对手屈服，也就跟尧、舜一样了。"扬子说："不用作战就能使对手屈服，是跟尧、舜差不多；但是诡诈的计谋弄得血溅头颈、血染衣襟，还能说跟尧、舜一样吗？那些嘴上吆喝着卖玉其实是卖石头的人，大概就是善用诡诈的人吧？"有人问："用诡诈与不用诡诈，哪一个好？"扬子说："不用诡诈好。"问者说："如果让先生统率全国的军队，那么你会使用哪一种人呢？"扬子说："如果进行的是一场符合道义的战争，那么天下善用诡诈计谋的人都能为我所用；如果进行的是一场不符合道义的战争，那么天下善用诡诈计谋的人都是我的敌人。所以拥有天下的人，都能够慎重地对待自己所进行的战争就行了"。又问："威震诸侯，有待于征伐与诡诈的力量，怎么能够不用诡诈呢？"扬子说："威震诸侯，有待于诡诈的作用，这是可以理解的；但是毕竟不如威震诸侯而不必依靠诡诈的作用。"那人又问："不用诡诈的计谋，将用什么办法来进行战争呢？"扬子说："纵然是不得不进行征战的话，不是还有《司马法》吗？为什么一定要用诡诈的计谋呢？"

[按语]

扬雄并不一概地反对战争,也不完全否定兵家在战争中的作用。"汤、武革命"是战争,伊尹、吕尚迹近兵家,他们不仅没有被儒家否定,反而被尊为圣人、贤人。关键是"御得其道",是战争的性质。所以扬雄说"御得其道,则天下狙诈咸作使"。

扬雄为什么对"狙诈之家"持基本否定的态度?因为不少精通"狙诈之计"的士人,为了谋取个人的前途,四处游说人君,不少战争就是因为他们的游说才发动的。有的诸侯仗恃"狙诈之家"的力量,也因此不断发动战争。所以,"狙诈之家"成了战争的祸源,给天下民众造成了巨大的灾难。此外,兵家的"狙诈"不符合"仁""义""信"的儒家道德规范,也是扬雄反对兵家的原因之一。

4.20

申、韩之术①,不仁之至矣。若何牛羊之用人也?若牛羊用人,则狐狸、蝼、蚓不腊腊也与②?或曰:"刀不利、笔不铦而独加诸砥③,不亦可乎?"曰:"人砥,则秦尚矣。④"或曰:"刑名非道邪⑤?何自然也⑥?"曰:"何必刑名?围棋、击剑、反目、眩形⑦,亦皆自然也。由其大者作正道⑧,由其小者作奸道。"或曰:"申、韩之法非法与?"曰:"法者,谓唐、虞、成、周之法也⑨。如申、韩⑩?如申、韩?"

[注释]

①申、韩:申不害(前385~前337),战国时郑国京邑(今河南荥阳一带)人,法家著名代表人物之一,曾为韩昭侯国相,其学说"本于黄老而主刑名"(《史记·老子韩非列传》)。韩非,事迹见《修身》第20章注②。

②蝼、蚓:蝼蛄、蚯蚓。腊腊:腊祭、腊祭。"腊祭"为古代饮食祭祀,《说

文》:"膢,楚俗以二月祭饮食也。""腊祭"为腊月举行的百神之祭,《说文》:"腊:冬至后三戌腊祭百神。"每逢膢祭、腊祭,人们可以饱食酒肉。如果"牛羊用人",那么狐狸之类的禽兽就可以像人过节一样饱食人肉,蝼蛄、蚯蚓之类的穴居昆虫也可以像人过节一样酣饮人血了。

③笔不铦(xiān):笔不锋利。先秦两汉多用简牍书写,简、牍须先用刮刀使其平滑,书写则用刻刀刻于简、牍之上,故其"笔"实际是"刀"。刮刀、刻刀不锋利,均须磨砺("加诸砥")。"铦",锋利。"砥",磨刀石。

④人砥:是说"将人当作刀、笔来磨砺"。秦尚:犹言"秦国也值得崇尚"。

⑤刑名:即"刑名之学",是先秦法家以申不害为代表的一派。该学派主张"循名责实"以强化上下关系。所谓"循名责实",是把法令、职分、言论等一一细化,即为"名";然后按照"名"所规定的内容来核验人的行为。由于"名"的内容非常严苛,人们动辄得咎;加上法也非常严酷,所以扬雄认为这是"砥人"。

⑥自然:刑名之学标榜自己以道家黄老之术为根本,《老子》宣扬:"人法地,地法天,天法道,道法自然。"于是法家刑名之学为自己的主张找到理论依据,即"循名责实"是顺乎自然的东西,非人力所为。

⑦反目:据汪荣宝《法言义疏》,"目"系"身"之讹文,"反身"即"反身之术"。"反身之术"即今之"杂技"。眩形:犹"幻形","幻形"即后世之"魔术"。

⑧由其大者作正道:意谓"遵循自然根本规律的东西才能算作正道"。"礼"作为一种伦理规范,其精神实质是自然亲情与伦理情感的统一,因此像"礼乐"这样的东西,才算得上是"正道"。故司马光《法言集注》说:"礼乐可以安固万世,所用者大;刑名可以偷功一时,所用者小。其自然之道则同,其为奸、正则异矣。"

⑨唐、虞、成、周：指尧、舜、成汤、周文、周武几位上古的圣王。

⑩如：犹"何如"，意为"哪里像"。

[译文]

申不害、韩非的治国方法，简直不讲仁义到了极点。为什么要像对待牛羊一样地使用人？像对待牛羊一样地使用人，那么狐狸、蝼蛄、蚯蚓不就会像过大节一样地饱餐人肉酣饮人血了吗？

有人说："刀不锋利、笔不锐利而将它们加以磨砺，不也是可以的吗？"扬子说："将人当作刀、笔来磨砺也可以的话，那么暴秦是最值得崇尚的了。"

那人又说："刑名之学不也是道吗？（要不，）为什么也合乎自然之理呢？"扬子说："合乎自然之理的哪里一定是刑名之学呢？围棋、击剑、杂技、魔术，也都是合乎自然之理的。不过，只有遵循自然根本规律的东西才能作为正道，仅仅合乎一般自然法则的东西只能算是邪道。"

那个人还说："难道申不害、韩非的法度，就算不上法度吗？"扬子说："我们所说的法度，是指唐尧、虞舜、成汤、周公的法度，哪里是申不害、韩非的法度？哪里是申不害、韩非的法度？"

[按语]

扬雄对法家的批判，主要针对的是法家的严刑峻法。因为用严刑峻法治国治人，有违儒家"仁政"的核心理论。但是必须看到，扬雄对法家的"法"并不是完全否定的。对法家严肃法纪、严格执法的主张，扬雄还是赞同的。如《法言·先知》说："鼓舞万物者，雷风乎？鼓舞万民者，号令乎？雷不一，风不再。"可见扬雄也强调法令的权威性，也主张执法要严。又说："君子为国，张其纲纪，谨其教化。……如有犯法，则司狱在。"这是承认法律手段同道德教化，都具有存在的合理性和必要性。在扬雄看来，

"刑名"作为"术"是可以的,作为"道"就不行。"重德轻刑"是孔子的主张,孔子说:"道之以政,齐之以刑,民免而无耻;道之以德,齐之以礼,有耻且格。"(《论语·为政》)尽管扬雄并不反对"重德轻刑",但是由于他所处的时代已经完全不同于孔子所处的时代,扬雄处在一个大一统的封建皇权早已建立的时代。作为思想家,扬雄所面临的,是要对怎样才能治理好国家的问题提供具体的答案。而"重德轻刑"只是一个原则,不具有可操作性;而法家理论中不乏比较完善的法制思想,而且有可操作性。因此,扬雄治国理论的实质,是以"唐、虞、成、周之法"为"道",以申、韩"刑名"为"术"。换句话说,坚持儒家仁政之"道",合理利用法家"刑名"之术,这就是扬雄的治国理论。

4.21

庄周、申、韩不乖寡圣人而渐诸篇①,则颜氏之子、闵氏之孙,其如台?②或曰:"庄周有取乎?"曰:"少欲③。""邹衍有取乎④?"曰:"自持。至周罔君臣之义、衍无知于天地之间,虽邻不亲也⑤。"

[注释]

①乖寡:违背和贬损。申、韩主张"严刑峻法",不合乎圣人"仁政"主张,是为"乖"(违背);庄子颇多讥刺儒学、贬损孔子之语,是为"寡"(贬损)。渐(jiān):浸染。此处犹言"杂入"。

②颜氏之子、闵氏之孙:泛指卓有成就的孔门后学。其如台(yí):犹"其奈何",即"无可奈何",是说"也比不上他们的成就"。

③少欲:庄子及道家主张"清心寡欲""清静无为"。扬雄认为祸起于欲,故主张并崇尚"清静亡为,少耆欲"。

④邹衍(前305~前240):战国时齐国临淄人,先秦阴阳家的代表人物,

宣扬"时世盛衰兴亡,皆随金木水火土五德为转移",世称"五德终始说"。所著《始终》《大圣》,颇多怪诞不经之语,如司马迁说:"(邹衍)以为儒者所谓中国者,于天下乃八十一分居其一分耳。中国名赤县神州。赤县神州内自有九州,禹之序九州是也,不得为州数。中国外如赤县神州者九,乃所谓九州也。"(《史记·孟子荀卿列传》)故扬雄指责他"衍无知于天地之间"。司马迁对邹衍的评论是"然要其归,必止乎仁义、节俭"。此处的"节俭",就是所谓"自持",即自我约束,不放纵也不随波逐流。"止乎仁义、节俭",是扬雄认为邹衍的"有取"之处。

⑤觌(dí):相见。

[译文]

如果庄周、申不害、韩非能够不违背和贬损圣人而将圣人之道融入他们的著作,那么即使是像颜渊、闵子骞一样卓有成就的孔门后学,又哪里比得上他们的成就呢?

有人问:"庄周的学说有可取之处吗?"扬子说:"他清心寡欲的主张还是可取的。"又问:"邹衍的学说有可取之处吗?"扬子说:"他主张坚持个人道德操守还是可取的。至于庄周完全否定君臣之间的尊卑关系,邹衍在天文地理知识方面的无知妄说,即使跟他们住得很近的人也不会同他们相见去谈论这方面的问题。"

[按语]

庄子善喻且多哲理,申、韩坚持法制利于严明纲纪;仅以才能而论,三人绝不在颜、闵之辈的孔门后学之下。在扬雄看来,如果道家、法家能够"不乖寡圣人",他们应该是很了不起的。尽管扬雄始终坚持维护儒家正统的立场,但他在评论诸子的时候,总是能够坚持一种实事求是的客观态度,而且总是一语中的。这是非常难能可贵的。古往今来,总是不乏"党同伐异"者流，也不乏攻其一点、不及其余者流，更不乏视权势者眼色行事者；较之扬雄评论诸子的客观而科学的态度，这些人是何等的卑劣！

《问神》卷第五

序

神心忽恍①,经纬万方②。事系诸道德仁义礼③。撰《问神》。

[注释]

①神心:犹"神思",即"精神和思维"。忽恍:飘忽无定,犹言"难以捉摸"。

②经纬:谓"谋划",此处犹言"观照"。

③事:谓"所作所为"。

[译文]

精神和思维飘忽无定,观照着天下的万事万物。人的所作所为无不关系到道、德、仁、义、礼。(为了说明精神思维与道、德、仁、义、礼的关系,)撰《问神》一卷。

[按语]

思想支配行动,行动与各种道德规范有关。思想是飘忽无定的,它该怎样支配行动使之合乎儒家道德规范呢?这里所要讨论的,就是所谓"知""行"关系问题。

5.1

或问:"神?"曰:"心①。""请问之?"曰:"潜天而天②,潜地而地。天地,神明而不测者也③;心之潜也,犹将测之。况于人乎?况于事伦乎④?""敢问潜心于圣?"曰:"昔乎仲尼潜心于文王矣⑤,达之。颜渊亦潜心于仲尼矣,未达一间耳⑥。神在所潜而已矣。"

[注释]

①心:《素问·灵兰秘典论》:"心者,君主之官也,神明出焉。"由于古人误以为"心"是主掌思维的器官,所以《素问》说"心"不仅是生命的根本,而且掌握着精神意识的变化,因而是类似"君主"一样的器官。而所谓"神"是指"天神",《说文》:"神,天神,引出万物者也。"在扬雄看来,"心"支配着人的一切,犹如"神"是万物的主宰,故以"心"答"神"之问。

②潜天:潜心于天,即所谓"全身心地投入到对天的认识和了解"。下文"潜地"同此。

③不测:谓"不能尽知其深广"。《说文》:"测,深所至也。"

④事伦:事理,即事物的规律。

⑤文王:指周王朝的奠基人周文王。儒家所尊奉的圣人,除文王之外,还有尧、舜、禹、汤、武王、周公等;此处独述"文王"而不及其他,是因为《问神》主要涉及的是有关测知事物变化的问题,即《周易》所研究的问题。传说《周易》卦辞、爻辞为周文王所作,而诠释《周易》卦辞、爻辞的"十翼"(《上象》《下象》《上象》《下象》《上系》《下系》《文言》《说卦》《序卦》《杂卦》)为孔子所作,《易·乾·凿度》:"仲尼五十究《易》,作十翼。"因此扬雄说"仲尼潜心于文王矣,达之"。

⑥一间：犹言"一点点"。

[译文]

有人问："神是什么？"扬子说："神就是人的心。"又问："请问这样解释的根据是什么？"扬子说："人只要潜心于对天的探讨就能了解到天的奥秘，潜心于对地的探讨就能了解到地的奥秘。天和地的奥秘，是连神灵也不能探测尽知的；而人的潜心探讨，还有可能探测尽知。何况是对人的了解呢？更何况是对事物规律的了解呢？"那个人继续问："请问怎样才算是潜心于对圣人的研究呢？"扬子说："从前孔子潜心于对周文王的研究，最终彻底了解了文王的学说。颜渊亦潜心于对孔子的学习，只是还有一点点没有彻底弄明白而已。看来神就存在于全身心地投入的那个地方罢了。"

[按语]

扬雄认为"神"就是"心"，并且认为"天地"是可以被人认识了解的。扬雄的这一认识，闪耀着"无神论"和"世界可知论"的思想光辉，影响了与他同时和在他之后的一代又一代思想家，其中最突出的例子就是桓谭、张衡和王充。此三人是中国古代无神论者的杰出代表，他们的无神论思想便源于扬雄。

正是基于"潜天而天，潜地而地"即世界是可以被人认识的这种进步的世界观，扬雄才潜心于对"天地"奥秘的探讨，于是才有《太玄经》的问世。"浑天"的理论是扬雄在《太玄》中着力探讨的对象之一。受《太玄》的启发，桓谭写成《新论》一书。受《新论》的启发，张衡著《灵宪算罔论》，全面阐述"浑天说"，并且发明制造了世界上最早用以测定地震的"候风地动仪"和用以观察天相的"浑天仪"。

两汉之际坚持"无神论"和"浑天说"的思想家，无不对扬雄充满崇敬之情。王充在其《论衡·超奇篇》中说:"阳成子长作《乐经》,扬子云作《太玄经》,造于助思,极睿冥之深,非庶几之才不能成也。孔子作《春秋》,二子作两经,所谓卓尔蹈孔子之迹、鸿茂参贰圣之才者也。王公子问于桓君山以扬子云,君山对曰:'汉兴以来,未有此人。'"

本章的主旨在于强调学习者要"潜心于"圣人和圣道,即一心一意、全身心地投入到对圣人和圣人之道的学习和探讨。结句"神在所潜而已"不可不作深刻的理解。

5.2

天神天明,照知四方;① 天精天粹,万物作类。② 人心其神矣乎③?操则存,舍则亡。④ 能常操而存者,其惟圣人乎?圣人存神索至⑤,成天下之大顺,致天下之大利,和同天人之际⑥,使之无间也。

[注释]

① 天神天明,照知四方:即"天神知四方,天明照四方",言"天以其睿智洞察四方,以其光明照耀四方"。扬雄以"心"释"神",故"神"犹"心思",即智慧。

② 天精天粹,万物作类:言"天以其精粹化育万物,使各成其类"。得日、月之精,万物始生;粹而不杂,物成其类。

③ 其:加强反诘语气。上文已明确说"神"就是"心",故此处用反诘语气加以强调。

④ 操则存,舍则亡:是说"能把握其神心者睿智就存在,不能把握其神心者睿智就会消失"。《序》谓"神心忽恍",故不"操"则"亡"。《孟子·告子》:"孔子曰:'操则存,舍则亡,出入无时,莫知其乡(向),惟心之谓与?'"

⑤存神索至：保存自己的睿智以追求圣道的最高境界。"至"谓最高境界，即下文所述。

⑥和同：使和使同，犹言"弥合"。际：缝隙。《说文》："际，壁会也。"段注："两墙相合之缝也。"两门相合之缝曰"间"。

[译文]

天以其睿智洞察四方，以其光明照耀四方；天以其精粹化育万物，使万物各成其类。人心不就是神吗？能把握其心的人睿智就会存在，不能把握其心的人睿智就不存在。能经常把握其心而使睿智存在的，大概只有圣人吧？圣人保存自己的睿智以追求圣道的极致，造成天下大顺的政治局面，达到大利天下的政治效果，弥合天人之间细小的隔阂，使上天与人类完全和谐起来。

[按语]

上一章论述"潜心于圣人"，是强调用心专一的问题，是着眼于空间和对象。本章论述"常操而存神心"，是强调坚持恒心的问题，是着眼于时间。学习的最高目标是"成圣"。而"潜心于圣人"和"常操而存神心"是"成圣"的重要方法和条件。

本章还论及"成圣"的目的，即"存神索至"。"存神"是使自己具有非常人所有的智慧，"索至"是运用自己的智慧来实现"大顺"天下、"大利"天下的最高追求。所谓"和同天人之际"，主要是指实现人和自然和谐的理想。这样的"圣人"，就是扬雄心目中的圣人，也就是他的"成圣"目的。郭沫若先生说孔子"仁"的含义，是克己而为人的一种利他的行为，"他要人们除掉一切自私自利的心机，而养成为大众献身的牺牲精神"(《十批判书》)。扬雄正是一个利他主义者。

5.3

龙蟠于泥①,蚖其肆矣②。蚖哉,蚖哉,恶睹龙之志也与?或曰:"龙必欲飞天乎③?"曰:"时飞则飞,时潜则潜。④既飞且潜,食其不妄⑤,形其不可得而制也与⑥?"曰:"圣人不制⑦,则何为乎羑里⑧?"曰:"龙以不制为龙,圣人以不手为圣人⑨。"

[注释]

①蟠(pán):龙蛇盘曲之称。

②蚖(yuán):蜥蜴。《说文》:"蚖,荣蚖。"段注:"《释鱼》曰:蝾螈,蜥易也。"肆:谓肆意横行。

③龙必欲飞天:《易·乾卦·爻辞》:"九五:飞龙在天,利见大人。""飞龙在天"喻君子得居高位。

④时飞则飞,时潜则潜:适时而飞,适时而潜。《说文》:"龙,鳞虫之长,能幽能明,能细能巨,能短能长;春分而登天,秋分而潜渊。"

⑤不妄:不非分。

⑥形:谓"形体"。

⑦不制:谓"不可制"。

⑧羑(yǒu)里:故地在今河南汤阴县附近。周文王曾被商纣王拘囚于此。

⑨不手:历来对"不手"的解说极为分歧。例如:刘师培释"手"为"又"通"有","有"通"囿",则"不手"犹"不囿","不囿"与"不制"义近。汪荣宝释"手"为"持",以《春秋公羊传·庄公十三年》"曹子手剑而从之"、《礼记·檀弓篇》"手弓"、《尚书·周书》"手太白"、《史记·吴世家》"手匕首"、司马相如《上林赋》"手熊黑"等为例,以证"手"作"持"解。李轨注:"手者,桎梏之属。"则"不手"犹言"不被别人捆住手脚"。谨按:

刘说牵强，李说无据，汪说似可通。汪说以"不持"义近"不制"而可通，但无法照应所问"圣人不制，则何为乎羑里"。笔者认为，扬雄之所以用"不手"代"不制"，应当是暗示"不手"的对象是"心"而非"形"。这样理解的根据有二：一是上句说龙之"不可得而制"时，强调的是"形"；二是周文王拘于羑里，则可见其"心"是不可"制"的。作这样的理解，就照应了所问"圣人不制，则何为乎羑里"。是否确当，仅供参考。

[译文]

龙盘曲在泥沼中的时候，大概蜥蜴就会肆意横行了。蜥蜴啊，蜥蜴啊，它们哪里能了解龙的远大志向呢？

有人问："龙一定要在天界飞腾吗？"扬子说："时机适合它飞腾就飞腾，时机适合它潜隐就潜隐。像龙这样既能飞腾又能潜隐，吃东西从来不作非分之想，形体恐怕就不会被人得到而受人控制了吧？"问者反驳说："你是说圣人也像龙一样不会受人控制，那为什么周文王还是被商纣王拘囚在羑里呢？"扬子说："龙是以其形体不受人控制而成为龙，圣人是以其思想不受人控制而成为圣人。"

[按语]

扬雄以龙为喻，强调圣人"以不手为圣人"。要想"不手"，首先是要如龙之"形其不可得而制"。要想"形其不可得而制"，必须如龙之"时飞则飞，时潜则潜。既飞且潜，食其不妄"。圣哲之所以为圣哲，一是识时，二是不贪。"时飞则飞，时潜则潜"即为识时，"食其不妄"即为不贪。扬雄以为，"为可为于可为之时，则从；为不可为于不可为之时，则凶"，故主张"君子得时则大行，不得时则龙蛇"（《汉书·扬雄传》）。

必须强调说明的是，扬雄之所谓"时"，绝非指个人升官发财的"时机"，而是指适合自己施展才能以有利于国家和社会的"机遇"。有人嘲讽他在皇帝身边当差多年，"曾不能画一奇，出一策，上说人主，下谈公卿"，以致"位不过侍郎，擢才给事黄门"时，他全面地分析了自己处在一个有识之士不受重视、有才有德者无法施展抱负的时代，他说："当今县令不请士，郡守不迎师，群卿不揖客，将相不俯眉；言奇者见疑，行殊者得辟，是以欲谈者宛舌而固声，欲行者拟足而投迹。"（《解嘲》）基于"食其不妄"的做人原则，扬雄选择了"潜"，他说："是故知玄知默，守道之极；爱清爱静，游神之廷；惟寂惟寞，守德之宅。"潜隐是为了"守道""守德"，这就是扬雄之高尚处与高明处。

5.4

或曰："经可损益与^①？"曰："《易》始八卦^②，而文王六十四，其益可知也。《诗》《书》《礼》《春秋》，或因或作而成于仲尼^③，其益可知也。故夫道非天然应时而造者^④，损益可知也。"或曰："《易》损其一也，虽蠢，知阙焉；至《书》之不备过半矣，而习者不知。惜乎《书》序之不如《易》也^⑤。"曰："彼数也^⑥，可数焉，故也。如《书》序，虽孔子亦未如之何矣。昔之说《书》者序以百，而《酒诰》之篇俄空焉^⑦，今亡夫^⑧！虞、夏之《书》浑浑尔^⑨，《商书》灏灏尔^⑩，《周书》噩噩尔^⑪。下周者，其书谯乎^⑫？"

[注释]

①经：谓儒家经典。此处专指"五经"。

②《易》：古代占卜之书，有《连山》《归藏》《周易》之别。照儒家传统说法，伏羲作八卦，周文王演绎八卦为六十四卦。"八卦"为单卦，《周易》所载六十四卦为复卦。此处的《易》指《周易》。

③或因或作而成于仲尼：照儒家传统说法，《周易》《礼经》《尚书》

都是经孔子删订而传后世,此所谓"因";《春秋》则是孔子个人的著述,此所谓"作"。

④道非天然应时而造者:圣人的学说不是自然界那些顺应季节而产生的事物。意思是说:"道"是圣人根据时势变化提出的适应变化需要的主张,所以有损有益;它与跟随着四季的变化而产生的自然现象是不同的。

⑤《书》序:《尚书》的篇目及次序。

⑥彼数也:指《周易》以卦名为序,其数目和次序都是固定的。故下文云"可数焉"。

⑦俄空:暂时空着。"俄",须臾、短暂。

⑧今亡:是说"现在没有空着了"。以此证明经典之有损有益。

⑨虞、夏之《书》:《尚书》有《虞书》《夏书》,分别记舜、禹两代之大事。浑浑尔:犹"浑浑然",意为"叙事粗略"。《广雅·释训》:"浑浑,大也。"谓两《书》所载舜、禹时事,都不甚详赡,仅记其大概而已。

⑩灏灏尔:犹"浩浩然",与"浑浑然"义近,也谓叙事不够详细。

⑪噩噩尔:犹"噩噩然",模糊不清貌。谨按:前人及近人多因为《尚书》是儒家经典,扬雄又是极力维护儒学正统的大儒,于是对"浑浑尔""灏灏尔""噩噩尔"的解说多用褒义词语,并因此显得非常牵强,如"内容广博""浩灏无际""正直不阿",以及"泽厚深远""浩荡开阔""严肃明直"等。笔者认为,扬雄在这里论述经典文字和内容的"损益"问题,因为"《书》之不备过半",以至于"虽孔子亦未如之何",加之夏、商、周历史久远,故《尚书》对这几代史实的记载,都显得很粗略和模糊。扬雄对《尚书》的评价是客观的,我们完全用不着因为他是尊孔宗儒的大儒,就认为他绝不会对"经典"说出如此"大不敬"的话来。孔子不就说过"君子于其所不知,盖阙如也"(《论语·子路》)的话吗?他在删订《尚书》时一定是

实事求是的。

⑫下周者：周朝以后的朝代。实指秦、汉。谯：谓"指责"。《说文》："谯，让也。"又："让，相责让也。"

[译文]

有人问："经典可以删减或者增加吗？"扬子说："《易经》最初只有八个卦，而周文王将它演绎为六十四卦，可见经典的内容是可以增加的。《诗经》《尚书》《礼经》《春秋》，有的是孔子将前人的著述加以删订而成，有的是孔子自己的著作，可见经典的数量也是可以增加的。因为那些圣人的学说并不是随着季节变化而产生的自然现象，其内容和数量会有所增加或者减少是可以理解的。"

有人说："《易经》如果删减了其中一点内容，即使愚蠢的人也会发现它的欠缺。至于《尚书》内容不完备的地方超过了一半，而学习它的人竟全然不知。可惜《尚书》的篇目和次序远不如《易经》清晰可辨。"扬子说："那《易经》的卦、爻都是有数的，是可以计算的，因此缺少一条都容易被发现。像《尚书》的篇目和次序那样，即使孔子也拿它没办法。从前解说《尚书》的人将它分为一百个篇次，而《酒诰》这一篇就暂时空着内容，现在已经不再空着了！关于虞、夏两代史实的记载很不详赡，《商书》的内容也很粗疏，《周书》的记载也不很清楚。对周朝以后的史实，人们的记载还会有可指责的吗？"

[按语]

扬雄不把经典视为僵死的教条，认为"道"是顺应时代发展的产物，这完全符合他"因循革化"的哲学思想。即使在今天看来，扬雄对待经典的科学态度仍然具有相当的现实意义。

5.5

或问:"圣人之经,不可使易知与?"曰:"不可。天俄而可度①,则其覆物也浅矣;地俄而可测,则其载物也薄矣。大哉!天地之为万物郭②,五经之为众说郭③。"

[注释]

①俄而:即"俄然",犹言"一下子"。

②郭:包围着城市的防御工事,俗称"外城"。《孟子·公孙丑下》:"三里之城,七里之郭。"

③郭(fú):同"郭",也指"外城"。

[译文]

有人问:"圣人的经典,不能使它容易理解一些吗?"扬子说:"不能。如果天的高度一下子就能被测量出来,那么它覆盖万物的范围就很小了;如果地的深度一下子就能被测量出来,那么它承载万物的数量就很少了。多么伟大啊!天地就像容纳世间万物的城郭,五经仿佛包容各家学说的城郭。"

[按语]

"天"喻五经境界之高,"地"喻五经含义之深。既高且深,故不易知。以其不易知,故当"潜心于圣人"。

5.6

或问:"圣人之作事,不昭若日月乎?何后世之訔訔也①?"曰:"瞽旷能默②,瞽旷不能齐不齐之耳③;狄牙能喊④,狄牙不能齐不齐之口⑤。"

[注释]

①訔（yín）訔：争辩貌。

②瞽（gǔ）旷：即"师旷"，春秋时晋国宫廷乐师，以善辨音律著称。"瞽"谓盲人。因先秦宫廷乐师多为盲人，故称"瞽旷"。默：通"穆"，欢悦。《汉书·东方朔传》"于是吴王穆然"颜师古注："穆音默。"《管子·君臣》"穆君之色"注："穆，犹悦也。"

③不齐之耳：是说"众人对音乐的欣赏水平是不一致的"。

④狄牙：即"易牙"。易牙是春秋时齐桓公的佞臣，以善烹调著称。易牙是雍州（今甘肃、陕西一带）人，古称北方为"狄"，故称易牙曰"狄牙"。喊：同"諴"。《广雅·释诂》："諴，调也。"此处指"善调五味"。

⑤不齐之口：是说"众人的口味是不一致的"。

[译文]

有人问："圣人做事，不是像日月一样光明正大吗？为什么后世的人还是对他们的所作所为褒贬不一呢？"扬子说："瞽旷的演奏能使人快乐，但瞽旷不能使音乐水平不一致的人一致起来；狄牙善于烹调可口的美味，但狄牙不能使口味不一致的人一致起来。"

[按语]

无论是对人的评价还是对事物的评论，总是见仁见智，很难完全一致，古往今来，莫不如此。这就难怪有人说："走自己的路，让别人说去吧！"但扬雄不是这个意思。

扬雄是针对诸子对圣人（主要是孔子）的攻击发表的这番议论，目的在于要人们正确对待有人对圣人的不同意见，以坚定学习圣人之道的立场。

5.7

君子之言,幽必有验乎明①,远必有验乎近,大必有验乎小,微必有验乎著②。无验而言之谓妄。君子妄乎?不妄。

[注释]

①幽:犹言"隐晦"。验:验证。

②著:显著。

[译文]

君子发表的言论,意思虽然隐晦,但一定能够在明显的事理上得到验证;含意虽然深远,但一定能够在切近的事物上得到验证;内容虽然博大,但一定能够在细小的问题上得到验证;差别虽然细微,但一定能够在显著的事情上得到验证。毫无验证而发表言论,这就叫作虚妄。君子说话虚妄吗?不会虚妄的。

[按语]

说话要有根据,无论你采用何种形式、表达什么样的思想,所说的话都要经得起检验。这才是一个"君子"的说话修养。听话的人,也要有原则,不能轻信传说、迷信权威,要抱着审视的态度去听话,没有得到过多方面验证的话是不能轻易相信的。正确与否,可信不可信,"实践是检验真理的唯一标准"嘛。

5.8

言不能达其心,书不能达其言,难矣哉!惟圣人得言之解①,得书之体②。白日以照之,江河以涤之,③灏灏乎其莫之御也④。面相之辞相适⑤,捝中心之所欲⑥,通诸人之嘒嘒者⑦,莫如言。弥纶天下之事⑧，记久明远，著古昔之唇唇⑨，传千里之忞忞者⑩，莫如书。故言，心声也；书，心画也。声、画形⑪，君子、小人见矣⑫。声、画者，君子、小人之所以动情乎？圣人之辞，浑浑若川。顺则便，逆则否者，其惟川乎？

[注释]

①言之解：语言的含义。

②书之体：文字的结构和形体。结构指"六书"，形体指"古文字"和"今文字"。自汉代开始的"今古文之争"，延续了一千多年。

③白日以照之，江河以涤之：是说圣人的语言和文章，如同烈日照临天下、江河涤荡大地。

④灏灏：同"浩浩"。

⑤面相之辞相适：人们见面时的语言交流。"面相"谓面对面，即相见。"适"，往也。

⑥捈（shū）：犹言"抒发"。《广雅》王念孙疏证："捈者，引之抒也。"

⑦通：犹"排解"。嘫（jìn）嘫：愤懑，郁闷。

⑧弥纶：深知。《易经·系辞》《释文》引京房注："纶，知也。"

⑨著：显著，犹言"清晰"。这里用作使动。唇（hūn）唇：同"昏昏"，犹言"迷茫"。

⑩忞（mín）忞：心有未了，犹言"挂念"。

⑪声、画形：是说"话一说出口，文章一发表"。"形"谓"成形"。

⑫见：犹"现"，犹言"区别"。

[译文]

如果语言不能准确表达自己的思想，文字不能正确表达自己的语言，那就真的困难了啊！只有圣人是真正掌握了语言的含义和解释，真正掌握了文字的结构和形体的。（圣人的语言和文字，）如同烈日的照临、江河的涤荡，其浩浩荡荡的气势，是没有什么能够抵御的。

在人们相见时的语言交流中，能够抒发内心的情感、排解各人的郁闷的，没有什么比得上语言。能够使人们深入了解天下大事、记录往事明白过去、辨析古代迷茫史实、传达远方亲人牵挂之情的，没有什么比得上文字。

所以说，语言是心灵的声音，文字是心灵的图画。心灵的声音、图画一出现，是君子还是小人就区别开来了。心灵的声音、图画，不就是君子和小人用来触动情感的手段吗？圣人的言辞，就像那浩荡的江河。顺从者就畅通无阻、阻逆者便寸步难行的，难道不是只有江河吗？

[按语]

扬雄强调圣人之道是非常深奥的，理解的困难就在于圣人所用的语言和文字。即使像"七十子"那样"日闻所不闻，见所不见"，仍然会对孔子传授的知识知其然而不知其所以然："子游、子夏得其书矣，未得其所以书也。"（《法言·君子》）后世的学习者对圣人之道的理解就更困难了。

本章的主旨是强调学习语言、文字的重要性。扬雄关于语言、文字的社会功能的论述，即使在今天看来，也是很具有启发意义的。他不仅对语言和文字之间的关系有了正确的认识，而且他实际上已经认识到文字具有超越时间和空间的记录功能。扬雄的这一认识，比清代语言学家陈澧对语言、文字关系的论述要早一千八百多年。

扬雄极力赞颂圣人的语言文字，是为了增强学习者的信心和决心，倒不必追究其说法是否符合事实。庄子、韩非虽然都不是"圣人"，但是他们的语言都是很具有力量的，并不在"圣人"之下。

5.9

或曰:"仲尼圣者与?何不能居世也①?曾范、蔡之不若②!"曰:"圣人者,范、蔡乎?若范、蔡,其如圣何?"

[注释]

①居世:谓"居世之高位",即当大官。孔子一生中所任最高职务是鲁国的司寇(相当于司法部长)。五十六岁时"由大司寇行摄相事"(代行宰相职责),"齐人闻而惧",曰"孔子为政必霸"。齐国用美人计使鲁定公沉湎于声色歌舞,孔子便主动辞职不干了。孔子"摄相事"不到一年时间。

②范、蔡:范雎、蔡泽。范雎以"远交近攻"说秦昭王,被封为相。蔡泽入秦说范雎,被范雎推荐给秦昭王任客卿,后来继范雎为秦相。

[译文]

有人说:"孔子是圣人吗?为什么不能居世之高位呢?竟然连范雎、蔡泽都不如!"扬子说:"圣人,会是范雎、蔡泽那样的人吗?如果孔子也像范雎、蔡泽那样,还说得上是圣人吗?"

[按语]

孔子以"仁政之道"说诸侯而求仕,范、蔡以"攻伐之术"说诸侯而求仕;孔子以"礼乐"为政,范、蔡以"攻战"为政;孔子以天下百姓安乐为追求,范、蔡以一国诸侯霸业为追求。这就是孔子之所以为"圣人",范、蔡之所以为"策士"的根本原因。所以扬雄说:"若范、蔡,其如圣何?"

5.10

或曰:"淮南、太史公者①,其多知与②?曷其杂也!"曰:"杂乎杂!人病以多知为杂,惟圣人为不杂。"

[注释]

①淮南、太史公：淮南王刘安和太史公司马迁。刘安（前179~前122）好文学，广招天下文学及方术之士近千人，集体编写了《鸿烈》（即《淮南子》）一书。《淮南子》分为内、外篇，内篇二十一卷，外篇三十三卷，今仅存内篇。《淮南子》一书，旨在阐述道家的自然天道观，且糅合先秦诸子各家学说，因此被《汉书·艺文志》著录于"杂家"。司马迁（约前145或前135~？）著《史记》，创中国史书纪传体例。《史记》的历史观，以儒学为宗，兼法家、道家、兵家等先秦诸子思想的成分，故被扬雄视为"杂"。

②多知：谓"知识广博"。

[译文]

有人说："淮南王刘安和太史公司马迁，大概是有太多的知识吧？他们的书内容是多么的庞杂呀！"扬子说："庞杂啊真够庞杂！一般人的毛病，总是由于知识太多就会使文章内容庞杂；只有圣人，才不会由于知识太多而使文章内容庞杂。"

[按语]

"杂"不是绝对的，博采众长，有何不可？太史公的历史观，更是无可挑剔的。以儒学为宗，确立主导思想是正确的；但"独尊儒术"，搞偶像崇拜就不可取了。这是扬雄在历史观上表现出来的局限性。

5.11

书不经①，非书也；言不经，非言也。言、书不经，多多赘矣②。

[注释]

①不经：不合乎经义。实指不合乎"五经"旨趣。

②多多赘：意为"太多的弊害"。"多多"犹很多；"赘"犹言"恶"。《后汉书·冯衍传》"见赘于人"注："赘，犹恶也。"

[译文]

文章主题不合乎"五经"旨趣的，就算不上文章；谈话内容不合乎"五经"旨趣的，就不是有意义的谈话。不合乎"五经"旨趣的谈话和文章，太多的弊害了。

[按语]

不合"五经"旨趣的谈话和文章，主要是指诸子的言论和赞成诸子言论的谈话和文章。

5.12

或曰："述而不作①，《玄》何以作②？"曰："其事则述，其书则作。③"育而不苗者④，吾家之童乌乎⑤？九龄而与我《玄》文⑥。或曰：《玄》何为？"曰："为仁义。"曰："孰不为仁？孰不为义？"曰："勿杂也而已矣。"

[注释]

①述而不作：传述成说而不自立新义。语出《论语·述而》："述而不作，信而好古，窃比我于老彭。"

②《玄》：即《太玄》，亦称《太玄经》。《太玄》是扬雄仿《周易》体例而创作的一部重要的哲学著作，《汉书》说它"播之以人事，文之以五行，拟之以道德仁义礼知"，也指出它"观之者难知，学之者难成"。

③其事则述，其书则作："事"指基本内容，《太玄》和《周易》都是解析自然现象和天人关系的变化规律的，而且《太玄》的基本内容来源于《周易》，故云"其事则述"。"书"指结构体例，虽然《太玄》《周易》都是以

卦名为纲，但《太玄》由"经""传"两部分组成，经部分为81首，每首四重，称为方、州、部、家；每首九赞，共为729赞，加"踦、嬴"两赞，合计731赞；以两赞为一日，计365.5日，刚好是一年的时间。这种奇特的结构方式为扬雄所独创，故云"其书则作"。

④不苗：谓"夭折"。《一切经音义》："禾之秀者曰苗。"《说文》："秀，禾实。"所谓"不苗"，是说禾苗未及开花结实便死去，故以喻人之夭折。

⑤童乌：扬雄对幼子扬信的爱称。《刘向别传》载："扬信，字子乌，雄第二子。幼而聪慧，雄算《玄经》不会，子乌令作九数而得之。雄又拟《易》'羝羊触藩'，弥日不就，子乌曰：'大人何不云荷戟入榛？'"故下文云"九龄而与我《玄》文"。

⑥九龄：《华阳国志·蜀郡士女赞》云："雄子神童乌，七岁预雄《玄》文，年九岁而卒。"按：如果另有材料证明童乌九岁卒，则童乌应当是"七岁预雄《玄》文"方合事理，否则，应从《法言》所云。

[译文]

有人说："圣人主张'述而不作'，先生为什么还要创作《太玄》呢？"扬子说："《太玄》的基本内容就是在传述《周易》，《太玄》的结构方式才是我的创作。"

生下来没有成人就夭折了的，不就是我家童乌吗？他年仅九岁就参与了我撰写《太玄》的活动。

那人再问："先生写作《太玄》的目的是什么？"扬子说："为了仁义。"又问："谁不是为了仁？谁不是为了义？"扬子说："不过《太玄》就是要让仁义的思想更纯粹罢了。"

[按语]

真正的"述而不作"是不可能的。即以汉代的"五经"而论，如果说

《易》《礼》《诗》《书》尚可视为圣人之"述"的话，那么《春秋》不就是圣人之"作"吗？可见，孔子也是"述"而又"作"的。

再说，时移事易，如果真的"述而不作"，一切率由旧章，那又怎能弃旧图新、有所进步？扬雄主张"因循革化"，"可则因，否则革"，"革"必然"作"。可见，"述而不作"实际上是行不通的。

关于《太玄》的写作目的，有学者指出，"《太玄》的创作目的在于解说儒家伦理""为人类社会的等级森严寻求形而上依据"（郭君铭《扬雄〈法言〉思想研究》）。张衡则说："吾观《太玄》，方知子云妙极道数，乃与五经相似。"（《后汉书·张衡传》）可见其"为仁义"之说并非虚言。

童乌之死对扬雄的打击是致命的。为了表达对爱子深切的伤悼之情，于是仿孔子悼颜渊之"苗而不秀"，故意插入童乌"育而不苗"一段。

5.13

或问："经之艰易①？"曰："存亡。"或人不谕②。曰："其人存则易③，亡则艰。延陵季子之于乐也④，其庶矣乎⑤？如乐弛，虽札，未如之何矣。如周之礼乐，庶事之备也⑥，每可以为⑦，不难矣。如秦之礼乐，庶事之不备也，每可以为，难矣。"

[注释]

①经之艰易：谓"治经之难易"。

②谕：明白。《广雅·释言》："谕，晓也。"

③其人：当作"其文"。俞樾《诸子平议》卷三十四："按光曰：'人当作文，字之误也。'今以下文证之，颇以温公之说为是。"

④延陵季子：春秋时吴国公子季札，因其封邑在延陵，故称"延陵季子"。季札曾出访鲁、齐、郑、卫、晋各国，遍观诸侯礼乐，以多闻和善辨礼乐

著称。《左传·襄公二十九年》载季札出使鲁国观礼事。

⑤其：加强反诘语气，犹"难道"。庶：本义为"众"，此处犹言"平常"。

⑥庶事之备：一切（有关礼乐的）事都很完备。

⑦每：每当。可以：应该。表示理应如此，《孟子·公孙丑上》："可以仕则仕，可以止则止，可以久则久，可以速则速。"为：此处指"举行礼乐"。

[译文]

有人问："治经难易的关键是什么？"扬子说："存亡。"那个人还是不明白。扬子说："经典的文辞还存在就容易，亡佚了就困难。延陵季子在音乐上的造诣，难道还平常了吗？但是如果乐章已经废坏，即使季札也是没有办法讲论好音乐的。比如周朝的礼乐，一切有关事宜都是很完备的，每当应该举行礼乐大典的时候，就不困难了。再如秦朝的礼乐，一切有关事宜都毫无准备，每当应该举行礼乐大典的时候，就困难了。"

[按语]

借论治经之难易，旨在强调保存礼乐之重要。

5.14

衣而不裳①，未知其可也；裳而不衣，未知其可也。衣裳其顺矣乎②？

[注释]

①裳：犹"裙"。古代男女皆须服"裳"，《诗经·邶风·绿衣》"绿兮衣兮，绿衣黄裳"毛传："上曰衣，下曰裳。"故扬雄以"衣裳"喻"君臣"或"尊卑"关系。

②其：表示反诘语气。顺：谓"理顺"或"顺当"。

[译文]

只穿上衣而不穿下裳,都知道是不可以的;只穿下裳而不穿上衣,都知道是不可以的。衣和裳的关系顺当了吗?

[按语]

西汉末期,尤其是哀、平两朝,外戚专权,君、臣关系极不正常。在扬雄看来,君就是君、臣就是臣,关系必须理顺。像汉平帝那样,有君之名而无君之实;像王莽那样,有君之实而无君之名,都是"衣裳"颠倒、关系不顺的现象。

有人认为,这是指责王莽篡汉,如李轨注云:"三桓专鲁、陈桓灭齐、王莽篡汉,三奸之兴,皆是物也。"今天的有些学者也坚持这种观点。从表面上看,似乎很有道理;其实,未必如此。焉知"衣裳"之喻就不包含汉平帝应当让位给王莽以使"衣裳其顺"的良苦用心呢?

5.15

或问:"文①?"曰:"训。"问:"武?"曰:"克。"未达。曰:"事得其序之谓训②,胜己之私之谓克③。"

[注释]

①文:所问"文""武",皆针对汉文帝、汉武帝谥号而发。唐人张守节《史记正义·谥法解》:"慈惠爱民曰文","夸志多穷曰武"。

②训:犹"顺"。《广雅·释诂》:"训,顺也。"《说文》"训"字段注:"说释而教之,必顺其理。"治国"顺其理",故能"事得其序"。《谥法解》:"慈和遍服曰顺。"故"文"与"训"及"顺"相通。《史记·孝文本纪》:"太史公曰:'孔子言"必世然后仁。善人之治国百年,亦可以胜残去杀"。诚哉是言!汉兴,至孝文四十有余载,德至盛也。'"

③胜己之私：战胜一己的私敌。虽然汉武帝打击匈奴、扩大中国版图，是一位建立了文治武功的皇帝，但生活腐朽，笃信巫术方士，一心追求长生不老。因此在扬雄看来，汉武帝穷兵黩武，无非是为了"胜己之私"。《谥法解》"夸志多穷曰武"注："大志行兵，多所穷极。"

[译文]

有人问："谥号曰'文'是什么意思？"扬子说："训。"又问："谥号曰'武'是什么意思呢？"扬子说："克。"问者仍然不懂是什么意思。扬子说："使国家各种事情都能井然有序，这就叫作训；为了战胜自己的私敌而穷兵黩武，这就叫作克。"

[按语]

汉文帝实行"与民休息"政策，躬行节俭，以德化民，颇有"圣王之风"，故为扬雄所称道。汉武帝不恤民力，穷兵黩武，生活腐朽，虽有文治武功，但无仁君之德，故不为扬雄所称道。

作为汉臣，不能"犯上"，故仅谓"文""武"以寓对二君之褒贬。

5.16

为之而行、动之而光者①，其德乎？或曰："知德者鲜，何其光？"曰："我知②，为之；不我知，亦为之，厥光大矣。必我知而为之，光亦小矣。"

[注释]

①为之而行：要做的事一定行得通。动之而光：做了之后就会有荣光。
②我知：即"知我"，犹言"被人了解"。

[译文]

要做就一定行得通、做了就一定有荣光的事情，不就是德行吗？有人说:"知道德行的人太少了,哪里会赢得荣光?"扬子说:"(合乎道义的事情,)被人了解,要做;不被人了解,也要做,这样的荣光就更大了。如果一定要被人了解才去做,荣光也就小了。"

[按语]

合乎道义的事情,尤其是生活中那些涉及道德的事情,都是"为之而行、行之而光者"。扬雄不仅提倡做好人好事,而且认为做无名英雄更加光荣。

5.17

或曰:"君子病没世而无名①,盍势诸②?名,卿可几也③。"曰:"君子德名为几④,梁、齐、赵、楚之君⑤,非不富且贵也,恶乎成名?谷口郑子真⑥,不屈其志而耕乎岩石之下,名震于京师。岂其卿?岂其卿?"

[注释]

①君子病没世而无名:语出《论语·卫灵公》:"君子疾没世而名不称焉。""病"谓"忧虑"。

②势:权势者。用作动词,犹言"借助于权势者"。

③卿:汉代实行"三公九卿"的中央官制,"公"属于丞相一级,"卿"仅次于丞相。这里泛指大官。几(jì):通"冀",犹言"希望"。

④德名:谓"以德扬名"。

⑤梁、齐、赵、楚之君:指汉初所封的刘姓四国诸侯。四国地广物阜,故云"非不富且贵"。

⑥谷口郑子真:郑子真,西汉元、成之际的高士,隐居云阳(今陕西淳化县一带)的谷口,故世称"谷口郑子真",又称"郑谷"。成帝年间,大将军王凤曾多次礼聘郑子真出山为官,都被郑拒绝。

[译文]

有人说:"既然君子忧虑死后不能扬名,何不借助于权势者的力量呢?要扬名后世,大官吏是可以寄托希望的。"扬子说:"君子把以德扬名作为希望。梁、齐、赵、楚四国诸侯,没有哪个不是经济富有、地位尊贵的,但是他们哪里成就了好名声呢?而隐居谷口的郑子真,不愿委屈自己的志向而耕耘在山野之中,却名震京师。哪里是借助于大官才能扬名呢?哪里是借助于大官才能扬名呢?"

[按语]

扬雄主张"以德成名",反对"倚势立名"。扬雄一生是实践了自己的这一主张的。扬雄一生可倚重者不乏其人:自蜀初到长安时,郫县同乡何武位居三公,但他未去拜谒何武;任给事黄门给成帝做文学侍从,成帝好文辞,但扬雄并未投其所好,而是"为赋以讽",以致"三世不徙官";后来王莽篡汉,特别需要"谈说之士用符命称功德",扬雄虽然精通《易经》却没有去帮助王莽造舆论。班固说他是"欲求文章成名于后世",而绝不攀龙附凤。

5.18

或问:"人?"曰:"艰知也①。"曰:"焉难?"曰:"太山之与蚁垤②,江河之与行潦③,非难也。大圣之与大佞④,难也。乌呼!能别似者为无难。"

[注释]

①艰知:难知。李轨注:"物形外显,人神内藏。外显易察,内藏难知。"俗语云"人心隔肚皮",亦谓人心难知。

②太山:即"泰山"。蚁垤(dié):蚂蚁洞穴外面的小土堆。

③江河：长江、黄河。行潦：道路上的积水。

④大佞：最善于伪装的奸邪。《说文》："佞，巧谄高材也。"

[译文]

有人问："应当怎样了解人？"扬子说："人是很难了解的。"再问："难在哪里呢？"扬子说："要分辨巍峩的泰山与蚁穴旁边的土堆，要分辨长江黄河与道路上的积水，是一点也不难的。但是要分辨大圣与大奸的人，就太难了。唉！只有善于辨别相似事物的人才不会感到困难。"

[按语]

古今不少论者，认为扬雄在《法言》中对王莽的"大佞"行为多有讥刺，例如卫仲璠先生在其《扬子法言会笺·前言》中说："扬子之著《法言》，盖自五卷以后，不觉其感情之激荡，似一发而不可制。尤其对王莽政权之微言讥刺，触处可寻。李轨在注文中，即有不少处指出其微言幽旨；俞樾、马其昶，后亦多所阐发；汪荣宝《义疏》更印证以《汉书·王莽传》之史实，便如同犀照，真相毕显。"[《安徽师大学报》(哲社版) 1989 年第 3 期]

笔者认为，扬雄关于"知人难"的论述，表现了他在撰写《法言》的时候，正在经历着一场政治抉择的痛苦。对刘姓皇帝的绝望，使他急需找到可以实现自己政治改良主张的"明君"。王莽"居摄"时期的一系列改革措施让他看到了一线希望。但是王莽究竟是"大圣"还是"大佞"，扬雄并不是很有把握的，因此才发出了"知人难"的议论和感叹。

5.19

或问："邹、庄有取乎①？"曰："德则取，愆则否②。""何谓德、愆？"曰："言天地人经③，德也；否，愆也。愆语，君子不出诸口。"

[注释]

①邹、庄：邹衍、庄周。

②愆（qiān）：错误。

③经：谓"合乎儒家经典"。道家、阴阳家以论说天、地、人的关系为其学说的主要内容，故扬雄专从"言天地人"提出要求。

[译文]

有人问："邹衍、庄周的学说有可取的吗？"扬子说："合乎德的就可采取，错误的就不要采取。"又问："什么叫合乎德的和错误的？"扬子说："论说天、地、人的关系合乎儒家经义的，这就是合乎德；否则，就叫错误。错误言论，是不应该从君子口中流露出来的。"

[按语]

扬雄认为诸子学说中也有值得借鉴的合理成分，这正是扬雄"因循革化"哲学思想的体现。

《问道》卷末曾问及庄、邹"有取乎"，这里再次问及，大概是因为道家、阴阳家在天、地、人关系上的许多论述，与扬雄《太玄》关于天、地、人关系的论述颇多相似之处的缘故。

《问明》卷第六

序

明哲煌煌①，旁烛无疆②。逊于不虞③，以保天命。撰《问明》。

[注释]

①明哲：聪明睿智。这里指聪明睿智的思想。煌煌：光辉。《说文》："煌煌，辉也。"

②旁烛：犹言"普照"。"旁"犹"遍"也。《尚书·说命上》"俾以形，旁求于天下"注："旁求，遍求、广求。"《汉书·扬雄传》"旁烛无疆"颜师古注："烛，照也。"

③逊：避让。《说文》："逊，遁也。"不虞：犹"不测"。

[译文]

聪明睿智的思想光芒万丈，普照着天下所有的地方。要善于避让危险以防不测，才能够保全自己的自然寿命。（为了让人们懂得保全自己生命的道理，）撰《问明》一卷。

6.1

或问："明？"曰："微①。"或曰："微，何如其明也？"曰："微而见之，明其悖乎②？聪明③，其至矣乎④？不聪，实无耳也；不明，实无目也。""敢问大聪明?"曰:"眩眩乎⑤? 惟天为聪,惟天为明。夫能高其目而下其耳者⑥,匪天也夫?"

[注释]

①微:幽微,即隐而不显。《说文》:"微,隐行也。"

②明:显明,与"微"意思相对。悖:逆也。

③聪明:善听为"聪",善视为"明";"聪明"犹言"善于辨察是非"。

④至:犹言"最高境界"。聪则耳察所闻以辨是非,明则目察所见以显幽微,故云"聪明,其至矣乎"。

⑤眩(xuàn)眩:注视貌。《楚辞·逢尤》"眩眩兮窈终"注:"眩眩,视貌。"

⑥高、下:都是用作使动,犹言"抬高""贴近"。

[译文]

有人问:"什么是明?"扬子说:"幽微。"问者说:"幽微怎么是明呢?"扬子说:"连幽微的事物都能看得清楚,说它'明'有什么不对呢?耳朵善听声音、眼睛能察幽微,大概是最好的素质了吧?耳朵不善于听声音,就等于没长耳朵;眼睛不能察幽微,就等于没长眼睛。"问者又说:"请问什么是大聪明?"扬子说:"不就是注视着万物的天吗?只有天最善于听声音,只有天最能够察幽微。能够抬高自己的眼睛俯视天下万物并且将自己的耳朵贴近天下万物的,不就是只有天吗?"

[按语]

对一般人而言,善于听话并且能辨别话的是非,善于观察并且能看清楚事物的本质,这就是"聪明",这就是一个人最好的素质了。

但是对于君临天下的帝王来说,那是需要具有"大聪明"的,所以扬雄以"天"为喻,说明帝王应当俯视天下万物以辨察幽微,还要将耳朵贴近天下百姓，认真听取百姓的声音。

明君之所以"明"，就在于能够"察微兼听"；昏君之所以"昏"，就因为长期"闭目塞听"。有天下者，岂能不既"聪"且"明"？

6.2

或问："小每知之①，可谓师乎？"曰："是何师与？是何师与？天下小事为不少矣。每知之，是谓师乎？师之贵也，知大知也②。小知之师，亦贱矣。"

[注释]

①小：谓"小事情"或"小道理"。

②大知：即"大智"。所谓"大智"，是指关乎礼义方面的知识，《荀子·儒效》："君子之所谓知者，非能遍知人之所知之谓也，有所正矣。"

[译文]

有人问："对每一件小事都能了解的，可以算是老师吗？"扬子说："这算什么老师呢？这算什么老师呢？天下的小事情是很多的了，只能了解每一件小事的，这能算是老师吗？老师地位的尊贵，在于他是懂得大道理的。只了解小事的，就算是老师也是很不值得尊重的。"

[按语]

强调应当以懂得大道理的人为师，这主要是针对执政的权势者来说的，它具有很强的现实针对性，因为各人的好恶不同，难免会有不少操一技之长的人投到权势者门下谋求出路。如果不以"知大知"为限，势必会有不少投机取巧的奸佞小人投其所好而贻误大事。

6.3

孟子疾过我门而不入我室①。或曰:"亦有疾乎?"曰:"撷我华而不食我实②。"

[注释]

①疾:谓"憎恶"。过我门而不入我室:语见《孟子·尽心下》:"孔子曰:'过我门而不入我室,我不憾焉者,其惟乡原乎!''乡原,德之贼也。'"

②撷(zhí):犹"摘"。

[译文]

孟子憎恶那些孔子所说的"经过我家门而不进入我室内"的人。有人说:"先生也有憎恶的吗?"扬子说:"我憎恶那些摘取我的鲜花却不吃我鲜花结的果实的人。"

[按语]

"乡原"是一种毫无是非观念的人。这种人依违两端、左右逢源,即所谓"好好先生"。孔子痛恨这种人,谓之"德之贼"。那种过孔子之"门"而不入孔子之"室"者,是指那些徘徊于儒学与诸子之学两端的人,这种人如同"乡原"一样,也是"德之贼",故孟子"疾"之。

令扬雄憎恶和痛苦的是两种人。一种是像汉成帝那样,欣赏扬雄辞赋语言之美,却不愿接受其辞赋所寄寓的讽谏题旨,这就是所谓"撷我华而不食我实"的人。另外还有一种是不能理解或者不愿理解扬雄"宏意妙旨"的人。这就是他在《解难》中所谓的"客"这种人。"客"责备扬雄著《太玄》是"亶(但)费精神于此,而烦学者于彼,譬画者画于无形,弦者放于无声";扬雄对"客"的回答是:"若夫闳言崇议,幽微之途,盖难与览者同也。"并且明确地告诉"客"人:"声之妙者不可同于众人之耳,形之美者不可棍（同）于世俗之目，辞之衍者不可齐于庸人之听。"他也知道他的《太玄》"观之者难知，学之者难成"，他苦于知音难觅，于是寄希望于后人，因此他说："师旷之调钟，俟知音者之在后也。"（以上引文均见《汉书·扬雄传》）

6.4

或谓："仲尼事弥其年①，盖天劳诸②？病矣夫③？"曰："天非独劳仲尼，亦自劳也④。天病乎哉？天乐天，圣乐圣。⑤"

[注释]

①事弥其年：事情充满了他的一生，犹言"终生忙忙碌碌"。

②劳：使（之）劳。后面两个"劳"字用法同此。

③病：谓"痛苦"。

④自劳：天运行不息，长养万物，故曰"自劳"。

⑤乐天：以尽天的职责为乐。乐圣：以尽圣人职责为乐。

[译文]

有人对扬子说："孔子一生忙忙碌碌，大概是天使他那样劳累的吧？他会感到痛苦吗？"扬子说："天不是只让孔子一个人劳累，天自己也很劳累。天会感到痛苦吗？天把尽自己天的职责视为欢乐，圣人把尽自己圣人的职责视为欢乐。"

[按语]

在扬雄看来，孔子周游列国，设教授徒，宣扬儒家学说，忙碌一生，就是在尽圣人的天职。以尽自己的天职为乐，这是圣人的荣乐观。扬雄明里在说孔子，实际是以孔子自况，表明自己以天下兴亡为己任的责任感和荣乐观。

6.5

或问:"鸟有凤,兽有麟,①鸟兽皆可凤、麟乎?"曰:"群鸟之于凤也,群兽之于麟也,形性②。岂群人之于圣乎③?"

[注释]

①凤:凤凰,传说中的鸟王。麟:麒麟,传说中的神兽。

②形性:形貌与天性。是说群鸟与凤凰、群兽与麒麟,在形貌与天性上是完全不同的。

③群人之于圣:众人与圣人的区别。是说众人与圣人,在相貌和天性上是没有什么不同的。

[译文]

有人问:"鸟类中有凤凰,兽类中有麒麟,鸟兽都有可能成为凤凰、麒麟吗?"扬子说:"群鸟与凤凰的区别,群兽与麒麟的区别,都是在形貌与天性上。难道众人与圣人的区别,也是在形貌与天性上吗?"

[按语]

问话人的意思是:如同群鸟根本成不了凤凰、群兽根本成不了麒麟一样,众人是不可能成为圣人的。扬雄的看法是:外貌与天性是与生俱来的,群鸟与凤凰的区别、群兽与麒麟的区别,就在于外貌与天性的不同;因为外貌与天性是无法改变的,因此群鸟确实成不了凤凰,群兽也确实成不了麒麟。但是,众人与圣人的区别,绝不是在外貌和天性上,而是在智慧和修养上。智慧和修养是可以通过学习得到提高的,众人只要能坚持努力学习,是有可能成为圣人的。这就是所谓"性相近,习相远"的道理。

6.6

或曰:"甚矣,圣道无益于庸也①。圣读而庸行②,盍去诸?"曰:"甚矣,子之不达也③。圣读而庸行,犹有闻焉;去之,抏也④。抏秦者,非斯乎⑤?投诸火。"

[注释]

①庸:平庸。这里指"庸人"(一般的人)。

②圣读:谓"读圣人之书"。庸行:谓"干平庸的事情"。

③不达:不能达。即不通晓事理。

④抏(wán):挫折,损害。《汉书·司马相如传》"抏士卒之精"注:"抏,挫也。"

⑤斯:李斯(?~前208),战国末楚国上蔡(今河南省上蔡一带)人,荀子学生,后入秦,官至丞相。李斯在帮助秦始皇完成统一大业、统一文字、统一度量衡制度等方面是有历史功绩的,但是他谏秦始皇焚书坑儒,推行文化专制主义,勾结赵高杀害公子扶苏,则加速了秦王朝的灭亡。故扬雄说他是"抏秦者"。

[译文]

有人说:"对于一般的人来说,圣人的大道理一点用处都没有!大家读了圣人的书却还是干着平庸的事,何不抛弃那些圣人的书呢?"扬子说:"像你这样的不明事理,真是太过分了!读了圣人的书而干着平庸的事,总还能听到圣人的教诲;如果抛弃了圣人的书,是会遭受挫折的。使秦王朝遭受挫折的,不正是李斯吗?是他要求天下人把圣人的书投到火中烧掉的。"

[按语]

一般人总是急功近利的,认为读书就得做官;否则,莫如不读。扬雄认为,读圣人之书,不一定就是为了做官;多听圣人的教诲,就会善于避让危险、免于遭受挫折以保全自己。这就是所谓"明哲保身"的真正含义。扬雄坚持"全身远祸"的处世态度,把权势地位看得很透,他说:"且吾闻之,炎炎者灭,隆隆者绝。……位极者宗危,自守者身全。是故知玄知默,守道之极;爱清爱静,游神之廷;惟寂惟寞,守德之宅。世异事变,人道不殊,彼我易时,未知何如。"(《解嘲》)圣人之书正是他"守德"的依据。《问明》一卷,立意虽在"明哲",目的却为"全身"。故其《序》云:"明哲煌煌,旁烛无疆。逊于不虞,以保天命。"

6.7

或问:"人何尚?"曰:"尚智。"曰:"多以智杀身者,何其尚?"曰:"昔乎皋陶以其智为帝谟①,杀身者远矣。箕子以其智为武王陈《洪范》②,杀身者远矣。"

[注释]

①皋陶(gāo yáo):亦作"咎繇"。传说皋陶是为帝舜主掌刑狱的大臣。《尚书》《史记》都有关于皋陶的记载。为帝谟:为帝舜出谋划策。《史记·夏本纪》:"帝舜朝,禹、伯益、皋陶相与语帝前。皋陶述其谋。"《尚书·虞书》有《皋陶谟》。"谟",同"谋"。

②箕子:商纣叔父,封于箕,故称"箕子"。商纣暴虐,箕子屡谏,商纣不听,箕子乃披发佯狂与人为奴,被商纣囚禁。周武王灭商,释箕子之囚。箕子感武王之德,为武王陈《洪范》。《洪范》载《尚书·周书》。

[译文]

有人问:"人应该崇尚什么?"扬子说:"崇尚智慧。"问者说:"因为有智慧而招致杀身之祸的人很多,为什么还要崇尚智慧呢?"扬子说:"从前皋陶凭着他的智慧为帝舜出谋划策,远离了杀身之祸;箕子凭着他的智慧为周武王陈献《洪范》,也远离了杀身之祸。"

[按语]

智慧有大小之别。古往今来,因为耍小聪明而惹上麻烦甚至招致杀身之祸的人,的确不少,故有"聪明反被聪明误"之说。皋陶劝谏帝舜"信其道德""慎其身修",使"俊在官,百吏肃谨""毋教邪淫奇谋",佐助帝舜把天下治理得很好,这是大智慧。箕子谏阻商纣,不听则佯狂为奴,感武王之德而进陈《洪范》以助周王,可谓明臣节而知进退,这也是大智慧。在扬雄看来,真正的"智"者,一是要有利国利民之心,二是要善于保全自己。屈原忠君爱国之心使扬雄非常敬佩,但是屈原不善于保全自己,故不为扬雄所赞许。

扬雄"尚智"的思想,与孔子的思想是一脉相承的。孔子说:"暴虎冯河,死而无悔者,吾不与也。必也临事而惧,好谋而成者也。"(《论语·述而》)孔子不赞许空手打老虎,徒步涉黄河,死了也不后悔的人;赞许遇事恐惧谨慎,善于谋划干好事情的人。

6.8

仲尼,圣人也,或者劣诸子贡①。子贡辞而精之②,然后廓如也③。于戏!观书者违④。子贡虽多⑤,亦何以为盛哉⑥?

[注释]

①或者:有的地方。指有些方面的才能。子贡(前520~?):姓端木,

名赐,字子贡,春秋卫国人,孔子弟子。在孔子的学生中,子贡是最有才能的,孔子喻之曰"瑚琏"(能担当大任者)。以其"利口巧辞"(能言善辩),经商则富比王侯,做官曾任鲁、卫国相;长于外交,时人有"子贡一出,存鲁,乱齐,破吴,强晋而霸越"之说。其事迹见《史记·仲尼弟子列传》。

②辞而精之:极善言辞而且用得很精妙。孔子有意责难子贡,便问他:"汝与回(颜回)也孰愈?"他回答道:"赐也,何敢望回?回也,闻一以知十;赐也,闻一以知二。"齐国田常欲伐鲁,子路、子张、子石请求到齐国游说田常,孔子都没有同意;"子贡请行,孔子许之"。其事见《史记·仲尼弟子列传》。

③廓如:广阔貌。这是指子贡在政治、经济等社会舞台上的活动范围非常广阔。

④观书者违:是说"有些读史书的人产生了错误的看法"。这是指从《史记》和其他的一些史书的记载看,仿佛子贡的才能超过了孔子。"违",与事实相违背,即错误。

⑤子贡虽多:子贡虽然值得赞赏。"多"指赞赏,《史记·管晏列传》:"天下不多管仲之贤而多鲍叔能知人也。"

⑥盛:指"盛世"。

[译文]

孔子是圣人,但是他有些方面的才能可能还赶不上子贡。子贡极善言辞而且将其作用发挥到极致,这使他后来从政经商的道路非常广阔。唉!有些观看史书的人便因此而产生了错误的看法。子贡的才能虽然值得赞赏,但是他能有什么办法使天下成为太平盛世呢?

[按语]

在孔门弟子中,子贡确实是个很了不起也很可爱的人物。有人甚至认为，孔子因为有子贡这样才能杰出、功绩显赫的学生，所以才得以受到当政者重视而名扬天下。姑且不论其说法是否正确，子贡的许多品质的确是很可爱的，他既不像宰予那样贫嘴，樊迟那样迟钝，颜回、曾参那样谨小慎微，也不像子张、子夏那样热衷政治而虚有其表，更不像子路那样一味地逞强好胜。他才德出众而谦虚谨慎，对孔子充满真挚感情。叔孙武叔在朝堂上公开说"子贡比孔子还有才能"，子贡听说以后对人说："好比围墙，我的墙只有肩膀高，别人一眼就能看见里面的房屋有多好。我老师的围墙有几丈高，如果找不到门走进去，便看不见那里面如同庙堂一样的宏伟、官署一样的富丽。能够进得了这大门的人太少了，所以叔孙武叔才会说那样的话。"据说孔子死后，子贡为他守墓六年。在《史记·仲尼弟子列传》中，只有子贡的事迹记载得最详细，足见太史公对子贡的态度。

扬雄对子贡的才能是充分肯定的。不过，在扬雄看来，子贡的才能无非范蠡之流，是贤人而非圣人。贤人可以强诸侯而不能强天下，只有圣人圣道才能强天下，才能使天下成为太平盛世。《论语·子张》所记子贡的那段话，不纯粹是子贡的谦虚。子贡确实认为，孔子如果真正有机会搞政治，一定会比自己强得多。

6.9

成汤丕承也①，文王渊懿也②。或问："丕承？"曰："由小致大，不亦丕乎？③革夏以天,不亦承乎？④""渊懿？"曰："重《易》六爻，不亦渊乎？⑤浸以光大，不亦懿乎？⑥"

[注释]

①成汤：商朝开国之君，伐桀灭夏而有天下。成汤与尧、舜、周文王、周武王，都是儒家所称颂的上古"圣王"。

②文王：周文王。其事迹见卷五注释。

③由小致大：谓"汤以七十里"兴而终有天下。《孟子·公孙丑上》："以德行仁者王，王不待大。汤以七十里，文王以百里。"丕：光大。《说文》："丕，大也。"

④革夏以天：秉承天意，革除夏命。尧、舜、禹三代，皆以禅让传承天下；自成汤始以征伐得天下，周武王继之，亦以征伐得天下。桀、纣皆暴虐之君，故史称"汤、武革命"。承：谓"顺从天命"。

⑤重《易》六爻（yáo）：周文王演《易》，将八卦重叠，使每卦三爻成为六爻。渊：谓"思想深邃"。原来的八卦，仅象征天、地、风、雷、水、火、山、泽八种自然现象；周文王推演而成的《周易》，却是依据八卦代表的自然现象，以阴阳二气的交感作用作为产生事物的本源，将二者结合起来推测自然和人事的变化。其思维缜密，道理深奥，故谓之"渊"。

⑥浸以光大：渐渐光大。指"文王以百里"兴而终有天下。"浸"犹"渐"，渐渐。懿：谓"道德美好"。孟子说"以德行仁者王"，周文王"以百里"之地兴起而终成王业，足见其"以德行仁"，故谓之"懿"。

[译文]

成汤丕承，文王渊懿。有人问："为什么说成汤丕承？"扬子说："成汤以七十里之小小封地而终有天下，不就是事业的光大吗？成汤依照天意革除夏政，不就是承顺天命吗？"又问："为什么说文王渊懿呢？"扬子说："周文王将每卦三爻演绎为每卦六爻的《周易》，不就是他思想的渊深吗？周文王以百里之地而逐渐发展壮大，不就是他道德的美好吗？"

[按语]

上一章述"观书者"不能分辨圣人之智与贤人之智，误认为子贡的政治才能超过孔子。本章通过解释"成汤丕承""文王渊懿"来具体说明圣人之智与贤人之智的本质区别。

6.10

或问:"命?"曰:"命者,天之命也,非人为也。人为不为命。""请问人为?"曰:"可以存亡①,可以死生,非命也。命不可避也。"或曰:"颜氏之子,冉氏之孙?②"曰:"以其无避也。若立岩墙之下③,动而征病④,行而招死,命乎?命乎?"

[注释]

①可以存亡:可以存也可以亡。意思是:存、亡决定于人的选择。"可以死生"同此。

②颜氏之子,冉氏之孙:指颜回、冉耕。颜回道德卓异,是孔子最得意的弟子,二十九岁时头发尽白,短命早死。冉耕德行美好,亦为孔子赏识,患有不治之恶疾。问话人的意思是:你说存亡死生决定于人的选择,那么颜回、冉耕都是道德美好的人,为什么一个早死、一个患恶疾呢?

③岩墙:危墙。喻险境。语出《孟子·尽心上》:"是故知命者不立乎岩墙之下。尽其道而死者,正命也;桎梏死者,非正命也。"危墙之险象可见,人不立乎其下则无险。

④征病:招致灾祸。《说文》:"征,召也。"召,同"招"。

[译文]

有人问:"什么是命?"扬子说:"命是上天的意志,不是人力可以改变的。人力可以改变的就不是命。"再问:"请问人力可以改变是什么意思?"扬子说:"要是可以存也可以亡,可以死也可以生,那就不是命。因为命是不可逃避的。"

有人说:"那颜回的短命、冉耕的恶疾该怎样解释呢?"扬子说:"因为这样的命运是他们无法逃避的。但是像有的人偏要站在危墙下面，一动就会招致灾祸，一行又会招致死亡，能说这也是命吗？能说这也是命吗？"

[按语]

扬雄讲述"命运"，不是为了鼓吹"宿命"思想，其目的主要有两个：一是要人们了解个人的吉凶祸福取决于自己的表现，二是提倡每个人都应该善于抉择。

宿命论者主张人的祸福概由天定，故以颜回、冉耕为例来支持自己的主张。扬雄则一方面承认有些事情是"命"，是人力不可抗拒和逃避的，如颜回的短命、冉耕的恶疾；另一方面，则强调人的主观能动性可以决定吉凶祸福，这就是"岩墙"之喻所要说明的道理。

6.11

吉人凶其吉①，凶人吉其凶②。

[注释]

①吉人：吉祥平安的人。凶其吉：视吉祥为凶险。犹言"居安思危"。

②凶人：灾祸缠身的人。吉其凶：视凶险为吉祥。

[译文]

吉祥平安的人总是视吉祥为凶险，灾祸缠身的人总是视凶险为吉祥。

[按语]

"吉人"牢记"祸福相倚"，故能居安思危，此所以为"吉人"。"凶人"利令智昏，得意而忘形，此所以为"凶人"。

6.12

辰乎辰①，曷来之迟、去之速也？君子竞诸②？

[注释]

①辰:时间。此处指"时机"。

②竞诸:竞之乎。犹言"抓住时机了吗"。

[译文]

时机啊时机啊,为什么总是来得晚、消失得很快啊?君子们抓住时机了吗?

[按语]

一个人要想在事业上有所作为,务必抓紧时间、抓住时机。著《法言》时,扬雄已近暮年,故有此叹。既以自警,亦以警人。

6.13

訦言败俗①,訦好败则②,姑息败德③。君子谨于言,慎于好,亟于时④。

[注释]

①訦（nìng）:谄谀。《广雅·释言》:"訦,谄也。"一说"訦"当作"誝",谓"虚妄"。

②訦好（hào）:犹"好訦",喜欢听奉承话。

③姑息:无原则地宽容错误。

④亟于时:谓"发生错误时及时改正"。"亟"同"急",犹言"及时"。"时"谓发生错误时。

[译文]

说奉承话会败坏社会风气,喜欢听奉承话会损害公正原则,宽容自己的错误会损害个人道德。因此君子在语言上相当谨慎,在爱好上非常慎重,发现错误就及时改正。

[按语]

巴结奉承是奸佞之辈索取权势惯用的伎俩，好听谀辞是昏庸之主具有的共性，宽宥自己的错误则是一般人的通病。做下属，不以谀辞取悦上司；为君长，不听谀辞以持公正；为人处世，严于律己，宽以待人。这便是"君子"。古代圣贤多"谨言慎行"。孔子说："君子欲讷于言而敏于行"，"古者言之不出，耻躬之不逮也"（《论语·里仁》）；又说："巧言、令色、足恭，左丘明耻之，丘亦耻之。"（《论语·公冶长》）要防止"言败俗，好败则"，必须做到官长"慎于好"。官风不正，则民风不正。治世必治官。

6.14

吾不见震风之能动聋聩也①。

[注释]

①震风：谓"雷动"，即"打雷"。八卦中"震"卦象雷。《广雅·释诂》："风，动也。"《释名》："风，兖、豫、司、冀横口合唇言之。风，泛也，其气博泛而动物也。"聩（kuì）：耳聋。

[译文]

我没有见过打雷能够使一个完全失去听力的人震动的。

[按语]

即使是圣人的教诲，也无法感化警醒那些冥顽不灵的人。

6.15

或问："君子在治？"曰："若风。""在乱？"曰："若风。"或人不谕。曰："未之思矣。"曰："治则见，乱则隐。①鸿飞冥冥②，弋人何篡焉③？鹪明遴集④，食其絜者矣⑤。凤鸟跄跄⑥，匪尧之庭⑦。"

[注释]

①治则见(xiàn)，乱则隐：传说凤凰只在世道清平时才现身，故云"治则见，乱则隐"。《论衡·指瑞》："儒者说凤凰、麒麟为圣王来。以为凤凰、麒麟，仁圣禽也。思虑深，避害远，中国有道则来，无道则隐。"

②鸿：大雁。冥冥：玄远。这里指高空。《素问·征四失论》"窈窈冥冥，孰知其道"注："冥冥，言玄远也。"

③弋(yì)人：捕鸟人。"弋"是系着绳子的箭。篡：谓"弋取"，即捕猎空中飞鸟。《说文》："篡，逆而夺取曰篡。"段注："逆而夺者，下取上也。"

④鹴明：传说中似凤凰的神鸟，亦作"焦明"。《后汉书·五行二》引《叶图征》："似凤有四：……三曰焦明，长喙，疏翼，圆尾，身义戴信婴仁，膺知负礼。"遴(lín)：审慎选择。《正字通》："遴，谨选也。谓相比而选之也。"

⑤絜：通"潔"，今省作"洁"。

⑥跄(qiāng)跄：威严貌。《尔雅·释训》："跄跄，士大夫之威仪也。"

⑦匪：通"飞"。刘师培《法言补释》："盖'匪'字，即古'飞'字也。"今从之。

[译文]

有人问："君子在世道清平时应该怎么办？"扬子说："像凤凰那样。"又问："世道混乱时又该怎么做呢？"扬子说："像凤凰那样。"问话人弄不明白了。扬子说："是你没有认真地思考过这个问题。"接着又说："凤凰在世道清平时才现身，当世道混乱时便隐遁。大雁飞翔在玄远的高空，想用弋箭射取的人怎么能将它捉住呢？鹴明审慎地选择它栖息的地方，并且只食用绝对洁净的食物。凤凰仪容威严地现身，只飞临帝尧的庭中。"

[按语]

扬雄强调，作为一个"君子"，无论是身处治世还是乱世，都一定要保持自己高尚的节操。接着讲述了如何保持节操的问题。第一，身处乱世要懂得避祸。要像大雁那样高飞，远离可能加害于你的人。第二，身处治世要慎择和洁身。要像神鸟鷫鸘那样，审慎地选择可以为之效力的主人；有了权力，不可贪恋权势和钱财，要洁身自好。第三，身处治世要威严有加和用心专一。要像凤凰那样，毫不苟且，专心致志地推行圣王之道。

扬雄一方面坚持"全身远祸"的处世原则，一方面坚持做一个有独立人格、有政治操守的儒家知识分子。这种看似矛盾的现象，是儒家传统人生哲学在封建专制政治制度下的畸形发展，这是扬雄所处的那个时代儒家知识分子所承受的巨大政治压力和所遭受的残酷政治迫害的反映。

6.16

亨龙潜升①，其贞利乎②？或曰："龙何如可以贞利而亨？"曰："时未可而潜，不亦贞乎？时可而升，不亦利乎？潜升在己，用之以时，不亦亨乎？"

[注释]

①亨龙：指"行事通达的君子"。《易·坤卦》"品物咸亨"传："亨，通也。"《周易》中的"龙"，有时像"君子之德"，沈骥士说："称龙者，假象也。天地之道有升降，君子之道有行藏。龙之为物，能飞能潜，故借龙比君子之德也。"

②贞利：正确与和美。李轨注："贞，正也。利者，义之和美。龙潜升得正之利。"

[译文]

通达的龙无论是沉潜还是飞升，大概都是正确而和美的吧？有人说："龙应当怎样做才可以达到正确、和美而通达的境界？"扬子说："时机未到便沉潜不露，不也是一种正确的选择吗？时机来时就飞升显露，不也就和美了吗？沉潜与飞升全在自己的掌握之中，根据时机来运用自己的智慧，不就行事通达了吗？"

[按语]

扬雄认为，有德君子既要保持政治操守，又要达到"行事通达"的境界，就必须要善于把握时机，做到"潜升在己"而不在人。

上一章论"全身远祸"，这一章论"行事通达"。全身远祸是行事通达的条件和基础。自孔子以来，儒学先贤一直奉行有道则进、无道则退的入仕原则。孔子说："危邦不入，乱邦不居；天下有道则见，无道则隐。"（《论语·泰伯》）又说："邦有道不废，邦无道免于刑戮。"（《论语·公冶长》）扬雄"明哲保身"的思想，不仅是对孔子进、退思想的继承和发展，最值得注意的是他特别强调"时"这一抉择进退的条件。

要想有大作为而且行事通达，就一定要注意选准时机，才能像"亢龙"那样"潜升在己"。这是扬雄"三世不徙官"的主观原因，因为他执着地认为："为可为于可为之时，则从；为不可为于不可为之时，则凶。"（扬雄《解嘲》）扬雄认为自己生活在一个"不可为"的时代，所以只好放弃欲求政治上有所作为的初衷，转而"欲求文章成名于后世"。扬雄非常敬佩屈原伟大的人格和政治追求，但是认为屈原"为不可为于不可为之时"，所以作《反离骚》《广骚》《畔牢愁》诸篇以吊屈原，并抒发自己的诸多感慨。

6.17

或问："活身？"曰："明哲。"或曰："童蒙则活①，何乃明哲乎？"曰："君子所贵，亦越用明保慎其身也②。如庸行翳路冲冲而活③，君子不贵也。"

[注释]

①童蒙：孩童似的不明事理。

②越：同"于"。李轨注："越，于。"用明：运用聪明智慧。保慎：犹"保重"。使动用法，"保"谓使自己得到保护，"重"谓使自己受到尊重。

③庸行（háng）：平常的道路。翳路：幽暗的道路。冲冲：行走。《广雅·释训》："冲冲，行也。"

[译文]

有人问："怎样才能保全自己？"扬子说："应当具有聪明智慧。"问者说："孩童似的不明事理就能活着，为什么一定要有聪明智慧呢？"扬子说："君子所看重的，也就在于一个人能用聪明智慧保护好自己并且使自己受到尊重。如果像走在平顺和幽暗的道路上一样地活着，是君子所瞧不起的。"

[按语]

扬雄认为，一个人不仅要能活得安全，而且要活得有尊严、有意义。这就需要人的聪明与智慧了，尤其是生活在扬雄生活的那种社会环境中。过于平顺，庸庸碌碌，糊涂一生，在扬雄看来，这都是不可取的，故曰"君子不贵"。

6.18

楚两龚之絜①，其清矣乎？蜀庄沈冥②。蜀庄之才之珍也，不作苟见③，不治苟得④，久幽而不改其操⑤。虽隋、和何以加诸⑥？举兹以旃⑦，不亦宝乎？吾珍庄也，居难为也⑧。不慕由即夷矣⑨，何毚欲之有⑩？

[注释]

①楚：西汉诸侯国名，其辖地约今山东、安徽、江苏三省交界地区。两龚：西汉名儒龚胜、龚舍。龚胜，字君宾，彭城人，哀帝时为谏议大夫；王莽篡汉以后，龚胜辞官归隐，王莽以上卿之位屡召，龚胜绝食而死。龚舍，字君倩，武原人，哀帝时官太山太守、光禄大夫；王莽篡汉以后，龚舍辞官归隐。絜：同"潔"，今省作"洁"，指品行高洁。

②蜀庄：蜀人庄遵，字君平，成都人。班固著《汉书》，避汉明帝刘庄讳，改庄遵为"严遵"，故后世谓之"严君平"。沈冥：深沉玄远。严君平精通《易》学，学尚老、庄，著有《老子指归》《周易骨髓》等书。扬雄少年时曾从严君平学《周易》，对其学问人品推崇备至。

③苟见（xiàn）：随意显露自己才华。

④治苟得：追求随意可得的名利。

⑤久幽：长久地隐居。严君平博通古今、儒道兼修、胸怀经天纬地之才，却淡泊名利、洞悉时势、不愿入仕为官，仅以卖卜维持生计。

⑥隋、和：隋侯珠、和氏璧。

⑦举兹以旟：称举这样的美德并以它为表率。"兹"指代严君平美德。《说文》："旟，旗曲柄也。所以旟表士众。"故"旟"犹"表率"。

⑧居：犹"故"，表示原因。

⑨由：许由。传说尧让以天下，许由不受，隐遁箕山；尧又召许由为九州长，许由不愿听到这些话，洗耳于颍水之滨。夷：伯夷。伯夷与叔齐同为商代孤竹君之子，孤竹君遗命立叔齐为继承人，孤竹君死后，叔齐要让位给伯夷，伯夷不受，叔齐也不愿继位，兄弟俩先后逃到周国。

⑩鱻欲：贪欲。"鱻"同"馋"。

[译文]

楚人龚胜、龚舍品行之高洁，大概是儒者清正的典型了吧？而蜀人庄遵思想深沉志向玄远。庄遵的才学有如稀世珍宝，但是他从不随意显露自己的才华，也从不追逐随意可得的名利。他长期隐居市井而从未改变自己的操守。(其才德之可贵，)即使隋侯珠、和氏璧又怎么超得过呢？称举这样的才德以它作为表率，不也像珍宝一样难能可贵吗？我认为庄遵如珍宝一样可贵，是因为他的才德是一般人难以做到的。一个人如果不是仰慕许由就是仰慕伯夷，哪里还会有贪欲呢？

[按语]

两龚、严遵、许由、伯夷五人，皆以不贪恋权位名利为世人所重。扬雄特别推崇严遵的原因，主要在于严遵不以其"才之珍"去换取"位之尊"，能够做到"久幽而不改其操"，才德出众而甘居贫贱，这实在是难能可贵的。

6.19

或问："尧将让天下于许由①，由耻。有诸？"曰："好大者为之也②，顾由无求于世而已矣③。允喆尧儃舜之重④，则不轻于由矣⑤。好大累克⑥，巢父洗耳⑦，不亦宜乎？灵场之威⑧，宜夜矣乎？"

[注释]

①尧将让天下于许由：见《史记·伯夷列传》："而说者曰：尧让天下于许由，许由不受，耻之，逃隐。"

②好大者：喜欢夸大其词的人。犹今之所谓"喜欢吹牛的人"。

③顾：表转折的连词，犹言"不过是"。

④允喆：即"允哲"，犹言"果真知道"。《说文》："允，信也。""哲，知也。"儃(shàn)：通"禅"，谓"禅让"。

⑤于：通"与"，谓"给予"。

⑥好大累克：意为"吹牛的话重复多次就能够使人相信"。李轨注："累积克胜也。积大言以相胜也。"

⑦巢父：传说"巢父"为尧时隐士，筑巢而居，故时人谓之"巢父"。尧以天下让巢父，巢父不受，并且认为侮辱了自己，于是跑到水边洗耳。一说巢父即许由（见谯周《古史考》）。《汉书·古今人表》载巢父、许由为二人，扬雄亦不以为是一人。

⑧灵场：祭祀鬼神的坛场。

[译文]

有人问："据说唐尧要将天下让给许由的时候，许由竟然认为是蒙受了耻辱。有这样的事吗？"扬子说："这是喜欢吹牛的人编造出来的，许由不过是个与世无争的人罢了。如果真正了解唐尧在把天下禅让给虞舜时的慎重态度，就知道唐尧不会轻易地将天下让给许由了。吹牛的话重复多次就可能使人相信，像'巢父洗耳'这样的说法，不也就是正常的了吗？（相信这些虚妄传言的只有那些不动脑筋思考的人，）如同灵场中鬼神的威严，不就是只适宜在夜间才能显示出来的吗？"

[按语]

扬雄"尚智"，提倡独立思考，绝不轻信传说。他在《问神》中主张"言必有验"，所谓"允喆尧僮舜之重，则不轻于由"，就是他验证"尧让许由"传说不可靠的方法。

6.20

朱鸟翾翾①，归其肆矣②。或曰："奚取于朱鸟哉？"曰："时来则来，时往则往。能来能往者，朱鸟之谓与？"

[注释]

①朱鸟:亦名"玄鸟",即燕子。《广雅·释鸟》:"元(玄)鸟、朱鸟,燕也。"翾(xuān)翾:飞来飞去。《说文》:"翾,小飞也。"

②肆:正。犹言"应当去的地方"。《史记·乐书》"肆直而慈爱者"注:"肆,正也。"

[译文]

燕子飞来又飞去,总是回到它应当栖息的地方。有人说:"燕子有什么可取的启示呢?"扬子说:"时机来时就飞来,时机失去就飞走。能来能往的,不就是燕子吗?"

[按语]

以燕子的按季节往还为喻,说明儒者的入仕应当坚持"有道则进,无道则退"的原则。其题旨仍然是主张全身远祸、明哲保身。

6.21

或问:"韩非作《说难》之书①,而卒死乎说难,敢问何反也②?"曰:"说难,盖其所以死乎?"曰:"何也?"曰:"君子以礼动,以义止;③合则进,否则退,确乎不忧其不合也④。夫说人而忧其不合,则亦无所不至矣⑤。"或曰:"说之不合,非忧邪?"曰:"说不由道,忧也;由道而不合,非忧也。"

[注释]

①韩非(前280~前233):战国时韩国公子,与李斯同为荀子学生。秦王政慕韩非才学,急攻韩国以迫使韩非到秦。李斯忌妒韩非才能胜己,设计陷害韩非,使韩非冤死狱中。韩非著《孤愤》《说难》《五蠹》《内外储说》等十余万言,后世辑为《韩非子》一书。《说难》:是一篇论述

游说君主时可能遇到的困难问题的文章,其中心意思是:"凡说之难,在知所说之心,可以吾说当之。"(《史记·老子韩非列传》)意思是说:游说君主时的困难,主要在于要了解君主的心意,才能使自己的游说内容合乎君主的心意。

②反:犹言"事与愿违"。韩非既然著《说难》,自当深知说君之难而避其难;然而韩非不仅不能避其难,竟然死于说君之事,故曰"反"。太史公亦说:"余独悲韩子为《说难》而不能自脱耳。"

③以礼动:谓"以礼动之",即遵循礼的规定来使君主采取行动。以义止:谓"以义止之",即根据义的要求来使君主放弃行动。

④确乎:坚定貌。不忧其不合:不能担心与君主的心意不合。诚如颜回所说:"夫道之不修也,是吾丑也。夫道既已大修而不用,是有国者之丑也,不容何病?"(《史记·孔子世家》)

⑤无所不至:意为"什么手段都会使出来"。

[译文]

有人问:"韩非能够写作《说难》这样的书,却最终死在游说人君的事情上,请问为什么会这样事与愿违呢?"扬子说:"他认为游说之难在于要合乎人君的心意,恐怕就是他致死的原因吧?"问者说:"这是为什么呢?"扬子说:"君子总是遵循礼的规定来劝说君主采取行动,根据义的要求来劝说君主放弃行动;自己的意见合乎君主心意时就坚持游说,不合乎君主心意时就放弃游说,能坚定地把握这样的原则就不必担心自己的意见不合乎君主的心意了。如果游说别人却总是担心不合乎别人的心意,那就什么样的手段都会使出来了。"又问:"游说人君而不合人君心意,能不担心吗?"扬子说:"游说人君而不遵圣道,这才值得担心;遵循圣道而不合人君心意,是不必担心的。"

[按语]

扬雄认为,韩非之所以著《说难》而死于说难,是因为他不能够做到"以礼动,以义止",更没有坚持"合则进,否则退"的原则。扬雄将韩非作为不能"全身远祸"的反面典型是有深意的。韩非很有智慧也很有才能却不能全身远祸,就在于他"非儒"。扬雄说:"通天、地、人曰儒,通天、地而不通人曰伎。"(《法言·君子》)这里的"儒",当然不是一般意义上的"儒",其实是指儒家圣人。圣人是"龙"是"凤",绝不受制于人,也就不会趋从人意,故能全身远祸。韩非仅是"伎"(技),玩弄技巧的人,总是希望得到别人的赏识,自然免不了要趋从人意。为了趋从人意,那就什么手段都使得出来。好使手段的人,往往死于别人对付自己的手段。这就是"说难,盖其所以死乎"这句话的深层含义。

6.22

或问:"哲①?"曰:"旁明厥思②。"问:"行③?"曰:"旁通厥德。"

[注释]

①哲:睿智。此处是问"怎样才能使自己变得睿智"。

②旁:谓"广大""普遍"。《说文》:"旁,溥也。"溥,即广大、普遍。明:清晰。用作使动。厥:代词"他的"或"自己的"。

③行:品行。此处是问"怎样才能使自己品行优异"。

[译文]

有人问:"怎样才能使自己变得睿智?"扬子说:"使自己的思想博大而明晰。"又问:"怎样才能使自己品行优异呢?"扬子说:"使自己的德行发扬光大。"

[按语]

"明哲"才能"保身"。小智不可谓"明",更不可谓"哲",故问以"哲"。"哲"为圣人之智。要达到圣人智慧的境界,就既要有天地一样博大的胸怀,还要有洞察幽微的清晰的思维。不仅要有圣人的智慧,还要有圣人的品行,故问以"行"。圣人以济天下、惠苍生为己任,故其德厚。

《寡见》卷第七

序

遐言周于天地①,赞于神明②,幽弘横广③,绝于迩言④。撰《寡见》。

[注释]

①遐言:至言。指圣人之言。"遐"通"假"。《汉书·扬雄传》正作"假言",颜师古注:"假,至也。"周:合也。《离骚》"虽不周于今之人兮"注:"周,合也。"

②赞:犹"达"。《仪礼·馈食礼》"宰自主人之左赞命"注:"赞,达也。"

③幽弘横广:幽深广阔。犹言"精深博大"。

④绝:超绝,远远超过。迩言:近言,谓"意思肤浅的言论"。

[译文]

圣人至美至善的言论合乎天地自然的规律,达于神明玄妙莫测的境界,其内涵博大精深,远远超过一般意思肤浅的言论。(为了让人们理解圣人的言论,)撰《寡见》一卷。

7.1

吾寡见人之好假者也①。迩文之视,迩言之听,②假则偭焉③。或曰:"曷若兹之甚也?先王之道满门④。"曰:"不得已也⑤,得已则已矣。得已而不已者，寡哉！"

[注释]

①假：谓"假文""假言"。指至善至美的文章和言论。

②迹文之视，迹言之听：即"视迹文，听迹言"。

③偭（miǎn）：犹"背"，犹言"不屑一顾"。《说文》："偭，乡也。"段注："乡，今人所用之'向'字也。偭训乡，亦训背。"

④先王之道满门：谓"学习先王之道者挤满学校之门"。

⑤不得已：没办法停止，即"不得不学习先王之道"。汉代朝廷征辟人才、选拔官吏，都是以宣扬"先王之道"的"五经"为考试内容，希望入仕为官的读书人不得不学习"五经"，故曰"不得已"。是说一般读书人并非真正喜欢先王之道和圣人之言。

[译文]

我很少发现有真正喜欢圣人言论的人。人们大多喜欢看那些内容浅近的文章，听那些语言粗俗的谈话，对至善至美的圣人言论却不屑一顾。有人说："哪有你说的这样严重啊？学习先王之道的人已经挤满了学校的大门。"扬子说："那是因为不得不读圣人的书嘛，如果可以不读也就不会读了。可以不读而不会不读的人，实在是太少了！"

[按语]

古往今来，怀着功利目的读书学习的人总是占绝大多数，这就是所谓学习总是围绕着考试的"指挥棒"转。酷似现代学生之学习英语，尽管学得非常努力和刻苦，但多数人并非出于真正喜爱和志愿。所以扬雄认为学习"先王之道满门"，也只是"不得已"，因此"寡见人之好假者"。再者，一般人都免不了有避难趋易的惰性，由于圣人之经"不可使易知"（见《问神》），故人们大多"迹文之视，迹言之听"，对宣扬先王之道的圣人言论反而不屑一顾。

扬雄反对学习上的功利主义,提倡像颜回那样为道而学(见《学行》)。其实,扬雄自己就是一个为道而学的典型。汉代知识分子大多以训释"五经"而入仕为官,扬雄却"不为章句,训诂通而已","非圣哲之书不好也,非其意,虽富贵不事也"。换句话说,扬雄是个不愿意围绕当时考试的"指挥棒"转的读书人,他正是那种学习先王之道"得已而不已者"。

7.2

好尽其心于圣人之道者,君子也。人亦有好尽其心矣,未必圣人之道也。多闻见而识乎正道者,至识也;①多闻见而识乎邪道者,迷识也。如贤人谋之美也②,诎人而从道③;如小人谋之不美也,诎道而从人④。

[注释]

①正道:指"圣人之道"。至识:犹"卓识",卓越见解。

②如:犹"与"。《史记·平原君虞卿列传》"予秦地如毋予,孰吉",《新序·善谋篇》引作"予秦地与毋予,孰吉"。

③诎:同"屈"。《广雅·释诂》:"诎,屈也。"诎人,谓使人改变。

④从人:谓从人邪恶之心。

[译文]

喜欢在学习圣人之道方面竭尽全力的人是君子。尽管也有人喜欢竭尽全力地学习,但是他们学习的未必是圣人之道。运用广博的见闻来认识研究圣人之道的,一定会具有非常卓越的见解;运用广博的见闻来认识研究诸子邪道的,必然会产生迷乱人心的见解。与贤人一起谋划事情是很好的,因为他能使人修正错误以顺从圣人之道;而与小人一起谋划事情是最坏的,因为他让人歪曲圣人之道来顺从他的邪恶之心。

[按语]

"好尽心"是学习态度,"多闻见"是知识基础,"正道""邪道"是学习方向。扬雄认为,必须坚持学习圣人之道这个正确的学习方向,并以此为标准来区别"君子"和"小人"。这是告诫人们,要成为有德君子,必须竭尽全力学习圣人之道,切不可误入歧途。

7.3

或问:"五经有辩乎①?"曰:"惟五经为辩。说天者莫辩乎《易》②,说事者莫辩乎《书》③,说体者莫辩乎《礼》④,说志者莫辩乎《诗》⑤,说理者莫辩乎《春秋》⑥。舍斯,辩亦小矣。"

[注释]

①辩:通"辨"。意为"分辨",即具有分辨事理的作用。

②说天:解释天象,即解释各种自然现象。

③说事:解读历史事件。

④说体:解说人的行为。"体"谓手、足,人在举手、投足之间便履行了各种礼节,故云"辩乎《礼》"。

⑤说志:宣泄心志,即抒发内心感情。

⑥说理:解说事理,即解说历史事件所昭示的道理。

[译文]

有人问:"五经具有分辨事理的作用吗?"扬子说:"五经就是用来分辨各种事理的。解释各种自然现象的著作,没有什么比《周易》更能分辨事理;解读历史事件的著作,没有什么比《尚书》更能分辨事理;解说人的行为规范的著作,没有什么比《周礼》更能分辨事理;抒发内心感情的著作，没有什么比《诗经》更能分辨事理；解说历史事件褒贬意义的著作，没有什么比《春秋》更能分辨事理。除了这五部经书，其他著作虽然也有分辨事理的作用，但也是微不足道的了。"

[按语]

扬雄认为，"惟圣人得言之解，得书之体"（《问神》），圣人能够把语言文字的功能发挥到极致；所以，圣人所著的"五经"涵盖了天道和人事各方面的真理，这就是"五经"具有超乎其他任何著作分辨功能的根本原因。

7.4

春木之芚兮①，援我手之鹑兮②；去之五百岁③，其人若存兮。或曰："谎谎者④，天下皆说也，奚其存？"曰："曼是为也⑤，天下之亡圣也久矣⑥。呱呱之子，各识其亲；谎谎之学，各习其师。精而精之⑦，是在其中矣。"

[注释]

①芚（tún）：草木初生貌。此谓"蓬勃向上"。

②援：引也。犹言"牵引""引领"。之鹑：即"之纯"，走向纯美。"之"，动词"走向……"。"鹑"通"醇"，谓纯美的境界。

③去之五百岁：扬雄生活的年代（前53~18）距离孔子生活的年代（前551~前479）约500年。

④谎（náo）谎：争论不休貌。从本章文意看，这是指孔子死后儒学内部的门派之争。

⑤曼是为：犹言"引起这样的争论"。《说文》："曼，引也。"

⑥亡：通"无"。

⑦精而精之：谓"择而使之精"。是说各门派的学者对其师说应该有

所选择，不应盲从；然后尽力修正师说的谬误，使其精华保留呈现出来。

[译文]

春天的树木啊蓬勃向上，拉着我的手啊走向那纯美的地方；虽然孔子已经离开我们五百年了，可是他仿佛还活在世上。

有人说："天下人现在争论不休的，都是为了儒家学说的是与非，哪里像孔子还活在这世上？"扬子说："引起这样的争论，是因为天下没有圣人的时间太久了。仿佛呱呱啼哭的小孩，各人只认得自己的父母；争论不休的儒学各派，也各自传习自己的师教。如果都能对其师教有所选择而保留其精华，儒学的精粹也就蕴含在其中了。"

[按语]

至扬雄生活的时代，始于汉初的古文经学与今文经学的争论，已经持续了许多年。扬雄不属于两派中的任何一派，他坚持孔子儒学正统的立场，用第三方的客观态度，认真地审视着这场旷日持久的学派与学术之争。扬雄认为，就像小孩子只认得自己的父母一样，两派都坚持自己的师说这并不错；重要的是，各派都应当从师说中吸取精华，而不是一味地坚持门户之见，毫无选择地盲从师说。因为他认为，经学各派学说中都传承了孔子学说的基本精神，都蕴含着孔子学说的精华；因此，各派学者都不要把精力集中在争论上，而应当用心领会孔子儒学的核心内容和经学的真谛。由此可见，扬雄对经学中的今、古文之争，所持的是一种科学的批判态度。

7.5

或曰："良玉不雕，美言不文，①何谓也？"曰："玉不雕，玙璠不作器②；言不文，典谟不作经③。"

[注释]

①良玉不雕，美言不文：这两句拟问话人的话，实际是针对《淮南子》来说的。按照《淮南子》的意思：优质的玉用不着雕饰，至美的话用不着修饰。《淮南子·说林训》："至味不慊，至言不文，至乐不笑，至音不叫，大匠不斫，大豆不具，大勇不斗。得道而德从之矣。"高诱注："不斫，不自斫削。……大勇，人闻自畏之，不复斗也。"《淮南子》这段话是为了阐述道家"无为而治"思想所设的譬喻，此前的一段话是："怒出于不怒，为出于不为。视于无形，则得其所见矣；听于无声，则得其所闻矣。"

②玙璠（yú fán）：宝玉。《说文》："玙璠，鲁之宝玉。……孔子曰：'美哉玙璠！远而望之，奂若也；近而视之，瑟若也。一则理胜，二则孚胜。'"《说文》引"孔子曰"是为了说明玙璠是一种形、质兼美的宝玉。

③典谟：典、谟为《尚书》中的两种文体。"典"为"言常道"（《尚书·序》）之书，"谟"为臣下献策之书。如《尧典》《舜典》《大禹谟》《皋陶谟》。典、谟都是《尚书》经文的主体。

[译文]

有人问："听人说'优质的玉不用雕琢，至美的文辞不用修饰'，这说的是什么意思啊？"扬子说："玉不经雕琢，即使是玙璠这样的宝玉也不能用作器物；文辞不加修饰，即使是典谟这样的内容也不能成为经典。"

[按语]

这章内容比较费解，因为似乎扬雄所答非所问。笔者认为，所问是自事物的"质"立论，所答是自事物的"用"立论。自"质"立论，"良玉"之雕与不雕，"美言"之文与不文，均无碍其为良玉、为美言。而自"用"立论，情况就完全不同了。即使是玙璠这样形、质兼美的宝玉，也必须经过雕琢才能具有器用功能，故曰"玉不琢，不成器"。典、谟是《尚书》

中重要的内容和组成部分，如果语言拙劣，也就起不到经典的作用，所以孔子说"言而无文，行之不远"。扬雄并不否认"良玉不雕，美言不文"，但他为了强调学以致用，故换一个角度作答。是否如此，谨供参考。

7.6

或问："司马子长有言曰^①：'五经不如《老子》之约也^②。当年不能极其变，终身不能究其业。^③'"曰："若是，则周公惑，孔子贼。^④古者之学耕且养，三年通一^⑤。今之学也，非独为之华藻也^⑥，又从而绣其鞶帨^⑦。恶在《老》不《老》也^⑧？"或曰："学者之说可约邪？"曰："可约，解科^⑨。"

[注释]

①司马子长：司马迁，字子长。"有言曰"所述大意见于《史记·太史公自序》："道家……指约而易操，事少而功多。儒家则不然……六艺经传以千万数，累世不能通其学，当年不能究其礼。"

②约：简约，简要。

③当年：谓"正当年"，即青壮年的时候。极：犹"尽"，谓彻底弄懂。终身：即"终生"。究：谓"完成"。

④周公惑：周公使人迷惑。儒家宣称礼、乐为周公所制订，如今礼经被汉儒解说得十分烦冗，让人迷惑不解，故云"周公惑"。孔子贼：孔子害人。"五经"中，《春秋》为孔子所撰，其余均由孔子编订；如今"五经"被汉儒解说得十分烦冗，令人终其一生也难彻底弄懂，故云"孔子贼"。

⑤通一：读懂一部经书。

⑥华藻：谓衣服上华丽的纹饰。本句和下句都是以治衣为喻，说明治经者将经书解说得花里胡哨，添加了不少内容。

⑦鞶帨（pán shuì）：束衣的大皮带（鞶）和擦手的手巾（帨）。这是比喻治经者烦琐的考证。

⑧恶在《老》不《老》：意思是说，如果也像解说五经一样解说《老子》，哪里还会存在《老子》简约不简约的问题。言下之意是《老子》也不会简约了。

⑨解科：废除决科标准。汉代实行"发策决科"的选士制度。"决科"是根据答案决定等级，答案标准是权威经师对五经的注解。这样一来，儒生们学习经典时，不是把精力集中到学习经典原著、领会经典实质上，而是放在死记硬背经师们一家之言的各种注解上。

[译文]

有人问："司马子长说过：'五部儒家经典的文字都不如《老子》的文字简要。学习的人青壮年时不能彻底弄清五部经典的思想内容及其流变，一辈子也不能完成穷究五部经典含义的事业。'（这是怎么回事啊？）"扬子说："如果真是这样，那么周公就是要将人引入迷途，孔子就是在祸害别人。古代那些学习五经的人，一边耕种田地养家糊口，也不过三年就能通晓一部经书。而现在学习研究五经的人，（不仅给经典增加了传、笺之类的华文丽藻，还在传、笺的文字上大肆解说和修饰，）仿佛不仅给衣服绣上花纹，连束紧衣服的大皮带和擦手的手巾也要给绣上花纹一样。（如果也像解读五经一样地解读《老子》，）哪里还存在《老子》文字简约与非《老子》文字不简约的区别呢？"又问："学者的那些解说文字可以被精简吗？"扬子说："可以精简。不过必须废除用经师注解为考试标准答案的决科。"

[按语]

为经典作注解的训诂之学在汉代蔚然成风。这一方面促进了学术思想的发展，其功不可没。另一方面，也确实给学习传统文化，特别是学习儒家文化的人增加了沉重的负担。因此司马迁父子对经学研究烦冗化的现象颇有微词。

扬雄对经学烦冗的问题也持反对态度，不过，他反对的目的和原因与太史公父子不同。他认为，汉代"策问"考试中以经师注解为标准答案的"发策决科"，是造成经学研究烦冗的根本原因。这不仅助长了学习者的功利主义思想，而且干扰了学习者对儒学经典的正确认识和理解。因此，他认为要解决经学研究烦冗的问题，必须废除"发策决科"以经师注解为标准答案的考试办法。

扬雄的主张无疑是正确的，但是在现实社会中是绝对行不通的。扬雄政治上的落魄，很大程度上是因为他不愿意围绕当时考试的"指挥棒"转造成的。他"不为章句，训诂通而已"。假如他把精力集中到"章句""训诂"上来，以他的才智，岂不早就是朝廷的"五经博士"，进而出将入相，亦未可知。何至于二十多年的仕宦生涯，始终在一个官秩不及县令的"黄门侍郎"位置上原地踏步呢！

7.7

或曰："君子听声乎①？"曰："君子惟正之听②。荒乎淫、拂乎正、沈而乐者③，君子弗听也。"

[注释]

①声：谓"音乐"。

②正：谓"正声"，即雅正的音乐。

③拂：逆也，犹言"违背"。《礼记·大学》"是谓拂人之性"注："拂，逆也。"沈而乐：谓"使人沉迷而自以为欢乐"。"沈"同"沉"。

[译文]

有人说:"君子也听音乐吗?"扬子说:"君子只听雅正的音乐。那些使人迷恋于淫乐、违背雅正的要求、使人沉迷而自以为欢乐的音乐,君子是不会听的。"

[按语]

儒家是非常重视音乐的教化作用的,并且将"礼乐"置于"刑政"之上而谓之"礼乐刑政"。《史记·乐书》指出:"礼以导其志,乐以和其声,政以壹其行,刑以防其奸。"并且认为:"先王之制礼乐也,非以极口腹耳目之欲也,将以教民平好恶而反(返)人道之正也。"所谓"荒乎淫、拂乎正、沈而乐者",就是满足人们"耳目之欲"的音乐,无益于"教民平好恶而反人道之正",因此"君子弗听"。时下中国人的道德滑坡,甚至道德沦丧,难道跟音乐没有一点关系?

7.8

或问:"侍君子以博乎①?"曰:"侍坐则听言,有酒则观礼②,焉事博乎?"或曰:"不有博弈者乎③?"曰:"为之,犹贤于已耳④。侍君子者贤于已乎?君子不可得而侍也⑤。侍君子,晦斯光⑥,窒斯通⑦,亡斯有,辱斯荣,败斯成。如之何贤于已也?"

[注释]

①博:赌博。《韩非子·外储说左下》:"齐宣王问匡倩曰:'儒者博乎?'曰:'不也。'王曰:'何也?'匡倩对曰:'……儒者以为害义,故不博也。'"

②有酒:即"侑酒",劝酒,指酒席间的酬酢应对。

③不有博弈者乎:语见《论语·阳货》:"子曰:'饱食终日,无所用心,难矣哉!不有博弈者乎?为之,犹贤乎已。'"孔子的意思是:与其吃饱了

饭什么事都不干,还不如去掷骰子(博)下棋(弈)。因为"博弈"能使人智力受到锻炼,总比"饱食终日,无所用心"好;但绝不是提倡参与赌博。

④已:停止,这里指"什么事都不做"。

⑤君子不可得而侍:谓"很难得到与君子在一起的机会"。

⑥斯:连词,犹言"就"。

⑦窒:阻塞,犹言"障碍"。

[译文]

有人问:"可以用赌博来陪伴君子吗?"扬子说:"陪坐在君子身边时就听他怎样讲话,与君子在一起饮酒时就看他怎样行礼,哪有时间从事赌博呢?"那个人说:"孔子不是说'还有赌博下棋的活动可以参加吗'?"扬子说:"孔子是说,参与赌博下棋,也比饱食终日、无所用心要好一点而已。难道陪伴在君子身边的人能够仅仅希望比饱食终日、无所用心好一点吗?与君子在一起的机会是很难得的。与君子在一起,隐晦难明的问题就会变得清晰明朗,障碍就会通畅,失去了的就会重新拥有,耻辱就会变为荣耀,失败就会变为成功。为什么要仅仅希望比饱食终日、无所用心好一点呢?"

[按语]

强调应当珍惜与君子在一起的机会。与有道德修养和有学问的所谓"君子"在一起值得学习的地方确实很多,从他们身上可以学到很多宝贵的东西。时下"麻将"风靡全国,四川尤甚。饱食终日、无所用心者众,世风日下、道德沦丧者夥,"君子"者鲜矣哉!

7.9

鹪明冲天,不在六翮乎①?拔而傅尸鸠②,其累矣夫!

[注释]

①翮（hé）：鸟翅膀上的大翎毛。《说文》："翮，羽茎也。"段注："茎，枝柱也。谓众枝之柱。翮亦谓一羽之柱。"翅膀上的翎毛是鸟类飞行时起关键作用的东西，故以"翮"喻重任。

②傅：犹"附"，犹言"转插到（尸鸠身上）"。尸鸠：布谷鸟之类的小鸟。《山海经·西山经》"鸟多尸鸠"注："尸鸠，布谷类也。或曰鹕鹫也。"

[译文]

鶡明冲天而上直干云霄，不就全在于它翅膀上那六根翎毛吗？但是如果将鶡明的翎毛拔下来转插到布谷鸟的身上，大概又会成为布谷鸟的累赘吧！

[按语]

扬雄以"鶡明"喻君子，"尸鸠"喻庸人，"六翮"喻重任。在扬雄看来，只有才德出众的君子才堪受重任。本章意在说明：一个人要想承担大任有所作为，就应当坚持学习圣道，使自己首先成为才德兼备堪受重任的君子；否则，即使给你重任，也不但干不好，不可能有所作为，反而会因为压力很大而受不了。

7.10

雷震乎天，风薄乎山①，云徂乎方②，雨流乎渊。其事矣乎？

[注释]

①薄：迫也。犹言"贴近"。

②徂（cú）：往也。犹言"飘向"。

[译文]

雷在天上震动，风从山尖刮过，云向四方涌去，雨往深渊流聚。这大概就是天的辛勤劳作吧?

[按语]

天作雷、风、云、雨,使阴阳交、万物生,是天之勤劳不息以惠人。人当如何才足以报天?《周易·乾卦》云"天行健,君子以自强不息",即所以报天也。

7.11

魏武侯与吴起浮于西河①,宝河山之固②,起曰:"在德不在固。"曰:"美哉言乎!使起之固兵每如斯③,则太公何以加诸④?"

[注释]

①魏武侯:战国初期魏国的君主,在位时间为前396至前371年。吴起(?~前378):战国卫国人,著名军事家,初仕鲁,后仕魏,终仕楚。"魏武侯与吴起浮于西河"事载《史记·孙子吴起列传》:"武侯浮西河而下,中流,顾而谓吴起曰:'美哉乎山河之固,此魏国之宝也!'起对曰:'在德不在险。……若君不修德,舟中之人尽为敌国也。'"

②宝:意动用法,"以……为宝"。

③使:假使。表假设的连词。固兵:认为军队战斗力坚固。"固"用作意动。

④太公:姜太公。姜太公名姜尚,又名吕尚,精通兵法,辅佐周武王灭商建立周朝,封于齐,是齐国的始封君。汉人假托姜尚之名,撰成《六韬》一书,对后世影响很大。

[译文]

魏武侯与吴起在西河巡游的时候,认为大河、高山的险固是国家安全最宝贵的因素,吴起对他说:"国家安全的保障在于施行德政,而不在于高山、大河的险固。"扬子赞叹道："这话说得太好啦！假使吴起经常都能像这样来认识军队战斗力的强固问题，那么即使是善于用兵的姜太公又凭什么能够超过他呢？"

[按语]

自孔子以来的历代儒家学者，出于民本主义的德治观念，都既坚持反对强凌弱、众暴寡的战争，也坚持认为人君施行德治是抗御侵略战争的最强大武器。《孟子·公孙丑下》明确提出："域民不以封疆之界，固国不以山溪之险，威天下不以兵革之利。……以天下之所顺，攻亲戚之所畔。故君子有不战，战必胜矣。"这里的"天下之所顺"即所谓"人和"。人君要想得到"人和"，就必须施行"仁政"，使自己的国家政治清平，人民安居乐业。这正是儒家所追求的"王道"政治理想。扬雄一方面肯定和赞赏吴起"在德不在固"的德治意识，同时也对作为兵家的吴起不可能坚持德治表示遗憾和批判。

7.12

或问："周宝九鼎①，宝乎？"曰："器宝也。器宝待人而后宝。"

[注释]

①九鼎：古代象征国家政权的传国之宝。《史记·武帝纪》："昔大帝兴神鼎一，一统，天地万物所系终也。黄帝作宝鼎三，象天地人也。禹收九牧之金，铸九鼎，皆尝烹鬺上帝鬼神。遭圣则兴，迁于夏、商。周德衰，宋之社亡，鼎乃沦伏而不见。"

[译文]

有人问："周王朝把九鼎视为珍宝，九鼎果真是珍宝吗？"扬子说："九鼎只是器物中的珍宝。器物中的珍宝必须等待有德义的人拥有它之后才能具有珍宝的价值。"

[按语]

自孔子以来的历代儒家学派，始终坚持以民为"宝"的人本主义思想，这就是儒家宣扬"民为邦本"政治主张的思想基础。孟子说："诸侯之宝三：土地、人民、政事。宝珠玉者，殃必及身。"（《孟子·尽心下》）孟子甚至认为，与民众的利益比较起来，封建君主自身也显得微不足道，所以提出了"民为贵，社稷次之，君为轻"（《孟子·尽心下》）的著名论断。"宝民""利民"是扬雄评价一切历史人物功过是非的最高标准。客观地说，其"颂莽美新"的思想根源也在于此，而不是其他个人的杂念。

7.13

齐桓、晋文以下至于秦兼①，其无观已②。或曰："秦无观，奚其兼？"曰："所谓观，观德也。如观兵，开辟以来③，未有秦也④。"

[注释]

①齐桓：齐桓公，春秋五霸之一。齐桓公于公元前685年继位为齐侯，任管仲为相，以"尊王攘夷"为旗号，九合诸侯、一匡天下，遂成为春秋中期各诸侯国的盟主。晋文：晋文公，继齐桓公之后的春秋霸主。晋文公名重耳，晋献公之子；晋国宫廷内讧，避乱在外十九年，后得秦、楚两国之君相助得以返国继位，善于用人；尊王攘夷，平周之乱，救宋破楚，遂成霸业。秦兼：指秦朝。秦始皇兼并六国统一天下，故谓之"秦兼"。

②无观：犹"无可观"，意谓"没有什么值得肯定的"。

③开辟：犹言"开天辟地"。

④未有秦：意谓"没有谁比得上秦"。

[译文]

齐桓公、晋文公之后一直到秦朝,恐怕就没有值得人们观瞻效法的了。有人说:"如果秦国也没有值得观瞻效法的地方,那它怎么能够兼并六国而拥有天下呢?"扬子说:"我所谓的值得观瞻效法,是指值得观瞻效法的德政。如果是说值得观瞻效法的用兵之术,那么开天辟地以来,还没有谁能够比得上秦国的。"

[按语]

在政治理论上,儒家坚持以礼乐安天下、治天下的所谓"王道"。而齐桓公、晋文公以及秦始皇,都是依靠武力征伐即所谓"霸道"来占有天下统治权力的,故不为扬雄所肯定。但是,儒家也不是一味地反对武力解决问题,否则,所谓"汤、武革命"也一直为儒家所称道便不好解释。因此,问题的核心还是要归结到对待老百姓的态度上来,这就是所谓"德治""德政"的问题。在扬雄看来,秦始皇不仅以一国之力胜六国之兵而兼有天下堪称第一,其暴政虐民也是亘古未有,故云"如观兵,开辟以来,未有秦也"。

7.14

或问:"鲁用儒而削①,何也?"曰:"鲁不用儒也。昔在姬公②,用于周而四海皇皇③,奠枕于京④。孔子用于鲁⑤,齐人章章⑥,归其侵疆。鲁不用真儒故也。如用真儒,无敌于天下,安得削?"

[注释]

①鲁用儒而削:语见《孟子·告子下》,淳于髡对孟子说:"鲁缪公之时,公仪子为政,子柳、子思为臣,鲁之削也滋甚。若是乎贤者之无益于国也。"

②姬公:即周公姬旦。

③皇皇:同"惶惶",犹言"急急忙忙"。《广雅·释训》:"惶惶,遽也。"

《汉书·董仲舒传》："夫皇皇求财利常恐乏匮者,庶人之意也。"注:"皇皇,急遽之貌。"

④奠枕:犹"定轸",即"停车"。《仪礼·士冠礼》"赞者奠洒觯栉于筵南端"注:"奠,停也。"《扬子方言》"轸谓之枕",是以二字音近相通。"轸"本车前横木,亦以代车。周公佐助武王、成王,天下诸侯臣服,唯恐得罪于天子,争先恐后地赶赴京城朝觐,故云"四海皇皇,奠枕于京"。

⑤孔子用于鲁:《史记·孔子世家》:"定公十四年,孔子年五十六,由大司寇行摄相事……与闻国政三月,粥(鬻)羔豚者弗饰贾,男女行者别于途,途不拾遗,四方之客至乎邑者不求有司,皆予之以归。齐人闻而惧,曰:'孔子为政必霸,霸则吾地近焉,我之为先并矣。盍致地焉?'"故下文云"齐人章章,归其侵疆"。

⑥章章:犹"慌张"。恐惧貌。

[译文]

有人问:"鲁国任用儒者而国势削弱,这是什么原因呢?"扬子说:"是因为鲁国没有任用儒者。从前周公被武王、成王重用的时候,天下方国诸侯无不急急忙忙赶赴王都,朝觐的车驾停满了京城。孔子被鲁定公任用代理宰相,齐国人就非常恐惧,赶紧归还了被他们侵占的鲁国疆土。(可见,鲁国国势的削弱,)是因为鲁国没有重用真正的儒者。如果鲁国重用真正的儒者,必将无敌于天下,哪会至于国势削弱呢?"

[按语]

何谓"真儒"?在扬雄看来,只有像周公、孔子那样,忠实执行"礼乐治国"的政治路线的儒者,才能算是"真儒"。扬雄关于"真儒"的标准,与汉代学者对"儒者"的界定,既有相同的地方,也有不一致的地方。《汉书·艺文志》说:"儒家者流……游文于六经之中,留意于仁义之际,祖述尧舜，宪章文武，宗师仲尼，以重其言，于道最为高。"应当说，这只是界定"儒者"的学术派别标准。而扬雄是从儒者从政的政治实践来加以区别，故有"真儒"之说。

7.15

灏灏之海济①，楼航之力也②。航人无楫③，如航何？或曰："奔垒之车④，沈流之航⑤，可乎？"曰："否。"或曰："焉用智？"曰："用智于未奔沈。大寒而后索衣裘，不亦晚乎？乘国者⑥，其如乘航乎？航安，则人斯安矣。"

[注释]

①灏（hào）灏：犹"浩浩"。济：犹"渡"。

②楼航：即"楼船"，船上有楼的大船。《扬子方言》："自关而东，舟或谓之航"。

③航人：指驾驭大船的人，即"舵手"。楫：船桨。泛指行船工具。李轨注："虽有舟航而无楫棹，不能济。虽有民人而无礼乐，不能熙化。"司马光《法言集注》："海以喻艰难，航以喻国，航人以喻儒，楫以喻势位。"按："楫"之喻义，似以李注"礼乐"为是。

④奔：通"偾"。《说文》："偾，僵也。"又："僵，偃也。""偃"即倒仆，此处犹言"翻车、倾覆"。用作使动。垒：指军中壁垒。《说文》："垒，军壁也。"段注："行军所驻为垣曰军壁。"故"奔垒之车"犹言"使两军对垒时的战车倾覆"。

⑤沈：同"沉"，谓"沉没"。用作使动。流：谓中流、激流。

⑥乘：犹"御"，即驾车。此处指治理。

[译文]

渡过浩瀚的大海,全靠大船的力量。但是如果舵手没有船舵和大橹,能驾驶得了大船吗?有人说:"让已经冲到两军壁垒前的战车倾覆,让已经驶到激流中的大船沉没,可以吗?"扬子说:"当然不可以。"那人又问:"智慧应当用在什么时候呢?"扬子说:"智慧应当用在战车尚未倾覆、大船尚未沉没的时候。天气已经非常寒冷了才去寻找裘皮大衣,不就太晚了吗?治理国家的人,不就像在驾驶大船一样吗?整个大船安全了,那么它上面的人也就安全了。"

[按语]

强调国家这艘大船,必须以礼乐为行船的舵橹,才能冲破大海一样的艰险,保证大船的安全。同时还强调,运用智慧治理国家,一定要未雨绸缪、防患于未然。

7.16

惠以厚下①,民忘其死;忠以卫上,君念其赏。自后者,人先之;②自下者,人高之。③诚哉!是言也。

[注释]

①厚下:使人民富厚。"惠"与"厚"均自经济言之。"厚"作使动。

②自后:置身人后,犹言"让别人先行"。"后"作使动。先之:使之先,犹言"让他先行"。

③自下:认为自己才德低下。"下"作意动。高之:认为他道德高尚。"高"作意动。

[译文]

如果能对百姓施以恩惠使他们富裕,百姓就会为国君的利益而舍生忘死；臣子竭尽忠诚以护卫国君，国君就会记挂着对臣子的奖赏。让别人先行的人，别人会让他先行；认为自己才德低下的人，别人会认为他道德高尚。这些话，实在是有道理的啊！

[按语]

尽管儒家坚持尊卑贵贱的等级观念，但是从信义的角度又同时强调人与人之间无分尊卑贵贱都应当"投桃报李"，强调"君信臣忠，夫信妇贞"，指出"礼义以为纪，以正君臣，以笃父子，以睦兄弟，以和夫妇"（《礼记·八佾》）。扬雄将国君与臣民的关系通俗化，无非是要说明：臣民对君上的忠应当是有条件的，即"忠"与"惠"是相辅相成的。这跟后世将"忠"绝对化，要求臣民无条件地服从君上的愚忠思想是截然不同的。

7.17

或曰："弘羊榷利而国用足①，盍榷诸？"曰："譬诸父子，为其父而榷其子，纵利，如子何？卜式之云②，不亦匡乎③？"

[注释]

①弘羊：桑弘羊（前152~前80），洛阳人，出身商人，汉武帝时任治粟都尉兼领大司农。桑弘羊为增加朝廷经济收入，推行盐铁酒类由朝廷专卖的政策，遭到郡国诸侯和地方官吏的反对。汉武帝支持桑弘羊的盐铁专营政策，临终时授弘羊御史大夫，遗诏其与大将军霍光同为辅政大臣。昭帝时，弘羊因参与谋立燕王刘旦为帝而被霍光所杀。榷（què）利：官府对某些物品实行专卖以增加国家收入。

②卜式：汉武帝元鼎年间任御史大夫，反对盐铁官营政策。汉武帝元封元年（前110），天旱不雨，卜式上书请烹杀桑弘羊，事见《史记·平准书》："是岁小旱，上令百官求雨。卜式言曰：'县官当食租衣税而已。今弘羊令

吏坐市列，贩物求利。亨（烹）弘羊，天乃雨。'"

③匡：犹"正"，犹言"正确"。

[译文]

有人说："桑弘羊实行朝廷专卖政策而使国家财力充足，现在为什么不实行朝廷专卖政策了呢？"扬子说："譬如父亲和儿子之间，做父亲的却想专卖由儿子经营的货物，纵然获利，但是他将如何面对自己的儿子呢？卜式请求烹杀桑弘羊的话，不也是很有道理的吗？"

[按语]

在富国与富民问题上，以孔子为代表的儒家学派，历来主张"富民"比"富国"更重要。孟子说："百姓足，君孰与不足？"又说"明君制民之产，必须仰足以事父母，俯足以畜妻子"，这就是所谓"保民"。孟子提倡王者应当"推恩"，也就是推己及人，"以不忍人之心，行不忍人之政"。孟子认为，"保民而王，莫之能御也"，"推恩足以保四海，不推恩无以保妻子"。（以上引文均见《孟子·梁惠王上》）扬雄继承并且发扬了孟子的民本主义思想，认为统治者为政是成功还是失败，只能以老百姓思念他还是厌恶他作为衡量的标准，所以要求"从政者审其思敩"（见《法言·先知》）。扬雄认为，朝廷专卖政策是与民争利，故云"卜式之云，不亦匡乎"。

7.18

或曰："因秦之法，清而行之①，亦可以致平乎②？"曰："譬诸琴瑟，郑卫调③，俾夔因之④，亦不可以致箫韶矣⑤。"或问："处秦之世，抱周之书⑥，益乎？"曰："举世寒，貂狐不亦燠乎？⑦"或曰："炎之以火，沃之以汤，⑧燠亦燠矣。"曰："燠哉！燠哉！时亦有寒者矣⑨。"

[注释]

①清：犹言"忠实"或者"不折不扣"。后文"秦之有司负秦之法度"，是为"不清"。

②致平：建成太平盛世。

③郑卫调：即"郑卫之音"。孔子曰"郑声淫"（《论语·卫灵公》），后世儒者附会"郑声"为《诗经》中的《郑风》《卫风》，并且以"郑卫之音"为"淫声"（淫荡音乐）的代表。

④夔（kuí）：相传为帝舜的乐官。

⑤箫韶：帝舜时舞曲名。或作"箾韶"，亦简称"韶"。儒家认为"箫韶"是至美至善的音乐。《左传·襄公二十九年》："见舞箾韶者，曰：'德至矣。'"孔疏："《尚书》曰：'箫韶九成，凤皇来仪。'"传说孔子"闻韶乐而三月不知肉味"。

⑥周之书：指被秦始皇下令焚毁的儒家经典。

⑦举世寒：喻秦"焚书坑儒"暴政之下，世人皆弃礼义而尚刑法。貂狐：貂皮狐裘制作的衣服。比喻"周之书"（儒家经典）。燠（ào）：很热，很暖和。《集韵》："燠，甚热也。"

⑧炎：犹"焚"。沃：浇淋。汤：沸水。李轨注："言秦焚书坑儒于汤火之中，但苦太热耳。此谓或人戏嘲扬子之辞。"

⑨时亦有寒者：谓亦有避秦暴政者。李轨注："时亦有寒者，谓四皓隐居、尸子避地。斯皆清凉其身，不燠秦之汤火。"

[译文]

有人说："因循秦朝的法度，如果能够不折不扣地执行它，也可以建成太平盛世吗？"扬子说："譬如琴瑟的演奏，如果曲调是郑卫之音，即使让夔来继续这个曲调的演奏，也绝对不可能演奏出像《箫韶》那样美妙的音乐来。"那个人问道:"生活在秦朝,却还抱着周朝的儒家经书阅读,有益处吗?"扬子说:"举世寒冷的时候,穿着貂皮狐裘大衣的人不仍然很暖和吗?"问话人说:"用烈火炙烤,用沸水浇淋,那可是要多暖和有多暖和了!"扬子说:"暖和啊!暖和啊!那时也有寻求寒凉的人。"

[按语]

秦朝是靠执行法家路线建立起来的,又是实行严刑峻法来维系统治的。在扬雄看来,秦朝的暴政所导致的迅速灭亡,其根本原因是它所实行的法家路线。这是路线的错误,不是什么"清而行之"就能使秦朝避免得了灭亡命运的。用今天的观点来看,实行法家路线使秦强大崛起终于统一天下,说明法家理论适用于"争天下";但是,法家一味地强调富国强兵,只为统治者着想而不惜采用严刑峻法来钳制百姓,这就形成了秦朝的暴政,说明法家理论不适用于"治天下"。法家以君为本,儒家以民为本,这是儒、法两家理论的根本区别。倘若"争天下"时实行法家路线,"治天下"时采用儒家路线,秦的命运又当如何?

7.19

非其时而望之,非其道而行之,亦不可以至矣。①秦之有司负秦之法度②,秦之法度负圣人之法度。秦弘违天地之道③,而天地违秦亦弘矣④。

[注释]

① "非其时而望之"三句:针对上一章"因秦之法,清而行之,亦可以致平乎"而发。对此三句,司马光《法言集注》云:"用秦之法以求治,犹冬而望生、春而望获,之燕而南、适楚而北,终不能致。"

②秦之有司负秦之法度：是说"秦朝的官吏变本加厉地执行秦的法度"。李轨注："秦法已酷，吏又毒之。"

③弘：犹"大"。天地之道：是说"天地有好生之德"。秦治民以严刑峻法，吏更变本加厉地滥杀无辜，故云："弘违天地之道。"

④天地违秦亦弘：谓"天地使秦二世而亡"。宋咸《扬子法言广注》云："秦欲以万世君之，天地止以二世灭之。"

[译文]

不是收获的季节却希望能有收获，不走该走的道路却希望到达目的地，也就当然不可能达到目的了。秦朝的官吏变本加厉地执行秦的法度，而秦的法度本来就违背了圣人的法度。秦王朝大大地违背了天地的好生之德，而天地也大大地违背了秦王朝的意愿。

[按语]

扬雄对秦法的批判，是为了用历史的教训来证明儒家"推恩保民"和"保民而王"主张的正确，是为了让人们坚信儒家之道的正确性。

《五百》卷第八

序

圣人聪明渊懿①,继天测灵②,冠乎群伦③,经诸范④。撰《五百》。

[注释]

①聪明渊懿:"聪"谓善于察言,"明"谓善于察行,"渊"谓见解深刻,"懿"谓道德美好。

②继天测灵:秉承天意,测知神灵。"神灵"指各种变化莫测的现象。

③冠乎群伦:为众人之冠,犹言"出类拔萃"。

④经诸范:使各种道德规范成为经典。"经",名词用作使动。

[译文]

圣人明察言行的是与非,见识卓越而道德美好;秉承天意行事,能测知神灵奥秘;具有出类拔萃的才德,将各种道德规范编撰为治世的经典。(为了让人们了解圣人的伟大,)撰《五百》一卷。

8.1

或问:"五百岁而圣人出①,有诸?"曰:"尧、舜、禹,君臣也,而并;②文、武、周公,父子也,而处;③汤、孔子,数百岁而生。④因往以推来,虽千一不可知也。"

[注释]

①五百岁而圣人出：说见《孟子·公孙丑下》："五百年必有王者兴，其间必有名世者。"焦循注："五百年有王者兴，有兴王道者也。"儒家认为，尧、舜、禹、汤、周文王、周武王、周公姬旦和孔子，都是"兴王道者"，也都是"圣人"。

②尧、舜、禹，君臣也，而并：尧、舜，为君臣，舜、禹为君臣。他们是同时代人，故曰"并"。

③文、武、周公，父子也，而处：周文王姬昌是周武王姬发和周公姬旦的父亲，故曰"处"。

④汤、孔子，数百岁而生：从禹到汤，从汤到周文王父子，从周公旦到孔子，其间各间隔大约五百年。可能这就是孟子"五百年必有王者兴"的依据。扬雄不从孟子的算法，故从汤直接说到孔子，则间隔约一千年。

[译文]

有人问："据说间隔五百年就会有一个圣人出世，有这样的事吗？"扬子说："尧、舜、禹是君臣而生活在同一个时代，周文王与周武王、周公旦是父子而同处在一个家庭；从禹到汤，从汤到周公，从周公到孔子，则是分别间隔了数百年。根据以往来推断未来，即使间隔千年才有一个圣人出世，也是说不定的。"

[按语]

扬雄对"五百年必有王者兴"这一流行说法的否定，意在说明圣人的产生是没有时间规律的。综观《法言》全书，扬雄向读者宣示了"人人皆可成圣"的思想。在《法言·问明》中，扬雄指出，群鸟与凤凰、群兽与麒麟之间的区别是"形性"，即种类的不同；而众人与圣人是同类，其差别仅在"智"的高低。由于智慧是可以通过个人的努力来提高的，所以众人与圣人之间绝不存在不可逾越的鸿沟。

8.2

圣人有以拟天地而参诸身乎①？或问："圣人有诎乎②？"曰："有。"曰："焉诎乎？"曰："仲尼于南子③，所不欲见也；阳虎④，所不欲敬也。见所不见，敬所不敬，不诎如何？"曰："卫灵公问阵⑤，则何以不诎？"曰："诎身，将以信道也⑥。如诎道而信身，虽天下，不为也。"

[注释]

①拟天地而参诸身：模拟天地之行而将自己与天地并列为三才。李轨注："禀天地精灵，合德齐明。是以首拟天，腹拟地，四肢合四时，五藏（脏）合五行。动如风雷，言成文章也。"《周易·说卦》："是以立天之道，曰阴与阳；立地之道，曰柔与刚；立人之道，曰仁与义。兼三才而两之。故《易》六画而成卦。""参"同"叁"。

②诎：同"屈"。

③南子：春秋时卫灵公夫人。南子性淫，曾与宋公子蒯朝等私通；又好干政，孔子至卫，南子要求孔子去拜见她。"子见南子"事，除见于《论语·雍也》"子见南子，子路不悦"外，《左传·定公十四年》《史记·卫世家》、刘向《列女传》等均有记载。

④阳虎：亦作"阳货"，鲁国季氏家臣，后取代季氏专鲁国之政。阳货想收买孔子，要孔子到家里拜见他，事见《论语·阳货》："阳货欲见孔子，孔子不见。归孔子豚。孔子时其亡也而往拜之。"

⑤卫灵公问阵：事见《论语·卫灵公》："卫灵公问陈（阵）于孔子，孔子对曰：'俎豆之事，则尝闻之矣。军旅之事，未之学也。'"

⑥信：通"伸"。"伸"犹言伸张、推行。

[译文]

圣人具有用来模拟天地的行为而使自己与天地并称为三才的本领吧？有人问："圣人也有受到委屈的时候吗？"扬子说："有的。"又问："在什么事情上受到委屈呢？"扬子说："孔子对南子这样的人，是根本不愿意拜见的；对阳虎这样的人，是根本不愿意回敬的。但是孔子拜见了不愿意拜见的南子，回敬了不愿意回敬的阳虎，怎么不是委屈了自己呢？"又问："卫灵公向孔子问作战的事，孔子为什么就不再委屈自己了呢？"扬子说："圣人委屈自己，是为了推行圣道。如果为了自己的飞黄腾达而使圣道被歪曲，即使给他整个天下，他也是不会干的。"

[按语]

扬雄强调圣人可以"诎身以信道"，但是绝不会"诎道而信身"。扬雄的一生，是忠实地坚守了这一原则的。汉成帝好辞赋，但"雄以为赋者，将以风（讽）也"，当他发现"赋劝而不止"时，竟然"辍不复为"。王莽篡位需要舆论支持，"谈说之士用符命称功德获爵者甚众"；扬雄精通《易经》，无疑是编造谶纬符命的高手，尽管他对王莽的政治措施很有好感，但他绝不参与这样不光彩的政治骗局。扬雄以圣人自诩，以孔子为楷模，在政治操守上他也是效法了孔子的。

8.3

圣人重其道而轻其禄，众人重其禄而轻其道。圣人曰："于道行与？"众人曰："于禄殖与①？"

[注释]

①殖：犹言"增长"。

[译文]

圣人看重自己的主张而不看重自己的俸禄，一般人看重自己的俸禄而不看重自己的主张。圣人常说："道义能推行吗？"一般人常说："俸禄会增加吗？"

[按语]

"重道"与"重利"，历来是区别"君子"与"小人"的重要标准。孔子说"君子喻于义，小人喻于利"，孟子说"无恒产而有恒心者，唯士为能。若民，则无恒产，因无恒心"。在儒家学者看来，"小人""众人"看重经济利益是很正常的，而圣人、君子、士就不能重利而轻义了。不过，扬雄这里将"圣人"与"众人"对举，其"众人"应当是不包括"民"的。扬雄把"重道轻禄"与"诎身信道"都视为圣人重要的操守，只不过前者是就经济而言，后者是就政治而言。扬雄为了坚持自己所崇尚的圣人操守，才落得政治上"三世不徙官"、经济上"家素贫"以致死无葬身资费的可悲下场。

8.4

昔者，齐鲁有大臣①，史失其名。曰："何如其大也？"曰："叔孙通欲制君臣之仪②，征先生于齐鲁，所不能致者二人。"曰："若是，则仲尼之开迹诸侯也③，非邪？"曰："仲尼开迹，将以自用也④。如委己以从人⑤，虽有规矩准绳⑥，焉得而用之？"

[注释]

①大臣：谓"人格伟大的臣民"。

②叔孙通：秦汉时薛（今山东滕州市）人，初为秦博士，后降项梁为楚臣，再后降刘邦为汉臣，被刘邦召为博士。汉五年（前202）刘邦称帝后，

叔孙通自请"采古礼与秦仪杂就之"以制定汉朝礼仪。叔孙通派人"征鲁诸生三十余人。鲁有两生不肯行,曰:'公所事者十主,皆面谀以得亲贵。……吾不忍为公所为。'"事见《史记·刘敬叔孙通列传》。

③开迹诸侯:谓"周游列国干求诸侯"。

④自用:谓"采用自己的主张"。

⑤委己:谓"放弃自己的主张"。

⑥规矩准绳:木工的四种工具:"规"以取圆,"矩"以取方,"准"以取平,"绳"以取直。这里比喻完美的政治措施。

[译文]

从前,齐鲁地区有两个人格伟大的臣民,史书上没有记载他们的姓名。有人说:"为什么说他们人格伟大?"扬子说:"叔孙通要为朝廷制定君臣礼仪,派人到齐鲁地区征召精通古礼的先生,没有能够被他征召到朝廷来的就是这两个人。"那人问道:"如果是这样,那么孔子周游列国干求诸侯,不也是一种错误吗?"扬子说:"孔子周游列国,是为了要别人采用自己的主张。如果必须放弃自己的主张去顺从别人,即使非常完美的政治措施,又哪里能够被采用呢?"

[按语]

鲁生不愿意响应征召的根本原因,是鄙视叔孙通"所事者十主,皆面谀以得亲贵"。扬雄将叔孙通视为"诎道信身""重利轻道"的典型。孔子周游列国干求诸侯,虽然也属于"所事者十主"的行为,但他不是"委己以从人",更不是"面谀以得亲贵",而是为了"将以自用",让诸侯采用自己治理国家的主张。在扬雄看来,孔子是"诎身信道"的圣人,叔孙通是"诎道信身"的小人。鲁生不愿与"诎道信身"者共事,宁隐不仕,故其人格伟大。班固、桓谭、王充,以及后世的韩愈、柳宗元、司马光等人,都没有因为扬雄仕莽、颂莽而将他视为"小人",相反,以上数人大多认为,扬雄不仅有圣人之才,而且具有圣人之德。其根本原因,就在于扬雄一生实践了"诎身以信道"这个根本原则。

8.5

或问:"孔子之时,诸侯有知其圣者与?"曰:"知之①。""知之,则曷为不用?"曰:"不能。"曰:"知圣而不能用也,可得闻乎?"曰:"用之,则宜从之。从之,则弃其所习,逆其所顺,强其所劣②,捐其所能③。衝衝如也④。非天下之至⑤,孰能用之?"

[注释]

①知之:扬雄认为,孔子在世时诸侯就知道他是"圣者",这完全是有根据的。据《史记·孔子世家》记载,孔子到了郑国,郑国人说孔子"其颡似尧,其项类皋陶,其肩类子产,然自要(腰)以下不及禹三寸。"鲁定公十年孔子做鲁国大司寇时,齐国大夫黎鉏曾对齐景公说:"鲁用孔丘,其势危齐。"鲁定公十四年孔子以大司寇摄相事时,齐人闻而惧,曰:"孔子为政必霸。"孔子的政敌鲁大夫季桓子临死前说:"昔此国几兴矣。以吾获罪于孔子,故不兴也。"

②强其所劣:崇敬自己所鄙视的人。"强""劣"都是意动用法。

③捐:抛弃。

④衝衝如:不安貌。何逊《七召》:"神忽忽而若忘,意衝衝而不定。""如"犹"然"。

⑤非天下之至:《法言音义》注:"天复本作'天下之至德'。"司马光注:"李、宋、吴本皆无'德'字。《音义》称天复本有之,今从之。"今从司马光注。

[译文]

有人问:"孔子在世的时候,诸侯有知道他是圣人的吗?"扬子说:"知道他是圣人。"再问:"知道他是圣人,那为什么不任用他呢?"扬子说:"不能用他。"又问:"知道是圣人而不能用,可以让我听听是什么原因吗?"扬子说:"任用他,就应当听从他。如果听从孔子的主张,那么诸侯就得放弃自己已经习惯了的,就得反对使自己很顺心的,就得崇尚自己所鄙视的,就得抛弃自己所擅长的。这必然会弄得诸侯不得安宁。如果不是天下最有道德的人,有谁能用孔子呢?"

[按语]

孔子生活的时代,是所谓"礼崩乐坏"的春秋中期。孔子为政,必然要坚持用"礼乐"拨乱反正。这样一来,诸侯一切不合乎"礼乐"的东西都得改变。故云"非天下之至,孰能用之"?其实,扬雄是在以孔子自喻,是在影射自己生活的时代。他在对人解释自己为什么得不到重用以致"三世不徙官"的原因时说:"当今县令不请士,郡守不迎师,群卿不揖客,将相不俯眉;言奇者见疑,行殊者得辟。是以欲谈者宛舌而固声,欲行者拟足而投迹。……策非甲科,行非孝廉,举非方正;独可抗疏,时道是非,高得待诏,下触闻罢,又安得青紫?"(扬雄《解嘲》)扬雄认为自己也生活在一个"礼崩乐坏"的乱世,"故默然独守吾《太玄》",不求闻达而"欲求文章成名于后世"。

8.6

或问:"孔子知其道之不用也,则载而恶乎之①?"曰:"之后世君子。"曰:"贾如是,不亦钝乎?②"曰:"众人愈利而后钝③,圣人愈钝而后利。关百圣而不惭④,蔽天地而不耻⑤,能言之类⑥,莫能加也。贵无敌，富无伦，利孰大焉？"

[注释]

①载：犹"带"。恶乎之：到哪里去。

②贾（gǔ）：商人；做生意。钝：愚钝。此处以经商为喻，则"钝"犹言"吃亏"。

③利：用作动词，犹言"看重眼前利益"。后钝：犹言"后世吃亏"，即对后世没有益处。

④关百圣：是说孔子的主张"与历代圣人的学说相通"。"关"同"贯"。不惭：犹言"毫不逊色"。

⑤蔽天地：是说孔子"功盖天地"。不耻：犹言"无愧"。《六书统》："耻，耳闻过而心愧也。"又《六书总要》："耻，从心从耳，会意。取闻过自愧之义。"

⑥能言之类：即"人类"。严格意义上的"语言"，唯有"人"才具有，故云。

[译文]

有人问："孔子知道他的主张不会被采用的时候，就把他的主张带到哪里去呢？"扬子说："留传给后世君子。"问者说："做生意的像他这样，不就太吃亏了吗？"扬子说："一般人愈是看重眼前利益而后来必定吃亏，圣人生前愈是吃亏而将来必定获利。孔子与历代圣人相通而毫不逊色，孔子功盖天地而无愧一生，在整个人类当中，是没有谁能超过他的。孔子的高贵无人匹敌，孔子的富有无与伦比，还有什么利益能大过这样的利益呢？"

[按语]

扬雄表达了圣人的功利观念：不重眼前利益，但求遗泽后世。扬雄对现实社会是非常绝望的，他把自己对"圣道"的追求，尤其是对儒家理想社会的实现，寄托在"后世君子"身上。他说："师旷之调钟，俟知音者之在后也；孔子作《春秋》，几（冀）君子之前睹也。"（《解嘲》）正是这样的功利观念，不仅使他能够坚持"恬于势利""好古而乐道""不汲汲于富贵，不戚戚于贫贱"的节操，甚至使他能够在贫病交加和痛失爱子的艰难处境下坚强地活下来。在长达两千多年的中国封建社会中，孔子"圣人"的社会地位从来没有动摇过，其嫡派子孙荣荫"衍圣公"直至封建时代结束，岂不是"贵无敌，富无伦"？

8.7

或曰："孔子之道，不可小与？①"曰："小则败圣，如何？②"曰："若是，则何为去乎③？"曰："爱日④。"曰："爱日而去，何也？"曰："由群谋之故也⑤。不听正⑥，谏而不用。噫者，吾于观庸邪⑦？无为饱食安坐而厌观也⑧。由此观之，夫子之日亦爱矣。"或曰："君子爱日乎？"曰："君子仕则欲行其义，居则欲彰其道⑨，事不厌，教不倦，焉得日？"

[注释]

①孔子之道，不可小与：孔子的主张，就不能降低一些标准吗？事见《史记·孔子世家》："子贡曰：'夫子之道至大也，故天下莫能容夫子。夫子盍少贬焉？'"

②败圣：有损圣道。如何：谓"如何可小"。《法言音义》说"天复本无'如何'二字"。

③何为去：是说"为什么离开鲁国政坛"。鲁定公十四年，孔子以大司寇行摄相事。齐人畏惧，于是选美女八十、文马一百二十匹送给鲁君。季桓子受齐女乐，三日不听政；郊祀时又不遵礼节，不致膰于大夫。于是

孔子便离开了鲁国政坛，后来到了卫国。孔子离开以后，季桓子喟然叹曰："夫子罪我以群婢故也夫！"事见《史记·孔子世家》。

④爱日：犹言"珍惜时间"。

⑤群谋：当作"群婢"。指接受齐国美女一事。

⑥听正：即"听政"。

⑦观庸：即"观用"，意为"观看他们享用女乐"。

⑧厌观：以观看女乐为满足。

⑨居：与"仕"相对，意为"不仕"。

[译文]

有人说："孔子的主张，就不能降低一些标准吗？"扬子说："降低标准就会有损圣道。怎么能降低标准呢？"问者说："如果是这样，那么孔子为什么要离开鲁国政坛呢？"扬子说："为了珍惜时间。"问者又说："为了珍惜时间而离开鲁国，此话怎讲？"扬子说："事情缘于齐国送给鲁国的那群美女。（主要执政者贪恋女色而）不理朝政，孔子多次谏阻却不被采纳。（孔子大概会这样想：）'唉！难道我就留在鲁国看他们怎样享用女乐吗？我绝不能做一个饱食终日、无所事事而以观看女乐为满足的人。'由此看来，孔夫子对自己的时间也是够珍惜的了。"问者又说："君子们也珍惜时间吗？"扬子说："君子做官时便要做自己该做的事情，没有做官便想着怎样彰显自己的主张，做起事来就没有满足的时候，教起人来就从不知疲倦，哪里会有一点闲暇的时间？"

[按语]

扬雄认为，不放弃原则、不尸位素餐，这是圣人做事做人的重要原则。不做官也要弘道，所以圣人和君子总是非常珍惜自己的时间。

8.8

或问:"其有继周者,虽百世可知也。^①秦已继周矣^②,不待夏礼而治者^③,其不验乎?"曰:"圣人之言,天也。^④天妄乎^⑤?继周者未欲太平也。如欲太平也,舍之而用他道,亦无由至矣^⑥。"

[注释]

①其有继周者,虽百世可知也:这是孔子的原话,意思是:如果有继承周朝帝统的朝代,即使百代之后也能推知它实行的是夏代的礼制。语见《论语·为政》:"子张问:'十世可知也?'子曰:'殷因于夏礼,所损益,可知也;周因于殷礼,所损益,可知也。其或继周者,虽百世可知也。'"孔子这段话的大意是,夏代的礼制奠定了政治制度的基础,其后各个朝代的政治制度,无非是在前一个朝代所实行的制度的基础上作一些增加或者删削而已;所以即使百代之后,仍然能够推知夏代的礼制。在儒学理论中,夏礼是周礼的基础,周礼是对夏礼的丰富和完善。这就是儒家学派以禹、汤、文武、周公为"圣人"的根本原因。孔子是周礼最忠实的维护者和传承者,所以也是"圣人"。

②秦已继周:战国时期,七雄争天下,但名义上仍奉周正朔;东周虽然小国,但仍有天子名义,所以史家认为秦朝是继承周朝的帝统。

③不待夏礼而治:秦始皇焚书坑儒,彻底否定周礼,故云"不待夏礼而治"。"不待"犹"不用"。

④圣人之言,天也:儒家宣扬圣人是代表天的意志在讲话,故云。

⑤妄:虚妄,犹言"胡言乱语"。

⑥无由:即"无从",犹言"没有途径"。《论语·泰伯》"民可使由之"注:"由,从也。"《尔雅·释诂》:"由,自也。"

[译文]

有人问:"孔子说:'如果有继承周朝帝统的朝代,即使百代之后也能推知夏代的礼制。'秦朝继承周朝帝统之后,就不用夏礼来治理天下了,岂不是孔子的话也不灵验吗?"扬子说:"圣人的话,是表达的天意。难道天也会胡言乱语吗?那是因为秦王朝不想建立太平盛世罢了。如果要想建立太平盛世,抛弃夏礼而用其他礼制,也就没有途径能够达到目的了。"

[按语]

扬雄认为,儒家所宣扬和忠实维护的礼乐制度,是建立太平盛世必须实行的唯一正确的政治制度。

扬雄的这一认识,自然是未必正确,但却并非毫无道理。代周而起的秦汉郡县制度,奠定了中国两千多年的封建社会政治制度的基础,这是一种完全不同于夏、商、周的政治体制。可见"夏礼"未必就是建成太平盛世的唯一体制。但是,汉代最高统治者总结秦朝二世而亡的教训,实行"罢黜百家,独尊儒术"的政策,这一文化政策竟然伴随了两千多年的中国封建政治制度,与整个中国封建社会相终始。时至今日,代表周礼核心内容的"孔孟之道",也没有因为受到近百年来的各种形式的批判而消除其影响;相反,"孔孟之道"的许多内容,随着中国改革开放的逐步深入,竟然愈来愈清楚地表现出它的合理性来。这不能不说是一个发人深省的问题。

扬雄"颂莽"应当是一个不争的事实。他不仅留下了使自己身后遭受骂名的《剧秦美新》一文,而且用歌颂王莽来结束《法言》全篇。

扬雄为什么会歌颂王莽?最根本的原因,就是王莽"托古改制"的具体内容使扬雄非常兴奋,让他仿佛看到了太平盛世的曙光。如果说"托古改制"是王莽有意设计的政治骗局,那么扬雄也就仅仅是一个可悲的受骗者而已。扬雄绝不是、也不可能是"诎道以信身""重其禄而轻其道"的政治投机分子。相反，扬雄的"颂莽"让我们看到了他对恢复"周礼"的痴迷程度；因为在他看来，周礼是建成太平盛世、实现自己政治理想的唯一可靠的法宝。

8.9

赫赫乎日之光①，群目之用也；浑浑乎圣人之道②，群心之用也。或问："天地简易而圣人法之③，何五经之支离？"曰："支离，盖其所以为简易也。④已简已易，焉支焉离？"

[注释]

①赫赫乎：显明貌，犹言"非常明亮"。

②浑浑乎：广大貌，犹言"无比博大"。《广雅·释训》："浑浑，大也。"

③天地简易：谓"天地的规律简明易知，便于操作"。《周易·系辞》："乾以易知，坤以简能。易则易知，简则易从。"春夏秋冬，周而复始，故谓"易知"；春种秋收，夏播冬藏，故谓"易从"。

④支离，盖其所以为简易也：将五部经书分散开来，大概就是为了使它们的内容简明易知。如果将"五经"视为教材，《周易》大致相当于哲学教材，《尚书》《春秋》兼有历史、政治教材的性质，《周礼》兼有伦理、政治教材的性质，《诗经》相当于文学教材。这正好体现了中国古代传统文化教育的主要内容。

[译文]

非常明亮的太阳之光，是人们的眼睛辨察事物的凭借；无比博大的圣人之道，是人们的心灵辨别是非的标准。有人问："既然天地的规律简明易晓而圣人又是效法天地的，为什么五经之间毫无关联而缺乏系统性呢?"扬子说:"将五部经典分散开来,大概就是为了使它们的内容简明易晓。如果不分散就已经简明易晓了,哪里还会将它们分散开来呢?"

[按语]

扬雄意在强调五经的重要作用和五部经典之间的系统性,提醒人们切不可将五部经典割裂开来理解,应该将它们视为传达圣人博大思想的一个完整思想体系。

8.10

或曰:"圣人无益于庸也①。"曰:"世人之益者,仓廪也,取之如单。②仲尼,神明也;③小以成小,大以成大;④虽山川、丘陵、草木、鸟兽,裕如也⑤。如不用也,神明亦未如之何矣。"

[注释]

①庸:平凡,这里指"一般的人和事物"。

②世人之益:是说"一般人给予别人的益处"。如单:同"而殚",即"而尽"。俞樾《诸子平议》:"如读为而,古字通用。"单,尽也。"如单"是"而殚"的通假字。

③仲尼,神明也:犹言"仲尼之益者,神明也",承"世人"句例而省。《法言·问神》:"天地,神明而不测者也。"故其"神明"犹言"天地之德"。扬雄认为,圣人秉天地之德,故云"仲尼(之益者),神明也"。

④小以成小,大以成大:意为受圣人思想的陶冶,"无论大小贤愚,都能根据各自的素质获得不同的成就"。

⑤裕如:丰饶貌,犹言"很多"。《说文》:"裕,衣物饶也。"段注:"引申为宽足之称。"

[译文]

有人说:"圣人对于一般的人是没有什么益处的。"扬子说:"一般人给予别人的益处,就像粮仓一样,是会取用殆尽的。而孔子给予别人的益处,就像天地神明一样,能使资质低的人成为小才,资质高的人成为大才;即使山川、丘陵、草木、鸟兽,也会从中得到很多益处。如果不愿意采用圣人的主张,那就是天地神明也不会对他有什么益处的了。"

[按语]

上一章强调圣人之道的重要性,说它是"群心之用"。本章则强调圣人作用的普遍性,说它如天地之于人事万物,无论其贤愚大小,也无论其山川鸟兽,只要愿意接受,就一定会从圣人那里获得大小不等的益处。

8.11

或问:"圣人占天乎①?"曰:"占天地②。""若此,则史也何异③?"曰:"史以天占人,圣人以人占天。④"或问:"星有甘、石⑤,何如?"曰:"在德不在星。德隆则晷星⑥,星隆则晷德也。"

[注释]

①占天:观察天相以预测人事吉凶。《说文》:"占,视兆问也。"

②天地:当作"天也"。俞樾《诸子平议》卷三十五:"'地'疑'也'字之误。下文'史以天占人,圣人以人占天',但言天不言地,可证'地'字之误。"

③史:谓"史官"。古代朝廷史官兼掌天文历法。

④史以天占人,圣人以人占天:史官根据天相来占测人事,圣人根据人事来占测天意。李轨注:"圣人以人占天者,先乎天也;史以天占人者,后乎天也。大圣先天而天不违,良史后天而奉天时。知其所先后,则天人

之情得矣。"

⑤星有甘、石：星相家甘德、石申。甘德是战国时期齐国人，著有《星占》八卷。石申是战国时期魏国人，著有《天文》八卷。两书均已亡佚，但在唐人的《开元占经》中大量引述了两书内容，其中最重要的是甘、石两人对黄道附近恒星位置的观察记录。这个观察记录被视为世界上最早的恒星表。今传《甘石星经》系后人伪托。

⑥晷（guǐ）：是古代测日影以定时刻的仪器，亦名"日晷""日规"。此处用作动词，义犹"反映"。

[译文]

有人问："圣人占视天相吗？"扬子说："占视天相。"问者说："如果这样，那么圣人与史官有什么不同？"扬子说："史官是依据天相来占测人事，而圣人是根据人事来占测天意。"又问："星相家甘德、石申，他们的占星技术怎么样？"扬子说："人事吉凶决定于人的道德而不是星相。道德崇高只是反映在星相上，星相隆盛不过反映了道德而已。"

[按语]

扬雄认为，圣人与史官占测天相的不同在于：圣人占测天相，是为了使人事合乎天意；而史官占测天相，是为了趋吉避凶。因此，前者是积极配合，而后者是消极迎合。这就是李轨所说的"先乎天"和"后乎天"的意思。扬雄精通天文历算，对星占学自然有很深刻的了解。人事兴衰"在德不在星"的观点，是对汉代流行的谶纬迷信思想的挑战。

扬雄强调"德"的作用，其实是强调"圣人"的作用。在扬雄眼里，圣人不仅具有"圣德"，而且是智慧的化身。在扬雄的哲学思想中，"天"是科学意义上的自然现象，"神"是认识论意义上的心智思维。"圣人占天"，是要在认知主体（人）与认知客体（天）之间建起一座桥梁，把本来不为人知的东西变为可以为人所知的东西。这正是扬雄强调"潜神""尚智"的根本原因。

8.12

或问:"大人①?"曰:"无事于小为大人②。""请问小?"曰:"事非礼义为小③。"

[注释]

①大人:德行高尚的人。《周易·乾卦》:"夫大人者,与天地合其德。"《荀子·解蔽篇》:"明参日月,大满八极,夫是之谓大人。""大人"兼有德、才两种含义。

②事:动词,犹"做"。

③事非礼义:事不关乎礼义,即与礼义无关的事。

[译文]

有人问:"什么样的人是大人?"扬子说:"不在小事上花力气费心思的人是大人。"又问:"请问什么是小事?"扬子说:"与礼义无关的事都是小事。"

[按语]

这里的"大人"犹言"干大事业"的人,强调能力和志向的成分较重,故不与"君子"相当。扬雄以"礼义"为标准来衡量事情的"大"与"小",非"醇儒"而何?

8.13

圣人之言远如天①,贤人之言近如地②。珑其声者③,其质玉乎④?圣人矢口而成言⑤,肆笔而成书⑥。言可闻而不可殚⑦,书可观而不可尽。

[注释]

①圣人之言远如天：圣人的政令教化如日月悬天，著明而悠远。李轨注："天悬象著明而人不能察，圣人设教施令而人不能究。"

②贤人之言近如地：贤人的教诲如山川田地，辽阔而切近。李轨注："山川泽田之形可得而鉴。"

③珑：叩玉之声。这里用作动词，"珑其声"，犹言"使自己的声音（语言）像玉声一样美妙"。李轨注："玉之珑玲其声，亦犹君子清泠其德音。"

④其质玉乎：是因为他们所表达的内容如同美玉一样珍贵吧。"质"与"声"，犹"质"与"文"，前者是内容，后者是形式。孔子说"质而无文，则行之不远"，珍贵的内容需要美妙的语言来表达。

⑤矢口：即"开口"。《尔雅·释诂》："矢，弛也。"郝疏："以弓释弦曰弛。"以弓释弦，就是用弓把弦张开。

⑥肆笔：即"操笔"，提起笔。李轨注："肆，操也。"

⑦不可殚：犹"不可尽"，谓"不可尽知"。

[译文]

圣人的言论，含义像天一样深邃而悠远；贤人的言论，含义像地一样广博而切近。他们都使自己的语言像玉声一般美妙，因为他们所表达的内容不是都如宝玉一样珍贵吗？圣人开口便是含意深远的语言，提笔便是意蕴无穷的文章。圣人的话能够听懂，但未必能够完全理解其含义；圣人的书能够看懂，但未必能够完全知道其意蕴。

[按语]

这里的"圣人"，主要指孔子，"贤人"主要指孟子、荀子。圣人之言"如天"，贤人之言"如地"，其高、下之别不容混淆。但"如地"则与人切近，故贤人之言切近实用。圣人之言载诸经典,涵盖了天道与人事的最高真理,需要后世学者潜心研究,认真体会其深刻含义,绝不是一下子就能尽知尽晓的,即使是孔门弟子也往往是知其然而不知其所以然(见《法言·君子》)。扬雄竭力推崇圣人,甚至不避拔高之嫌,目的是为了抵制当时尚且很有影响的"诸子之学"对儒学的对抗与批判。

8.14

周之人多行①,秦之人多病②。行,有之也③;病,曼之也④。周之士也贵⑤,秦之士也贱。周之士也肆⑥,秦之士也拘⑦。

[注释]

①行:意为"走正道""好品行"。《荀子·正名》:"正义而为谓之行。"杨倞注:"苟非正义则谓之奸邪。"

②病:意为"走邪道""恶行"。本章"周""秦"对比,其后各以"有""曼"(无),"贵""贱","肆""拘"相对举,故其"病"之意义当与"行"相对。

③有之:谓"有所得",即有值得肯定的地方。此处意为"有德"。

④曼之:犹"无之",即"没有值得肯定的东西"。此处意为"无德"。李轨注:"行有之者,周有德也。病曼之者,秦无道也。""曼"通"靡",无也。

⑤士:包括"朝秦暮楚"的策士和"讲学论艺"的文士。

⑥肆:意为"自由开放"。春秋、战国时期,士人周游列国、干求诸侯,合则留、否则去,并因此而有"百家争鸣"局面的形成。故云"周之士也肆"。

⑦拘:意为"窘迫拘谨"。秦王朝焚书坑儒,刑法酷烈,士人动辄得咎、噤若寒蝉。故云"秦之士也拘"。

[译文]

周朝的人多行正道,秦朝的人多走邪路。行正道,所以尚存德义;走邪路,所以全无德义。周朝的士人地位尊贵,秦朝的士人地位卑贱。周朝的士人自由开放,秦朝的士人窘迫拘谨。

[按语]

在扬雄看来,春秋、战国时期尽管"礼崩乐坏",但各国诸侯尚能奉周正朔,尤其是对士人的政策还非常宽松,以至形成"百家争鸣"的活跃局面;而秦王朝焚书坑儒,尚刑尚法,薄情寡义,使士人地位一落千丈、人人自危。所以认为周人还算是"行正道",德义尚存;秦人则完全是"走邪路",毫无德义可言。

8.15

月未望则载魄于西①,既望则终魄于东②。其溯于日乎③?彤弓卢矢④,不为有矣。聆听前世,清视在下⑤,鉴莫近于斯矣。

[注释]

①望:月满之名。《释名·释天》:"望,月满之名也。月大十六日,小十五日;日在东,月在西,遥相望也。"后人通常是以农历每月十五日为"望",十六日为"既望",十五日之前即"未望"。载魄:即"哉生魄",意为"初生的月光",其确切意思是指初二或初三的月光。

②终魄:即"既死魄",意为"快要完全消失的月光",其确切意思是指每月二十三日到二十九或三十日的月光。

③溯:逆流而上。这里表示"逆向运行"。月生于西而终于东,日出于东而没于西,故云"溯于日"。

④彤弓卢矢:上古天子给予诸侯的最高赏赐。《尚书·周书·文侯之命》:

"彤弓一,彤矢百;卢弓一,卢矢百。"传云:"彤赤、卢黑也。诸侯有大功,赐弓矢然后专征伐。"

⑤清视在下:友善地对待下属和百姓。贾谊《新书·道术篇》:"行善决衷谓之清。"

[译文]

月亮未满时就从西边开始生出亮光,月满以后就从东边逐渐消失亮光。这大概是月亮与太阳逆向运行的缘故吧!即使拥有天子赏赐的彤弓卢矢,也算不得真正富有了。认真地聆听关于前世的故事,友善地对待自己的百姓,值得借鉴的事情没有比这个更贴近自己的了。

[按语]

"月望则亏,物极必反"。扬雄将这一自然法则运用于认识人事变化,总结出了一个全新的人生理念。在他看来,朝代的更替如同月相的变化:"未望则载魄于西,既望则终魄于东。"这是不可改变的自然法则,只有"日"(道)是恒久不变的。朝代不断更替,依附于天子的一切权势者也自然是不足恃怙的了,所以得出"彤弓卢矢,不为有矣"的结论。扬雄要人们以史为鉴,切不可贪恋权势,应当"守道"以自保,他在《解嘲》中说:"炎炎者灭,隆隆者绝","位极者宗危,自守者身全。是故知玄知默,守道之极。……世异事变,人道不殊"。不变的是"人道",所以权势者既要懂得"自保",还要"清视在下",尽到"保人"的责任。"自保"与"保人",这就是"人道"的全部内容。

8.16

或问:"何如动而见畏①?"曰:"畏人。""何如动而见侮?"曰:"侮人。夫见畏与见侮,无不由己。"

[注释]

①见畏：受人敬畏。与"见侮"（受人侮辱）意思相对。

[译文]

有人问："怎样做才会受人敬畏？"扬子说："敬畏别人。"又问："怎样做就会被人侮辱？"扬子说："侮辱别人。那些受人敬畏和被人侮辱的，没有不是由自己对待别人的态度造成的。"

[按语]

儒家将"忠""恕"作为终身奉行的处世原则。孔子对"恕"的解释是"己所不欲，勿施于人"。扬雄以"见畏"与"见侮"诠释儒家的"恕道"，与《孟子·离娄》所说"敬人者，人恒敬之"是一个意思。"恕"的理论基础是"仁"，"仁"的表现就是"己所不欲，勿施于人"。扬雄说"见畏与见侮，无不由己"，更具警诫的作用。

8.17

或问："礼难以强世①。"曰："难，故强世。如夷俟倨肆②，羁角之哺果而啖之③，奚其强？或性或强，及其名④，一也。"

[注释]

①礼难以强世：意为"礼执行起来很难是因为它强迫世人遵循"。"以"是表示原因的介词。

②夷俟倨肆：意为"蛮夷那样的傲慢无礼"。《说文》："俟，大也。"此言"做大"，即傲慢。又："倨，不逊也。""不逊"，即不恭敬，所谓"倨傲"也。"肆"谓放肆。故"俟倨肆"同义连用，极言其傲慢无礼。

③羁角之哺果而啖之：意为"小孩那样的率真无礼"。"羁角"犹"总角"，古时小孩发型，借以代称小孩。"哺果而啖之"，母亲将口中嚼烂的

果子喂给孩子吃。《尔雅·释鸟》"生哺彀（雀）"注："鸟子须母食之。""哺"，含物以饲也。啖，食也。

④及其名：犹"及其成"，意为"等到它们都形成习惯以后"。《广雅疏证》引《春秋说题辞》："名，成也。"

[译文]

有人说："礼节执行起来难是因为它要强迫世人遵循。"扬子说："正因为执行起来难，所以要强迫世人遵循。如果是蛮夷那样的傲慢无礼，或者是小孩那样的率真无礼，还强迫他们什么呢？有的礼节合乎天性，有的礼节需要强迫，但是等到它们都成为人们的习惯以后，就不再有区别了。"

[按语]

"礼"是一种行为规范。行为规范不可能都出于人的天性，必然会有一定的强制性。扬雄认为，除了"蛮夷"和小孩，其他人都应当自觉地强迫自己遵循圣人制订的礼节。

8.18

见弓之张兮，弛而不失其良兮。或曰："何谓也？"曰："檠之而已矣①。川有防，器有范，见礼教之至也。②经营③，然后知干桢之克立也④。"

[注释]

①檠（qíng）："棨"的异文，一种防止弓弩变形的器具。《淮南子·修务训》："弓必得檠而后能调。"弓弩在张、弛之间极易变形，常用"檠"矫正，就能防止其变形。

②礼教之至：礼教的作用非常重要。"至"犹"极"，谓极其重要。"防"

（堤坝）的作用是防止河水泛滥，"范"（铁模）的作用是使器物有统一而美观的造型，"礼教"则是使人防止邪恶产生、得以成为君子的行为规范，故其作用非常重要。

③经营：是说"经历营建墙垣的过程"。

④幹桢：筑墙时所用的木柱曰"桢"、木栏曰"幹"。《尚书·费誓》："峙乃桢幹。"克立：犹"能立"，谓"能使泥土竖立起来成为墙垣"。

［译文］

看到弓在张开时的形状，松开时也没有失去它良弓的作用啊。有人说："这话是什么意思啊？"扬子说："是赞美檠对弓弩的矫正作用罢了。河流必须要有堤坝来约束，制造器物必须要用模子作规范，可见礼教的作用是非常重要的。经历过营造墙垣的实践以后，就知道木柱和木栏是能够将散乱的泥土竖立起来的。"

［按语］

本章强调礼教的重要作用。"礼教"是用礼乐来教化人们，让人知道什么事该做，什么事不该做。儒家视礼乐为实现王道政治理想最重要的政治手段，所谓"揖让而治天下者，礼乐之谓也"（《礼记·乐记》）。在扬雄看来，礼教主要有以下几个方面的重要作用：一是使人随时修正错误、保持良好品德，这就如同"檠"对弓弩的矫正作用一样；二是使人自觉约束自己的言行、趋利以避祸，这就如同"防"对河流的约束作用一样；三是使人陶冶自己的情操、学有榜样，这就如同"范"对器物的造型作用一样；四是使人团结向上、形成凝聚力，这就如同"幹桢"使泥土成为墙垣的作用一样。不过,这里的"礼乐"是所谓"中国"的礼乐，即儒家圣人的礼乐，"八荒之礼"是不在其内的。所以，扬雄对礼乐的推崇，其实质是对圣人的推崇与赞美。

8.19

庄、杨荡而不法①，墨、晏俭而废礼②，申、韩险而无化③，邹衍迂而不信④。圣人之材，天地也；⑤次，山陵川泉也；⑥次，鸟兽草木也。⑦

[注释]

①庄、杨荡而不法：庄周主张无为、逍遥。《史记·老子韩非列传》中说，楚威王"许以为相"，庄周笑谓楚国使者："我宁游戏污渎之中自快，无为有国者所羁，终身不仕，以快吾志焉。"《史记》还说庄周"作《渔父》《盗跖》《胠箧》，以诋訾孔子之徒"。杨朱是战国时魏人，针对儒家"仁爱"之说，主张"重在爱己，不以物累，不拔一毛以利天下"的极端利己主义。扬雄认为，庄、杨二人的主张是放荡不羁、不循礼法。

②墨、晏俭而废礼：墨翟是春秋、战国之际鲁国人（一说宋国人），主张"兼爱、非攻，尚贤、尚同"；但是反对儒家的繁礼厚葬，提倡"薄葬、非乐"。晏婴是春秋齐国人，先为齐卿，后为齐相，是春秋时期著名的政治家，以"节俭力行"名闻诸侯。所以，扬雄认为墨、晏二人崇尚节俭而废弃礼乐。

③申、韩险而无化：以申不害、韩非为代表的法家，重刑罚轻教化。扬雄认为，法家以严刑峻法治民，这是刻薄寡恩、放弃教化的行为。"险"谓居心险恶。

④邹衍迂而不信：以邹衍为代表的阴阳家关于天文地理的理论，大多迂曲怪诞，缺乏可靠的根据。请参考卷四《问道》"邹衍"注。

⑤圣人之材，天地也：圣人的功德如天地一样广博深厚。古语云"天行健，君子厚德以载物"，《荀子·劝学》说："天见其明，地见其光，君子贵其全也。"圣人之道泽被天下，如天地之覆载万物，故云"圣人之材，

天地也"。

⑥次，山陵川泉也：是说"贤人的才德如山陵之高、江河之深"。"次"于圣人者为贤人。贤人道德高尚，有如山陵；见识深远，有如川泉。

⑦次，鸟兽草木也：是说"众人受圣道教化如鸟兽草木一样繁育生长"。"次"于贤人者为众人。鸟兽草木的繁育生长，离不开天地阴阳之气的化育；天下众人的幸福安乐，则离不开圣人礼乐的教化。

[译文]

庄周和杨朱放荡不羁而不遵礼法，墨翟和晏婴崇尚节俭而废弃礼乐，申不害和韩非刻薄寡恩而不讲教化，邹衍迂曲怪诞而很不可信。圣人的功德，犹如天地一样广博深厚；贤人的才德，犹如山陵之崇高、河流之深远；世人的繁育，犹如鸟兽草木一样自然生息。

[按语]

扬雄坚持儒家王道礼乐的标准，分别品评了道家、墨家、法家和阴阳家四家的不足，对儒家圣人、贤人的才德则给予热情的赞美和极高的评价。其品评虽然未必公允，却能一语中的。

《先知》卷第九

序

立政鼓众①,动化天下②,莫尚于中和③。中和之发,在于哲民情④。撰《先知》。

[注释]

①立政:谓"确立为政之道"。

②动化:动而化之,犹言"改变""改善"。

③尚:犹言"更好"。中和:即儒家中庸之道。儒家宣扬"致中和",则无事不达于和谐的境界,《礼记·中庸》:"喜怒哀乐之未发谓之中,发而皆中节谓之和。……致中和,天地位焉,万物育焉。"

④哲:犹"知"。《说文》:"哲,知也。"

[译文]

确立为政之道,鼓舞民众士气,改善社会风气,没有比坚持中正和谐的原则更好的了。中正和谐社会风气的产生,在于执政者必须洞察民情。(为了帮助执政者洞察民情,)撰《先知》一卷。

[按语]

"中和"是儒家所追求的社会理想。"中庸"是实现"中和"社会理想的根本原则,因此被儒家作为最高的道德标准,孔子说:"中庸之为德也,其至矣乎？民鲜久矣。"（《论语·雍也》）程颐对"中庸"的解释是："不偏之谓中，不易之谓庸。中者，天下之正道；庸者，天下之定理。"（《四书集注》）简而言之，"中庸"就是要求人们无论做什么事情都要坚持不偏不倚的态度，要有敢于坚持真理的精神。在儒家看来，世界上许多事情未能做得好，都是因为不能真正克服偏见、不能坚持真理造成的。对许多人来说，克服偏见、坚持真理是非常不容易的，所以连孔子也说："道其不行矣夫！"（《中庸》第五章）扬雄认为，执政者处理政事时要做到不偏不倚、实事求是，必须"哲民情"即真正了解老百姓的实际情况。《先知》全篇都在论述为政之道，是了解扬雄政治态度和执政理念的重要篇章。

9.1

"先知其几于神乎①？敢问先知。"曰："不知②。知其道者其如视③，忽、眇、绵作昞④。先甲一日易⑤，后甲一日难。"

[注释]

①先知：先于事情的发生而知，即"预知未来"。几（jī）：犹"近"。

②不知：这是针对"敢问先知"的具体内容作答，既云"不知"，可见所问可能是"怎样就能预知未来"等具体内容。

③知其道：知道能够预知未来的道理。"其"指代"先知"。其如视：大概就像看东西。

④忽、眇（miǎo）、绵作昞：意为"能把非常细微的事物看得很清楚"，犹言"见微而知著"。"忽、眇、绵"同"惚、纱、紭"，均指细微的事物，《广雅·释诂》："惚、纱、紭，微也。""昞"同"炳"，光明貌。

⑤甲：指"发布政令之日"。《周易·蛊卦》孔疏引郑注："甲者，造作新令之日。"上古以天干记日，一旬十天，首日为"甲"。上古朝廷多在

"甲"日颁布新的政令。

[译文]

有人说:"能够预知未来岂不是近于神明了吗?请问怎样就能预知未来。"扬子说:"我也不全知道。但是我知道预知未来的道理大概就像有些人看东西,他们能够把非常细微的东西看得很清楚。如果执政者能在政令发布前一天就把可能出现的问题谋划得很周密,那么政令推行起来一定很顺利;如果政令发布之后出现了问题再行补救,那么政令推行起来一定很困难。"

[按语]

扬雄认为,"先知"就是一种"见微而知著"的洞察力。洞察力对于一个执政者来说非常重要,它表现为政治敏感性。这种政治敏感在政令的制订和颁布实施的过程中尤为重要。执政者具有高度的政治洞察力和敏感性,所制订的政策才会具有前瞻性,才不至于朝令夕改,使下属和民众无所适从。

9.2

或问:"何以治国?"曰:"立政①。""何以立政?"曰:"政之本,身也②。身立,则政立矣。"或问:"为政有几③?"曰:"思、斁④。"或问:"思、斁?"曰:"昔在周公,征于东方,四国是王⑤;召伯述职,蔽芾甘棠。⑥其思矣夫?齐桓欲径陈⑦,陈不果内,执辕涛涂。其斁矣夫?于戏!从政者,审其思、斁而已矣⑧。"或问:"何思?何斁?⑨"曰:"老人老,孤人孤,⑩病者养,死者葬,⑪男子亩,妇人桑,⑫之谓思。若污人老,屈人孤,⑬病者独,死者逋,⑭田亩荒,杼轴空⑮,之谓斁。"

[注释]

①立政：确立为政之道，即确定治国的根本方针。比如是用儒家的"王道"还是用法家的"霸道"治国。

②身：指"君王或朝廷执政者自己"。

③几：犹言"关键问题"。"几（幾）"通"机（機）"，《说文》："主发谓之机。"所谓"主发"，是指弓弩等发射器械上控制发射的部件，其引申义有"机要""关键"等表示重要意义的词。"为政有几"是说"治国应当抓住关键问题"。

④思、斁（yì）：思念、厌恶。这里用作使动，意为"使人思念、使人厌恶"。

⑤四国是王：即"王四国"，意为"匡正四国"，即"平定了四国叛乱"。"王"同"皇"，《诗经·豳风·破斧》："周公东征，四国是皇。"毛传："皇，匡也。"李轨注："王，正也。""四国"指管、蔡、奄、商四个东方诸侯国。西周初年，东方四国诸侯叛乱，周公率师东征平叛，受到各诸侯国民众的欢迎。

⑥召伯述职，蔽芾甘棠：据《史记·燕世家》记载，召公辅政期间，常到民间视察，为了不惊扰百姓，有时就在树荫下办公或休憩。召公死后，百姓因为思念召公而对那棵召公曾在下面办公、休憩的甘棠树倍加爱护，事又见《诗经·召南·甘棠》："蔽芾甘棠，勿剪勿伐，召公所茇。""召伯"即召公，姓姬名奭，封于北燕，成王时与周公姬旦共同辅政。"述职"犹言"履行职责"。"蔽芾"，树木葱茏貌。"甘棠"，一名杜梨，又名棠梨。此处"蔽芾甘棠"系用典，当按《诗经·召南·甘棠》所述理解，意为"深受百姓崇敬和思念"。

⑦齐桓欲径陈：据《左传·僖公四年》记载，齐桓公向陈国借道侵蔡伐楚，陈国大夫辕涛涂先是设法阻止，不让齐师入陈，后又向齐桓公诈称

宜走东方道路，使齐师陷入泥沼。齐桓公伐楚班师时拘捕了辕涛涂。"径"同"经"。

⑧审其思、斁：意为"审慎考虑自己的为政措施是使百姓思念还是使百姓厌恶"。换句话说，要审慎考虑自己的政治措施是受到老百姓的欢迎还是遭到老百姓的反对。

⑨何思？何斁：即"思何斁何"，意为"使百姓思念的是什么，使百姓厌恶的是什么"。

⑩老人老，孤人孤：将别人的老人视为自己的老人，将别人的孤儿视为自己的孩儿。

⑪病者养，死者葬：生病的人能得到疗养，死了的人能得到安葬。

⑫男子亩，妇人桑：男子能在田间耕种，妇女能够栽桑养蚕。"亩""桑"都是名词用作动词。

⑬污：犹言"侮辱"。屈：委屈，用作使动，犹言"欺侮"。

⑭独：谓"孤独无助"。逋：通"暴"，犹言"暴尸荒野"。

⑮杼轴空：织布机上无线可织。"杼"是织布机上的梭子，"轴"谓织布机上的筳子，故以"杼轴"代指织布机。

[译文]

有人问："依据什么来治理国家？"扬子说："确定好治国的根本方针。"再问："根据什么来确定治国的根本方针？"扬子说："政务的根本，在于执政者自身的素质。执政者自身道德美好，那么治国的方针就确定了。"

又有人问："主持政务工作什么是最关紧要的问题？"扬子说："政策措施是使老百姓思念，还是使老百姓厌恶。"又问："什么叫使老百姓思念和使老百姓厌恶？"扬子说："从前周公率师东征，平定了管、蔡、商、奄四国的叛乱；召公出行视察，深受百姓的爱戴，连他乘凉的甘棠树也被百姓保护起来。这不就是使百姓思念的典型事例吗？齐桓公想借道陈国，陈国始终不让他进入，齐桓公就下令拘捕了不让他入境的辕涛涂。这不就是使百姓厌恶的典型事例吗？呜呼！执政的人，最关紧要的，不过是审慎地考虑自己的行政措施是会受到老百姓的欢迎还是会遭到老百姓的反对罢了。"

那个人继续问道："受到百姓欢迎的是什么，遭到百姓反对的是什么？"扬子说："将别人的老人当作自己的老人来尊敬，将别人的孤儿当作自己的孩子来关爱，生病的人能得到疗养，死了的人能得到安葬，男子能在田间劳作，妇女能够栽桑养蚕，这样的社会状况就是让百姓思念和向往的。如果侮辱别人的老人，欺侮别人的孤儿，生病的人孤独无助，死了的人暴尸荒野，田地无人耕种，织布机上无线可织，这样的社会现实就是让百姓厌恶和害怕的。"

[按语]

扬雄强调，治国必须首先确定正确的方针，这个方针就是施政纲领。而施政纲领的正确与否，完全决定于最高执政者的道德修养。在"朕即国家"的封建社会制度下，天下百姓的安危系于人君一人，人君道德修养的决定作用是不言而喻的。所以扬雄认为人君"身立，则政立"。

怎样检验"为政"措施是正确还是错误？

扬雄提出了"审其思致"的重要思想。所谓"审其思致"，就是要以老百姓的好恶作为考察检验为政效果的唯一标准。扬雄要求最高统治者"执政为民"，这是儒家民本思想的集中体现。扬雄生活在西汉末期的乱世，成、哀二帝的荒淫腐朽与天下百姓的艰困痛苦形成鲜明对比，尽管他自己晚年的生活穷困潦倒，但他仍然没有忘记为民鼓呼，其精神是难能可贵的。

9.3

为政日新①。或人:"敢问日新?"曰:"使之利其仁、乐其义②,厉之以名,引之以美,③使之陶陶然④,之谓日新。"

[注释]

①日新:每天都有新面貌。《礼记·大学》:"汤之《盘铭》曰:'苟日新,日日新,又日新。'《康诰》曰:'作新民。'《诗》曰:'周虽旧邦,其民维新。'""日新"要求人们不断进步。

②利其仁:将自己对别人的仁爱视为对自己有利的行为。意为"懂得帮助别人也就是帮助自己的道理"。"利"用作意动。乐其义:把自己做了该做的事情视为自己的欢乐。意为"将自己见义勇为的行为当成一种欢乐"。"乐"用作意动。《释名·释言语》:"义,宜也。裁制事物使合宜也。"

③厉之以名:即"以名厉之",意为"用建功立业去鼓励众人"。"厉"谓鼓励。"名"谓美名、名誉,建功立业才会赢得美名。引之以美:即"以美引之",意为"用美好的事物去引导众人"。

④陶陶然:欢乐和谐貌。

[译文]

治理国家应当天天都有新气象。有人说:"请问怎样叫作天天都有新气象?"扬子说:"使众人把关爱别人视为有利于自己的行为,把见义勇为视为一种欢乐与享受;用建功立业来鼓励众人,用美好典型来引导众人,使众人都生活在欢乐和谐的社会环境中,这就叫作天天都有新气象。"

[按语]

"审其思敩"要求为政者解决老百姓"衣食足"的问题,(本章的)"日新"则要求为政者解决"礼义兴"的问题。两者结合,相当于现代所谓的"物质文明与精神文明一起抓"。扬雄"为政日新"的主张,要求执政者教育民众能达到把关爱别人、见义勇为作为一种自觉的主动的行为的程度,形成一种人人争做好人好事、彼此互相关心的社会氛围,这就比孟子"老吾老,以及人之老;幼吾幼,以及人之幼"的仁政理想更进了一层。扬雄在这里所表达的,其实就是儒家"大同"的社会理想。

9.4

或问:"民所勤①?"曰:"民有三勤。"曰:"何哉?所谓三勤。"曰:"政善而吏恶②,一勤也;吏善而政恶,二勤也;政吏骈恶③,三勤也。禽兽食人之食④,土木衣人之帛⑤;谷人不足于昼⑥,丝人不足于夜⑦,之谓恶政。"

[注释]

①勤:犹"苦"。

②政:指人君的为政之道,犹言"政策"。

③骈:犹"并"。

④禽兽食人之食:以帝王为首的大大小小的权势者扩建苑囿,大养珍禽异兽和其他宠物,这些禽兽侵夺了百姓口中的粮食。

⑤土木衣人之帛:权势者的宫殿府第中,地上铺满毡毯,墙壁挂满帷幔,这些毡毯、帷幔侵夺了百姓身上的衣服。

⑥谷人:犹言"农夫"。

⑦丝人:犹言"织妇"。

[译文]

有人问:"百姓有什么痛苦?"扬子说:"百姓有三种痛苦。"再问:"你所说的三种痛苦是什么？"扬子说："政策好而官吏坏，这是一种痛苦；官吏好而政策坏，这也是一种痛苦；政策和官吏都坏，这更是一种痛苦。权势者的珍禽异兽夺去了人们的口粮，权势者的地面和建筑夺去了人们的衣裳；农夫成天劳作也满足不了人们对粮食的需要，织妇整夜纺绩仍满足不了人们对布帛的需求，这样的社会现象就叫作恶政。"

[按语]

衣食足、礼义兴是"德政"的主要表现，而缺吃少穿、人民终岁辛劳则是"恶政"造成的后果。在扬雄看来，"恶政"有三种情况，无不与制定政策的君王和执行政策的官吏有关。在封建政治制度之下，君和吏的好坏决定了一个国家的休戚命运，所以扬雄强调"政之本，身也"。在儒家"修身、齐家、治国、平天下"的理论中，"修身"是起点，也是根本。怎样"修身"？《礼记·大学》说："欲修其身者，先正其心；欲正其心者，先诚其意；欲诚其意者，先致其知；致知在格物。""正心"是出发点，思想上不能有不符合正道的邪念；"诚意"是过程，态度要端正，对国家对人民要忠诚不贰；"致知"是方法，要努力学习，获取从政做良吏的必备知识；"格物"是具体行动，要穷究事物的原理，掌握事物发展的规律。在扬雄看来，君王和官吏"格物"的途径就是"哲民情"，就是了解社会和民众的"思敉"。

9.5

圣人，文质者也①。车服以彰之②，藻色以明之③，声音以扬之④，诗书以光之⑤。笾豆不陈⑥，玉帛不分⑦，琴瑟不铿⑧，钟鼓不抎⑨，则吾无以见圣人矣⑩。

[注释]

①文质者：意为"主张外饰要与身份相符合的人"。"文"谓修饰，即

外在的形式;"质"谓实质,即具体内容或身份地位。孔子主张"文质彬彬",即形式与内容要恰当结合,他说:"质胜文则野,文胜质则史。文质彬彬,然后君子。"(《论语·雍也》)"文质彬彬"有三种含义:一是用于个人修养,指一个人的言谈举止要切合自己的身份地位,即"文质彬彬,然后君子";一是用于写作文章,指形式与内容要配合恰当,即"质而无文,则行之不远";一是用于礼仪礼节,指礼仪礼节要切合一个人的尊卑贵贱,扬雄所用即此。儒家重礼,重礼的目的是为了别贵贱尊卑,《荀子·礼论》:"故礼者,养也。……君子既得其养,又好其别。曷谓别?曰:贵贱有等,长幼有差,贫富轻重,皆有称者也。"

②彰之:彰显尊卑贵贱。下文中的三个"之"字均指"尊卑贵贱",即地位身份。

③藻色:花纹和颜色。

④声音:指音乐。音乐也有别贵贱的作用,《诗序》:"政有小大,故有《小雅》《大雅》。"

⑤诗书:即"诗文",诗歌与文章。光:通"广",《荀子·儒效》:"《大雅》之所以为《大雅》者,取是而光之也。"王先谦注引郝懿行曰:"光犹广也。光、广,古通用。"此处犹言"增强""强调"。

⑥笾豆:祭祀时用以盛果品肉脯等供品的礼器,竹制者为"笾",木制者为"豆"。

⑦玉帛:瑞玉和缣帛,是祭祀和诸侯会盟时的珍贵礼品。祭祀时,以受祭者地位的尊卑和祭祀的性质不同,笾豆、玉帛的数量也有区别,《周礼·春官·肆师》:"立大祀,用玉帛、牲牷;立次祀,用牲币;立小祀,用牲。"

⑧铿(kēng):声音响亮。这里作动词,犹言"弹奏"。

⑨抎（yǔn）：敲击。身份地位不同，钟鼓敲击的数量也不同，颇类现代外交活动中的"鸣礼炮"有十九响、二十一响之别。

⑩无以见（xiàn）圣人：无以表现圣人关于"文质彬彬"的主张。

[译文]

圣人是主张人的外饰应当与人的尊卑相一致的。因此用不同的车驾和服装来彰显尊卑，用不同的花纹和颜色来明确尊卑，用音乐颂扬尊卑礼节，用诗文强调尊卑礼节。如果祭祀与会盟时，笾豆数量不按尊卑差等安排，玉帛数量不按尊卑加以区别，琴瑟演奏不按尊卑有所选择，钟鼓敲击不按尊卑确定敲击次数，那么我们就无从了解圣人关于礼的主张了。

[按语]

在儒家的政治理论中，"仁"是核心，"礼"是手段，仁政必须通过礼乐来实现。"礼"的重要作用就是区别尊卑贵贱以维护封建等级制度，让人们各安其位、安分守己。所以，孔子说"克己复礼为仁"，春秋诸侯僭越是"礼崩乐坏"。扬雄也是从治国的角度强调"礼"的重要性，所以说不遵礼制便"无以见圣人"。

司马迁把"礼"的内容称为"情欲"，形式（礼仪、礼节）称为"文貌"，指出："文貌繁，情欲省，礼之隆也；文貌省，情欲繁，礼之杀也。文貌、情欲相为内外表里，并行而杂，礼之中流也。君子上致其隆，下尽其杀，而中处其中。"（《史记·礼书》）"礼之中流"即"文质彬彬"。文质彬彬，就是礼的形式既不可"省"，也不可"繁"，应该恰到好处。

9.6

或曰："以往圣人之法治将来①，譬犹胶柱而调瑟②，有诸？"曰：

"有之。"曰:"圣君少而庸君多,如独守仲尼之道,是漆也③。"曰:"圣人之法,未尝不关盛衰焉。昔者尧有天下,举大纲,命舜、禹;④夏、殷、周属其子⑤,不胶者卓矣⑥。唐、虞象刑惟明⑦,夏后肉辟三千⑧,不胶者卓矣。尧亲九族⑨,协和万国;汤、武桓桓,征伐四克。⑩由是言之,不胶者卓矣。礼乐征伐自天子所出,春秋之时,齐、晋实予⑪,不胶者卓矣。"

[注释]

①往圣人:过去时代的圣人。这里主要是针对孔子而言。

②胶柱而调瑟:意同"胶柱鼓瑟",用胶粘住调节音高的瑟柱,便只能弹奏出一种音调的曲子,比喻拘守成法、不知变通。

③漆:为"漆柱而调瑟"之省略。"漆"与胶同,亦黏结之意。

④大纲:指"大权",此处指天子大位。命:谓"禅让"。

⑤属其子:使天子大位属于自己的儿子。自夏代开始,废禅让,实行父死子继的家天下制度。

⑥卓:本义为"高而直",犹言"非常明显"。

⑦象刑惟明:对罪犯施以象征性的刑罚以明法度。语见《尚书·益稷》:"方施象刑惟明。"《大传》云:"唐、虞之象刑,上刑赭衣不纯,中刑杂屦,下刑墨幪,以居州里,而民耻之。"

⑧肉辟:即"肉刑",毁伤身体的刑罚。三千:言其多,非实指。

⑨九族:有两说:一说仅指同姓亲属,即从己身上推四代、下推四代;一说包括异姓戚属,即"父族四,母族三,妻族二"(见班固《白虎通·宗族》)。此处当从班说。

⑩桓桓:威武貌。此处指威武之师。四克:谓"战胜四方诸侯"。

⑪齐、晋实予:是说"礼乐征伐大权实际上出于齐桓公、晋文公等霸

主之手"。春秋时期，周天子名存实亡，制订礼乐、发布征讨命令的大权完全落在诸侯霸主手中。

[译文]

有人说："用过去时代圣人的方法来治理后来时代的社会问题，就如同胶柱鼓瑟一样固执和僵化。有这样的问题吗？"扬子说："有这样的问题。"问者又说："历来圣明的君主少而平庸的君主多，如果只奉守孔子的治国之道，这是跟胶柱鼓瑟一样固执和僵化。"扬子说："历代圣人的治国方法，没有不是随着国家的盛衰变化而变化的。从前尧做天子的时候，是把天子的大位禅让给了舜，舜又禅让给了禹；而夏、商、周三代则是把天子大位交给自己的儿子来继承。圣人并不固执僵化，应当是非常明显的了。尧、舜对罪犯只是采用象征性的惩罚来彰明法度，夏王则制订了多达三千条的肉刑。圣人并不固执僵化，应当是非常明显的了。尧跟同姓异姓的所有亲属亲善友好，与天下各邦国诸侯关系和谐；而商汤、周武大兴威武之师，征讨战胜了四方诸侯。由此说来，圣人并不固执僵化，也是很明显的了。制订礼乐制度、发布征讨命令，原本应当出自天子，而春秋时期，这个权力实际掌握在齐国、晋国等霸主手中。圣人并不固执僵化，仍然是很明显的了。"

[按语]

扬雄坚持"因循革化"的哲学理念，反对不顾现实的拘守成法来治理国家，所以认为"胶柱鼓瑟"式的固执僵化是行不通的、是有问题的。但是在针对"圣人过时论"的问题上，扬雄又旗帜鲜明地坚决维护儒家圣人的绝对权威，认为历代圣人都能随着时代和社会现实的变化而做到通权达变，绝不固执僵化。

在证明圣人绝不"胶柱鼓瑟"的四个事例中，除了王位继承、刑罚制度、对外关系之外,最值得注意的是涉及孔子的"春秋之时,齐、晋实予"。这句话隐约地告诉人们,孔子对齐桓、晋文代天子行使"礼乐征伐"大权是并不反对的。扬雄这样说是有根据的。孔子在回答子贡"管仲非仁者与"的问题时说:"管仲相桓公,霸诸侯,一匡天下,民到于今受其赐。微管仲,吾其被发左衽矣。"又说:"桓公九合诸侯,不以兵车,管仲之力也。如其仁!如其仁!"(《论语·宪问》)管仲佐齐桓公用"霸道"匡扶天下,使老百姓得到实惠,被孔子称赞为"仁"政。本来,"霸道"与儒家的"王道"是冰炭不容的,但是在周天子名存实亡的春秋时期,哪怕是用"霸道"匡扶天下使民受惠,仍然得到了孔子的赞许,可见圣人确实是不会"胶柱鼓瑟"的。

扬雄举孔子赞齐桓、晋文之事为例,应该还有更深一层的用心。王莽摄政,取汉而代之,颇类齐、晋行霸道代周天子行使"礼乐征伐"大权。既然孔子对齐、晋两霸匡扶天下、使民受惠而给以肯定,那么王莽摄政时推行新政惠及天下,自然也是应该得到肯定的。这才是扬雄论述历代圣人都不"胶柱鼓瑟"而能通权达变的真正目的。换言之,扬雄的"事莽美新",完全是出于他"因循革化"的哲学理念。

9.7

或曰:"人君不可不学律令①。"曰:"君子为国②,张其纲纪③,谨其教化。导之以仁,则下不相贼④;莅之以廉⑤,则下不相盗;临之以正⑥,则下不相诈;修之以礼义,则下多德让。此君子之所当学也。如有犯法,则司狱在⑦。"

[注释]

①律令:即"法令"。法令是具体的法律条文。

②君子：此处指"善于治国执政的人"。

③纲纪：犹言"方针政策"。"纲"是提网的总绳，纲举则目张；"纪"是束丝之绳，千头万绪之丝，纪束之则不乱。故"纲""纪"均有"控一而制万"的作用。"方针政策"颇类"纲纪"，是治国者用以明确方向、确定目标任务的指南。

④贼：残杀。

⑤莅（lì）：犹"临"，意为"对待"。

⑥临：本义为"从上视下"，此处犹言"示范"。

⑦司狱：主管刑罚的官吏。

[译文]

有人说："君子不能不学习法律条文。"扬子说："君子治国，应当确定自己的大政方针，重视自己的教化责任。用仁爱思想引导百姓，百姓才不会互相残害；用廉洁为官对待百姓，百姓才不会互相掠夺；用正派做人示范百姓，百姓才不会互相欺骗；用遵守礼义教育百姓，百姓才会增加美德和礼让。这些才是君子所应当学习的。如果有人犯法，就由司法官吏来审理。"

[按语]

扬雄认为，善于治国的人，尤其是人君，一定要抓大事、抓根本，切不可陷入事务主义的泥沼中不能自拔。什么是大事？纲纪和教化。具体说，"纲纪"就是坚持用圣人之道治理国家的这个路线方针要确定。"教化"是落实"纲纪"的治理手段，因此很具体。

值得注意的是，尽管扬雄反对法家的严刑峻法，但他并不全盘否定法律法规的作用，所以才会说"如有犯法，则司狱在"。他还在《法言·先知》中正面肯定法律法规的作用说："为国不迪其法而望其效，譬诸算乎？"只不过在扬雄看来,"以法治国"跟"以德治国"相比,德治才是根本,法治只是辅助手段。其实,重德轻刑,是自孔子以来的儒家学派的传统理念,孔子就说过:"道之以政,齐之以刑,民免而无耻;道之以德,齐之以礼,有耻且格。"(《论语·为政》)法能使人"自警",因畏惧而不敢为;德能使人"自律",因知耻而不愿为。二者相互为用,自然不失为一种理想的治理手段。

9.8

或苦乱①。曰:"纲纪②。"曰:"恶在于纲纪?"曰:"大作纲,小作纪。③如纲不纲,纪不纪,④虽有罗网⑤,恶得一目而正诸⑥?"

[注释]

①苦乱:为政事纷乱而苦恼。

②纲纪:参考上一章注③。这里是说"政事纷乱在于没有抓住纲纪"。

③大作纲,小作纪:是说"大事之纷乱起于纲,小事之纷乱起于纪"。"纲"谓方针,"纪"谓法纪。《说文》:"作,起也。"

④纲不纲,纪不纪:字面意思是"纲不在纲的位置上,纪不在纪的位置上",即"没有抓住纲纪"。

⑤罗网:比喻众多的政事。

⑥目:指"网眼"。"纲"举"目"才能张,纲不举,目必乱。

[译文]

有人为政事纷乱而苦恼。扬子说:"政事纷乱在于没有抓住纲纪。"那个人说:"为什么说在于没有抓住纲纪呢?"扬子说:"大事的纷乱起于纲,小事的纷乱起于纪。如果纲不在纲的位置上,纪不在纪的位置上,虽然有一张罗网放在那里,又哪里能够使哪怕是一个网眼正常地张开呢？"

[按语]

本章是对上一章"张纲纪，谨教化"主张的深入阐述，意在强调"纲纪"的重要作用。政事有大有小，"纲"以治大，"纪"以治小，犹言德以治本，法以治标，标、本兼治，故政不乱。

9.9

或曰："齐得夷吾而霸①，仲尼曰'小器'②。请问'大器'。"曰："大器其犹规矩准绳乎③？先自治而治人之谓大器。"

[注释]

①夷吾：管仲（？～前645），字夷吾，春秋时期著名政治家。管仲被齐桓公任为国相后，在齐国推行了一系列改革措施，使齐国很快强大起来，又以"尊王攘夷"为旗号，使齐桓公成为春秋时期第一个诸侯霸主。

②仲尼曰"小器"：语见《论语·八佾》："子曰：'管仲之器，小哉！'"对孔子说管仲"小器"的理解，颇多分歧。郑玄注："言其器量小也。"刘宝楠《正义》："管仲，世所谓贤臣，然孔子小之。岂以为周道衰微，桓公既贤，而不勉之至王，乃称霸者？"扬雄则认为是因为管仲不能"先自治而治人"。

③规矩准绳：本义见《五百》第4章注⑥。这里是比喻"礼制"。扬雄认为"大器"的人应该像"规矩准绳"这些代表礼制的工具一样，"先自治而治人"。而管仲不知礼，干了很多违背礼制的事，是不能"自治"，只能"治人"。

[译文]

有人说："齐桓公得到管仲才得以成就霸业，孔子却说管仲只是'小器'。请问什么样的人才是大器？"扬子说："大器大概就像圆规、曲尺、水平仪、墨线这样的工具吧？它们都必须先使自己做得合乎标准然后再去使别人合乎标准，这样才能称为大器。"

[按语]

扬雄对孔子称管仲为"小器"的原因的理解是符合孔子原意的。如本卷第 6 章所论，孔子对管仲的历史功绩是充分肯定的，但孔子对管仲的道德评价却很低，当有人问"管仲知礼乎"时，孔子说："管氏而知礼，孰不知礼？"（《论语·八佾》）孔子为什么说管仲不知礼？因为管仲不仅为自己建了多处豪宅（"有三归"），设了很多冗员（"官事不摄"），更为重要的，是按国君宫殿规模给自己建府邸、仿国君国宴标准给自己添宴会设备。这就是扬雄说的管仲不能"自治"。

不过，孔子对管仲的肯定是大于否定的。因为他评价管仲辅佐齐桓公建立的霸业，达到了"仁"的程度；"仁"高于"礼"，因此仅仅是"不知礼"，并不影响他造福于民的伟大历史功绩。应当说，孔子以及扬雄对管仲的评价还是比较客观、比较公允的。

然而，宋、明以来，程、朱理学将儒家"内圣"标准无限拔高，以至于在品评历史人物的时候，总是偏重个人私德，甚至发展到吹毛求疵的地步。朱熹在《纲鉴类录》中给扬雄以"莽大夫扬雄死"的判词，便是如此。

9.10

或曰："正国何先[①]？"曰："躬工人绩[②]。"或曰："为政先杀后教[③]？"曰："於乎！天先秋而后春乎[④]？将先春而后秋乎？吾见玄驹之步、蜼之晨雊也[⑤]，化，其可以已矣哉？[⑥]民可使觌德，不可使觌刑。觌德则纯，觌刑则乱。"

[注释]

①正国：纠正国家各种不正之风。

②躬工人绩：意为"各级为政者都要用自身的政绩带动下属做出成绩"。"躬"指为政者自己；"工"同"功"，用作动词，意为"立功"；"人"指下属；"绩"同"功"，也用作动词。

③先杀后教：谓"先行惩戒，后行教化"。

④先秋而后春：古人以"秋"喻"杀"、喻"严"，以"春"喻"生"、喻"爱"，董仲舒《春秋繁露》十一："春气爱，秋气严，夏气乐，冬气哀。"《吕氏春秋·仲秋纪》："命有司申严百刑，斩杀必当……御佐疾以通秋气。"故扬雄以"先秋而后春"对应"先杀后教"。

⑤玄驹之步：蚂蚁的出行。《大戴礼·夏小正》"玄驹贲"传："玄驹也者，蚍（蚁）也。"蚂蚁遇阳气而动，春天出穴爬行。雉（zhì）之晨雊（gòu）：野鸡到了早晨就会鸣叫。"雉"，山鸡，亦叫野鸡。《说文》："雊，雄雉鸣也。"段注："《夏小正》：'正月雷震雉雊。'"蚂蚁、山鸡都是受春气之"化"而动，为政者岂能不对百姓"教"而"化"之？

⑥化：谓"教化"。其：犹"岂"。已：犹"止"，犹言"废止"。

[译文]

有人说："纠正国家的各种不正之风，应当首先抓什么事情？"扬子说："要求各级为政者用自己创造的业绩去带动下属做出成绩。"

又有人说："为政应当首先施行惩戒然后推行教化吗？"扬子说："哎呀！天是秋天先到春天后到，还是春天先到秋天后到啊？我们看见蚂蚁到了春天就会出穴活动，雄雉到了春天就会晨起打鸣，教化怎么可以废止呢？对于百姓，可以让他们多看合乎道德的正面事物，不可以让他们常见违法犯罪的反面典型。多看合乎道德的事物，百姓就会纯朴厚道；

常见违法犯罪的典型,百姓就会胡作非为。"

[按语]

在"正国"问题上,扬雄坚持两点主张:一是强调人君和各级官吏的示范作用("躬工人绩"),二是强调以教化为主要手段的正面教育为主。扬雄认为,不教而诛、先杀后教不仅违背"先春而后秋"的天道,而且多刑滥杀很可能助长百姓犯罪("觌刑则乱")。这是儒家"重德轻刑"的德治思想的充分体现。"躬工人绩"所针对的是官吏"怠政"的问题,"先杀后教"所针对的是官吏"重刑"的倾向。在扬雄看来,要"正国",就得首先解决这两个问题。两个问题的实质,是要求为政者以自身的勤政来改变"在其位不谋其政"的颓靡官风,用"谨教化"来改变滥逞淫威的酷吏作风。

9.11

象龙之致雨①,难矣哉!曰:"龙乎?龙乎?"或问:"政核②?"曰:"真伪③。真伪则政核。如真不真,伪不伪,④则政不核。"

[注释]

①象龙:似龙而非龙者。从上下文的内容看,这是影射西汉末期朝廷政权状况,即"真不真,伪不伪"的情形。哀帝、平帝有皇帝之名而无皇帝之实,王莽有皇帝之实而无皇帝之名。致雨:行云播雨。比喻让皇权惠及天下,即充分发挥皇权("龙")的作用。

②政核:犹言"政权的核心问题"。

③真伪:意为"防止真伪莫辨"。

④真不真:犹言"有其名而无其实"。伪不伪:犹言"无其名而有其实"。

[译文]

要想让似龙而非龙的东西行云播雨，实在是太难啦！扬子感叹道："（不能行云播雨，）还能算是龙吗？还能算是龙吗？"有人问："政权的核心问题是什么？"扬子说："防止真伪莫辨。真伪分明就解决了政权的核心问题。如果执政者有其名而无其实，或者无其名而有其实，那么政权就没有解决核心问题。"

[按语]

能够"致雨"的"龙"才是"真龙"。西汉哀、平二帝都是徒有皇帝之名，因此只是"象龙"。为国家和民众的利益着想，扬雄希望尽早结束这种"真不真，伪不伪"的局面。

这里涉及一个非常敏感的问题：扬雄是否支持王莽篡汉而立？

我的回答是肯定的。主要有以下一些理由：

第一，扬雄在《法言·孝至》篇中充分表达了他对王莽的赞赏与信赖。（请参考《孝至》）

第二，扬雄撰《剧秦美新》绝非出于讨好王莽的卑劣之举。（请见本书《绪论》）

第三，扬雄"因循革化"的哲学观念使他敢于否定封建治统。（见本书《绪论》）

但是，必须加以说明的是，扬雄支持王莽，完全是出于对天下百姓休戚的关心，出于一个胸怀"成圣"志向的儒家知识分子的社会责任感。他说："君人者，务在殷民阜财，明道信义，致帝者之用，成天地之化，使粒食之民粲也、晏也。"而哀、平二帝根本无法"致帝者之用"，使"粒食之民粲也、晏也"。相反，王莽托古改制，"辟雍以本之，校学以教之，礼乐以容之，舆服以表之，复其井、刑，勉人役"（《孝至》），做出了杰出的贡献。

在扬雄看来,人君的"至孝""莫大于四表之欢心"(《孝至·序》);也就是说,能使天下人幸福欢乐,使他对王莽寄托了很大的希望。他不希望王莽做"象龙",他希望尽早结束那种"真不真,伪不伪"的政权形式,让王莽能够"致帝者之用"。

9.12

鼓舞万物者,雷风乎?①鼓舞万民者,号令乎?雷不一,风不再。②圣人,乐陶成天下之化③,使人有士君子之器者也④;故不遁于世,不离于群。遁、离者,是圣人乎?

[注释]

①鼓舞万物者,雷风乎:犹言"促使万物蓬勃生长的,不是雷和风吗"。根据八卦卦象,震卦代"雷",其卦形是☳,意味着"阴胜阳";巽卦代"风",其卦形是☴,意味着"阳胜阴"。打雷常与刮风相伴,意味着"阴阳激荡"。阴阳激荡,则生气蓬勃,故云"鼓舞万物者,雷风乎"。

②雷不一:是说"雷不会一鸣即止"。风不再:是说"风不会同时朝着两个方向吹"。

③陶成:陶冶形成,犹言"造就"。化:风化,即良好的社会风气。

④士君子:士中君子,犹言"素质优良的读书人"或"优秀知识分子"。器:才能。

[译文]

鼓舞万物蓬勃生长的,不是雷和风吗?鼓舞万民奋勇上进的,不是朝廷的号令吗?雷是不会一鸣即止的,风是不会同时朝着两个方向刮的。圣人是乐于造就天下良好社会风气、使人具有士君子才能的人;所以他不会逃避社会,不会脱离民众。逃避社会、脱离民众的人,还能是圣人吗?

[按语]

扬雄以"雷风"为喻，说明朝廷号令应当反复宣传使之深入人心，同时又要防止"政出多门"的现象发生。再好的政策，不通过反复宣传是难以深入人心的；而"政出多门"，又势必会让民众无所适从。

强调圣人对社会的贡献，公开宣示干预社会是圣人的天职。圣人的伟大就在于，不求个人的显达，却把改变不良社会风气、培养对社会有用的优秀人才作为天职而乐于承担。

9.13

雌之不才，其卵毈矣①；君之不才，其民野矣②。

[注释]

①毈（jiǎ）：孵不出雏鸟。

②野：谓"不知礼义"。

[译文]

雌鸟没有本事，它所生的卵也孵不出雏鸟；人君无德无能，他的百姓便不知礼义。

[按语]

儒家历来重视和强调人君的表率作用。孔子说："政者，正也。子（鲁国执政者季康子）帅以正，孰敢不正？"（《论语·颜渊》）孟子也说："君仁，莫不仁；君义，莫不义；君正，莫不正。一正君而国定矣。"（《孟子·离娄上》）荀子更是用形象的比喻说道："君者，仪也；民者，景也。仪正而景正。君者，盘也；民者，水也。盘圆而水圆。"（《荀子·君道》）

扬雄在这里不仅是强调人君的表率作用，更主要的用意是指斥时君（哀、平二帝）的无德无能，表现了自己为时局担忧的焦虑之情。

9.14

或问曰:"载使子草律^①?"曰:"吾不如弘恭^②。""草奏?"曰:"吾不如陈汤^③。"曰:"何为?"曰:"必也,律不犯,奏不剡。^④"

[注释]

①载:假如。

②弘恭:汉宣帝时任中书令,《汉书·佞幸传》说他"明习法令故事,善为请奏,能称其职"。

③陈汤:汉元帝时多次出使西域,曾矫诏击杀匈奴单于,成帝时官任从军中郎将。《汉书·陈汤传》说他"明法令,善因事为势,纳说多从。常受人金钱作章奏,卒以此败"。

④律不犯:是说使民知晓礼义,无人违犯法律。奏不剡(yǎn):是说使人君圣明无过错,臣子奏章中就不会出现讽谏的尖锐言辞。《说文》:"剡,锐利也。"

[译文]

有人问道:"如果让先生草拟法律呢?(你会做得怎么样?)"扬子说:"我不如弘恭做得好。"再问:"如果让你草拟奏章呢?"扬子说:"我不如陈汤做得好。"又问:"那你把什么做得好呢?"扬子说:"如果一定要做的话,我会让法律没有人触犯,奏章不出现尖锐的言辞。"

[按语]

君圣民朴,这是儒家"中和"社会的政治理想。扬雄认为,最高的政治才干,绝不是善于拟订法律条文、撰写言辞优美的奏章,而是能够使人君接受圣人之道成为明君,使百姓接受礼义成为顺民,从而建成充分体现儒家王道政治理想的"中和之政"。扬雄认为自己具有这样的政治才干,这是他"成圣之志"的自然流露。

9.15

甄陶天下者①，其在和乎②？刚则甈③，柔则坏④。龙之潜亢，不获其中矣。⑤是以过中则惕，不及中则跃，⑥其近于中乎？圣人之道，譬犹日之中矣⑦，不及则未，过则昃⑧。

[注释]

①甄陶天下：是说"治理天下的原则就如同制作陶器的原理"。"甄陶"，制作陶器。

②和：谓"谐和适中"，即恰到好处。《中庸》说"发而皆中节谓之和"，是说人无论思想还是行为都要符合法度常理，这就是"和"。

③甈（qì）：破瓦罐。《说文》："甈，破罂也。"陶坯过于刚硬，烧制之后就容易破损，故言"刚则甈"。

④坏："坯"的古字。陶坯过于柔软则无法烧制成形，就只能永远成为陶坯，故言"柔则坏"。

⑤龙之潜亢，不获其中：潜龙、亢龙都没有获得中位。《周易·乾卦》各爻的爻辞是："初九：潜龙勿用。九二：见龙在田，利见大人。九三：君子终日乾乾，夕惕若，厉无咎。九四：或跃在渊，无咎。九五：飞龙在天，利见大人。上九：亢龙，有悔。"乾卦六爻，"初九"居最下，故曰"潜"；"上九"居最上，故曰"亢"。"九二""九五"两爻居中，故云"龙之潜亢，不获其中"。

⑥过中则惕，不及中则跃："九三"在"九二"之上，故曰"过中"；"九三"的爻辞是"夕惕"，故曰"过中则惕"。"九四"在"九五"之下，是为"不及中"；"九四"的爻辞是"或跃在渊"，故曰"不及中则跃"。

⑦日之中：中午的太阳。

⑧昃：日在西方。太阳偏西之后，便渐渐力弱而没落。《说文》："昃，日在西方时侧也。"

[译文]

治理天下的道理就如同制作陶器，大概也在于谐和适中吧？陶坯过于刚硬，陶器就容易破损；陶坯过于柔软，又难以烧制成器。

龙潜藏水中和高飞天上，都是没有获得它理想的中位。因此超过了中位就应当随时警惕，未达到中位又应当努力跳跃，大概就是为了接近中位吧？圣人之道，好比中午时的太阳。没到中午，太阳不会有最大的光明；过了中午，太阳又会渐渐失去光明。

[按语]

"甄陶"之喻，意在说明"和"；"潜亢"之喻，意在说明"中"。合两喻之意，则在说明儒家提倡"中庸之道"、建立"中和之政"的哲学根据。说圣人之道永远是中午的太阳，意在强调圣人之道是绝对真理，"过"与"不及"都不能使它发挥最大的作用。

9.16

什一①，天下之正也。多则桀，寡在貊。②井田之田，田也；③肉刑之刑，刑也。田也者，与众田之④；刑也者，与众弃之。⑤

[注释]

①什一：指"什一税"。儒家认为，十分之一的税率标准是最合理的，《孟子·滕文公上》："夏后氏五十而贡，殷人七十而助，周人百亩而彻。其实皆什一也。"

②桀：夏朝亡国之君，这里代指"暴政"。貊（mò）：通"貊"，古代

泛指北方少数民族,这里代指非中原文明地区的政权。

③井田:中国古代奴隶制社会推行的一种土地制度,其大致内容是:将方九百亩的土地划为"一里",再将"一里"均分为九区;"一里"住八家,每家住一区(有私田100亩),另一区为公田(奴隶主贵族的田)100亩(有说80亩);公田由八家共同耕种,收获全部归奴隶主贵族。儒家认为,这种土地制度不仅解决了土地分配不均的问题,而且农民负担合理,所以极力赞美和提倡"井田制度"。田也:意为"是符合'田'这个字的造字意思的"。扬雄视"田"为象形字,是将土地平均分为几块的意思,故云。

④田之:耕种它。"田"的本义为动词,《说文》:"树谷曰田。""树谷"即耕种。扬雄从文字学的角度解释"田",认为"田"就是与众人一起耕种的土地,无非是为了强调"井田制"的合理性。

⑤刑也者,与众弃之:刑罚,就是与众人一起消除它。这也是从文字学角度解释"刑"字。《说文》:"刑,到也。"段注:"刑者,到颈也,横绝之也。""刑"的本义是杀头,引申之,则为彻底消除的意思。

[译文]

十分之一的税率,是天下最公正的征税标准。超过这个标准的,是暴政的赋税;低于这个标准的,是蛮貉的赋税。

井田制度关于土地的分配,是符合"田"字定义的;肉刑刑罚关于刑罚的条文,是符合"刑"字定义的。所谓"田",就是要让大家都有土地耕种;所谓"刑",就是要使众人都能放弃犯罪。

[按语]

古代的税收,主要用于官吏的薪俸和官府的日常开支。中原地区宫室城郭的建筑修缮、宗庙祭祀、文化教育、官吏薪俸、对外往来等各项开支,都要比所谓"蛮貊"地区的管理经费大得多。所以,扬雄认为,"什一"税率是刚好能够满足中原地区官府正常开支所需经费的税率,是最公正合理的赋税标准;超过了不行,达不到也不行。这是针对老百姓赋税负担过重的现象提出来的。扬雄生活的时代,"厥名三十税一,实什税五也。父子夫妇终年耕耘,所得不足以自存"(《汉书·王莽传》)。王莽改制的内容之一,就是降低征税标准,减轻百姓负担。

扬雄赞赏"井田制度",不仅由于历代圣人对井田制度的充分肯定,更为主要的原因,是出于他对王莽新政的支持和拥护。"复井田"是王莽针对当时土地高度集中、失地农民太多的严重社会问题制定的一项改革措施,他在改制诏令中说:"今更名天下田曰'王田',奴婢曰'私属',皆不得买卖。其男口不盈八而田过一井者,分余田予九族邻里乡党。"(《汉书·王莽传》)恢复井田制就是为了实现"耕者有其田"的目的。

扬雄关于"肉刑"的解说,一方面是为了表达自己"重德轻刑"的观点,另一方面也是对王莽"复其井、刑,勉人役"改革措施的支持和肯定。扬雄认为,以毁伤身体为惩罚手段的"肉刑",可以增加人的畏惧感和羞耻心,从而减少和消除犯罪。

9.17

法无限①,则庶人田侯田②,处侯宅,食侯食,服侯服,人亦多不足矣③。为国不迪其法而望其效④,譬诸算乎?

[注释]

①无限:谓"没有限制性规定"。

②庶人:指没有官爵的平民。富商大贾虽然也是"庶人",但贱而不贫,有的富可敌国;按照封建礼制,这些富可敌国的"庶人"仍然不得享受"侯"(贵族)才能享受的田、宅、食、服。

③人亦多不足:是说"很多人就会对自己的生活待遇不满意"。一说"就会使很多人贫穷"。似以前说为当。

④不迪其法:不用法制去引导。《说文》:"迪,道也。"段注:"道兼道路、引导二训。"

[译文]

如果法度没有限制性规定,那么庶民也可能拥有贵族才该拥有的田地,居住贵族才能居住的宅第,享受贵族才该享受的饮食,穿戴贵族才能穿戴的服饰。(这样一来,)很多人就会不满足于自己的生活了。治理国家不用法制去引导人们而希望取得理想的效果,不就像不遵循计算法则去作计算一样荒谬吗?

[按语]

此处的"法"犹"礼"。"礼"是儒家治国的重要手段,而"礼"的核心内容和重要作用就是"别贵贱",就是维护封建等级制度。荀子说:"人道莫不有辨,辨莫大于分,分莫大于礼。"(《荀子·非相》)又说:"礼者,贵贱有等,长幼有差,贫贱轻重,皆有称者也。"(《荀子·富国》)作为儒学的忠实继承人和维护者,扬雄自然要极力维护封建等级制度的合理性。在今天看来,这似乎是非常荒谬的,但是从封建制度的政治操作层面上考察,封建等级制度又何尝没有它存在的合理性呢?

《重黎》卷第十

序

仲尼以来，国君将相卿士名臣参差不齐①。一概诸圣②，撰《重黎》。

[注释]

①参差不齐：谓各人道德才能的优劣很不整齐。

②一概诸圣：一律按照圣人所定的标准来品评。"概"为平斗斛之器，俗称"斗刮子"。

[译文]

从孔子以来，历朝历代的国君、将帅、国相、卿士和名臣，他们的道德和才能是参差不齐的。我一律按照圣人的要求对他们进行品评，撰《重黎》一卷。

[按语]

本卷品评历史人物近百人，其中不乏独到见解，但也反映了作者的历史局限性。

10.1

或问："南正重司天，北正黎司地，①今何僚也？"曰："近羲近和②。""孰重孰黎?"曰:"羲近重,和近黎。"

[注释]

①南正重司天,北正黎司地:"南正""北正"分别为上古天官、地官名,"重""黎"均为人名。《史记·太史公自序》:"昔在颛顼,命南正重以司天,北正黎以司地。"

②近羲近和:"羲和"为神话中太阳的御者,相传他用六龙为太阳驾车,故《离骚》有"吾令羲和弭节"句。尧、舜时,谓天官曰"羲"、地官曰"和",《尚书·尧典》:"乃命羲、和,钦若昊天,历象日月星辰,敬授人时。"王莽自称虞舜后裔,托古改制时,仍谓天官曰"羲"、地官曰"和"。刘歆兼天官、地官,故《后汉书·律历志》说:"羲和刘歆典领条奏,前史班固取以为志。"

[译文]

有人问:"史书记载'南正重掌管天文,北正黎掌管地理'。这南正、北正相当于现在的什么官?"扬子说:"近似于羲,近似于和。"又问:"哪一个近似于南正重,哪一个近似于北正黎?"扬子说:"羲近似于南正重,和近似于北正黎。"

[按语]

古代职官,同职异名和同名异职现象不少。为了便于品评人物,扬雄以"正名"入题。

10.2

或问:"《黄帝终始》①?"曰:"托也。昔者姒氏治水土②,而巫步多禹③。扁鹊,卢人也,④而医多卢。夫欲雠伪者必假真⑤。禹乎?卢乎?《终始》乎?"

[注释]

①《黄帝终始》：是阴阳家托名为黄帝所著的一部书。该书以五行相生相克的道理来附会王朝的命运，制造了"五德终始"的理论，故该书又名《五德终始》。

②姒（sì）氏：指"禹"。禹姓姒，故谓之"姒氏"。

③巫步多禹：谓"巫祝大多跛行"。传说禹治水劳累辛苦，患偏枯之病，以致足跛，故后世谓跛行曰"禹步"。

④扁鹊，卢人也：扁鹊是战国时名医，原名秦越人；因家在卢国，又名"卢医"。

⑤雠："售"的异文。《集韵》："雠，售或字。"《诗经·邶风·谷风》"既阻我德，贾用不雠"，一本作"贾用不售"。

[译文]

有人问："《黄帝终始》是黄帝写的吗？"扬子说："是假托黄帝的名字。从前大禹治山治水累跛了足，巫祝便大多跛足行走并且托名为'禹步'。名医扁鹊是卢国人，于是很多行医者就冒称卢国人。那些要兜售假货的人，必然会冒用真货的名称。禹步可信吗？卢医可信吗？《黄帝终始》可信吗？"

[按语]

"五德终始论"在汉代是非常流行的，汉初就流行"秦以火德，汉以水德王"的说法。与扬雄同时的刘向在他所制订的《三统历》中更是使这种宿命理论官方化，只是改称"秦为水德，汉以火德王"。扬雄所否定的，绝不仅仅是《五德终始》一书的作者，其锋芒所向完全是"五德终始"这种"皇权天授"的理论本身。早期的儒家不仅坚持以德治天下，也坚持以德得天下，是不承认"君权神授"这套鬼话的。扬雄强调"智"，提倡独

法言

立思考，认为圣人无非是智慧和道行都很卓异的人。所举"禹步""卢医"的事例，就是提醒人们要用理性的眼光审视一切现象，要看到一切作伪行骗者的本质——"欲雠伪者必假真"。

10.3

或问："浑天①？"曰："落下闳营之②，鲜于妄人度之③，耿中丞象之④。几乎几乎⑤！莫之能违也。""请问盖天⑥？"曰："盖哉盖哉！应难未几也⑦。"

[注释]

①浑天：即"浑天说"，也包括根据浑天说制造的观察天象的"浑天仪"。"浑天说"的核心观点是：天和地好像一个硕大无朋的鸡蛋，天是蛋壳，地是蛋黄，天大地小，天包着地；这个巨蛋漂浮在无形的"气"上。这个观点已经比较接近现代的宇宙天体学说，而且比西方人的相同认识要早八九百年。

②落下闳：巴郡阆中人，汉武帝时期的天文学家，"浑天说"的首倡者，并且参与了"浑仪"的研制工作。营之：指参与"浑仪"研制。

③鲜于妄人：汉昭帝时期的天文学家，曾任主历使者，主持考校历法。

④耿中丞：汉宣帝时期的天文学家耿寿昌，尤精算术，曾根据"浑天说"研制"浑象"以观察天象。耿寿昌曾任大司农中丞，故称"耿中丞"。象之：指用图形模拟"浑天说"，即研制"浑象"。

⑤几：精微神妙。《广雅·释诂》："几（幾），微也。"王念孙疏证："《系辞》传云：'几（幾）者，动之微。'《说文》：'几（幾），精详也。'"

⑥盖天：即"盖天说"。"盖天说"是"浑天说"提出之前古人关于天地形状的学说，其核心观点是：人们头上的苍天仿佛一个硕大无比的穹形

斗笠，足下的大地仿佛一个漫无边际的方形棋盘，大"斗笠"笼罩着大"棋盘"。这就是所谓"天圆地方说"。"盖天说"是人们对天地的直观认识，但是早就有人表示质疑，如屈原的《天问》就对"天圆地方"提出了一系列的问题。

⑦应难：应对诘难，犹言"应对质疑"。

[译文]

有人问："浑天说是怎么回事？"扬子说："这是落下闳提出来的天体学说，鲜于妄人也考校过它，耿中丞还用图像模拟过它。这浑天说真够精妙、真够精妙啊！还没有什么现象能违背这个学说的原理。"又问："请问那又该怎么看待盖天说呢？"扬子说："盖天说呀！盖天说呀！在应对别人质疑的时候，它的不够精妙就暴露无遗了。"

[按语]

扬雄最初是深信"盖天说"的。后来受桓谭影响，他下决心研究"浑天说"，从而彻底抛弃了"盖天"理论，还撰写了《难盖天八事》的论文，极力支持"浑天说"。扬雄还将"浑天"理论融入《太玄》一书，使后来的张衡深受启发，从而影响到"浑天仪"和"候风地动仪"的问世。扬雄服从真理的科学精神是非常值得学习的。

10.4

或问："赵世多神①，何也？"曰："神怪茫茫，若存若亡，圣人曼云②。"

[注释]

①赵世：即"秦世"。《史记·赵世家》："赵氏之先，与秦共祖。"故后世学者多以"赵"代"秦"。多神：多神怪传说。汉代流行很多诸如石棺、

金册、宝雉、文马之类的秦代传说。

②圣人曼云：是说"孔子不语怪力乱神"。《论语·述而》："子不语怪、力、乱、神。""曼云"犹"不语"。曼，不、无。

[译文]

有人问："秦代有很多神怪传说，这是怎么回事？"扬子说："神怪之事茫然无考，若有若无，圣人是从来不谈论它的。"

[按语]

扬雄崇尚科学，反对迷信，提倡独立思考，反对轻信传说。扬雄主张"言必有验"，神怪之事虚妄荒诞，故不愿谈及。

10.5

或问："子胥、种、蠡①，孰贤？"曰："胥也，俾吴作乱②，破楚入郢、鞭尸、藉馆，皆不由德；谋越谏齐不式③，不能去，卒眼之④。种、蠡不强谏而山栖⑤，俾其君诎社稷之灵而童仆⑥，又终弊吴⑦，贤皆不足邵也⑧。至蠡策种而遁⑨，肥矣哉⑩！"

[注释]

①子胥：伍子胥，名员，春秋楚国人。楚平王杀子胥父兄，子胥奔吴。后来伍子胥佐吴王阖庐伐楚，攻入楚国郢都后，掘楚平王墓鞭尸三百，又驻军王宫，掠夺楚国君臣妻女。夫差继阖庐为吴王后，决定伐越攻齐以争霸中原，子胥认为不可，极力强谏。越国收买吴国太宰伯嚭，伯嚭诬陷子胥通敌，吴王逼子胥自杀。种、蠡：文种、范蠡。二人共同辅佐越王勾践灭掉吴国后，范蠡劝文种与他一起引退，文种贪恋权位，后为勾践所杀；范蠡功成身退，经商致富，世称"陶朱公"。

②俾吴作乱：使吴国大兴征伐。伍子胥受到吴王阖庐重用，先后兴兵

伐楚、唐、蔡、越等国。"俾"犹"使"。

③谋越谏齐：吴王夫差企图"伐越攻齐"，伍子胥认为，越国可以智取，对齐国不能用兵。不式：不用，指意见不被采纳。"式"犹"用"，《诗经·小雅·南有嘉鱼》"嘉宾式燕以乐"笺："式，用也。"

④眼之：指被吴王赐死事。伍子胥临死前嘱咐其门客："掘吾眼悬吴东门之上，以观越寇之入灭吴也。"事详《史记·伍子胥列传》。

⑤不强谏而山栖：吴王夫差伐越，文种、范蠡主张与吴议和，越王勾践不听，坚持与吴交兵，遂有"夫椒之败"；勾践败后，"乃以余兵五千人栖于会稽之上"。谏而未能坚持到底，故曰"不强谏"。

⑥诎社稷之灵而童仆：指越国蒙受把国家交给吴国管理、宫室男女皆做吴国奴仆的大耻辱。《史记·伍子胥列传》记载："越王勾践乃以余兵五千栖于会稽之上，使大夫种厚币遗吴太宰嚭以请和，求委国为臣妾。""诎"同"屈"。

⑦弊吴：破吴，指灭掉吴国。勾践"夫椒之败"后九年灭吴，杀死夫差。

⑧邵：当作"卲"。《说文》："卲，高也。"引申之，犹言"赞美"。

⑨策：策划。遁：谓"引退"。

⑩肥：谓"大吉"，此处犹言"最佳选择"。《周易·遁卦》："上九：肥，无不利。"

[译文]

有人问："伍子胥、文种、范蠡，哪一个最有德行和才干？"扬子说："伍子胥这个人，使吴国大肆兴兵征伐，打败楚国进入郢都之后，鞭打楚王尸体，霸占楚王宫室，都是不遵循道义的行为；在谋取越国、反对伐齐的谏议不被吴王采纳的时候，又不能审时度势离开吴国，最终被赐死而让人挖掉了眼珠。文种与范蠡则不能冒死强谏而使越王大败之后逃到会稽山上，使其国君让宗庙神灵蒙羞而自身为奴，因此尽管他们最终帮助越王灭掉了吴国，但是他们的才德仍然是不值得赞赏的。至于范蠡能够策划文种同他一起隐退，这倒是他做得最正确的一件事啊！"

[按语]

在扬雄看来，伍子胥为了报私仇，不惜借吴国之兵残害父母之邦，尤其是鞭打楚王尸体，霸占楚王宫室这样的"犯上"行为，都是不符合封建道德的；至于他的被赐死，则是他不能审时度势造成的。这跟一般人把伍子胥视为大孝、大智、大勇的英雄是完全不同的。至于扬雄把越国的"夫椒之败"归咎于文种、范蠡的"不强谏"，则是他坚持封建伦理使然。唯一被他肯定的是范蠡的功成身退，因为这既符合孔子"危邦不入，乱邦不居"（《论语·泰伯》）的择仕原则，更与扬雄全身远祸的处世之道相一致。

10.6

或问："陈胜、吴广？"曰："乱①。"曰："不若是则秦不亡。"曰："亡秦乎？恐秦未亡而先亡矣。"

[注释]

①乱：谓"扰乱天下"。

[译文]

有人问："应当怎样评价陈胜、吴广？"扬子说："扰乱天下。"问者说："不如此秦朝就不会灭亡。"扬子说："是他们使秦朝灭亡的吗？恐怕秦朝还没有灭亡而他们就先灭亡了。"

[按语]

扬雄不能对陈胜、吴广起义做出正面的评价，主要有两个原因。第一，基于他对封建等级制度的维护，认为起义是对礼制的最大破坏，其负面影响远远大于其正面作用。第二,扬雄认为秦朝的灭亡,是因为"秦之法度负圣人之法度。秦弘违天地之道,而天地违秦亦弘矣"(《法言·寡见》)。毋庸讳言,扬雄在对陈胜、吴广起义的评价上,具有相当的唯心史观成分,表现出了很大的历史局限性。

司马迁说:"陈胜虽已死,其所置遣侯王将相竟亡秦,由涉首事也。"更热情地说"一夫作难而七庙堕",还将这位"氓隶之人"列入与诸侯相当的《世家》,充分地肯定了陈胜、吴广首倡灭秦的历史功绩。在品评历史人物所坚持的观念和所使用的方法上,司马迁比扬雄要客观得多,也进步得多。

10.7

或问:"六国并①,其已久矣。一病一瘳②。迄始皇,三载而咸③。时激,地保,人事乎?④"曰:"具。""请问事?"曰:"孝公以下,强兵力农以蚕食六国,事也。""保?"曰:"东沟大河⑤,南阻高山⑥,西采雍梁⑦,北卤泾垠⑧。便则申,否则蟠。⑨保也。""激?"曰:"始皇方斧⑩,将相方刀;六国方木,将相方肉。激也。"

[注释]

①六国并:是指"战国群雄兼并"。"六"非实指,理由是:战国七雄争霸局面始于秦庄襄王元年(前249)楚灭鲁,距秦王政(秦始皇)即位(前246)仅三年时间,距秦始皇统一天下(前221)也仅28年时间,不得言"其已久矣"。

②一病一瘳(chōu):是说"各国胜负无定",即互有胜负。病愈曰"瘳",犹言"胜"。

③三载而咸:是说"数年之间就统一了天下"。"三"非实指,因为始皇即王位到统一天下,经历了整整25年时间。"咸"犹"全部",是说天

下全部归秦所有。

④时激：即"时徼"，谓"天时徼幸"，犹言"遇上了成功的机会"。"激"通"徼"。地保：犹"地佑"，谓"地势的帮助"，犹言"地理环境有利"。人事：谓"人的谋划"或"人的努力"。

⑤东沟大河：东面有大河（黄河）作为沟堑。

⑥南阻高山：南面有高山（秦岭）作为险阻。

⑦西采雍梁：西面有雍都、梁城作为采邑。"雍"春秋时为秦国都城，在今陕西宝鸡市凤翔区南。"梁"在今陕西韩城市南，西周时梁国都城，后为秦所灭。

⑧北卤泾垠：北面以卤县泾水为边界。《说文》："卤，西方碱地也。安定有卤县。"《尚书·禹贡》"泾属渭汭"孔颖达疏："泾水出安定泾阳县西岍头山。""垠"谓"边界"。

⑨申：犹"伸"，犹言"向外扩张"。蟠：蟠曲，犹言"回防固守"。

⑩方：通"仿"，谓"仿佛"。

[译文]

有人问："战国群雄兼并，已经很久了。其间或强或弱、互有胜负。但是到了秦始皇即位以后，数年时间就统一了天下。这是因为秦始皇侥幸遇到了时机，还是因为秦国拥有足以自保的地理环境，或者是因为秦国人善于谋事呢？"扬子说："这三种原因都有。"问者说："请问秦人怎么善于谋事？"扬子说："自秦孝公以来，秦国就不断加强军事力量，努力发展农业生产，凭借自己实力逐步侵吞六国土地。这就是秦人善于谋事。"再问："什么是秦人足以自保的地理环境？"扬子说："秦国的东面有黄河作为沟堑，南面有秦岭作为险阻，西面有雍都、梁城作为采邑，北面以卤县泾水为其边界。时机有利时便向外扩张，不利时便回防固守。

这就是秦国足以自保的地理环境。"又问:"为什么说秦始皇侥幸遇到了时机呢?"扬子说:"(经历了长期群雄兼并之后,)秦始皇仿佛大斧,他的将相仿佛利剑;而六国之君仿佛木头,他们的将相仿佛鱼肉。这就是秦始皇的侥幸。"

[按语]

扬雄关于秦始皇统一天下的原因的分析,是比较客观的。三个原因,"事"第一,"保"第二,"激"第三,也是符合历史事实的。

10.8

或问:"秦伯列为侯卫①,卒吞天下,而赧曾无以制乎②?"曰:"天子制公、侯、伯、子、男也,庸节③。节莫差于僭④,僭莫重于祭,祭莫重于地⑤,地莫重于天。则襄、文、宣、灵,其兆也⑥。昔者襄公始僭,西畤以祭白帝⑦;文、宣、灵宗兴鄜、密、上、下⑧,用事四帝。而天王不匡,反致文、武胙。⑨是以四疆之内,各以其力来侵,攘肌及骨⑩,而赧独何以制秦乎?"

[注释]

①秦伯:犹言"秦君""秦国"。秦襄公以平定犬戎之乱勤王有功,被周平王封为秦伯,后世秦君皆为"秦伯"。列:犹言"位次"。侯卫:犹言"藩臣",即护卫天子的臣仆。古代按距离天子京都的远近,将一国地方分为王畿、侯服、甸服、男服、采服、卫服、蛮服、夷服、镇服九等,每"服"之间相距五百里。"服"表示与天子的亲疏关系。

②赧(nǎn):指周赧王,周朝末代天子,前314年至前256年在位。曾:竟然。

③庸节:使用礼节。"庸"同"用"。

④差：差错。僭（jiàn）：超越本分。指冒用地位在自己之上的人的名号、礼仪、器物等行为。

⑤祭莫重于地：祭祀最重要的莫过于祭祀的地名、地点。如"畤"，这是天王（周天子）祭祀天地和五方神的祭坛，而秦襄公在受封秦伯建立秦国之后，"自以为主少皞之神，作西畤，祀白帝"（《史记·封禅书》）。故扬雄说："襄公始僭。"

⑥其兆：诸侯僭越礼节的先兆。

⑦西畤（zhì）以祭白帝："白帝"为天上五方之帝的西方帝，秦君西方，"自以为主少皞之神"，故建"西畤以祭白帝"。按周代礼节，天子才能设祭天、地、五帝，诸侯只能祭祀其封域内的名山大川。

⑧文、宣、灵宗：秦文公，襄公子，于前765年继位。秦宣公，德公子、穆公兄，于前675年继位。秦灵公，怀公子，于前424年继位。兴鄜（fū）、密、上、下：据《史记·封禅书》记载，秦文公建鄜畤时郊祀白帝，秦宣公建密畤时以祭青帝，秦灵公建吴阳上畤以祭黄帝、建吴阳下畤以祭炎帝。

⑨匡：纠正。致文、武胙："胙"是古代祭祀时供献给神主的肉，"文、武胙"是祭祀周文王、周武王时的祭肉。按照周礼，天子宗庙的祭肉只能赐给同姓诸侯。秦君不与天子同姓，故不应当受赐"文、武胙"。《史记·周本纪》记载："显王九年，致文、武胙于秦孝公。"

⑩攘肌及骨：剔取肌肉直到骨头。比喻诸侯对周天子权力的侵夺到了无以复加的地步。

[译文]

有人问："秦国只是个三等爵位的藩国，最终居然吞并了天下，难道周赧王就没有办法控制得了它吗？"扬子说："天子控制大大小小的诸侯，用的是礼节。礼节上的差错莫过于僭越，最严重的僭越莫过于祭祀，祭祀最重要的莫过于祭祀的地名，祭祀地名的重要莫过于僭越天子的同姓。照此说来，那么秦国的襄公、文公、宣公和灵公，就已经有僭越礼节的先兆了。从前秦襄公最先僭越礼节，修筑西畤以祭祀白帝；其后秦文公筑鄜畤、秦宣公筑密畤、秦灵公先后筑上畤下畤，用来祭祀白帝、青帝、黄帝和炎帝。然而周天子不仅没有对秦国的僭越行为加以制止，反而将姬姓诸侯才配接受的天子宗庙祭肉赏赐给秦孝公。因此周朝疆域以内的各国诸侯，便都使用自己的武力来侵夺天子，仿佛要剜其肌肉直至骨头。这样一来，周赧王哪里还有力量来制止秦国的吞并呢？"

[按语]

扬雄认为，姬周政权的最终灭亡，其重要原因是天子纵容以秦为代表的各国诸侯僭越礼制的行为。这种认识不是没有道理，但并不完全正确。应当追究的是，自周平王以下的各代周天子，为什么会纵容诸侯僭越礼制？西周时期，为什么没有诸侯敢于僭越礼制？套用时下的说法，难道不正是"用实力说话""落后就要挨打"吗？

10.9

或问："嬴政二十六载天下擅秦①，秦十五载而楚，楚五载而汉。五十载之际而天下三擅②，天邪？人邪？"曰："具。周建子弟③，列名城④，班五爵⑤，流之十二⑥。当时虽欲汉，得乎？六国蚩蚩⑦，为嬴弱姬，卒之屏营⑧，嬴擅其政，故天下擅秦。秦失其猷⑨，罢侯置守⑩，守失其微⑪，天下孤睽⑫。项氏暴强⑬，改宰侯王⑭，故天下擅楚。擅楚之月，有汉创业山南⑮，发迹三秦⑯，追项山东⑰，故天下擅汉。天也。""人？"曰："兼才尚权⑱，右计左数⑲，动谨于时⑳。人也。天不，人不因㉑；人不，天不成。"

[注释]

①天下擅秦：即"天下擅于秦"，谓"天下政权被秦国所专有"。下文中的"而楚""而汉"，犹言"而天下擅于楚""而天下擅于汉"。

②五十载：概略言之，实为四十六载。三擅：为三个人所专有。或说谓"三嬗"，发生三次变化。

③周建子弟：谓"周朝实行诸侯分封制度"。

④列名城：犹"裂名城"，谓"将天下名城分给子弟"。"列"通"裂"。

⑤班五爵：分五等爵位，即按与周天子血缘远近和功劳大小分为公、侯、伯、子、男五等爵位。《说文》："班，分瑞玉。"

⑥流之十二：流变至十二个诸侯国。周初分封时有诸侯国若干，到了春秋中期，便只有鲁、宋、齐、晋、郑、卫、陈、蔡、秦、楚、燕、曹十二个较大的诸侯国了。

⑦蚩（chī）蚩：犹"痴痴"，即"非常愚蠢"。《释名·释姿容》："蚩，痴也。"

⑧卒之屏营：终于到了惊慌失措的地步。《集韵》："屏营，犹彷徨也。"

⑨猷：谋略，犹言"周密思考"。《尔雅·释诂》："猷，谋也。"

⑩罢侯置守：谓"废除诸侯分封，实行郡县制度"。

⑪微：谓"明断"，即正确处理公务的能力。《广雅·释诂》："微，明也。"

⑫孤睽：谓"孤立无援，人心涣散"。"睽"，离也，《后汉书·马融传》"睽孤刲刺"注："睽，离也。"

⑬暴强：很快强大起来。

⑭改宰侯王：犹"改制侯王"，即"改秦郡县制，实行分封制"。《广雅·释言》："宰，制也。"

⑮创业山南：创业于终南山（秦岭）之南。项羽封刘邦为汉王，治所

是汉中，汉中在秦岭以南。

⑯发迹三秦：在三秦大地上蓬勃发展壮大。"三秦"指秦关中地区。项羽破秦入关之后，三分关中之地，将它们分别赏给秦的三位降将（司马欣、董翳、章邯），故称关中大地曰"三秦"。后来楚汉相争，刘邦出兵关中，消灭了司马欣、董翳、章邯，将"三秦"大地作为与项羽争夺天下的根据地，故云"发迹三秦"。

⑰山东：指崤山以东。楚汉相争初期，刘邦仅有"三秦"之地，项羽拥有崤山以东（原战国时六国）的大片土地。

⑱兼才：拥有各种人才。谓善于得到人才为己所用。尚权：崇尚权谋。谓非常讲究谋略。

⑲右计左数：谓凡事认真权衡利弊。

⑳动谨于时：行动慎择时机。

㉑不因：犹"不成"，不会获得成功。《说文》："因，就也。""就"犹"成"。

[译文]

有人问："秦王嬴政用二十六年时间使天下政权为秦国所专有，秦朝统治天下十五年而天下政权就专属于楚，楚统治天下仅五年而天下政权就专属于汉。五十年之间，而天下政权分别为三人所专有。这是由于天意呢？还是由于人事？"扬子说："既是天意，也是人事。当初周天子分封诸侯的时候，将天下名城连同土地分给子弟和功臣，并且将他们分为公、侯、伯、子、男五等，后来这众多的诸侯流变为十二个。那时候即使有人想建立汉朝这样的政权，办得到吗？战国时的六国愚蠢极了，他们的相互争斗是在为秦国削弱周天子的力量，最终弄得大家惊慌失措，让秦始皇专有了他们的政权，所以天下会专属于秦。秦始皇在治国谋略上发生失误，废除分封设置郡县，郡守县令失其明断，以致天下孤立无援而人心涣散。项羽的势力突然强大之后，便改行诸侯分封，所以天下政权又专属于楚。在天下政权专属于项羽的同时，汉王也在终南山以南创立了与项羽争夺天下的基业，并且消灭了秦地三王而发展壮大起来，接着出兵崤山以东追击项羽，所以天下政权才专属于汉。天下政权的这种交替，都是天意。"又问："那么'人事'又该怎样理解呢？"扬子说："广泛延揽人才，非常讲究谋略，认真权衡利弊，行动慎择时机。这就是人事。不符合天意的事情，人事的努力是不会成功的；不尽够人事的努力，符合天意的事情也是不会成功的。"

[按语]

我们不妨把扬雄所谓的"天"理解为社会历史发展的规律或者方向，"人"当然是指既能把握历史发展规律并且具有充分准备的一切人为因素。在扬雄看来，秦始皇、项羽和刘邦都是在一定历史条件下顺应了历史发展方向和做出了一定努力，所以才都能"擅天下"。至于"擅天下"时间的长短，则同样是由"天"和"人"两个因素决定的。

10.10

或问："楚败垓下①，方死，曰：'天也！'谅乎②？"曰："汉屈群策③，群策屈群力。楚憿群策而自屈其力④。屈人者克，自屈者负。天曷故焉？"

[注释]

①垓（gāi）下：在今安徽省灵璧县附近。

②谅：犹"信"，犹言"果真（如此）"。《说文》："谅，信也。"

③屈：谓"竭尽"。《荀子·王制》："使国家足用而财物不屈。"注："屈，

竭也。"这里用作使动。

④憞（duì）：犹"怨"，这里是"讨厌""拒绝"的意思。《说文》："憞，怨也。"

[译文]

有人问："楚霸王在垓下被打得大败，临死前说道：'这是天要亡我！'果真是天要亡楚吗？"扬子说："汉高祖使群臣竭尽全力出谋划策，群臣的计策又使众将士各尽其力。而楚霸王总是拒绝群臣的计谋而使自己耗尽力量。能够使众人为自己竭尽全力的人必然会取得胜利，刚愎自用使自己耗尽力量的人必然会遭到失败。这跟天意有什么关系呢？"

[按语]

项羽失败的原因，司马迁归结为："背关怀楚，放逐义帝而自立，怨王侯叛己，难矣。自矜功伐，奋其私智而不师古。谓霸王之业，欲以力征经营天下。"（《史记·项羽本纪》）

概括地说，刘邦胜利的原因是"兼才尚权"和"群策群力"，项羽失败的原因是"自矜功伐，奋其私智"。司马迁和扬雄一致认为，亡楚绝非"天意"，纯属"人事"。这跟"五德终始说"所宣扬的秦为水德、汉为火德、汉高祖"以火德王"的论调相比较，二人的历史发展观无疑是唯物的。

扬雄从来不相信"五德终始"的鬼话，他总是能够客观冷静地审视每一个历史人物和历史事件。因为他从来没有把个人的休戚荣辱掺杂到对现实和历史的人物和事件的品评中去，这是他高尚的人格，也是造成他悲剧的原因之一。

10.11

或问："秦、楚既为天典命矣①，秦缢灞上②，楚分江西③，兴废何速乎？"曰："天胙光德而陨明忒④。昔在有熊、高阳、高辛、唐、虞、三代⑤，咸有显懿⑥，故天胙之为神明主⑦，且著在天庭⑧。是生民之愿也，厥享国久长⑨。若秦、楚强阋震扑⑩，胎藉三正⑪，播其虐于黎苗⑫。子弟且欲丧之，况于民乎！况于鬼神乎！废未速也。"

[注释]

①典命：主掌国命，即掌握天下政权。

②秦缢灞上：谓"秦朝的灭亡"。刘邦破秦入关后驻军灞上，秦王子婴以白色绶带系颈、乘素车白马赴灞上投降。"缢"谓绶带系颈。"灞上"在今西安市南。

③楚分江西：谓"项羽之死"。项羽在垓下自刎死后，其尸体被汉军分为五块。长江在安徽至江苏镇江的一段，北岸古称"江西"或"江右"，南岸称"江东"或"江左"。垓下在北岸，故称"江西"。

④天胙光德：老天赐福给光大德行的人。《说文》："胙，祭福肉也。"引申之，"胙"犹"福"，用作动词犹言"赐福"。陨明忒（tè）：使公然作恶的人失败。"忒"谓"差错"，此处犹言"罪过"。

⑤有熊……三代：分别指"黄帝、颛顼、帝喾、尧、舜、禹、汤、周文武"等古代圣王。

⑥显懿：显著的美德与善政。

⑦神明主：犹言"圣明的君主"。《淮南子·兵略训》："见人所不见谓之明，知人所不知谓之神。神明者，先胜者也。"

⑧著在天庭：意为"成为著名的帝王"。"天庭"犹"朝廷"，这里指众多帝王聚集之所。沈佺期《奉和洛阳玩雪应制》："洒瑞天庭里，惊春御苑中。"

⑨厥：犹"就""便"。表示连接因果的副词。

⑩强阋(xì)震扑：意为"激烈争斗而暴虐其民"。《说文》："阋，恒讼也。""讼，争也。""强阋"谓长期争战不休。"震扑"谓狠狠打击。"震"谓雷霆，言其暴烈。"扑"谓不停杖击，《通俗文》："连杖曰扑。"

⑪胎藉三正：谓"破坏三统"。"胎藉"即"跆藉"。"跆藉"意为"践踏"，犹言破坏、违背。"三正"亦叫"三统"，即人统、地统、天统。据《尚书大传·略说》，夏正建寅，以夏历正月为岁首，是为"人统"；殷正建丑，以夏历腊月为岁首，是为"地统"；周正建子，以夏历冬月为岁首，是为"天统"。秦始皇统一天下以后，宣布秦正建亥，以夏历十月为岁首。楚仍秦历，亦以十月为岁首。故谓秦楚"胎藉三正"。

⑫黎苗：犹"黎民"。《广雅·释诂》："苗，众也。"

[译文]

有人问："秦、楚既然都是为天主宰天下命运，可是秦王子婴系颈自缚到灞上投降，霸王项羽垓下自刎后被人分尸，他们的灭亡为什么这样迅速啊？"扬子说："天赐福给光大德行的人，而让公开作恶的人遭到灭亡。从前黄帝、颛顼、帝喾、尧、舜、夏禹、成汤和周文王、周武王在位的时候，都有显著的美德和善政，所以天赐福给他们，使他们成为圣明的君主，并且成为众多帝王中最著名的帝王。这都是民众的愿望，于是天让他们享有长久的国祚。而像秦、楚那样，倚仗武力长期争斗不休，随意践踏'三正'道统，对民众全面实行暴政。因此，即使是他们的子弟也想让他们灭亡，何况是广大民众呢！更何况是鬼神呢！他们的灭亡不算迅速啊！"

[按语]

儒家主张以礼乐治天下，提倡仁政与德政。而秦、楚凭借武力夺得天下之后，废礼乐，施暴政，确实不得人心。扬雄将秦、楚与儒家所崇尚的历代圣王相比较,其目的是强调礼乐与仁政对巩固封建政权的重要性。尽管这样的比较未必客观,但是作者对王道政治的憧憬、对天下百姓疾苦的关切之情总是洋溢在字里行间,让人无法不为作者忧国忧民的精神所感动。

10.12

或问:"仲尼大圣,则天曷不胙?"曰:"无土。""然则舜、禹有土乎①?"曰:"舜以尧作土,禹以舜作土。②"

[注释]

①舜、禹有土乎:裂土分封始于周武王,故舜、禹均未做过诸侯,也就未曾"有土"。

②舜以尧作土,禹以舜作土:谓尧、舜禅让,使舜、禹有天下。故尧为舜"作土",舜为禹"作土"。孟子曾解释孔子"天曷不胙"的原因说:"匹夫而有天下者,德必若舜、禹,而又有天子荐之者。故仲尼不有天下,继世以有天下。"(《孟子·万章上》)孟子的意思是,孔子虽然有舜、禹之德,但是由于夏朝实行"父死子继"的家天下制度以后,孔子就失去了舜、禹那样"匹夫而有天下"的机遇了。

[译文]

有人问:"既然孔子是伟大的圣人,那么天为什么不赐福给他让他成为圣王呢?"扬子说:"因为他没有领地。"又问:"要这么说的话,那舜和禹原先有领地吗?"扬子说:"舜是将尧的天下作为领地,禹是将舜的天下作为领地。"

[按语]

儒学以孔子之学为宗,视"圣"与"王"为一体。而在儒家所崇尚和宣扬的"圣人"中,周公名义上不是"王",却是代王摄政者;只有孔子,

"大圣"而不"王"。针对第11章"天昨光德"和"天昨之为神明主"之说,故拟问者云:"仲尼大圣,则天曷不昨?"

扬雄强调机遇对成就一个人事业的重要性。这里的"机遇"包含两层意思:一是"时",一是"人"。舜、禹赶上了那个兴"禅让"的时代,又遇到了尧、舜那样的"圣人",所以才能"匹夫而有天下"。孔子不可能遇上这样的时代和圣人了,所以"大圣"而不"王"。

扬雄借孔子之生不逢时,发泄自己生不逢时的愤懑。他在《解嘲》中,借"客嘲扬子"之说与"扬子笑而应之",尽情地流露了自己经邦济世的伟大抱负,也毫无掩饰地发泄了自己生不逢时的痛苦与愤懑之情。他非常向往和羡慕战国时代的读书人,他说:"士无常君,国无定臣;得士者富,失士者贫。矫翼厉翮,恣意所存;故士或自盛以橐,或凿坏(墙壁)以遁。是故邹衍以颉亢而取世资,孟轲虽连蹇,犹为万乘师。"他对自己的仕途升迁,不抱任何希望,他说:"言奇者见疑,行殊者得辟(罪),是以欲谈者宛舌而固声,欲行者拟足而投迹。乡(向)使上世之士处乎今,策非甲科,行非孝廉,举非方正……又安得青紫?"

10.13

或问:"圣人表里①?"曰:"威仪、文辞②,表也;德行、忠信③,里也。"

[注释]

①表里:谓"外表与品德"。

②威仪:谓"庄重的仪容"。《法言·问道》:"貌重则有威。"文辞:谓"优美的言辞"。"文"谓修饰,修饰使之美也。

③德行:谓"有道德、重实践"。德现于行,以戒口是而心非。忠信:

谓"教人以善、诚信不欺"。《孟子·滕文公上》："教人以善谓之忠。"《说文》："信，诚也。"

[译文]

有人问："圣人具有什么样的外表与品德？"扬子说："庄重的仪容，优美的言辞，这是圣人的外表；谨遵道德，注重实践，教人以善，诚信不欺，这是圣人的品德。"

[按语]

这里的"圣人"专指孔子。一个人的言行举止，决定于他的道德修养，即外美决定于内美。在扬雄看来，孔子的外美和内美都是非常完美的。

10.14

或问："义帝初矫①，刘龛南阳，项救河北，②二方分崩，一离一合③。设秦得人，如何？"曰："人无为秦也，丧其灵久矣④。"

[注释]

①义帝：项梁所立故楚怀王孙，名心，初名"楚怀王"，后被项羽尊为"义帝"。矫：犹言"托付"。

②刘龛南阳，项救河北：指秦二世三年，楚怀王心命刘邦西征入关、项羽北伐救赵。刘邦西征，"略南阳郡"是关键一役，故云"刘龛南阳"，"龛"犹攻取。赵国在黄河北岸，故云"项救河北"。

③一离一合：犹"时离时合"。

④灵：犹"命"，指天意和民心。

[译文]

有人问："义帝当初托付高祖攻取南阳、项王北伐救赵的时候，刘、项双方分崩离析、貌合神离。假设秦朝当时能够用人得当，局势将会怎样?"扬子说:"已经不会有人为秦朝出力了,因为它早就丧失天意和民心了。"

[按语]

在扬雄看来,秦朝用严刑峻法治理天下、用焚书坑儒钳制人们思想,人心早就丧失殆尽。依据"得民心者得天下,失民心者失天下"的朝代更替规律,秦朝的速亡是无法避免的。

10.15

韩信、黥布皆剑立南面称孤①,卒穷时戮②,无乃智乎③?或曰:"智则无名,如何?"曰:"名者,谓令名也。忠不终而躬逆④,焉攸令⑤?"

[注释]

①韩信:辅佐刘邦夺得天下的大功臣,先后被刘邦封为齐王、楚王和淮阴侯。由于功高震主,为刘邦所疑忌;加以自负轻慢,后附和陈豨谋反,事发被擒,被处以"夷灭三族"的极刑。黥布:本名"英布",因曾受黥刑,又称"黥布"。黥布原为楚将,以大功被项羽封为九江王;后叛楚归汉,被刘邦封为"淮南王"。韩信、彭越被杀,英布震恐,终致起兵反汉,兵败被处以极刑。剑立:犹"以剑立",即凭借武力建立功勋。

②卒穷时戮:最终受尽当时的酷刑。《汉书·刑法志》载:"汉兴之初,虽有约法三章,网漏吞舟之鱼,然其大辟,尚有夷三族之令。令曰:'当三族者,皆先黥、劓,斩左右趾,笞杀之,枭其首,菹其骨肉于市。'……彭越、韩信之属皆受此诛。"

③智:通"智",义同"昧",犹言"愚昧"。《说文》:"智,尚冥也。"段注:"汉人智、昧通用。"

法言 | 273

④躬逆：谓"自己造反"。

⑤焉攸令：犹言"哪里来的令名"。"攸"犹"所"，"焉攸"即"何所"，何处也。

[译文]

韩信、黥布都是凭着武功成为王侯的，他们最终受尽了当时的酷刑后被杀害，不是太愚昧了吗？有人说："他们如果愚昧就不会有那么大的名声了，怎能说他们愚昧呢？"扬子说："所谓名声，应当是指美好的名声。他们不仅不能忠诚到底，反而自己起来造反，还哪里会有美好的名声呢？"

[按语]

黥布、韩信两人的一生都极具戏剧性，都是悲剧式的英雄。司马迁对黥布持完全否定的态度，说"项氏之所坑杀人以千万数，而布常为首虐。功冠诸侯，用此得王，亦不免于身为世大僇"（《史记·黥布列传》）。而对韩信却是基本肯定的，他说："假令韩信学道谦让，不伐己功，不矜其能，则庶几哉于汉家勋可以比周、召、太公之徒，后世血食矣。"（《史记·淮阴侯列传》）

扬雄不加区别地以"愚昧"论定二人，这是因为扬雄所坚持的是儒学道德标准，而司马迁所用的是历史家论定功过是非的标准。很显然，后者的品评要客观得多。

10.16

或问："淳于越①？"曰："伎、曲②。""请问？"曰："始皇方虎挐而枭磔③，噬士犹腊肉也④。越与亢眉⑤，终无桡辞⑥，可谓伎矣。仕无妄之国⑦，食无妄之粟，分无妄之桡⑧，自令之间而不违⑨，可谓曲矣。"

[注释]

①淳于越：战国齐人，后为秦始皇博士，反对郡县制度，主张恢复周朝分封制度。事见《史记·秦始皇本纪》。

②伎：通"驳"，谓"刚强"。《广雅·释诂》："驳，强也。"曲：谓"委曲"，此处意为"委曲求全"。

③虎挒（liè）而梟磔（zhé）：像老虎、鹰隼一样（将肉）撕裂。比喻凶狠残暴。"挒"谓撕裂。"磔"本谓"车裂"，此处亦"撕裂"之意。

④腊（xī）肉：干肉。腊亦作"昔"，《说文》："昔，干肉也。"

⑤亢眉：意为"当面反对"。

⑥桡辞：绕弯子的话。《说文》："桡，曲木也。"段注："引申为凡曲之称。"

⑦无妄：谓"无可望"，犹言"祸福难料"。

⑧桄：通"耀"，意为"荣耀"（说见朱骏声《说文通训定声》卷七"桄"字条）。

⑨自令：犹"令己"，即"使自己美好"，犹言"独善其身"。违：谓"背他而去"，犹言"离开"。

[译文]

有人问："淳于越这个人怎么样？"扬子说："既刚强直率，又能委曲求全。"又问："请问具体表现在哪里？"扬子说："正当秦始皇像猛虎、鹰隼撕裂猎物一样地对待天下百姓，像咬啮干肉一样地坑杀儒生的时候，淳于越敢于当面反对秦始皇的郡县制度，而且始终没有绕弯子的言辞，真可谓刚强直率的了。淳于越在一个祸福难料的国家做官，享受着祸福难料的俸禄，分享着祸福难料的荣耀，在这样的环境中独善其身而没有离开，真可谓委曲求全的了。"

[按语]

扬雄赞赏周朝的诸侯分封政体，因此对反对郡县制、主张分封制的淳于越给以充分肯定。在秦始皇的暴虐统治下，淳于越敢于逆龙鳞直陈已见，其胆略是令人钦敬和值得肯定的。但是，从淳于越反对郡县制的理由竟然是"今陛下有海内，而子弟为匹夫""事不师古而能长久者，非所闻也"来看，正好反映了儒学思想的保守性和顽固坚持封建等级制度的落后性特点。

10.17

或问："茅焦历井干之死①，使始皇奉虚左之乘②。蔡生欲安项咸阳③，不能移，又亨之，④其者未辩与⑤？"曰："生舍其木侯而谓人木侯⑥，亨不亦宜乎？焦逆讦而顺守之⑦，虽辩，蔺虎牙矣⑧。"

[注释]

①茅焦：战国时齐人，后任秦始皇客卿。秦始皇发现其母与嫪毐私通并阴谋作乱之后，车裂嫪毐，迁其母于萯阳宫，并且诏告群臣："敢以太后事谏者杀。"群臣因进谏而被杀者二十七人，被杀者尸体在宫阙下堆积得像井栏一样。茅焦冒死进谏，喻以利害，使秦始皇醒悟，立即派车驾迎接太后归咸阳。事见刘向《说苑·正谏》。井干：井栏。死：通"尸"。

②虚左之乘：古代的车驾，尊者居左，保镖居右，驾车者居中。这是迎接太后回宫的车乘，故让左边的车位空出来。

③蔡生欲安项咸阳：蔡生想谏阻项羽对咸阳的烧杀。《史记·项羽本纪》记载，项羽引兵西屠咸阳，杀秦降王子婴，烧秦宫室，火三月不灭。有人为了使项羽停止对咸阳的烧杀，劝项羽定都咸阳，谁知项羽竟说"富贵不归故乡，如衣绣夜行，谁知之者"。"说者"愤极之下居然用"人言楚人沐猴而冠耳，果然"来回击项羽，于是项羽命人烹杀了"说者"。关于"说者"

《史记》仅曰"人",《汉书》曰"韩生",扬雄则谓之"蔡生"。

④移:谓"使他改变主意"。亨:通"烹"。

⑤其者:有人说与"其诸"同,意犹"或者"(见陶鸿庆《读诸子札记》十四);有人说"者"为衍文(见《法言音义》)。今从《音义》说。

⑥舍:犹"不",谓"没有察觉"或"没有看到"。木侯:同"沐猴"。沐猴即猕猴。

⑦讦(jié):指责别人过失。顺守:谓"顺其意而自守",即顺着秦始皇对母亲尚存的一点孝心和秦始皇知道违背孝道将会产生的后果这个思路去劝谏,因此能够保全自己。

⑧劘(mó):本义为"切削",此处犹言"摸弄"。

[译文]

有人问:"茅焦穿过像井栏一样纵横交错的死人堆去冒死直谏,终于使秦始皇驾着空出尊位的车子去迎母回宫。而蔡生企图使项羽停止对咸阳的烧杀,却不仅没有使项羽改变主意,反而被项羽所烹杀。这或许是因为蔡生不善言辞吧?"扬子说:"蔡生没有看到自己像沐猴一样愚蠢,却指责别人像沐猴,被项羽烹杀不也是自取其祸吗?茅焦敢逆龙鳞指责始皇,却又能顺着始皇性子而得以自保,虽然是他善于言辞,可也真像抚弄虎牙一样危险啊!"

[按语]

秦始皇之迁母于萯阳宫,颇类郑庄公之迁母于城颍。故茅焦之谏始皇,犹颍考叔之谏庄公,都是以己之纯孝,使君王存人子之大孝。以其不悖人之常情,故虽逆龙鳞而不违人情。儒家以孝为"仁"之本,所谓"孝悌也者,其为仁之本与!"(《论语·学而》)孟子也说"亲亲,仁也"(《孟子·尽心上》);《中庸》说"仁者,人也,亲亲为大"。正是基于这样的道理,加上茅焦能够"逆讦而顺守之",所以扬雄对茅焦予以充分的肯定。

扬雄对"蔡生"的行为毫不赞许,不仅因为蔡生有大勇而无大智,更主要的,是认为蔡生不能审时度势。扬雄历来反对"为不可为于不可为之时"。在扬雄看来,以项羽自负骄横的性格,要想让他停止对咸阳的烧杀,无异于与虎谋皮。所以他说蔡生"舍其木侯而谓人木侯",认为蔡生实在是太愚蠢了。

10.18

或问:"甘罗之悟吕不韦①,张辟强之觉平、勃②,皆以十二龄,戊、良乎③?"曰:"才也。戊、良不必父祖④。"

[注释]

①甘罗之悟吕不韦:"甘罗"是秦国名将甘茂之孙。《史记·樗里子甘茂列传》记载,秦上卿张唐拒绝吕不韦要他到燕国为相的安排,使吕不韦感到非常为难。十二岁的甘罗不仅替吕不韦说服了张唐,而且主动请求出使赵国游说赵王,使秦拱手而得十一城。"悟"谓"解难",用作为动。

②张辟强之觉平、勃:"张辟强"是西汉开国功臣张良之子。《史记·吕太后本纪》记载,张辟强发现吕后在汉惠帝死时哭而无泪,便提醒丞相王陵:吕后有篡权野心。王陵将此事告诉了右丞相陈平和太尉周勃,使陈平、周勃做好了后来"诛诸吕"的准备。"觉"用作使动,意为"使……警觉"。

③戊、良:甘茂、张良。"戊"通"茂"。

④戊、良不必父祖:意思是说:既然甘茂、张良都不是因为他们的父亲祖父才能杰出而成为杰出人才的,那么甘罗、张辟强的杰出才能也就不会是出于他们的父亲祖父的指点。

[译文]

有人问:"甘罗为吕不韦排忧解难,张辟强使陈平、周勃警惕吕后,都是才只有十二岁。不会是甘茂、张良给他们出的主意吗?"扬子说:"是他们自己的杰出才能。就如同甘茂、张良并不是因为父亲或祖父的原因而才能杰出一样。"

[按语]

甘罗、张辟强都是中国历史上杰出人才早慧的典型。扬雄对他们的赞赏,除了强调人才的重要之外,不乏寄寓自己对儿子扬信早夭的痛惜之情。《太平御览》卷三八五引《刘向别传》载:"扬信,字子乌,雄第二子。幼而聪慧。雄算《玄经》不会,子乌令作九数而得之。雄又拟《易》'羝羊触藩',弥日不就,子乌曰:'大人何不云荷戟入榛?'"事见《法言·问神》:"育而不苗者,吾家之童乌乎?九龄而与我《玄》文。"

10.19

或问:"郦食其说陈留下敖仓①,说齐罢历下军,何辩也!韩信袭齐,以身脂鼎,②何讷也③?"曰:"夫辩也者,自辩也④;如辩人,几矣。⑤"

[注释]

①郦食其(lì yì jī):陈留高阳(今河南杞县)人,刘邦早期的重要谋士。他劝说刘邦智夺陈留、攻取敖仓,又劝说齐王田广撤去历下守军,为刘邦破秦入关立下汗马功劳。事见《史记·郦生陆贾列传》。

②韩信袭齐,以身脂鼎:淮阴侯韩信嫉妒郦食其"伏轼下齐七十余城",为了谋害郦食其,在郦食其已经劝降齐王田广的时候,竟然发兵袭击齐国,使齐王误以为郦食其欺骗自己,于是烹杀了郦食其。"以身脂鼎"谓郦食

其被烹杀事。

③何讷也：为什么说话那么笨拙。郦食其生性狂傲，当齐王田广对他说"汝能止汉军，我活汝，不然，我将烹汝"的时候，他竟然对田广说"而公不为若更言"（你老子我不会替你改口劝他韩信的）。

④自辩：为自己辩理。这是就"辩"的字义来解释"辩"，《说文》："辩，治也。从言在辡之间"。又："辩，罪人相与讼也。"所谓"相与讼"，就是各自为自己开脱责任而分辩说理。

⑤辩人：为别人辩理，即替别人游说。几：危险。《左传·宣公十二年》"利人之几，而人之乱"杜注："几，危也。"

[译文]

有人问："郦食其在劝说汉王智夺陈留、攻取敖仓的时候，以及劝说齐王撤除历下驻军的时候，是何等的能说会道！而当韩信袭击齐国，齐王要将他投鼎烹杀的时候，为什么郦食其就笨嘴拙舌了呢？"扬子说："所谓'辩'，应当是为自己开脱责任辩说理由；如果是替别人去游说辩说，就很危险了。"

[按语]

扬雄主张征伐和治国都应当用"圣人之法"，反对靠"辩"（游说）术取悦人主，并且认为这是很冒险的行为。扬雄主张明哲保身，认为"辩"就应当为自己开脱责任免于受祸。郦食其在遭受韩信陷害的时候，竟然不能为自己开脱责任保全性命，所以扬雄一点也不赞赏郦食其的才能。

10.20

或问："蒯通抵韩信①，不能下，又狂之②。"曰："方遭信闭③，如其抵④！"曰："巇可抵乎⑤？"曰："贤者司礼⑥，小人司巇，况衬键乎⑦？"

[注释]

①蒯通：秦汉之际的策士，本名蒯彻，《史记》《汉书》避汉武帝讳均作"蒯通"。蒯通以善辩著称，而且长于权变，为武信君武臣谋，夺燕赵三十余城；为淮阴侯韩信谋，平定齐地。后劝说韩信叛汉自立，韩信不听，遂装疯避祸。抵：犹"推"。《广雅·释诂》："抵，推也。"此谓推动韩信叛汉自立。

②狂之：使自己狂，即"装疯"。

③闭：谓"大门紧闭"，喻君臣亲密无间。蒯通说韩信叛汉自立时，韩信以"汉遇我厚，吾岂可见利而背恩乎"拒之。

④如其抵：犹"如何其抵"，犹言"怎么推得开他紧闭的大门"。

⑤巇（xī）：同"罅"，缝隙。"抵巇"是战国策士们惯用的离间之计，使君臣之间产生嫌隙，相互猜疑。《鬼谷子·抵巇》："巇者，罅也。罅者，涧也。涧者，成大隙也。"

⑥司：通"伺"，犹言"等待时机"。《说文新附》："伺，候望也。"

⑦挦键：即"挦楗"，拍打门户之楗（插闩），犹言"撬锁"，喻盗窃行为。《淮南子·齐俗训》："故有大路龙旌旗羽盖垂緌，结驷连骑，则必有穿窬挦楗抽箕踰备之奸。"

[译文]

有人问："蒯通推动韩信叛汉自立，却未能说动韩信，还被迫装疯以保全自己。（先生怎样看待这件事啊？）"扬子说："蒯通正好遇到韩信与高祖亲密无间的时候，他怎么推得开呢！"又问："如果君臣之间有嫌隙，就可以推开吗？"扬子说："贤者等待合乎礼义的机会，小人等待君臣有嫌隙的机会，何况这是像盗窃一样的行为呢？"

[按语]

在扬雄看来，蒯通与其他策士一样，无非是玩弄"抵巇"的手段以达到投机钻营的目的，这是"小人"的行为。而企图要韩信叛汉自立，这是唆使韩信窃取别人的江山，那是为道义所不容许的。扬雄主张"贤者司礼"，反对为了达到个人的目的而不择手段。他在王莽篡位时，众多"谈说之士用符命称功德获封爵"的时候，仍然不为名利所动，就是他坚持"贤者司礼"处世原则的具体表现。

10.21

或问："李斯尽忠①，胡亥极刑②，忠乎？"曰："斯以留客至作相，用狂人之言③，从浮大海④，立赵高之邪说⑤，废沙丘之正⑥，阿意督责⑦，焉用忠？""霍⑧？"曰："始元之初⑨，拥少帝之微⑩，摧燕、上官之锋⑪，处废兴之分⑫，堂堂乎忠，难矣哉！至显，不终矣。⑬"

[注释]

①李斯（？~前208）：战国末期楚国上蔡人，曾师从荀子，后入秦为吕不韦舍人；以《谏逐客书》受到秦始皇赏识，于是帮助秦始皇消灭六国统一了天下，由官廷尉直至丞相。李斯事秦二十余年，帮助秦始皇统一天下、确立郡县制度、制定禁书令、统一文字和度量衡，为巩固秦始皇政权做了大量的事情，故有"尽忠"之说。

②胡亥：即秦二世。胡亥为赵高、李斯所立，后被赵高所杀。极刑：指胡亥对李斯处以腰斩咸阳市中的极刑。

③狂人之言：指徐市（亦作"徐福"）、侯生、卢生等方士关于"不死之药"的谎话。

④从浮大海：指听从秦始皇派方士浮大海寻仙问药。扬雄认为，李斯

身为丞相,对秦始皇听信方士浮海寻仙问药的行为应当谏阻,方为"尽忠"。

⑤立赵高之邪说:指没有制止赵高在始皇和二世面前所出的那些坏主意。"立"用作使动。

⑥废沙丘之正:指改变秦始皇传位于公子扶苏的遗诏。秦始皇于在位的三十七年出游历数月之久,返京途中死于"沙丘平台"(今河北省平乡县东北)。李斯令秘不发丧,又听从赵高改立胡亥为帝的主意。

⑦阿意督责:曲意迎合胡亥大肆杀戮宗室诸公子的"督责"令。秦二世元年,胡亥听从赵高建议,"乃行诛大臣及诸公子",以致"六公子戮死于杜",公子将闾"昆弟三人皆流涕拔剑自杀,宗室振恐","群臣谏者以为诽谤,大吏持禄取容"。时李斯尚在相位,故扬雄认为他是"阿意督责"。

⑧霍:指"霍光"。霍光(前?~前68),汉武帝时初为奉车都尉,后以大司马大将军受武帝遗诏,辅佐即位时年仅八岁的昭帝。昭帝崩,无嗣。霍光初立昌邑王刘贺为帝,后因刘贺荒淫昏乱,遂改立刘询,是为宣帝。霍光秉政二十年,政事上没有什么过错;但其族党满朝,权倾内外,尤其是其妻霍显骄横跋扈,为使女儿立为宣帝皇后,竟指使人毒杀许皇后。宣帝亲政以后,以谋反罪将霍氏一族全部处斩。

⑨始元:汉昭帝的第一个年号。

⑩微:谓年纪幼小。

⑪摧燕、上官之锋:昭帝初立,燕王刘旦勾结左将军上官桀、骠骑将军上官安,串通昭帝姐姐鄂邑长公主等谋反;霍光及时挫败了这次谋反的阴谋。

⑫处废兴之分:指废昌邑王刘贺、立宣帝刘询事。

⑬至显,不终:有两种理解,一说是指"霍光地位显贵到了极点,却不得善终";一说是指"霍光对其妻女族人缺乏管束,未能把忠君的责任

坚持到底"。结合上下文语气,似以第二说为当。

[译文]

有人问:"李斯对秦王朝竭尽忠诚,却被胡亥处以极刑,他是忠臣吗?"扬子说:"李斯以一个被留用客卿的身份官至丞相,竟然听任秦始皇采用方士的谎言,听从秦始皇一次次地派方士浮游大海寻仙问药,使赵高的坏主意一次次蛊惑人主,置秦始皇立扶苏为帝的沙丘遗诏于不顾,甚至曲意迎合胡亥屠戮宗室和大臣的'督责'令。他哪里有一点忠臣的样子?"又问:"霍光是忠臣吗?"扬子说:"始元初年,霍光拥戴年幼势弱的昭帝,摧毁了燕王勾结上官桀等人谋反的阴谋,又正确处理了废昌邑王、立皇曾孙为帝的废立大事。这堂堂正正的一片忠心,实在是难能可贵啊!但是他在妻子霍显的事情上疏于管教,其忠心就不够彻底了。"

[按语]

严格地说,李斯与霍光之间是没有可比性的。李斯辅佐秦始皇创统一天下之大业,其功甚巨,岂霍光谨遵汉武帝遗诏佐昭、宣二帝建守成之业可比?但扬雄不论二人功之大小,仅自"忠"义言之,似又不无道理。"忠"者,敬也,竭诚于君事也。李斯之勤于君事,非出于敬而欲荣其身;居丞相之位而少谏诤之言,又与赵高合谋废扶苏而立胡亥;秦之二世而亡,李斯难辞其咎。以此观之,李斯既不"敬",亦不"诚",谓之不忠,可也。然而扬雄非议李斯的原因不全在于此。在扬雄看来,李斯从荀卿读儒家之书,却以法家诡奇苛峻之术为秦争天下;秦既得天下,身为丞相的李斯,不仅不谏始皇以仁德治天下,反而首倡焚书之议以愚天下百姓;秦之暴政,李斯难逃帮凶的责任。

司马迁认为,如果李斯不是"不务明政以补主上之缺,持爵禄之重,阿顺苟合,严威酷刑,听高邪说,废适(嫡)立庶"的话,那么"斯之功且与周（公）、召（公）列矣"（《史记·李斯列传》）。因为如此，所以扬雄不议"功"而议"忠"，可谓得之。

10.22

或问："冯唐面文帝，得廉颇、李牧不能用也。①谅乎②？"曰："彼将有激也。亲屈帝尊信亚夫之军③，至颇、牧，曷不用哉？""德④？"曰："罪不孥⑤，宫不女⑥，馆不新⑦，陵不坟⑧。"

[注释]

①冯唐面文帝，得廉颇、李牧不能用也：据《史记·张释之冯唐列传》记载，汉文帝时，云中郡守魏尚因为报功时错报了六颗敌人的首级而被撤职、削爵。魏尚被撤职以后，匈奴猖獗起来令文帝非常忧虑。冯唐借文帝召问的机会，极力夸赞廉颇、李牧的军事才能，文帝拍着大腿感叹说："吾独不得廉颇、李牧时为吾将，吾岂忧匈奴哉！"于是冯唐指出朝廷"赏太轻，罚太重"的弊端，并用话激文帝："陛下虽得廉颇、李牧，弗能用也。"使文帝幡然醒悟，重新起用魏尚为云中太守。

②谅：可信。《说文》："谅，信也。"又《方言》："众信曰谅。"

③亲屈帝尊信亚夫之军：据《史记·绛侯周勃世家》记载，匈奴大举进犯，周亚夫率兵驻守细柳营抗击匈奴。汉文帝前往细柳营劳军，竟被守营军士挡住，理由是："将军约：军中不得驱驰。"文帝不仅没有发怒，还自觉地率着马慢慢地从侧门进入军营。"信"通"伸"。

④德：是说"文帝的德政还有哪些表现"。

⑤罪不孥：犹"罪不及孥"，谓父母犯罪不罚及子女。实际上，汉文帝主张取消一切"连坐"之罚，并于孝文皇帝元年十二月"除收孥诸相坐律令"，即废除一人有罪，其家人被收为奴隶以及其他相连坐的法令。见《史

记·孝文本纪》。

⑥宫不女：谓"不让宫女老死宫中"。《史记·孝文本纪》："遗诏曰：归夫人以下至少使。"

⑦馆不新：谓"所居宫室从未装饰翻新"。《史记·孝文本纪》："孝文帝从代来，即位二十三年，宫室苑囿狗马服御无所增益。"

⑧陵不坟：不把陵墓垒得很高。谓汉文帝提倡薄葬，《史记·孝文本纪》："治霸陵，皆以瓦器，不得以金银铜锡为饰，不治坟。""坟"谓墓上的垒土。《礼记·檀弓》："古也墓而不坟。"注："土之高者曰坟。"

[译文]

有人问："据说冯唐当面讽谏文帝，说他即使得到像廉颇、李牧一样的将才也不能任用。这话可信吗？"扬子说："那是冯唐的激将方法。文帝能够委屈自己帝王的尊严去伸张周亚夫的军威，遇到廉颇、李牧一样的将才，怎么会不重用呢？"又问："文帝的德政还表现在哪些地方？"扬子说："处罚罪犯不搞株连，不让宫女老死宫中，不让修治装饰宫殿，提倡薄葬不垒高坟。"

[按语]

汉文帝是中国历史上为数不多的仁君与明君。其躬行节俭以省赋敛，尤其是"不治坟"的开明之举，堪称帝德之最。最为儒家推崇的三代圣王的德政多不可考，而汉文帝的仁君之德和明君之风却是有据的。

扬雄以纳冯唐之谏和"亲屈帝尊信亚夫之军"，盛赞文帝明君的风范；继以废株连、归宫女、馆不新、陵不坟四事，盛赞文帝仁君的德政。扬雄对汉文帝的热情赞美，充分体现了他对儒家圣王政治理想的热烈追求。

10.23

或问:"交①?"曰:"仁②。"问:"余、耳③?"曰:"光初④。""窦、灌⑤?"曰:"凶终。"

[注释]

①交:谓"交友之道"。

②仁:谓"友爱相处和乐于助人"。《论语·雍也》:"仁者,己欲立而立人,己欲达而达人。"

③余、耳:陈余、张耳。陈余、张耳都是魏国大梁人,两人早年互相倾慕,结为刎颈之交。两人一起遭通缉而改名换姓藏匿民间,又一起投奔陈胜义军共同辅佐陈胜攻城略地,后来又一起拥立武臣、赵歇为王,直到陈余为将、张耳为相。但是,在后来秦汉之际的复杂形势下,两人由于争权夺势,竟至于互相攻杀,最后以张耳投奔汉王刘邦斩杀陈余告终。事见《史记·张耳陈余列传》。

④光初:犹言"最初的交情还是值得肯定的"。

⑤窦、灌:窦婴、灌夫。窦婴、灌夫都是汉景帝的重臣,后来都因为与武安侯田蚡结怨而失势。由于共同的利害关系,窦婴、灌夫互相联合起来与田蚡抗衡。两人势力不敌田蚡,竟被田蚡设计谋害,结果灌夫罪至灭族,窦婴罪至弃市。故谓之"凶终"。事见《史记·魏其武安侯列传》。

[译文]

有人问:"结交朋友应当坚持什么原则?"扬子说:"坚持仁爱之心。"再问:"应当怎样评价陈余、张耳之间的交情?"扬子说:"他们最初的交情还是值得肯定的。"又问:"应当怎样评价窦婴、灌夫之间的交情?"扬子说:"他们相互勾结与人为敌,招致双双被杀的大祸"。

[按语]

陈余、张耳是朋友反目成仇以致相互残害的典型，窦婴、灌夫是朋友相互勾结与人为敌招致杀身之祸的典型。前者是以势利相交，后者是以意气相交。虽然二者相交的感情基础很不相同，但结果却是一样的——都是以失败告终。

扬雄认为，以利交与以气交都难免构怨致祸，唯有坚持以仁爱之心与人相交，才能避免交友不慎可能出现的灾祸。有仁爱之心，则为人宽厚、待人宽容。为人宽厚则不与人结怨，待人宽容则难招人怨恨。远怨恨，身自安。

古训有"君子之交淡如水"，俗谚云"淡淡相交得久长"，都无非是诫人切勿"相交以利"。彼此都不是为利而来、不是为利而往，其交往则无害矣。

10.24

或问："信？"曰："不食其言。""请人？"曰："晋荀息①，赵程婴、公孙杵臼②，秦大夫鼗穆公之侧③。"问："义？"曰："事得其宜之谓义④。"或问："季布忍⑤，焉可为也？"曰："能者为之，明哲不为也。"或曰："当布之急，虽明哲如之何？"曰："明哲不终项仕⑥，如终项仕，焉攸避？"

[注释]

①荀息：晋献公的大夫，公子奚齐的太傅。奚齐是晋献公宠妃骊姬所生。骊姬为了使奚齐继位，先是设计害死世子申生，后又逼走公子重耳、夷吾。献公临死时将奚齐托付给荀息，要他拥立奚齐继位，并问荀息说："寡人闻'士之立身，忠信为本'。何以谓之忠信？"荀息回答："尽心事主曰忠，死不食言曰信。"后来大夫里克劝说荀息改变拥立奚齐的主意，荀息说：

"我既以忠信许先君矣,虽无益,敢食言乎?"奚齐后来被里克等人所杀,荀息便要触柱而死。事见《左传·僖公四年》。

②程婴、公孙杵臼:二人都是春秋晋国人,同为大夫赵朔门客。赵朔遭权奸屠岸贾陷害,获灭门之罪。二人答应赵姬拯救赵氏遗孤赵武,设下计谋:用程婴儿子与赵武调包,救下赵武由程婴扶养成人;公孙杵臼将假赵武藏匿家中,由程婴去告发,让屠岸贾搜走假赵武,公孙杵臼因此被杀。事见《史记·赵世家》。

③秦大夫:指秦穆公时的大夫奄息、仲行、鍼虎兄弟三人。据说三人曾允诺为秦穆公殉葬,穆公死,兄弟三人皆自杀以殉。凿:通"族",谓灭族以殉葬。子车氏之三子皆自杀以殉,故为"灭族"。《南史·齐废帝纪》:"先是……永明世,市里小儿以铁相击于地,谓之'斗凿'。'凿'之为言'族'也。至是宗室族灭矣。"

④事得其宜:做自己应该做的事情。《释名·释言语》:"义,宜也,裁制事物使合宜也。"

⑤季布:楚人,项羽猛将,曾数困刘邦。刘邦灭楚之后,悬赏千金缉捕季布。为逃避刘邦追捕,季布曾假扮刑徒,并卖身给朱家为奴。后得朱家相助引见汝阴侯滕公,由滕公向刘邦陈情,季布不仅得以赦免,而且被刘邦拜为郎中。汉惠帝时,季布为中郎将、河东郡守。汉文帝要他做御史大夫,季布婉辞。季布重死,受辱而不羞,故谓之能"忍"。季布守信用,楚人有"得黄金百斤,不如得季布一诺"的谚语。

⑥明哲不终项仕:明白事理就不该一直追随项羽。

[译文]

有人问:"怎样才叫作守信用?"扬子说:"不违背对别人的承诺。"问者说:"请举出具体的人来。"扬子说:"晋国的大夫荀息,赵朔的门客程婴、公孙杵臼,秦大夫子车氏弟兄灭族为秦穆公殉葬。"又问:"怎样做才算是义呢?"扬子说:"做的是自己应该做的事情,这样才能算是义。"又有人问道:"像季布那样忍辱贪生的事情,哪能做呢?"扬子说:"能够那样做的人就做,明白事理的人是不会那样做的。"问者说:"遇到季布那样的急难,即使明白事理又能怎样呢?"扬子说:"明白事理就不该一直追随项羽,如果一直追随项羽,他哪能躲得过急难呢?"

[按语]

扬雄将"信""义""明哲"放在一起来讨论,是有他深沉的用意的。"信""义"属于道德层面,而"明哲"属于智慧层面。即使同属于道德层面的"信""义"也有轻重之分。"信"是很表面化的概念,只要"不食其言"都可以谓之"信"。单就这一方面说,荀息、程婴、公孙杵臼、子车氏之三子、季布等人都具有"信"的美德。但是,比"信"更重要的是"义"。"义"强调的是是非问题,是需要做出正确选择的,"信"而不"义",也是不值得称道的。扬雄之所以在举例说明"信"之后,紧接着就讨论"义",并且没有对"不食其言"的几个人表示褒贬,就是为了让人们去考虑他们是否都是"事得其宜"。扬雄之所以在讨论"信""义"之后,插入"季布忍"一问,就是为了强调"明哲"的重要性。

扬雄在《法言·问明》序中特别申说:"明哲煌煌,旁烛无疆,逊于不虞,以保天命。"扬雄并不鄙视季布的忍辱贪生,故云"能者为之"。扬雄为季布感到惋惜的是季布选错了主子而且一直追随到底,以至于不得不"忍"。因此,"明哲"关乎人生道路的选择,这才是最关紧要的大事情。

10.25

或问:"贤[①]?"曰:"为人所不能。""请人?"曰:"颜渊、黔娄、四皓、韦玄②。"问:"长者③?"曰:"蔺相如申秦而屈廉颇④,栾布之不涂⑤,朱家之不德⑥,直不疑之不校⑦,韩安国之通使⑧。"

[注释]

①贤:道德或才能非常杰出的人。《六书故》:"贤,货贝多于人也。引申之,则德行道艺逾人者谓之贤。"故扬雄以"为人所不能"释之。

②颜渊:孔子非常赏识颜渊,因为颜渊具有"一箪食,一瓢饮,在陋巷,人不堪其忧,回也不改其乐""好学,不迁怒,不贰过""不违仁"等别人难以做到的优秀品质。黔娄:春秋末期鲁国人。据皇甫谧《高士传》记载,齐、鲁之君都曾备厚礼聘请黔娄为其卿相,黔娄均拒绝不受。他被视为安贫乐道的"高士"。四皓:指秦末高士东园公、绮里季、夏黄公、甪里先生。四人避秦时乱一起隐居商山,皆高寿,须发尽白,时人谓之"商山四皓"。汉初,刘邦召"四皓"入朝做官,均不应召。后来刘邦欲废太子,吕后用张良计迎"四皓"入朝辅佐太子,使刘邦打消了废太子的念头。韦玄:即韦玄成。韦氏一家世代大儒,其父韦贤汉昭帝时为五经博士,宣帝时官至丞相,封扶阳侯。玄成继修父业,元帝时官至丞相。据传载,其父韦贤死,为了让其兄袭受父爵,玄成佯装疯癫以避,被世人传为美谈。事见《汉书·韦贤传》。

③长(zhǎng)者:为人恭谨厚道自尊自重的人。《韩非子·诡使》:"重厚自尊,谓之长者。"

④申秦而屈廉颇:犹"申秦而屈于廉颇",即"敢于申斥秦王却对廉颇表示屈服"。事见《史记·廉颇蔺相如列传》。

⑤栾布之不涂:一本作"栾布之不倍",谓"栾布不忘报人恩德"。据《史记·季布栾布列传》记载,栾布与彭越为贫贱之交,后来彭越佐刘邦灭楚被封为梁王,栾布则成为燕王臧荼部将。臧荼谋反失败被杀,栾布成为俘

虏。彭越向刘邦求情并出钱为栾布赎罪，还让栾布做了梁大夫。再后来彭越谋反被夷三族，彭越被枭首于洛阳城下，刘邦诏谕："有敢收视者辄捕之。"栾布不顾禁令，竟然公开祭奠彭越并伏尸痛哭，并因此险遭烹杀。

⑥朱家之不德：谓"朱家救人不图报答"。朱家是秦汉时期的大游侠，司马迁说他"振人不赡，先从贫贱始。……专趋人之急，甚己之私。既阴脱季布将军之厄，及布尊贵，终身不见也"。事见《史记·游侠列传》《史记·季布栾布列传》。"不德"，不认为是恩德。

⑦直不疑之不校：谓"直不疑不与人计较金钱名利"。直不疑，汉文帝时人，历官文、景、武帝三朝，官至御史大夫，封塞侯。其"不校"的事例如：同舍者有人误拿了别人的钱回家，失主怀疑是直不疑窃其钱财，直不疑不仅不为自己辩白，反而买金偿还失主；后来误拿钱财的人回来以后，将钱财退还失主，令那位"亡金者大惭"。又如：有人妒忌直不疑貌美而诬蔑他跟嫂子有奸情，他也不辩解；其实他连哥哥都没有，哪来什么嫂子？事见《史记·万石张叔列传》。

⑧韩安国之通使：韩安国，字长孺，初事梁孝王刘武，后官至汉景帝御史大夫。梁孝王是汉景帝同母弟，很受其母窦太后偏爱。梁孝王倚仗母亲偏爱，在其封国干了很多僭越礼法的事，弄得弟兄关系非常紧张，窦太后也甚感忧虑。韩安国作为梁孝王使臣进京，在景帝面前极力为梁孝王辩解，使景帝消除了对梁孝王的怨恨。事见《史记·韩长孺列传》。

[译文]

有人问："怎样才称得上贤人？"扬子说："能做到一般人所不能做到的事情的人。"问者说："请举出具体的人来。"扬子说："就像颜渊、黔娄、商山四皓和韦玄成那样的人。"又问："什么样的人才称得上长者呢？"扬子说："像蔺相如那样，敢于申斥秦王却忍受廉颇的挑衅；像栾布那样，甘冒生命危险也不忘报答彭越的恩德；像朱家那样，为人排忧解难却从不希图别人的报答；像直不疑那样，从不计较别人对自己的误会甚至诬蔑；像韩安国那样，竭尽全力沟通汉景帝与梁孝王之间的感情。"

[按语]

对一般人来说，最难做到的莫过于放弃对权势和名利的追求。因其难能而可贵，所以能够做到的便是"贤人"。其实，人生最大的考验就是两件事：生死和名利。扬雄珍爱生命，强调"明哲保身"，不主张"杀身以成仁"，所以他的"贤人"标准不包括舍生忘死的内容。这是一个很值得研究和讨论的问题。

至于扬雄所称许的"长者"风范，则属于儒家的传统道德规范，如蔺相如的顾全大局、栾布的知恩必报、朱家的乐于助人、直不疑的不与人计较和韩安国的不辱使命等。

10.26

或问："臣自得①？"曰："石太仆之对②，金将军之谨③，张卫将军之慎④，丙大夫之不伐善⑤。""请问臣自失⑥？"曰："李贰师之执贰⑦，田祁连之滥帅⑧，韩冯翊之诉萧⑨，赵京兆之犯魏⑩。"或问："持满⑪？"曰："扼［欹］⑫。"

[注释]

①自得：使自己有所得，意为"对自己有益"。

②石太朴之对：石庆曾官汉武帝太仆（给皇帝驾车的官），故谓之"石太仆"。有一次石庆为汉武帝驾车外出，武帝突然问他"车中几马"；石庆没有立即回答，而是用马鞭指着马一个一个地数，数完之后举手回答说"六马"。这就是所谓"石太仆之对"。

③金将军之谨：金日䃅本是匈奴休屠王太子，降汉后以其忠诚谨慎被汉武帝授以侍中驸马都尉、车骑将军，成为武帝近臣。金日䃅在汉武帝身边数十年，"目不忤视"、屡辞封赏，"其笃慎如此，上尤奇异之"。武帝临崩，嘱霍光与金日䃅共辅年幼的汉昭帝。事见《汉书·霍光金日䃅传》。

④张卫将军之慎：张安世历仕汉武、昭、宣三朝，宣帝时授卫将军、两宫卫尉，故谓之"卫将军"。张安世以处事谨慎周密著称，与霍光定策废昌邑王、立汉宣帝，以功劳卓著拜大司马、领尚书事。《汉书》记其"职典枢机，以谨慎周密自著，内外无间。每定大政，已决，辄移病出；闻有诏令，乃惊，使吏之丞相府问焉。自朝廷大臣莫知其与议也"。又谓"尝有所荐，其人来谢，安世大恨，以为举贤达能，岂有私谢邪"？事见《汉书·张汤传》。

⑤丙大夫之不伐善：丙吉，汉武帝时任廷尉右监，宣帝时官至御史大夫、丞相。在"卫太子事件"中，尚不满周岁的皇曾孙亦被囚禁狱中。时任廷尉监的丙吉选择两名女犯轮流乳养皇曾孙，并且每日亲自查验，不准有丝毫虐待。昌邑王被废后，丙吉又奏记霍光，建议立皇曾孙为帝，是为宣帝。《汉书·丙吉传》谓"吉为人深厚，不伐善。自曾孙遭遇，吉绝口不道前恩，故朝廷莫能明其功也"。"伐善"谓夸耀自己的功劳。

⑥自失：使自己有所失，意为"对自己有害"。

⑦李贰师之执贰：汉武帝为了得到大宛国贰师城的良马，于"太初元年，以（李）广利为贰师将军，发属国六千骑及郡国恶少年数万人以往"。李广利在征伐大宛的战役中，患得患失，多次损兵折将，曾以"道远，多乏食……人少，不足以拔宛"为借口请求武帝允许退兵，被武帝拒绝。汉武帝征和三年，李广利率师七万骑伐匈奴，兵败后投降匈奴，后为匈奴所杀。"执贰"指李广利带兵伐宛之役。事见《汉书·张骞李广利传》。

⑧田祁连之滥帅：汉宣帝本始二年，宣帝任命御史大夫田广明为祁连将军，与范明友、赵充国、韩增、田顺共五路兵马夹击匈奴。战斗中，田广明有意避开匈奴主力，后又未经朝廷允许、也不同其他四路统帅商议而擅自撤兵，致使其他四路人马也只好半途折回。事发，田广明下狱自杀。事见《汉书·宣帝纪》和《汉书·酷吏传》。"滥帅"谓滥行主帅职权。

⑨韩冯翊之诉萧：汉宣帝年间，萧望之迁御史大夫，由原东海太守韩延寿接任萧望之左冯翊。萧望之妒忌韩延寿声望超过自己，便弹劾韩延寿在东海郡任内有虚耗钱粮情节。韩延寿知道后，也四处搜集萧望之在左冯翊任内的不法事实并上书弹劾。谁知办案人见萧望之正得宣帝信任，便只言萧望之被诬而奏韩延寿有罪。宣帝下诏将韩延寿处死。事见《汉书·韩延寿传》。"诉"谓告发。

⑩赵京兆之犯魏：汉宣帝时，京兆尹赵广汉因私怨杀死同乡荣畜，被人告发后，事归丞相魏相查办。赵广汉得知魏相府中有婢女自杀，便诬告婢女自杀是魏相夫人胁迫所致，企图以此要挟魏相。谁知魏相不惧要挟，赵广汉竟带人进入相府审讯魏相夫人。后来查清相府婢女系负罪被逐而羞愤自杀，与魏相夫人无关，于是赵广汉以"妄杀无辜，鞫狱失实"罪被处腰斩。

⑪持满：犹"止满"，即"防止自满"。《释名·释姿容》："持，跱也，跱之于手中也。"《疏证补》引《尔雅》："跱，止也。"

⑫扼：五臣注本作"扼欹"，今从之。"扼"谓扼守，犹言"严格控制"。"欹"为古代宥坐之器，《荀子·宥坐》："吾闻宥坐之器者，虚则欹，中则正，满则覆。"欹器之用在于"守中"，既不能"虚"也不能"满"。因自满以致覆败者，岂少也哉？故当以"中正"为是。

[译文]

有人问:"做臣子的怎样才能对自己有益?"扬子说:"要像石太仆那样十分恭敬地对待君王的询问,像金将军那样十分谨慎地侍奉君王,像张卫将军那样谨慎周密地履行职责,像丙大夫那样从不夸耀自己的功德。"

又问:"请问做臣子的怎样就会对自己有害?"扬子说:"像贰师将军李广利率师伐宛那样患得患失,像祁连将军田广明攻伐匈奴那样擅作主张,像左冯翊韩延寿告发萧望之那样同僚互毁,像京兆尹赵广汉冒犯魏相那样挟嫌报复。"

有人问:"怎样才能防止自满?"扬子说:"像控制宥坐的欹器那样坚守中正之道。"

[按语]

扬雄从"明哲保身"的角度论述为臣之道,所以将石庆、金日䃅作为事君恭谨的成功典型,将张安世作为处事缜密的成功典型,将丙吉作为不居功自傲的成功典型。李广利的失败,在于他太多的私心杂念;田广明的失败,在于他滥用职权擅作主张;韩延寿的失败,在于他心胸狭窄互相诋毁;赵广汉的失败,在于他不能自省而挟嫌报复。失败的原因多种多样,但万变不离其宗,"自满"是导致人们失败的总根源,因此要"持(止)满"。"持满"之法在于"扼",就是要严格约束自己,做到谨言慎行。反过来看,石庆、金日䃅、张安世、丙吉四人成功的经验,正是由于他们的谨言慎行。

10.27

扬王孙倮葬以矫世①。曰:"矫世以礼,倮乎?如矫世,则葛沟尚矣②。"

[注释]

①扬王孙:《汉书》作"杨王孙"。杨王孙,名贵,字王孙,汉武帝时人,好黄老、尚节俭。倮(luǒ)葬:不用棺椁,仅以布裹尸而葬。矫世:谓改变厚葬的世俗风气。

②葛沟:谓用葛布裹尸投入沟中。极言葬之俭。尚:即"上",谓"以……为上"。

[译文]

杨王孙主张实行倮葬以改变厚葬的世风。扬子评论说:"改变世风应当合乎礼义,实行倮葬就能行吗?如果实行倮葬就能改变世风,那么用葛布裹尸投入沟壑应当是最好不过的了。"

[按语]

黄老与杨墨之学均尚俭,针对儒学提倡"厚葬"的观点而主张"薄葬"。"倮葬"是薄葬的极端形式。《荀子·正论》:"太古薄葬,棺厚三寸,衣衾三领。"可见"薄葬"是一种俭约的丧葬仪式,绝非"倮葬"连棺椁也不用。

儒家提倡"厚葬"的目的是"厚人伦",即培养人们的亲情观念和道德伦理。换言之,儒家是把葬礼作为开展社会教化活动的重要手段。在扬雄看来,"倮葬"不仅有悖于人情、不利于社会教化,也不符合礼制,所以表示反对。不过,扬雄反对"薄葬"是有分寸的,绝不是主张炫耀富有或暴殄天物;这个分寸就是"礼",所以他说"矫世以礼"。

10.28

或问:"《周官》①?"曰:"立事②。""《左氏》③?"曰:"品藻④。""太史迁⑤?"曰:"实录⑥。"

[注释]

①《周官》：指《周礼》。《周礼》是关于周代制度和设官分治的书，分《天官》《地官》《春官》《夏官》《秋官》《冬官》六篇。

②立事：确立政事，即设官分治，使朝廷官吏各司其职。

③《左氏》：即《春秋左氏传》，亦简称《左传》。

④品藻：犹"品评"，谓鉴定评论历史人物和事件，做出或褒或贬的评价。据说《春秋》为孔子所作，孔子作《春秋》的目的就是为了"寓褒贬"而使"乱臣贼子惧"。又说《左传》是注释《春秋》的著作，所以扬雄答以"品藻"。

⑤太史迁：指"司马迁"，这里指司马迁所著的《太史公书》，即《史记》。

⑥实录：对历史的真实记录。《汉书·司马迁传·赞》："其文直，其事核，不虚美，不隐恶，故谓之实录。"

[译文]

有人问："《周礼》是怎样一部书？"扬子说："是一部介绍周代设官分治情况的书。"再问："《春秋左氏传》是怎样一部书？"扬子说："是一部品评春秋历史事件和人物的书。"又问："太史公司马迁的《史记》是一部什么样的书？"扬子说："是一部关于上自五帝下迄汉武的几千年历史的真实记录。"

[按语]

因为《重黎》一卷是品评自孔子以来的"国君将相卿士名臣"的专章，所以有必要交代与自己品评对象相关的资料的来源。卷末所列的《周礼》《左传》《史记》以及对这三部书的评价，颇类今人文末所附的"参考文献"。本卷大多数品评对象的相关事迹都是出自《史记》，故特别强调《史记》是"实录"，这无疑是为了向读者表明作者所据资料和自己评价的真实性和可靠性。

《渊骞》卷第十一

序

仲尼之后,迄于汉道,德行颜、闵①,股肱萧、曹②。爰及名将尊卑之条③,称述品藻④。撰《渊骞》。

[注释]

①德行:道德和品行。这里隐含"德行最优秀"的意思。颜、闵:颜渊、闵子骞。颜渊的情况介绍见前。闵子骞以纯孝著称,据《史记·仲尼弟子列传》记载:冬天,后母只给亲生儿子棉衣穿,让闵子骞和弟弟穿芦花填充的衣服。父亲知道以后便要休弃后母,子骞劝阻父亲说:"母在一子单,母去四子寒。"后母非常后悔,后来待诸子如一。

②萧、曹:萧何、曹参。二人都是汉朝的开国功臣,分别是西汉的第一任和第二任丞相。

③爰及:表示另起话题的连词,犹言"至于"。尊卑:指品行的优劣和才能的大小。条:谓"分条陈述"。

④品藻:犹言"品评"。《汉书·扬雄传》颜师古注:"品藻者,定其差品及文质。"所谓"定其差品及文质",即论定其优劣是非,亦即"品评"之意。

[译文]

孔子之后一直到汉朝,道德品行的楷模是颜渊和闵子骞,辅佐君王最得力的是萧何与曹参。至于其他名将才德的高下,将逐一介绍,并予以称述和品评。为此,撰《渊骞》一卷。

[按语]

从内容上看,本卷是上一卷的续编,即继续品评自孔子以来的历史人物。

11.1

或问:"渊、骞之徒恶乎在①?"曰:"寝②。"或曰:"渊、骞曷不寝?"曰:"攀龙鳞,附凤翼,③巽以扬之④,勃勃乎其不可及也⑤。如其寝⑥!如其寝!七十子之于仲尼也,闻所不闻,见所不见,文章亦不足为矣⑦。"

[注释]

①渊、骞之徒:颜渊、闵子骞的同学,即下文的"七十子",犹言颜渊、闵之骞之外的孔子的其他学生。"徒"谓徒党,即同一派别的人。

②寝:犹"藏",犹言"湮没无闻"。《广雅·释诂》:"寝,藏也。"疏证:"寝者,人所寝息,故为藏也。"

③攀龙鳞,附凤翼:意为"因为受到孔子的夸赞而留下美好的名声"。在孔子的众多弟子中,被孔子赏识而受到高度夸赞的只有渊、骞二人。故《史记·仲尼弟子列传》将渊、骞列在首位。

④巽(xùn):谓"风"。《周易》八卦中巽卦像风。"风"指社会舆论。汉武帝罢黜百家,儒学定于一尊,圣人所赞,百姓趋同,故曰"巽以扬之"。

⑤勃勃乎:勃勃然,此处犹言"(声名之)鹊起"。

⑥如其寝：同"如何其寝"，意为"怎么会湮没无闻"。

⑦文章亦不足为矣：七十子在孔子那里"闻所不闻，见所不见"，传述孔子尚犹不及，故个人立言著述之事"不足为矣"。"不足"谓时间不足，犹言"来不及"。

[译文]

有人问："颜渊、闵子骞的同学们在哪里啊？"扬子说："湮没无闻。"又问："颜渊、闵子骞为什么没有湮没无闻？"扬子说："他们就像拉住了龙的鳞片、附着在凤的翅膀上、被风扬起一样，声名蓬勃向上是别人无法追赶得上的。他们怎么会湮没无闻呢！怎么会湮没无闻呢！七十子这些孔子的嫡传弟子在孔子身边，每天都会听到从来没有听到过的、见到从来没有见到过的新东西，（他们传述这些见闻尚且时间不够，）写文章著述立言就来不及了。"

[按语]

扬雄在这里试图说明以下几个问题：一是孔子嫡传弟子为什么都没有留下个人的著述，二是一个人的成名与著名人物的提携与扶持关系极大，三是个人著述的重要性。

尽管扬雄并没有否认渊、骞德行美好的用意，但是他确实感到二人的美名传天下是跟孔子给予他们极高的赞誉有关系。因为在"七十子"中，渊、骞二人是地地道道的一介平民，以一介平民而能名满天下，若非圣人的赞誉而"巽以扬之"，那是不可以想象的。

联想到圣人不再，自己是无"龙"可攀、无"凤"可附的遭际，扬雄"欲求文章成名于后世"的思想便不难理解了。扬雄心目中的"龙凤"绝不是权势者，他在政治上守志不移、自甘寂寞，因为有一个人生理想在支撑着他，这就是"欲求文章成名于后世"。而且他把梦做得很大，"以为经莫大于《易》，故作《太玄》；传莫大于《论语》，作《法言》；……用心于内，不求于外"，这就是他的"成圣之志"。

11.2

君子绝德，小人绝力。①或问："绝德？"曰："舜以孝，禹以功，皋陶以谟，②非绝德邪？""力？""秦悼武、乌获、任鄙③，扛鼎抃牛④，非绝力邪？"

[注释]

①绝德：谓"绝以德"，意为"凭借德行远超众人"。"绝"谓超绝，即远远超过。绝力：谓"绝以力"，意为"凭借力气远超众人"。

②舜以孝：舜的父亲是非莫辨，母亲刚愎自用，弟弟桀骜不驯。但舜以他的至孝之心，使一家人仍然能够和谐相处。《尚书·尧典》："父顽，母嚚，象傲。克谐以孝。"禹以功：禹平治水土、划定九州而功在天下。皋陶（yáo）以谟：皋陶是舜时掌管刑狱之事的大臣，以善谋著称，《尚书》有《皋陶谟》。"谟"同"谋"。

③秦悼武：即秦武王，于前310至前307年在位，以勇力著称，故重用勇力之士，乌获、任鄙二人皆以勇力为其所用。三人事迹见《史记·秦本纪》。

④扛（gāng）：用双手对举重物。抃（biàn）：用手搏击。

[译文]

君子凭借德行而超凡卓绝，小人凭借力气而超凡卓绝。有人问："怎样算是凭德行而超凡卓绝？"扬子说："舜以其纯孝而受人敬仰，禹以其大功而受人敬仰，皋陶以其善谋而受人敬仰，他们不都是凭着德行而超凡卓绝的吗？"又问："怎样算是凭力气而超凡卓绝？"扬子说："秦武王、乌获、任鄙，都能两手举鼎、徒手搏牛，他们不就是凭着力气而超凡卓绝的吗？"

[按语]

扬雄坚持儒家的道德观而"尚德""尚智"，所以认为品德与智慧出众的人才配称"君子"，仅靠力气过人的一介武夫仍然是"小人"。

11.3

或问："勇？"曰："轲也。"曰："何轲也？"曰："轲也者，谓孟轲也。若荆轲，君子盗诸。"①"请问孟轲之勇？"曰："勇于义而果于德，不以贫富贵贱死生动其心②。于勇也，其庶乎③！"

[注释]

①荆轲：战国末期卫国人，后徙燕国，为燕太子丹刺杀秦王（始皇），事败被杀。其事迹载《史记·刺客列传》。盗诸：犹"盗之"，即"视他为强盗"。

②不以贫富贵贱死生动其心：是指孟子所说"富贵不能淫，贫贱不能移，威武不能屈，此之谓大丈夫"（《孟子·滕文公下》）。

③其庶乎：大概差不多吧！

[译文]

有人问："谁是最勇敢的人？"扬子说："是轲。"又问："是哪一个轲啊？"扬子说："我所说的轲，当然是孟轲。像荆轲那样的人，是被君子视为强盗的。"问者又说："请问孟轲的勇敢表现在什么地方？"扬子说："他在捍卫仁义的原则上非常勇敢，在维护道德真理时坚毅果断，从来没有在面临贫富、贵贱、生死的抉择时动摇过自己的信念。相对于勇敢的标准来说，这也就差不多了吧！"

[按语]

在儒家的传统道德观念中,"勇"不是一个中性的概念,"勇"是跟"义"联系在一起的。因此,不问是非曲直的不惜一死是不值得称道的,不是真正意义上的"勇",充其量是所谓"匹夫之勇"。在扬雄看来,荆轲等刺客的行为都不是真正意义上的"勇",这跟他"君子绝德,小人绝力"的观念是一致的。

扬雄之所以认为孟轲是真正勇敢的人,是因为孟轲坚持儒家的仁义原则,成为第一个向封建君权发起挑战的人,孟子说:"民为贵,社稷次之,君为轻。"(《孟子·尽心下》)三国魏人王肃传《孔子家语》时发展了孟子的这一思想,提出了"君者,舟也;庶人者,水也。水所以载舟,亦所以覆舟"的观点。关于个人道德的标准,孟轲毫不含糊地指出:"富贵不能淫,贫贱不能移,威武不能屈,此之谓大丈夫。"孟子提出的这一道德标准,成为两千多年来中国封建时代的知识分子用以自警自律的道德信条,意义和影响非常深远。应当说,扬雄的政治眼光是非常敏锐的。

11.4

鲁仲连蕩而不制①,蔺相如制而不蕩②。或问:"邹阳③?"曰:"未信而分疑④,慷辞免罝⑤,几矣哉⑥!"或问:"信陵、平原、孟尝、春申⑦,益乎?"曰:"上失其政,奸臣窃国命⑧,何其益乎?"

[注释]

①鲁仲连:战国时齐国人,性格豪放而不图仕官,善于出谋划策,喜欢为人排难解纷,其"义不帝秦"的主张表现了他不畏强权的性格特点。事见《史记·鲁仲连邹阳列传》。蕩而不制:豪放而不检束。"蕩"犹"荡",放纵个性。"制"谓"自制",检束个性。

②制而不信：检束个性而不放纵，犹言"委曲求全"。

③邹阳：汉初齐人，智略超群而刚直不阿。曾为梁孝王宾客，受梁孝王宠臣羊胜、公孙诡等人谗害而下狱，于是慷慨陈词撰成《狱中上梁王书》为自己辩冤。梁孝王读后深受感动，不仅释放了邹阳，而且擢为上等宾客。

④未信而分疑：未被信任而倍受怀疑。

⑤慷辞免置（chōng）：凭着慷慨的言辞才得以免受灾祸。"置"是一种捕鸟的网，以喻灾祸。

⑥几：谓"几乎被杀"，犹言"危殆"。

⑦信陵、平原、孟尝、春申：四人即所谓"战国四公子"。魏国的信陵君无忌，赵国的平原君赵胜，齐国的孟尝君田文，楚国的春申君黄歇，他们都是王室成员，并且多摄朝政、广养门客而拥权自重。

⑧奸臣窃国命：是说"四公子"身为上卿，却拥权自重，干了不少损害自己国家的事情。如信陵君"窃符救赵"；平原君自己贪图韩国土地而使赵国遭到战祸，加速了赵国的灭亡；孟尝君热衷于权势，先后担任过秦国、齐国、魏国的国相，为了追名逐利，不惜勾引外敌攻打自己的祖国；春申君则如吕不韦，纳李园之妹为妾，使之有孕后献给楚王，企图寄子窃国。

[译文]

鲁仲连性情豪放而不委屈自己，蔺相如委曲求全而从不放纵。有人问："邹阳是怎样一个人？"扬子说："他未被信任却倍受怀疑，多亏慷慨陈词才得以幸免，他的处境真够危险啊！"又有人问："信陵君、平原君、孟尝君和春申君，他们有益于自己的国家吗？"扬子说："他们使国君丧失了自己的政权，充当奸臣窃取国家权柄，对国家哪有什么益处呢？"

[按语]

战国四公子的共同特点是"好客"，这一特点使他们赢得后世不少人的钦佩和赞赏。但是，以历史家和政治家的眼光来看待四公子的"好客"，却不过是一种拥权自重、图谋不轨的行为。扬雄判之以"奸臣窃国命"可能有些过分，但是也并非诬妄之词。王安石则针对四公子之所养，认为无非是"鸡鸣狗盗之出其门"，因此孟尝君亦就是个"鸡鸣狗盗之雄耳"（《读孟尝君传》）。司马迁说："吾尝过薛，其俗闾里率多暴桀子弟，与邹、鲁殊。问其故，曰：孟尝君招致天下任侠、奸人入薛中盖六万余家矣。"（《史记·孟尝君列传》）足见战国四公子之养士，实在有其不可告人的目的，并非如他们所宣称的那样是为了"赖其力以脱于虎豹之秦"。至于信陵君之"窃符救赵"，春申君之"寄子窃国"，平原君之"自私祸国"，大率为"奸臣"之所为。可见，扬雄识人之深，政治眼光之犀利。

11.5

樗里子之智也①，使知国如葬②，则吾以疾为蓍龟③。

[注释]

①樗（chū）里子：名疾，秦惠王异母弟，滑稽多智，号为"智囊"，历仕惠王、武王、昭王三朝为秦国相。因其坟墓在渭南阴乡樗里，故后世民间谓之"樗里子"。

②知国如葬：预知国运能像他预知自己的墓地一样。《史记·樗里子甘茂列传》记载，樗里子生前曾预言："后百岁，是当有天子之宫夹我墓。"他死后大约一百年的西汉初年，在他墓地的东边修建了长乐宫，西边修建了未央宫。似乎果如其言。

③蓍龟：蓍草和龟板。古人常用蓍草或龟板占卜吉凶。

[译文]

樗里子的智慧，假使用来预知国家命运也能像预知他墓葬一样准确，那么我就把他樗里子当作蓍草和龟板。

[按语]

"智"有两种含义。一是认识论意义上的"智",今语谓之"智慧";一是伦理意义上的"智",今语谓之"明智"。"樗里子之智"中的"智",应当是认识论意义上的"智",即"智慧"。

扬雄反对迷信,不仅不相信鬼神,而且坚持科学的认识论,他说:"见而知之者,智也。"(《太玄·玄摛》)一般人认为,同《易经》一样,《太玄》也是占卜之书。如果是占卜之书,何以会有"见而知之者,智也"之说?可见,《太玄》绝非一般的占卜之书。这就颇类严君平之卖卜,其实严君平并非宿命论者,他在《老子指归》卷八中说:"患生于我,不由于天;福生于我,不由于天。伺命在我,何求于天?"这样的反宿命思想,竟然出自一个靠卖卜维持生计的人,岂非咄咄怪事?

其实,扬雄根本不相信《史记》所载樗里子预知自己墓地命运的事,所以才用了一个表示假设的"使"字。

11.6

周之顺、赧以成周而西倾①,秦之惠文、昭襄以西山而东并②,孰愈?曰:"周也羊,秦也狼。""然则狼愈与?"曰:"羊、狼一也。"

[注释]

①周之顺、赧:即周慎靓王、周赧王。慎靓王在位仅6年(前320~前315),赧王在位59年(前314~前256),他们是周朝最后的两位天子。成周:本西周东都洛邑(今河南洛阳一带)。平王东迁,将都城从镐京(今陕西长安附近)迁到洛邑,是为"东周"(春秋时代的开始)。西倾:本谓太阳西下,这里指灭亡。

②秦之惠文、昭襄：即秦惠文王、秦昭襄王。惠文王是秦孝公的儿子，在位27年，继承孝公富国强兵政策，使秦国迅速强大起来。昭襄王在位56年，继承惠文王不断向东扩张的发展战略，灭掉周朝以后，又继续蚕食兼并山东其他诸侯国，为秦孝文王、秦王政（始皇）最后吞并山东六国统一天下奠定了坚实的基础。西山：犹"山西"，与"山东"相对。秦自襄公始立国，至孝公方拥有今陕西省辖境的土地，此前势力范围都没有越过"山东"，但是为惠文王、昭襄王的东扩奠定了坚实的基础。所以，这里的"西山"指代至秦孝公为止的秦国的基业。东并：向东兼并，即兼并山东各国。

[译文]

周慎靓王与周赧王，因为周平王东迁成周而最终灭亡；秦惠文王与秦昭襄王，凭着先辈开创的基业而向东扩张，他们谁更值得效仿？扬子认为："周人像羊一样软弱，秦人像狼一样凶狠。"有人说："这样看来，那么不是狼更值得效仿吗？"扬子说："像羊一样的软弱和像狼一样的凶狠，都是一样不对的。"

[按语]

秦孝公用商鞅法家之术治国而崛起，惠文、昭襄则凭借武力以霸道而称雄。在扬雄看来，秦既不以礼乐兴，又不以王道治，纵然强大，也是不值得赞许的。

11.7

或问："蒙恬忠而被诛①，忠奚可为也？"曰："堑山堙谷②，起临洮③，击辽水④，力不足而死有余⑤。忠不足相也⑥。"

[注释]

①蒙恬（？～前210）：一家三代为秦将，为秦灭六国统一天下立下赫赫战功。秦朝建立以后，蒙恬官拜内史，率军30万驻扎北方十余年，驱逐戎狄，威震匈奴；又不惜耗费巨大财力和人力，修缮并连贯了原战国各国长城，使长城成为西起临洮、东连辽东的万里长城。后因赵高陷害，被逼自杀。事见《史记·蒙恬列传》。

②堑山堙谷：掘山填谷。

③临洮：今甘肃省岷县。

④击辽水：据前人考证，"繋"（系）与"擊"（击）形似而讹，当作"系辽水"，即连接到辽东。

⑤力不足：意为"使不足者（百姓）耗尽了财力和劳力"。《史记·蒙恬列传》："堑山堙谷，通直道，固轻百姓力矣。"

⑥不足相：不值得一看。"相"，视也。

[译文]

有人问："蒙恬对秦忠心耿耿却遭杀害，忠诚的事情哪里还做得啊？"扬子说："蒙恬率军挖掘山岭、填平山谷，将西起临洮、东至辽东的各国长城连接起来，弄得天下百姓财力耗尽而且死了很多人。蒙恬这样的忠诚是让人瞧不起的。"

[按语]

对秦王朝最高统治者来说，蒙恬所做的一切是说得上"忠诚"的。但是，像蒙恬这样为了向一家一姓的统治者表示"忠诚"而不顾天下百姓死活的行为，扬雄认为是不值得称道的。司马迁对蒙恬的印象更坏，他说："夫秦之初灭诸侯，天下之心未定，痍伤者未瘳。而恬为名将，不以此时强谏，振（赈）百姓之急，养老存孤，务修众庶之和，而阿意兴功，此其兄弟遇诛,不亦宜乎!"在司马迁看来,蒙恬在修筑长城这件事情上犯下了不可饶恕的罪行,简直是死有余辜!

11.8

或问:"吕不韦其智矣乎①?以人易货②。"曰:"谁谓不韦智者与?以国易宗③。吕不韦之盗,穿窬之雄乎④?穿窬也者,吾见担、石矣⑤,未见洛阳也⑥。"

[注释]

①吕不韦(前?~前235):吕不韦原本阳翟(今河南禹州市)大商人,在赵国邯郸遇到正在赵国做人质的秦国王孙子楚后,认为子楚"奇货可居",便做起了他的政治买卖。吕不韦一方面西游秦国,通过贿赂太子安国君(后来的秦孝文王)宠姬华阳夫人,为子楚谋得安国君继承人的身份;另一方面,他选择了赵国一位绝色善舞的歌姬,与她同居有孕后再将她送给子楚(后来的秦庄襄王)。子楚即位后,以吕不韦为丞相,封文信侯,食河南洛阳十万户。庄襄王即位三年后薨,赵姬所生子嬴政即位(即秦始皇)。从血缘上看,秦始皇其实是吕不韦的儿子。后因"嫪毐事件",吕不韦被逼自杀。事见《史记·吕不韦列传》。

②以人易货:把人变成货物。指吕不韦认为子楚"奇货可居"和将赵姬送给子楚。

③以国易宗:为了得到别人的国家而改变自己儿子的宗嗣。指献赵姬事。

④穿窬(yú):犹言"破户逾墙",指盗贼。"穿"谓破门而入;"窬"同"逾",谓翻墙而入。《论语·阳货》:"其犹穿窬之盗也与?"

⑤担、石:两种计量单位。按今制,一担为100斤,一石为十斗。

⑥洛阳:指吕不韦被封为文信侯,食洛阳十万户。言下之意是:穿窬

之盗仅偷得数百斤的财物，吕不韦偷到的是洛阳十万户的食邑。

[译文]

有人问："吕不韦恐怕是够聪明的吧？他能够把人当作奇货一样囤积起来。"扬子说："谁说吕不韦是聪明的人啊？他不过是为了得到别人的国家而不惜让自己的儿子改变祖宗罢了。像吕不韦这样的盗窃手段，不就是盗贼中的高手吗？破门翻墙的盗贼，我只见过偷得一担财物一石米谷的，还没有见过像他这样能够偷到一个洛阳城的。"

[按语]

此处评论吕不韦所用的"智"，是伦理和道德双重意义上的"智"；因此扬雄不认为吕不韦是"智者"。司马迁认为吕不韦是一个贪图虚名的人，这是从目的和出发点来看问题。而扬雄认为吕不韦是强盗中的高手（"穿窬之雄"），这是从手段上来看问题。

11.9

秦将白起不仁①，奚用为也？长平之战四十万人死，蚩尤之乱不过于此矣②。原野厌人之肉③，川谷流人之血。将不仁，奚用为？"翦④？"曰："始皇方猎六国而翦牙⑤。欸⑥！"

[注释]

①白起不仁：白起（？～前257）是秦昭襄王的大将，屡战获胜，攻取韩、赵、魏、楚等国七十余城，因功封武安君。长平之战，大胜赵军，坑杀赵军降卒40万人。后因功高震主，又为相国范雎所谮，被逼自杀。坑杀降卒40万众，故谓之"不仁"。

②蚩尤之乱："蚩尤"是中国古代传说中的部落首长，与黄帝同时，以凶暴强悍著称。传说曾与黄帝大战于涿鹿之野，杀得尸横遍野，死伤甚

巨，即所谓"蚩尤之乱"。

③原野猒（yàn）人之肉：意为"尸横遍野"。食饱曰"猒"，引申为"满足"，极言其多。

④翦：谓"王翦"。王翦是秦始皇的大将，在辅佐秦始皇消灭六国统一天下的战争中功勋卓著，除韩国外，齐、楚、燕、赵、魏五国皆为其所灭。

⑤牙：谓"鹰犬的爪牙"。以猎人喻始皇，则王翦为鹰犬；鹰犬以爪牙猎物，故"牙"犹言"鹰犬"。

⑥欷：表示呵斥之声，犹"哼"之上声。《说文》："欷，訾也。"段注："訾者，呵也。"《集韵》："欷，怒声也。"

[译文]

秦将白起毫无仁爱之心，为什么要用这样的人？长平之战坑杀赵军降卒四十万人之多，蚩尤作乱的死伤人数也超不过这个数字。原野上布满了人的尸体，河流和山谷中流淌着人的鲜血。做将帅而毫无爱心，为什么要用这样的人？有人问："王翦又是个什么样的人呢？"扬子说："秦始皇正在猎取六国的时候，而王翦就是他猎取六国时的鹰犬。哼！"

[按语]

古今战例，两军交战不杀俘虏。白起坑杀降卒达四十万之众，其"不仁"达于极点。但是，扬雄批判的矛头并不止于白起个人；两个"奚用为"，表明扬雄是把批判的矛头直接指向了秦国的最高统治者及其所执行的法家路线。扬雄对王翦是不褒不贬的，其"欷"字所表示的愤恨情绪是针对秦始皇而不是针对王翦的。

11.10

或问："要离非义者与①？不以家辞国②。"曰："离也，火妻灰子以求反于庆忌③,实蛛蝥之靡也④,焉可谓之义也?""政⑤?""为严氏犯韩⑥,刺相侠累,曼面为姊⑦,实壮士之靡也,焉可谓之义也?""轲⑧?""为丹奉於期之首、燕督亢之图⑨,入不测之秦,实刺客之靡也,焉可谓之义也?"

[注释]

①要离:春秋时刺客。吴公子光(即后来的吴王阖庐)雇刺客专诸弑吴王僚而自立为吴王以后,惧怕僚子庆忌报复,找到刺客要离为他刺杀庆忌。要离献计,让阖庐断其一臂并用火烧死其妻儿,以此获得庆忌对要离的信任。要离约庆忌在卫国会见,商量谋杀阖庐一事。庆忌果然不疑,两人乘船自卫返吴。要离突然刺向庆忌,庆忌身受重伤,未死;庆忌的随从抓获了要离。庆忌命令释放要离,要离愧悔难当而伏剑。事详《吴越春秋·阖庐内传》。

②以家辞国:因为顾念家庭而违抗国君命令。

③火妻灰子:指要离让阖庐烧死其妻儿事。"火妻"与"灰子"为互文。以求反于庆忌:意为"以求给庆忌造成错觉"。"反"犹言"错觉"。

④蛛蝥:蜘蛛和斑蝥。蜘蛛结网以待猎物,斑蝥喷毒雾突袭异类。要离刺杀庆忌,颇类蜘蛛、斑蝥之突袭异类,故以"蛛蝥"为喻。劘(mó):五臣注本作"靡"。下文两处句式完全相同并作"靡",当从五臣注本。"靡"犹"美",犹言"特出者"或"英雄"。陆机《文赋》:"或寄辞于瘁音,徒靡言而弗华。"注:"靡,美好。"

⑤政:谓战国时刺客聂政。聂政,魏国人。韩国大夫严仲子与韩相侠累有仇,请聂政刺杀侠累为他报仇。聂政行刺后不得脱身,为了不连累自己的姐姐,便毁容后剖腹而死。事见《史记·刺客列传》。

⑥犯韩:聂政以魏人而入刺韩相侠累,犹两国交兵,故曰"犯韩"。

⑦曼面：谓毁容。"曼"犹"漫漶"，模糊貌。

⑧轲：谓荆轲。事迹见前注。

⑨丹：谓燕太子丹。太子丹曾在赵国做人质，与少年时的秦始皇嬴政是朋友。后来太子丹又在秦国做人质，已经做了秦王的嬴政对太子丹很不友好，因此太子丹非常痛恨秦王嬴政，便请荆轲为他刺杀秦王。於（wū）期：秦将樊於期。樊於期得罪于秦王，亡命燕国，太子丹不仅收留了他，而且待他很好。为了支持太子丹刺杀秦王，樊於期自杀以献头颅。督亢：燕国地名。

[译文]

有人问："要离不是一个义士吗？他能够不因为顾念自己的家庭而违抗国君命令。"扬子说："要离让人烧死自己妻儿以求给庆忌造成错觉，其实不过是蜘蛛、斑蝥之类的杰出者，哪里能够称他为义士呢？"再问："那么聂政是义士吗？"扬子说："聂政为了给严仲子报仇而冒犯韩国，刺杀韩相侠累，为了不连累姐姐而自毁容颜，其实也就是一种壮士的杰出表现，哪里能够称他为义士呢？"又问："那么荆轲是义士吗？"扬子说："荆轲为了给太子丹报仇，捧着樊於期的头颅，带着燕国督亢的地图，进入吉凶难料的秦国，其实就是一个刺客中的英雄，哪里能够称他为义士呢？"

[按语]

扬雄严格按照儒家关于"义"的伦理标准来评价要离、聂政、荆轲，认为他们都不能被称作"义士"。

扬雄坚持认为，做自己应该做的事情才能叫作"义"（"事得其宜之谓义"）。阖庐弑君篡位，要离为弑君者做刺客，大不义也。严仲子与太子丹，都是为报私仇而雇凶杀人，聂政和荆轲不惜用自己的生命替别人报私仇，也是不应该做的事情。因此，他们都不得称为"义士"。李轨注云："三士所死，皆非君亲之难也。非义之义，君子不为也。"可谓得扬雄之本意。

11.11

或问："仪、秦学乎鬼谷术而习乎纵横言①，安中国者各十余年②。是夫？"曰："诈人也，圣人恶诸！③"曰："孔子读而仪、秦行④，何如也？"曰："甚矣！凤鸣而鸷翰也⑤。""然则子贡不为与⑥？"曰："乱而不解，子贡耻诸⑦；说而不富贵，仪、秦耻诸。⑧"或曰："仪、秦其才矣乎？迹不蹈已⑨。"曰："昔在任人，帝曰'难之'。⑩亦才矣。才乎才，非吾徒之才也。"

[注释]

①仪、秦：张仪、苏秦。二人都是战国中期的纵横家。张仪本魏国人，秦惠文王时曾为相，为秦国制订"远交近攻"的"连横"策略，对破坏六国联盟抗秦起到了积极的作用。苏秦本东周洛阳人，初说秦惠文王未被信任，后游说六国"合纵"抗秦，佩六国相印为纵约长。传说二人皆师从鬼谷子学兵法和纵横之术。鬼谷术：即纵横家、兵家之术。因纵横家的创始人姓氏籍贯不详，仅知其以所居为号，世称"鬼谷子"或"鬼谷先生"，故称其所传兵法和纵横术为"鬼谷术"。纵横言：合纵与连横的学说。

②安中国者各十余年：苏秦的"合纵"策略使六国曾经一度形成抗秦的统一阵线，在兼并与反兼并力量相对平衡的情况下，中原各国曾经有过十余年相对安定的局面。"中国"指包括秦国在内的中原各国。

③诈人：犹言"骗子"。恶（wù）诸：犹"恶之"，讨厌他们。

④孔子读而仪、秦行：即"读孔子而行仪、秦"，学习儒家的理论却干着张仪、苏秦干的事情。

⑤凤鸣而鸷翰：意为"像凤凰一样鸣叫却又像鹰隼一样飞翔"。喻言行不一。"翰"本指羽毛，这里指飞翔。

⑥子贡：孔子弟子，姓端木名赐。在孔子学生中，子贡最善言辞最有外交才能。得孔子许可，子贡游说诸侯，莫不取得很大成功，《史记·仲尼弟子列传》说："子贡一出，存鲁，乱齐，破吴，强晋而霸越。子贡一使，使势相破，十年之中，五国各有变。"因此有人认为子贡就是春秋时期的纵横家，故扬雄拟问者口吻说："然则子贡不为与？"

⑦耻诸：耻之。子贡把天下动乱的形势得不到解决，看作是自己的耻辱。

⑧说而不富贵，仪、秦耻诸：张仪、苏秦把游说诸侯而不能使个人富贵，看作是自己的耻辱。《战国策·秦策一》记苏秦说秦失败后发愤说："安有说人主不能出其金玉锦绣、取卿相之尊者乎？"

⑨迹不蹈已：意为"张仪、苏秦所做的事情，是很多人都赶不上（做不到）的"。

⑩昔在任人，帝曰"难之"：从前在任用人的时候，帝尧就说过"这事很难"。《尚书·虞书·皋陶谟》："皋陶曰：'都！在知人，在安民。'禹曰：'吁！咸若时，唯帝其难之。'"传云："言帝尧亦以知人安民为难。"

[译文]

有人问："张仪、苏秦都是跟鬼谷子学习的兵法和合纵连横的战略理论，他们使中原各国各自安定了十余年。是这样的吗？"扬子说："两人都是骗子。圣人是讨厌他们的！"再问："那么读孔子的书却干张仪、苏秦所干的事，怎么样呢？"扬子说："那就太不像话了！就跟学着凤凰的叫声却像鹰隼那样飞翔一样。"又问："然而子贡不也是像张仪、苏秦一样地在游说诸侯吗？"扬子说："子贡把自己的游说不能解除祸乱，视为耻辱；张仪、苏秦把游说诸侯而不能使自己富贵，视为耻辱。（能说子贡的游说诸侯跟张仪、苏秦一样吗？）"

还有人问："张仪、苏秦恐怕要算是杰出的人才了吧？他们所成就的事业不是一般人所能做到的。"扬子说："从前在用人问题上，帝尧就说过'这事很难'。张仪、苏秦这样的人当然也算得上人才了。人才嘛倒是人才，只是并非我们这类人应当赞许和学习的人才。"

[按语]

在对张仪、苏秦的评价上，集中体现了扬雄的人才观念。他的人才标准是：德才兼重，德居首位。同是游说诸侯，子贡以安天下为己任，仪、秦以获富贵为目的。两种人生价值观、两种追求之间的差别，泾渭分明。

在扬雄看来，人才固然难得，但用人更难。用人之难，难在知人。知人之难，难在知德。德是什么？简而言之，就是做官为民，还是做官为己。"凤鸣而鹜翰"者太多，是以难辨其真伪。

11.12

美行：园公、绮里季、夏黄公、甪里先生①。言辞：娄敬、陆贾②。执正：王陵、申屠嘉③。折节：周昌、汲黯④。守儒：辕固、申公⑤。灾异：董相、夏侯胜、京房⑥。

[注释]

①园公：即"商山四皓"中的"东园公"。关于"商山四皓"，见《重黎》注。

②娄敬：以善谏著称，曾谏刘邦定都关中，又谏刘邦不要轻易对匈奴用兵，还谏刘邦徙山东六国贵族及豪强于关中，所谏多被采纳。以其谏议有功，被刘邦赐姓刘。事详《史记·刘敬叔孙通列传》《汉书·郦陆朱刘叔孙传》。陆贾：曾说南越王尉佗归汉，谏刘邦以《诗经》《尚书》治国，

受命著《新语》十二篇论述治国之道,官至太中大夫。事详《史记·郦生陆贾列传》及《汉书》。

③王陵:刘邦重臣,封安国侯,惠帝时任丞相。吕后临朝称制,欲封诸吕为王,王陵坚决反对,后被吕后"以病免"罢官。事详《史记·陈丞相世家》和《汉书·张陈王周传》。申屠嘉:刘邦重臣,封故安侯,文帝时先后任御史大夫、丞相。为了维护朝廷经济利益,不顾文帝反对,严惩文帝幸臣邓通。事详《史记·张丞相列传》和《汉书·张周赵任申屠传》。

④折节:应当是不顾名节、屈身事人,但这与周昌、汲黯事迹相左。俞樾认为应当是"抗节",谓坚持节操,他说:"'折'疑'抗'字之误,言其能抗节而不挠也。"(《诸子平议》卷三十五)。周昌:刘邦重臣,封汾阴侯,官御史大夫。刘邦欲废太子刘盈,改立宠妃戚夫人子刘如意为太子,周昌坚决反对。后来刘邦让周昌做赵王刘如意国相。刘邦死后,吕后欲杀赵王刘如意,屡召如意进京。事详《史记·张丞相列传》《汉书·张周赵任申屠传》。汲黯:汉景帝时官太子洗马,武帝时任东海太守、主爵都尉,性情耿直,好直谏,曾当面指责汉武帝"内多欲而外施仁义"。事详《史记·汲郑列传》和《汉书·张冯汲郑传》。

⑤辕固:汉景帝时以治《诗经》立为博士,以其为齐人,故所传《诗经》被称为"齐诗"。曾因在喜欢黄老之术的窦太后面前讥诮《老子》为"家人言"而险些丧命。申公:即"申培",汉初名儒,以其为鲁人,故称所传《诗经》为"鲁诗"。辕固、申培事迹见《史记·儒林列传》和《汉书·儒林传》。

⑥董相:即董仲舒。董仲舒曾任江都王和胶西王国相,故称"董相"。董仲舒以《春秋》所记灾异,推究"阴阳所以错行",著《灾异之记》。夏侯胜:西汉今文经学大师,昭帝时以治《尚书》被征为博士,宣帝时曾任太子太傅。京房:西汉今文经学大师,以治《易经》著称,善为灾异之说,

元帝时曾官魏郡太守。夏侯胜、京房事迹,详《汉书·眭两夏侯京翼李传》和《汉书·儒林传》。

[译文]

(秦汉以来,)德行美好的人是:东园公、绮里季、夏黄公、甪里先生。善于言辞的人是:娄敬、陆贾。坚持原则的人是:王陵、申屠嘉。守节不移的人是:周昌、汲黯。传承儒学的人是:辕固、申培。好说灾异的人是:董仲舒、夏侯胜、京房。

[按语]

扬雄对上列人物的分类未必完全合理,但是却能集中地反映扬雄的道德标准和人才观念。他将"商山四皓"归入"美行"一类,因为"四皓"实践了孔子"危邦不入,乱邦不居"的处世原则,跟扬雄淡泊自守、"不汲汲于富贵"的道德操守颇多相似。扬雄推崇"四皓",推崇他的老师严君平,大有老庄"出世"之风,这就难怪有人说他杂有道家的思想成分了。其实,扬雄仅仅是从道德的角度来看待"四皓"和严君平的"隐",所表现的是他对为争权夺利而钩心斗角的黑暗现实的鄙弃;他的人生关注点,从来都没有离开过政治,没有放弃过对王道政治理想的追求。因此,说扬雄是"杂儒"的理由是不够充分的。

11.13

或问:"萧、曹①?"曰:"萧也规,曹也随②。""滕、灌、樊、郦③?"曰:"侠介④。""叔孙通⑤?"曰:"槧人也⑥。""爰盎⑦?"曰:"忠不足而谈有余。""晁错⑧?"曰:"愚。""酷吏⑨?"曰:"虎哉!虎哉!角而翼者也⑩。""货殖⑪?"曰:"蚊⑫。"曰:"血国三千⑬,使捋疏饮水褐博⑭,没齿无愁也⑮。"或问:"循吏⑯?"曰:"吏也⑰。""游侠⑱?"

曰："窃国灵也⑲。""佞幸⑳？"曰："不料而已㉑。"

[注释]

①萧、曹：萧何、曹参。两人一起追随刘邦起兵，汉朝建立以后，萧何为首任相国，封酂侯，主持制订了西汉王朝的法令制度，是刘邦建国和治国的首功之臣。曹参封平阳侯，初任齐相，后继萧何为相国，忠实地执行了萧何制订的治国方略，为汉初的统一和稳定做出了积极的贡献。两人事迹详《史记》专传和《汉书》合传。

②萧也规，曹也随：是说萧何制订的法令制度被曹参忠实执行。《史记·曹相国世家》载百姓作歌曰："萧何为法，顜若画一；曹参代之，守而勿失。"史称"萧规曹随"。

③滕、灌、樊、郦："滕"指夏侯婴（曾封滕公），"灌"指灌婴，"樊"指樊哙，"郦"指郦商。四人都是紧紧追随刘邦起兵打天下、为汉朝的建立做出了突出贡献的大臣。四人事迹详《史记·樊郦滕灌列传》和《汉书·樊郦滕灌傅周传》。

④侠介：即"夹介"，谓"严密保护"，犹言"贴身侍卫"。

⑤叔孙通：见《五百》注。

⑥椠（qiàn）人：犹"惏人"，唯利是图的小人。《说文》："惏，惏颇也。惏利于上，佞人也。""惏利于上"犹言"唯利是图"。叔孙通为秦博士时面谀秦二世；后降楚，不随义帝徙长沙却留事项羽；后降汉，受到刘邦信任和重用，所举荐的都是那些与他有交情的"群盗壮士"。司马迁说他"希世度务"（逢迎世俗，随波逐流）。

⑦爰盎：即袁盎。袁盎是西汉文、景两朝的直臣，直言敢谏。如谏汉文帝不可骄纵周勃、不可宠慎夫人、不可迁淮南王入蜀、不可让太监赵同参乘等。故扬雄谓之"谈有余"。袁盎任吴相时，未能劝止吴王谋反；吴

王谋反时,袁盎又只顾脱身逃命。故扬雄谓之"忠不足"。其事详《史记·袁盎晁错列传》和《汉书·爰盎晁错传》。

⑧晁错:治申、商刑名之学,为人峭刻,汉景帝时极受宠幸,官御史大夫,与袁盎等朝中重臣结怨甚深。由于晁错力主削藩,使各地诸侯王恨之入骨,以致吴王刘濞以"诛晁错以清君侧"为借口造反。为七国诸侯王造反的形势所迫,加上袁盎等朝中大臣对晁错的大肆攻击,汉景帝不得不杀晁错以安天下。故扬雄谓之"愚"。

⑨酷吏:以严刑峻法残酷对待百姓和同僚的官吏。司马迁说他们"皆以酷烈为声",办案惩治犯人时,或"暴挫",或"磔人",或"锯项",或"妄杀"。

⑩角而翼者:谓酷吏之凶残胜过一般的老虎。有"角"之虎伤人,更增其酷烈程度;有"翼"之虎伤人,则使人无处可逃其害。

⑪货殖:工商业者。工商业者以货生财,故曰"货殖"。

⑫蚊:是说工商业者像吮吸人血的蚊子。中国封建社会历来坚持"重农抑商"的政策,视工商业者为不劳而获的剥削者,故以"蚊"为喻。

⑬血国三千:是说"商人重利盘剥天下钱财"。"血"用如动词,"国三千"指整个天下。

⑭捋疏:即"捋蔬",摘取野菜充饥。饮水:谓饮水充饥。褐博:即"褐宽博",谓极其贫贱者。《孟子·公孙丑上》:"不受于褐宽博,亦不受于万乘之君。"注:"褐宽博,独夫被褐者。"所谓"独夫被褐者",即穿粗褐布衣服的单身汉,意为因贫穷而讨不到老婆的人。

⑮没齿无愁:"没齿无愁"难通,五臣注本作"没齿然也",意为"一辈子都只能这样"。今从五臣注本。

⑯循吏:克尽职守、奉公守法的官吏。司马迁说"循吏"的特点是:"不

法言 | 321

伐功矜能，百姓无称，亦无过行。"(《史记·太史公自序》)

⑰吏：意为"为天子治理天下百姓的人。"《说文》："吏，治人者也。"

⑱游侠：游侠是以讲信用、以武力扶危济困为主要特点的人。荀悦说："立气节，作威福，结私交，以力强于世者，谓之游侠。"(《汉纪》)

⑲窃国灵：窃取国家权威，犹言"破坏国家法制"。对游侠的评价，扬雄与韩非相同。韩非说"侠以武犯禁"，认为游侠是"废敬上畏法之民"。他们对游侠持完全否定的态度。

⑳佞幸：是以巧言佞色博取皇帝宠信的士人。如汉文帝时的邓通、汉武帝时的李延年、汉哀帝时的董贤等。

㉑不料：犹"不论"，谓"不值一提"。佞幸丧失做人的基本操守，无以为"人"，故不当以"人"论也。意思与今语"人渣"相近。

[译文]

有人问："萧何与曹参的执政是什么关系？"扬子说："萧何制订律令规章，曹参只是忠实执行。"再问："你怎样看待夏侯婴、灌婴、樊哙和郦商这几个人的身份？"扬子说："他们都是汉高祖的贴身侍卫。"又问："叔孙通是个什么样的人？"扬子说："是个唯利是图的小人。"又问："应该怎样评价袁盎？"扬子说："忠诚之心不足而谏议之言过多。"又问："你认为晁错怎么样？"扬子说："太愚蠢。"又问："你怎样评价酷吏？"扬子说："一群老虎呀！一群老虎呀！而且是长着角和翅膀的老虎。"又问："你怎样看待那些办企业经商的人？"扬子说："一群吸血的蚊虫。"接着又说："这些人盘剥天下百姓，使他们靠摘取野菜度日，靠饮水充饥，男子讨不到老婆，一辈子都只能这样过日子。"

又有人问："你怎样评价奉公守法的官吏？"扬子说："这是为天子治理天下百姓的人。"再问："你怎样看待游侠？"扬子说："这是一些破坏国家法制的人。"又问："你怎样看待佞幸？"扬子说："不过是一些人渣而已。"

[按语]

扬雄根据《史记》对西汉以来各种大臣的分类记载，一一作了点评。虽然只是三言两语，但是大多切中要害。需要提出来讨论或说明的，主要有三种情况：游侠、货殖、佞幸。

扬雄对游侠持完全否定的态度，而司马迁是区别对待的，他说："今游侠，其行虽不轨于正义，然其言必信，其行必果，已诺必诚，不爱其躯，赴士之厄困。既已存亡死生矣，而不矜其能，羞伐其德，盖亦有足多者焉。"在司马迁看来，游侠是具有很多传统美德和高贵品质的下层人士，只是无视王法（"不轨于正义"）而已。扬雄完全从维护封建统治秩序的立场上看问题，过分夸大了游侠"不轨于正义"的一面，表现了他的历史局限性。

扬雄把"货殖"视为吸血的蚊子，而且把使天下百姓贫穷的原因归结到"货殖"身上，这显然是不对的。扬雄之所以会有这样的认识，除了是受"重农抑商"传统观念的影响之外，还跟他其实根本不了解工商业在国家经济发展中的作用有关。他是纯粹从道德的层面来看问题，认为工商业者是不劳而获的寄生虫。商人重利，而儒家耻于言利，这是扬雄对"货殖"存在偏见的根本原因。《史记》的作者就比扬雄客观得多。司马迁认为，商业和商人的出现是历史的必然，是社会发展和人民生活的需要，因此他满怀热情地记载了一系列经商致富的典型。

扬雄痛恨"佞幸"，认为这些人不应该算是"人"，这是很有道理的。因为"佞幸"都是毫无政治操守、巴结逢迎手段无所不用其极的政治投机分子，这跟儒家提倡的"富贵不能淫，贫贱不能移，威武不能屈"的政治操守完全背道而驰。但是，佞幸大多得宠于一时，其命运随着君主爱憎的变化而变化，是一批政治可怜虫。封建君主制度是佞幸滋生繁衍的土壤。只要封建君主制度或者类似于封建君主制度的专制制度存在一天，佞幸或类似于佞幸的政治投机分子便不会绝迹。

11.14

或问："近世社稷之臣①？"曰："若张子房之智②，陈平之无悟③，绛侯勃之果④，霍将军之勇⑤，终之以礼乐⑥，则可谓社稷之臣矣。"或问："公孙弘、董仲舒孰迹⑦？"曰："仲舒欲为而不可得者也，弘容而已矣⑧。"

[注释]

①社稷之臣：犹言"安邦定国之臣"，即在国家面临存亡抉择时做出巨大贡献的臣子。

②张子房：张良（？～前189或前190），字子房，足智多谋，是刘邦最重要的谋臣之一。刘邦称他"运筹策帷帐之中，决胜千里外"，其安邦定国的主要贡献如：为刘邦解"鸿门宴"之危，荐韩信、彭越、黥布以灭项羽，谏阻刘邦立六国诸侯之后，支持娄敬谏迁都，劝太子迎"商山四皓"以免被废，等等。故曰"张子房之智"。

③陈平之无悟：即"陈平之无误"，"无误"亦谓"多智"。五臣注本"悟"作"误"，《广韵》："误，同误，谬也。"陈平（？～约前178），是刘邦智囊团中仅次于张良的重要谋臣，司马迁称他"常出奇计，救纷纠之难，振国家之患"，其安邦定国的主要贡献如：施反间计离间项羽君臣，用巧计解刘邦荥阳、平城之危，智擒韩信，与周勃等人联手平定诸吕之乱，等等。

④绛侯勃之果：绛侯周勃是刘邦的一员猛将，为刘汉王朝的建立立下了汗马功劳；特别是在平定诸吕之乱的斗争中，周勃起到了至关重要的作

用。司马迁赞曰:"虽伊尹、周公,何以加哉?""果"谓处事果断,主要指诛诸吕事。

⑤霍将军:指霍光。见《重黎》卷注。

⑥终之以礼乐:意思是说"如果他们都能将儒家礼乐之事贯穿到一生的行事当中"。在扬雄看来,上述几位大功臣,都不同程度地缺乏"礼乐"的修养。

⑦公孙弘(前200~前121):初任汉武帝时博士,后任御史大夫、丞相,封平津侯。公孙弘一方面倡导儒学,对推动汉代教育事业的发展有显著功绩,并且关心民瘼,乐于助人,勤政节俭;另一方面,他又阿谀逢迎,嫉贤妒能,阴险狡诈,其谏武帝杀主父偃、迁贬董仲舒等行事,甚为同僚所不齿。事详《史记·平津侯主父偃列传》。董仲舒:见前注。孰迹:谓"谁更近于社稷之臣"。

⑧容:谓"貌似"。

[译文]

有人问:"汉朝建立以来哪些人算得上是安邦定国的大臣?"扬子说:"像张子房那样杰出的智慧,陈平那样绝少失误的计谋,绛侯周勃那样处事的果断,霍光将军那样行事的勇毅,如果他们还能把礼乐之事贯穿于一生的行事之中,那就都可以称得上是安邦定国的大臣了。"又有人问:"公孙弘与董仲舒,他们谁更近于安邦定国的大臣?"扬子说:"董仲舒是想做安邦定国的大臣而得不到机会的人,而公孙弘只是表面看似安邦定国的大臣而已。"

[按语]

扬雄坚持儒家礼乐治国的政治主张,所以对张良等虽然拥有治国安邦之功的大臣,也只是肯定他们的"智""无误""果"和"勇",而不承认他们就是"社稷之臣"。至于公孙弘和董仲舒,由于两人都是儒学大师,自然不乏礼乐修养;但是,由于公孙弘个人品德上确实存在瑕疵,扬雄又最痛恨阿谀奉迎的人,因此,他把公孙弘勤政廉洁、倡导儒学的卓著政绩,都看作是"作秀",说他是"貌似社稷之臣而已"。而董仲舒谏汉武帝"独尊儒术,罢黜百家",使儒学从此在中国两千多年封建社会的文化史上定于一尊,其"至卒,终不治产业,以修学著书为事"和"进退容止,非礼不行,学士皆师尊之"(《史记·儒林列传》)与扬雄的志趣非常相似,因此,他认为如果董仲舒不是屡遭贬黜而失去机会的话,是完全有可能成为"社稷之臣"的。

应当说,扬雄对公孙弘的评价,过于注重道德批判,杂有个人的好恶,是有失公允的。而司马迁对公孙弘的评价比较客观,他说:"公孙弘行义虽修,然亦遇时。汉兴八十余年矣,上方乡(向)文学,招俊乂,以广儒墨,弘为举首。"至于西汉末,有人甚至说:"维汉兴以来,股肱宰臣身行俭约,轻财重义,较然著明,未有若故丞相平津侯公孙弘者也。"(《史记·平津侯主父偃列传》附录)可谓见仁见智。

11.15

或问:"近世名卿?"曰:"若张廷尉之平①,隽京兆之见②,尹扶风之洁③,王子贡之介④,斯近世名卿矣。""将?"曰:"若条侯之守⑤,长平、冠军之征伐⑥,博陆之持重⑦,可谓近世名将矣。""请问古⑧?"曰:"鼓之以道德⑨,征之以仁义⑩,舆尸血刃⑪,皆所不为也。"

[注释]

①张廷尉:指张释之。张释之在汉文帝时曾任廷尉(九卿之一,执掌刑罚的最高长官),以执法公正严明著称。有人惊了汉文帝的车驾,张释

之依法判处肇事者罚金四两,文帝怒责张释之判罚太轻,张释之对文帝说:"法者,天子所与天下公共也。今法如此而更重之,是法不信于民也。"事详《史记·张释之冯唐列传》和《汉书·张冯汲郑传》。平:谓公平。

②隽京兆:即隽不疑。隽不疑在汉昭帝时曾任京兆尹,以胆识过人著称。有人乘太子车驾、穿太子服饰,称自己是武帝时被杀的卫太子还魂之身,围观者数万。丞相和御史大夫都不敢断言真伪,隽不疑下令将"卫太子"逮捕起来。经审讯,竟是长相酷似卫太子的巫人假冒。见:谓见识、见地。事详《汉书·隽疏于薛平彭传》。

③尹扶风:指尹翁归。尹翁归在汉宣帝时曾任右扶风(京城长安西部地区的行政长官),以为官清正廉洁著称。尹公归任东海太守、右扶风等地方长官数十年,死后家无余财。事详《汉书·赵尹韩张两王传》。洁:谓廉洁。

④王子贡:王尊,字子贡,汉元帝时曾任东平相,成帝时任京兆尹,以性情耿介、不同流俗著称。事详《汉书·赵尹韩张两王传》。

⑤条侯之守:谓条侯周亚夫驻边防守森严、军纪严明。例见《重黎》注,事详《史记·绛侯周勃世家》。

⑥长平:指卫青。卫青在汉武帝时历任骠骑将军、大将军,封长平侯。冠军:指霍去病。霍去病在汉武帝时曾为骠骑将军,封冠军侯。二人都是征战匈奴的名将。

⑦博陆:指霍光。霍光被汉武帝遗诏封为博陆侯。持重:谨慎、稳重。《汉书·霍光传》载:"光为人沈静详审……每出入下殿门,止进有常处,郎仆射窃识视之,不失尺寸。其资性端正如此。"

⑧古:谓古代名将指挥作战的原则。

⑨鼓:谓击鼓,指战斗中发起进攻的命令。

⑩征:通"钲"。钲犹"锣",鸣钲谓之"鸣金",是古代战斗中停止攻击的命令。钲是一种敲击乐器,行军时用以节制步伐。《诗经·小雅·采芑》"方叔率止,钲人伐鼓"毛传:"钲以静之,鼓以动之。"后世作战"击鼓进兵,鸣金收兵"即源于此。

⑪舆尸血刃:战车上堆积着尸体,武器上沾满了鲜血。谓大肆杀戮的情景。

[译文]

有人问:"汉代以来哪些人可以算是名卿?"扬子说:"像廷尉张释之那样的执法公正,京兆尹隽不疑那样的胆识过人,右扶风尹翁归那样的清正廉洁,京兆尹王子贡那样的正直耿介,这些人可算是汉代以来的名卿。"再问:"哪些人可算是汉代以来的名将?"扬子说:"像条侯周亚夫那样的严密防守,长平侯卫青、冠军侯霍去病那样的征伐匈奴,博陆侯霍光那样的谨慎稳重,都可以称得上是汉代以来的名将了。"又问:"请问古代的名将都有什么样的作战原则?"扬子说:"他们遵从战争的道德发布进攻的命令,依照仁义的精神发布退兵的信号;战车上堆满尸体、武器上沾满鲜血的大肆杀戮,他们都是不会做的。"

[按语]

扬雄关于"名卿""名将"的评价标准,反映了扬雄坚持儒家传统道德的思想。扬雄提倡为官要执法公正、清正廉洁、敢担责任、为人正直,为将要军纪严明、指挥若定、谨慎稳重而不滥杀无辜。

11.16

张骞、苏武之奉使也①,执节没身②,不屈王命,虽古之肤使③,其犹劣诸!

[注释]

①张骞、苏武：二人都是汉武帝时出使西域的汉朝使臣。张骞被匈奴扣留十多年仍不改汉节，后逃回汉朝；后随大将卫青征战匈奴，以熟悉匈奴水草所在，使汉军不致困乏而获胜。苏武以中郎将身份出使匈奴，被匈奴扣留并迫其投降；苏武始终威武不屈，手持汉节牧羊十九年，至昭帝即位时才得以归汉。二人事迹详《汉书·张骞李广利传》和《汉书·李广苏建传》。

②执节没身：谓坚持汉臣节操而不惜牺牲生命。"没身"同"殁身"，牺牲生命。

③肤使：犹"美使"，谓不辱君命的使臣。《诗经·大雅·文王》"殷士肤敏"毛传："殷士，殷侯也。肤，美；敏，疾也。"

[译文]

张骞、苏武的奉命出使，宁肯为坚持节操而牺牲生命，也不辜负天子的使命；即使古代那些受人赞美的使臣，恐怕也远远不如他们吧！

[按语]

在张骞、苏武身上，集中表现了"威武不能屈"和"士可辱其身，不可辱其志"的士大夫精神，因此扬雄给予他们极高的评价。扬雄"天禄阁"上的纵身一跃，也是他"执节没身"精神的体现。然而他的良苦用心被不少人曲解了，反被认为是他苟且偷生的表现，岂不冤哉？

11.17

世称东方生之盛也①。言不纯师，行不纯表；②其流风遗书，蔑如也。③或曰："隐者也④。"曰："昔之隐者，吾闻其语矣，又闻其行矣。"或曰："隐道多端⑤。"曰："固也。圣言圣行不逢其时，圣人隐也。贤言贤行不逢其时,贤者隐也。谈言谈行不逢其时,谈者隐也。⑥昔者箕子之漆其身也⑦,狂接舆之被其发也⑧,欲去而恐罹害者也⑨。箕子之《洪范》⑩,接舆之'歌凤'也哉⑪?"或问:"东方生名过实者,何也?"曰:"应谐、不穷、正谏、秽德⑫。应谐似优⑬,不穷似哲,正谏似直,秽德似隐。""请问名?"曰:"恢达⑭。""恶比?"曰:"非夷、齐而是柳下惠⑮。戒其子以尚容⑯:'首阳为拙⑰,柱下为工⑱;饱食安坐,以仕易农⑲;依隐玩世⑳,诡时不逢㉑。'其滑稽之雄乎?"或问:"柳下惠非朝隐者与?"曰:"君子谓之不恭㉒。古者高饿显、下禄隐㉓。"

[注释]

①东方生:东方朔(前154~前93),汉武帝时以文学入仕,以其极善应对而且语言诙谐为武帝所宠信,官至太中大夫,是武帝身边的弄臣。后世盛传其异闻逸事,方士将他附会为神仙。事详《史记·滑稽列传》和《汉书·东方朔传》。之盛:达到极点。"之",动词。

②纯师:完全值得效法。纯表:完全可为表率。

③流风:谓世上流传的东方朔故事。遗书:谓世上流传的东方朔著作。蔑如:即"不如",犹言"不合事实"。《汉书·东方朔传》说:"朔之文辞,此二篇最善。其余有……世所传他事皆非也。"

④隐者:东方朔曾以"朝隐者"自诩,《史记·滑稽列传》载:"朔曰:'如朔等,所谓避世于朝廷间者也。'"

⑤隐道多端:避世隐居的方式很多。

⑥谈言谈行:《法言义疏》说:"'谈'皆'诙'字之误。"今从汪说。"谈言"谓诙谐的言辞,"谈行"犹言滑稽的行为。谈者隐:谓滑稽者之隐。

⑦箕子之漆其身:谓箕子佯狂为奴而自屈其身。《史记·宋微子世家》:"纣为淫佚,箕子谏,不听。……乃被发佯狂而为奴。"箕子是纣的叔父(或

说为庶兄)。"漆"为涂饰黏结之物,故以喻箕子隐其贵族之身而屈身为奴。

⑧狂接舆:楚狂接舆。传说"接舆"为春秋时楚国的贤人,见"礼崩乐坏"而佯狂避世。《论语·微子》:"楚狂接舆歌而过孔子曰:'凤兮凤兮!何德之衰?往者不可谏,来者犹可追。已而,已而!今之从政者殆而。'"被其发:即"披其发"。上古时成年人都得束发,只有狂人(疯子)才会披散头发。

⑨欲去:谓"避世隐居"。箕子、接舆避世都是因为怕遭祸害,前者是亡国之贤臣恐不容于新君,后者是乱世之贤者恐不容于当政。言外之意是:东方朔躬逢盛世,应当奋发有为;其所谓"朝隐",是在欺世盗名。

⑩《洪范》:《尚书》篇名。《史记》载"武王既克殷,访问箕子",箕子向周武王陈述天地之大法,这就是《洪范》。

⑪接舆之"歌凤":见注⑧所引《论语·微子》。《洪范》"歌凤"两句,是说箕子、接舆的志向和才能都是东方朔无法相比的。

⑫应谐:应对诙谐有趣。不穷:没有应对不了的问题。《汉书·东方朔传》:"舍人所问,朔应声辄对,变诈锋出,莫能穷者。"正谏:敢在皇帝面前说真话。《传》载:"朔虽诙笑,然时观察颜色,直言切谏,上常用之。"秽德:污损自己道德。是说东方朔为了博取诙谐的谈话效果,不惜说一些贬损自己的笑话。

⑬优:俳优,滑稽剧演员。《乐府杂录·序》:"重翻曲调,全祛淫绮之音;复采优伶,尤尽滑稽之妙。"

⑭诙达:诙谐的达者,意为"靠语言诙谐使自己显达的人"。东方朔以文学入仕,官至太中大夫;其每一步升迁,都是凭他善于编造诙谐的笑话而博得汉武帝的"爱幸",故谓之"诙达"。

⑮非夷、齐:不认为伯夷、叔齐值得学习。下文"首阳为拙"即"非夷、齐"之证。伯夷、叔齐是商朝一个小诸侯孤竹君的两个儿子,武王灭

商后，伯夷、叔齐宁肯饿死在首阳山也不食周粟，被后世视为守志不移的典型。是柳下惠：认为柳下惠值得学习。"柳下惠"即春秋时鲁大夫展禽，鲁僖公时人，曾任"士师"（主管刑狱的官员），被免职三次也不离开。有人问他为什么不离开，他说："枉道而事人，何必去父母之邦？"孔子说柳下惠是"降志辱身"（《论语·微子》）。柳下惠很有才能，因为"直道而事人"被免职三次之后，于是为了获得朝廷俸禄而改为"枉道而事人"（不按原则来办事）。

⑯戒：通"诫"，告诫。尚容：即"上容"，谓"以存身避祸为上"。

⑰首阳：代指伯夷、叔齐。拙：笨拙，犹言"愚蠢"。

⑱柱下：传说老子曾为周"柱下史"，故以"柱下"代指老子。据《史记·老子韩非列传》记载，老子先后任"周守藏室之史""柱下史""周太史"，一生仕而不显，司马迁谓之"隐君子"。工：工巧，犹言"聪明"。老子具有卓越才能，一生仕而不显，可谓"朝隐"的典型，故东方朔以为"工"。

⑲以仕易农：以做小吏代替种田，意为"把做官作为谋取生活来源的手段"。

⑳依隐玩世：意为"似隐非隐，玩世不恭"。《汉书·东方朔传》"依隐玩世"如淳注："依违朝隐，乐玩其身于一世也。""依违"犹言"若即若离"。

㉑诡时不逢：意为"不赶潮流，免遭祸害"。《汉书·东方朔传》"诡时不逢"臣瓒注："行与时诡而不逢祸害也。"颜师古注："瓒说是也。诡，违也。"

㉒不恭：谓"不自重"，即不重视自己的节操。孔子说柳下惠是"降志辱身"。

㉓高饿显：以饿显者为高，意为"崇尚像伯夷、叔齐那样宁肯饿死也

不改变志向的名士"。下禄隐：以禄隐者为下，意为"鄙视像柳下惠、东方朔那样食朝廷俸禄而避世远祸的隐士"。

[译文]

世人对东方朔的赞美达到了极点。其实，东方朔的言辞不完全值得效法，行为不完全可做表率；有关他的那些故事和流传的他的著作，很多是不合乎实际的。

有人说："东方朔是个隐士。"扬子说："从前的那些隐士，我读到过他们的言论，也听说过他们的事迹，（都是跟东方朔的言行不一样的。）"那个人说："避世隐居的方式多种多样嘛。"扬子说："确实如此。圣人的言论和行为不能被当政者赏识，他们就采用圣人避世的方式隐居。贤人的言论和行为不能被当政者赏识，他们就采用贤人避世的方式隐居。诙谐者的言论和行为不能被当政者赏识，他们就采用诙谐者避世的方式隐居。从前箕子佯狂为奴而委屈自己，楚人接舆披散头发而假装疯子，都是因为怕遭祸害而不得不避世隐居。（难道东方朔是没有被当政者赏识或者也是怕遭祸害吗？）箕子所著《洪范》，接舆所唱《凤歌》，（哪里是东方朔的思想境界所能达到的呢？）"

有人问："东方朔的名声能够远远超过他实际的言行，这是为什么？"扬子说："因为他应对的语言诙谐有趣，对任何提问对答如流，对有些事情直言敢谏，敢说贬损自己的笑话。应答诙谐，仿佛滑稽剧演员；对答如流，仿佛智慧无穷的哲人；直言敢谏，仿佛刚直不阿的臣子；贬损自己，仿佛不计较名利的隐士。（这就是东方朔的名声能够远远超过他实际言行的原因。）"再问："请问应该给他一个什么名称？"扬子说："语言诙谐的显达者。"又问："为什么将他说成这类人？"扬子说："他不称道伯夷、叔齐而称道柳下惠。他崇尚存身避祸的典型并用以告诫儿子说:'伯夷、叔齐是最愚蠢的,老子那样处世才真聪明;要想衣食无忧而且太平无事,就只能把入仕做官作为谋生的手段;似隐非隐而玩世不恭,不赶潮流以免遭祸害。'他不就是个滑稽者中的豪杰吗?"

有人问:"柳下惠不是个避世于朝廷的隐士吗?"扬子说:"君子说他是不知自重。古时候,人们崇尚宁肯饿死也不改变志向的名士,鄙视食着朝廷俸禄而避世苟安的隐者。"

[按语]

扬雄推崇隐士,但他推崇的是真正的隐士。他认为,真正的隐士应当是像箕子、接舆、严君平、郑子真、李仲元等人那样,不仅具有杰出的才能,而且具有高尚的道德情操,为了坚持做人的原则而"不逢其时",于是只得避世远祸而委屈自己。东方朔才能杰出,又深得汉武帝爱幸,本该坚持儒家的原则和立场,为实现儒家的"王道"理想做出一番事业来。然而,他没有这样做,他选择了所谓"朝隐"的道路。在扬雄看来,东方朔的"朝隐"无非是食君之禄而苟且偷生的借口。最让扬雄不能容忍的,是东方朔这样一个靠说俏皮话取悦皇帝而显达的人,居然被世人推崇得五体投地,所以他要让人们了解真相、明白是非。

11.18

妄誉,仁之贼也[1];妄毁,义之贼也。贼仁近乡原[2],贼义近乡讪[3]。

[注释]

①贼:犹"害",谓"祸害"。

②乡原:犹言"伪君子"或者"好好先生"。《论语·阳货》:"乡原,德之贼也。"朱熹《四书集注》:"乡原能伸其是非之不忤于是者。……随众依违,模棱而持两端,乡之人以其合君子而贤之。""乡原"亦作"乡愿"。

③乡讪：犹言"专门说人坏话的人"或者"公认的坏人"。这是扬雄针对"乡原"生造的说法。

[译文]

毫无根据地赞扬别人，是对仁的损害；毫无根据地诋毁别人，是对义的损害。损害仁就近似于孔子所斥责的"乡原"，损害义就近似于人们所公认的坏人。

[按语]

"妄毁"遭人反感和恶恨，这是不难理解的。而"妄誉"，竟然是对"仁"的损害这个道理，却就有必要加以说明了。什么是"仁"？孔子说"仁者，爱人"。那么"仁之贼"，当然就是"害人"了。为什么"妄誉"是在"害人"呢？

"妄誉"是小人和奸佞惯用的手段。小人之"妄誉"使人毁身，奸佞之"妄誉"使人毁国。"妄誉"之害，大矣。故孔子痛恨"乡原"，说它是"德之贼"。

关于"乡原"，历代圣贤多有论及，但以孟子所论最为切实，他说："孔子以为'德之贼'，何哉？曰：非之无举也，刺之无刺也，同乎流俗，合乎污世，居之似忠信，行之似廉洁，众皆悦之，自以为是，而不可入尧、舜之道，故曰'德之贼'也。"（《孟子·尽心下》）前人多以"乡原"为"小人""伪君子""同流合污"者。"妄誉"之人，极善察言观色、投其所好、取悦于人，貌似忠信，其实奸究，故与"乡原"相似。

古往今来，为君者重"诤臣"，为民者重"诤友"。古语云："道吾是者非吾友,道吾非者非吾仇。"俗语有云"打是心痛骂是爱"，皆所以防"妄誉"之害也。

11.19

或问:"子蜀人也。请人?"曰:"有李仲元者①,人也。""其为人也奈何?"曰:"不屈其意,不累其身。②"曰:"是夷、惠之徒与③?"曰:"不夷不惠,可否之间也。""如是,则奚名之不彰也?"曰:"无仲尼,则西山之饿夫与东国之绌臣恶乎闻④?"曰:"王阳、贡禹遇仲尼乎⑤?"曰:"明星皓皓,华藻之力也与⑥?"曰:"若是,则奚为不自高⑦?"曰:"皓皓者,己也;引而高之者⑧,天也。子欲自高邪?仲元,世之师也。见其貌者,肃如也;闻其言者,愀如也⑨;观其行者,穆如也⑩。郸闻以德讪人矣⑪,未闻以德讪于人也。仲元,畏人也⑫。"或曰:"育、贲⑬?"曰:"育、贲也,人畏其力而侮其德⑭。""请条⑮?"曰:"非正不视⑯,非正不听,非正不言,非正不行。夫能正其视听言行者,昔吾先师之所畏也⑰。如视不视⑱,听不听,言不言,行不行,虽有育、贲,其犹侮诸?"

[注释]

①李仲元:李弘,字仲元,成都人,与扬雄为同时人。李仲元"少读五经,不为章句。处陋巷,淬励金石之志,威仪容止,邦家师之。以德行为郡功曹,一月而去。……州命从事,常以公正谏争为志。"(《华阳国志·蜀郡士女赞》)在西汉的蜀郡士人中,李仲元以"湛然岳立"为其形象特点。所谓"湛然岳立",是说追求避世隐居却令人高山仰止。《说文》:"湛,没也。"

②不屈其意:不使自己志向受到委屈,犹言"绝不放弃做人的原则"。不累其身:不使自己身体受到牵累,犹言"不愿卑躬屈膝事人"。

③夷、惠:伯夷、柳下惠。

④西山之饿夫:指伯夷、叔齐。首阳山在今山西省永济市南,又名"雷

首山";相对于鲁国（今山东省内），首阳山在西面，故谓之"西山"。东国：指鲁国。以其在首阳山之东，故云。绌臣：即"黜臣"。柳下惠任鲁国士师时，"三黜"而不去职，故谓之"黜臣"。"绌"通"黜"。

⑤王阳：王吉，字子阳，西汉琅琊皋虞（今青岛市即墨区）人。少时好学明经，以举孝廉入仕为郎，又以举贤良为昌邑王中尉。昭帝崩，昌邑王继帝位，"即位二十余日以行淫乱废。昌邑群臣坐在国时不举奏王罪过……皆下狱诛。唯（王）吉与郎中令龚遂以忠直数谏正得减死"。宣帝时，王吉为博士谏大夫，针对宣帝好游猎、"宫室车马盛于昭帝"，上疏切谏；而"上以其言迂阔"，王吉便称病辞官。王吉"世名清廉"，"及迁徙去处，所载不过囊衣，不蓄积余财，去位家居，亦布衣疏食"。贡禹：与王吉同乡同时，品行、经历亦大致相同，《传》称"以明经洁行著闻"，"吉与贡禹为友，世称'王阳在位，贡公弹冠'，言其取舍同也"。二人事迹详《汉书·王贡两龚鲍传》。

⑥华藻：华美与藻饰，引申为动词，犹言"修饰"。

⑦自高：谓"靠自己的力量使自己处于高位"。

⑧引而高之：牵引以使它（明星）处在高位上。

⑨愀（qiǎo）如：犹"愀然"，神色严肃貌。

⑩穆如：犹"穆然"，恭敬貌。

⑪㪍：通"但"，只。诎：同"屈"，用作使动。

⑫畏人：使人畏惧。

⑬育、贲：夏育、孟贲。二人都是古代传说中的大力士。

⑭侮：犹"轻"，犹言"轻视""鄙视"。《广雅·释诂》："侮，轻也。"

⑮条：谓"条述"，犹言"一一道来"。《汉书·丙吉传》"分条中都官"颜师古注："条，谓疏录之。""疏录"即一一抄录。

⑯正：犹言"礼"。礼以正人，故谓之"正"。以下三句中的"正"同此。语仿《论语·颜渊》："子曰：'非礼勿视，非礼勿听，非礼勿言，非礼勿动。'"

⑰吾先师：指孔子。

⑱不视：谓"不当视"。"不听""不言""不行"结构同此。

[译文]

有人问："先生是蜀郡的人，请问谁是蜀郡真正的人才？"扬子说："有个叫李仲元的，是蜀郡真正的人才。"再问："他的为人怎么样？"扬子说："他从来不让自己的意志屈从于他人，也从来不让世俗的欲望牵累于自己。"又问："他是伯夷、柳下惠一类的人吗？"扬子说："他既不像伯夷也不像柳下惠，而是介于他们之间的人。"又问："既然如此，那他的名声为什么没有在社会上彰显呢？"扬子说："如果不是因为孔子多次提到，那么饿死在首阳山的伯夷、叔齐和被鲁国罢黜的柳下惠又怎么能够名闻天下呢？"反问道："难道名满天下的王吉、贡禹，是孔子提到过的吗？"扬子说："群星的明亮，是因为别人的修饰形成的吗？"又反问道："既然如此，那么李仲元为什么没有使自己的声望高起来呢？"扬子说："群星之所以明亮，是因为它们自己的能力；它们能够被牵引而居于高处，却是因为天的作用。难道你想处于高位就能使自己的地位高起来吗？李仲元是世人的师表。见到过他的容貌的人，没有不肃然起敬的；听到过他的言论的人，没有不严肃思考的；观察过他的行为的人，没有不恭敬有加的。只听说过有道德的人能够使人折服，没听说过有道德的人能够被人折服的。李仲元是使人折服从而畏惧的人。"

有人说："难道夏育、孟贲不能使人畏惧吗？"扬子说："夏育、孟贲，使人畏惧的仅仅是他们的力气，而让人瞧不起的是他们的道德。"再问："请先生一一说明其中的道理，行吗？"扬子说："不合乎礼制的事物不看，不合乎礼制的言论不听，不合乎礼制的言论不说，不合乎礼制的事情不做。那些能够用礼制来严格约束自己的视、听、言、行的人，从前就连我们的先师孔子也是敬畏他们的。一个人如果喜欢看那些不该看的事物，听那些不该听的言论，说那些不该说的言语，做那些不该做的事情，纵然他有夏育、孟贲那样巨大的力气，难道不是还是被人瞧不起吗？"

[按语]

在"李仲元"身上，充分体现了扬雄自己的道德追求与人格理想。李仲元的"不屈其意，不累其身"，与扬雄"非其意，虽富贵不事也"的处世原则何其相似！扬雄不也是"不夷不惠"的人吗？似"夷"，就不会进京求仕；似"惠"，就得"枉道而事人"。扬雄不仅事汉，而且事莽，但因不愿"枉道而事人"，故落得"三世不徙官"的下场。

扬雄认为，"天"（君王）可以决定一个人地位的高低，但不能决定一个人名声的彰显。扬雄既不愿"降志辱身"，又不能"枉道而事人"，"天"不会"引而高之"，又不"遇仲尼"，于是"欲求文章成名于后世"，而且果然遂愿。

扬雄坚持"君子绝德，小人绝力"的道德标准，所以认为夏育、孟贲不可怕，只有像李仲元那样"能正视、听、言、行者"，才是真正使人折服敬畏的人。

《君子》卷第十二

序

君子纯终领闻①,蠢迪捡押②,旁开圣则③。撰《君子》。

[注释]

①纯终:犹"善成",谓"善于成就"。领闻:犹"令闻",犹言"美名"。"领"通"令"。

②蠢:犹"动",谓"行动"。《说文》:"蠢,虫动貌。"迪:由也,遵道而行也,犹言"遵循"。捡押:同"检柙",谓"法度,规矩"。荀悦《申鉴·杂言上》:"故检柙之臣,不虚于侧。"

③旁开:犹"广开",犹言"发扬光大"。《广雅·释诂》:"旁,广也。"又:"旁,大也。"

[译文]

君子善于成就自己美好的名声,行动无不遵循法则在进行,而且能将圣人的原则发扬光大。(为了让人们全面了解君子的行事准则,)撰《君子》一卷。

[按语]

要而言之,扬雄认为君子的行事原则是:建美名,遵法度,扬圣道。建美名是目的,遵法度是手段,扬圣道是义务。

12.1

或问:"君子言则成文,动则成德,何以也?"曰:"以其堋中而彪外也①。般之挥斤②,羿之激矢③。君子不言,言必有中也;④不行,行必有称也⑤。"或问:"君子之柔刚?"曰:"君子于仁也柔,于义也刚。⑥"

[注释]

①堋(péng)中:犹"堋于中",谓"充满在其中",意为"美德充满于内心"。《广雅·释诂》:"堋,满也。"彪外:犹"彪于外",意为"美行表现于外"。《说文》:"彪,虎文。"段注:"虎皮。曰彪,皆状其文也。"彪兼有外、美二义。

②般:公输般,先秦著名工匠,后世谓之"鲁班"并且奉为木匠的祖师。斤:同"斧"。

③羿:后羿,传说是上古善射者。激矢:犹"发矢",即射箭。

④不言:谓"不言则已"。下文"不行"同此。中(zhòng):谓"中肯",意为"说话抓住要害"。

⑤称(chèn):谓"得体",意为"做事恰到好处"。

⑥于仁也柔,于义也刚:对待仁爱问题,态度柔和;对待节义问题,态度刚强。李轨注:"仁爱大德,故柔屈其心;节义大业,故刚厉其志。"

[译文]

有人问:"君子发言就会成为文章,做事就会成为德行,这是为什么啊?"扬子说:"因为他们的内心充满了美德,所以表现出来的都是美好的言行。就像鲁班挥动斧头无不恰到好处、后羿射发箭镞总是百发百中一样,君子不讲话则已,只要讲话,就一定能够说中问题的要害;君

法言 | 341

子不做事便罢，只要做事，就一定能够做得非常得体。"

又问："君子是怎样刚柔结合的？"扬子说："君子对待仁爱问题，态度柔和；对待节义问题，态度刚强。"

[按语]

扬雄强调"德"与"行"的内外统一。认为具备了"内圣"修养的"君子"，一言一行都能恰到好处地体现圣人的道德规范。儒家强调"修身"，修身是成就事业的基础。修身好比练内功，由凡人而"君子"。

"仁"是对人的态度。儒家主张"仁"，就是无论君臣、官民和民与民之间，都要以爱心相待。有爱心，待人宽厚有加，凡利益不与人争，这就是"柔"。

"义"是对事的态度。事有宜与不宜之别，做"不宜"之事则为"不义"。不义则害"仁"坏"道"；不义之人，人人得而诛之。所以在"义"的问题上，必须坚持原则，不能有丝毫让步，态度必须强硬，这就是"刚"。

扬雄关于"君子"对待"柔刚"问题的解说，既体现了执法者人性化的一面，又强调了"法不阿贵"的一面。后人所谓的"法不容情""对事不对人"，也与扬雄"君子于仁也柔，于义也刚"的思想是相通的。

12.2

或问："航不浆，衝不荠，①有诸？"曰："有之。"或曰："大器固不周于小乎②？"曰："斯械也。君子不械。"

[注释]

①航：大船。不浆：不载酒浆。衝：同"䡴"，战车。《说文》："䡴，陷阵车也。"段注："前、后《汉书》衝朝，衝皆即䡴字。"不荠：不载荠菜。

②周：谓"容纳"。《淮南子·兵略训》"周锥凿而为刃"高诱注："周，

内也。捻矜以内钻凿也。""内"即"纳"之古字。

[译文]

有人问:"大船不用来装运酒浆,战车不用来装载荠菜,有这样的说法吗?"扬子说:"有这样的说法。"问者说:"那是因为大的器械本来就不该用来容纳细小的东西吗?"扬子说:"这是针对器械而言,君子不是器械。"

[按语]

对器械而言,应当是大器作大用、小器作小用,故"舡不浆,衝不荠"。"君子"有居上位者,有居下位者。就其德和才而言,君子都是"大器"。居上位之君子有大用,居下位之君子有小用。故"大器固不周于小",只适用于真正的器械,而不适用于君子。

对于努力修身以成为"君子"的人来说,更不能拒绝"小"用、忽视"小"事。中国传统道德,提倡"积小善,戒小恶",古语云:"勿以善小而不为,勿以恶小而为之。"《荀子·劝学》说:"积善成德,而神明自得,圣心备焉。"可见,成为君子还得从积小善做起。扬雄强调"君子不械",就是主张不拒绝"小"用、不忽视"小"事是"君子"的道德修养。

12.3

或问:"孟子知言之要,知德之奥?①"曰:"非苟知之,亦允蹈之。②"或曰:"子小诸子③,孟子非诸子乎?"曰:"诸子者,以其知异于孔子者也④。孟子异乎不异?"

[注释]

①言之要:谓"孔子言论的旨趣"。德之奥:谓"孔子道德的深意"。

②苟:随便。允:诚信,此处犹言"忠实"。

③小:用作意动,犹言"鄙视"。

④知:犹言"见解"。

[译文]

有人问:"孟子了解孔子言论的旨趣,了解孔子道德的深意吗?"扬子说:"他不是随意地了解就算了,他还忠实地履行了孔子的言论和道德。"问者又说:"先生鄙视诸子,孟子不也是诸子吗?"扬子说:"我所鄙视的诸子,是那些见解跟孔子相悖的人。孟子的见解跟孔子相悖不相悖?"

[按语]

本章可视为扬雄维护孔子及儒学理论的宣言书。他毫不讳言自己"小诸子"的理由是"以其知异于孔子",可谓泾渭分明、毫不含糊。扬雄的这一坚定立场,使他赢得了在儒学史上的崇高地位,但也表现了他的历史局限性。无论是他对"诸子"的批判,还是对"太史公"的非议,都存在着相当的历史局限和门户之见。

不过,扬雄对孟子的赞赏是值得肯定的。这一方面是因为孟子对发展孔子的儒学理论作出了巨大的贡献,这种赞赏是客观的,并非出于门户之见的溢美之词;另一方面,扬雄把孟子作为知行统一的典型来宣扬也是很有见地的。

12.4

或曰:"孙卿非数家之书,侻也①。至于子思、孟轲,诡哉?②"曰:"吾于孙卿与③?见同门而异户也④。惟圣人为不异⑤。牛玄、骍、白,睟而角,⑥其升诸庙乎⑦?是以君子全其德⑧。"或问:"君子似玉⑨?"曰:"纯沦温润⑩,柔而坚,玩而廉,⑪队乎其不可形也⑫。"

[注释]

①孙卿：即荀卿，名况，赵人，是战国末期著名思想家，与孟轲都是孔子儒学理论的集大成者。汉人避汉宣帝刘询讳，故写作"孙卿"。非数家之书：指荀卿所著《非十二子》一文。《非十二子》所针对的，是先秦诸子中的它嚣、魏牟、陈仲、史鳅、墨翟、宋钘、慎到、田骈、惠施、邓析、子思、孟轲。"非"谓"非议"，犹言"批判"。侻（tuō）：符合。

②子思：孔伋，字子思，孔子之孙。子思一生致力于传播孔子儒学思想，所撰《中庸》被奉为儒学经典，故有"述圣"之誉。孟轲是其再传弟子。诡：犹"奇"，谓"奇怪"。《玉篇》："诡，怪也。"

③吾于孙卿：意为"我对孙卿非议子思、孟轲一事的看法"。

④见（xiàn）：同"现"，谓"表现"。同门而异户：意为"同属孔子门派但学术观点不同"，如孟子主张"性善"，荀子主张"性恶"等。

⑤惟圣人为不异：只有圣人是没有流派差异的。在中国文化传统中，"圣人"是智慧的化身，是具有最高道德境界的人，是人类至高无上的表率，仿佛宗教文化中的"佛陀"和"上帝"。因此，"圣人"是不会有流派差别的。

⑥牛玄、骍（xīng）、白：牛有黑色、赤色、白色的不同皮毛。《说文新附》："骍，马赤色也。"故以"骍"代"赤"。睟（cuì）而角：犹"粹而角"，意为"毛色纯粹而且牛角中看"。"睟"通"粹"。

⑦其：表反诘语气。升诸庙：意为"那三种牛只要毛色纯粹就可以被作为牺牲登上宗庙的殿堂"。《礼记·檀弓》："夏后氏尚黑……牲用玄；殷人尚白……牲用白；周人尚赤……牲用骍。"牛的毛色之说一语双关：孟、荀之"异户"犹牛的毛色之不同，但只要"毛色纯粹"，便都可以"升诸庙"而有大用焉；牛的毛色纯粹尚有大用，人的道德纯粹自然能够"升诸庙"而有大用，"是以君子全其德"。

⑧全其德：谓"使其德全"，意为"使自己道德纯粹完美"。

⑨玉："玉"在中国古代文化中具有特殊的象征意义，它既是人的身份地位的象征，也是人的道德品质的象征。《礼记·玉藻》说"君子无故玉不去身。君子于玉比德焉"。《说文》对"玉"的解说便是一种"比德"的说法："石之美有五德：润泽以温，仁之方也；䚡理自外可以知中，义之方也；其声舒扬专以远闻，智之方也；不挠而折，勇之方也；锐廉而不忮，洁之方也。"

⑩纯沦：犹"纯伦"，谓"纯理"，意为"纹理纯粹"。"沦"通"伦"。温润：谓"色泽温润"。

⑪柔而坚：谓"质地柔和而坚硬"。玩而廉：谓"珍贵而难得"。"玩"犹"珍"，《文选·陆机〈辩亡论〉》"奇玩应响而赴"注："玩，珍也。""廉"犹"窄"，与"广"义相对，《说文》："廉，仄也。"段注："此与广为对。"不广则寡少，故"难得"。

⑫队乎：犹"邃然"，深奥貌。"队"一音徐醉切，与"邃"同音。

[译文]

有人说："荀卿批评诸子的《非十二子》一书，大多数是说到了问题的要害的。但他竟然批评到子思、孟轲头上，这岂不是怪事吗？"扬子说："要问我对荀卿这样做的看法吗？这表现了同一门派中还有流派的差异。只有圣人是没有流派差异的。牛有黑色、赤色、白色几种皮毛，但是只要它们的毛色纯粹而且牛角中看，不就可以被用作祭品登上宗庙的殿堂吗？因此君子努力使自己的道德纯粹完美。"

有人问："君子像玉的什么特点？"扬子说："纹理纯正，色泽温润，质地柔和而坚硬，价值珍贵而难得，其深邃的形象是难以形容的。"

[按语]

被荀子所非议的"十二子"中,只有子思、孟子是儒家学派中人。所以扬雄认为荀子对子思、孟子的非议,无非"同门而异户"而已。在扬雄看来,荀子对其余"十子"的非议都是很有道理的,因为他不仅维护了儒家的理论,而且纠正了诸子的一些错误,清人汪中就说:"荀卿之学出于孔氏,而尤有功于诸经。……六艺之传赖以不绝者,荀卿也。周公作之,孔子述之,荀卿子传之。"(汪中《荀卿子通论》)扬雄对荀子、孟子都是很敬重的,所以不予厚薄之评,仅谓"同门而异户"。

扬雄以"玉"喻君子之德,特别强调其"纯沦"(纯理),就因为诸子的学说太过于"驳杂"。在他看来,司马迁虽亦儒者,但论定是非也"不与圣人同,是非颇谬于经"(《汉书·扬雄传》),因此他强调"君子全其德"。

12.5

或曰:"仲尼之术,周而不泰①,大而不小②,用之犹牛鼠也③。"曰:"仲尼之道,犹四渎也④;经营中国⑤,终入大海。它人之道者,西北之流也⑥;纲纪夷貊⑦,或入于沱,或沦于汉⑧。"

[注释]

①周:谓"内容周详"。不泰:犹"不通",谓"行不通"。《易经》"泰"卦卦辞曰"亨",通也。

②大:谓"体系庞大"。不小:谓"不具体",犹言"难以领会得很具体"。

③用之犹牛鼠:意为"用孔子之道解决问题,就像牛行鼠穴,纵然有能力却无法施展"。

④四渎:指四条独流入海的大河,即长江、黄河、淮河、济水。《尔雅·释水》:"江河淮济为四渎。四渎者,发原注海者也。"

⑤经营：犹言"灌溉、滋润"。中国：此处是文化学意义上的概念，即《问道》所谓"五政之所加，七赋之所养"的中原地区。

⑥西北之流：指中原地区的西边和北边的那些小河。

⑦纲纪：犹上文"经营"，亦谓"灌溉、滋润"。夷貉：指非中原地区，犹言"少数民族地区"。

⑧沦：犹"入"。《淮南子·精神训》"沦于不测，入于无间"注："沦，入也。"

[译文]

有人说："孔子的学说，内容周详却行不通，体系庞大却不具体，运用起来就好比牛行鼠穴——有力无处使。"扬子辩驳说："孔子的学说，犹如长江、黄河、淮河、济水；它滋润着华夏大地，最终流入大海。其他人的学说，犹如西北地区的小河；它们流行在非王化区域，有的汇入沱江，有的汇入汉水"。

[按语]

扬雄认为，孔子之道是"经营中国"的大道，但是必须使它用得其所；如果用不得其所，就会如牛行鼠穴——有力而无法施展。

作为圣道，孔子之道通行天下、放之四海而皆准，故有如四渎之入大海。诸子之道也可能有用于一时一地，故犹如"西北之流"之"纲纪夷貉"。在扬雄看来，圣道之有大用，岂诸子之道可比？

"西北之流"入于"沱""汉"之喻，用意颇深。既寓诸子之学分歧无宗，又寓诸子之学终为儒学圣道所统一之意。

12.6

淮南说之用，不如太史公之用也。①太史公，圣人将有取焉②；

淮南，鲜取焉尔。必也，儒乎？③乍出乍入，淮南也；④文丽用寡，长卿也⑤；多爱不忍⑥，子长也。仲尼多爱,爱义也；子长多爱,爱奇也。

[注释]

①淮南说：指淮南王刘安召集门客所撰的《淮南子》。太史公：指司马迁所著《史记》。

②圣人将有取焉：字面意思是"圣人将从中采用可取的东西"，意为"不少的内容是合乎圣人之道的"。

③必也，儒乎：意思是说，我认为《史记》"有取焉"和《淮南子》"鲜取焉"的根据，"当然是以儒家之道为标准的"。

④乍出乍入，淮南也：意为"《淮南子》的内容有的与儒家之道大相径庭，有的又跟儒家之道比较接近"。清人庄逵吉叙《淮南子》说："《艺文志》杂家者流，有《淮南·内》二十四篇，《淮南·外》三十三篇。……大概多黄白变幻之事。……而高诱叙中，亦言'讲论道德、总统仁义，而著此书……'"《淮南子》以道家自然天道观为指归，又杂以儒家道德、仁义之说，故谓之"乍出乍入"。

⑤长卿：司马相如（前179~前118），字长卿，成都人，汉赋的代表作家。汉武帝好神仙之术，司马相如作《大人赋》予以讽谏，结果反而助长了武帝对神仙之术的爱好。

⑥多爱不忍：爱心很多但用得不恰当。"忍"谓"以义断（事）"，《国语·晋语》"以忍去过"注："忍，以义断也。""不忍"即不能以义断事，亦就是"处事不当"。

[译文]

《淮南子》的功用，远不如《史记》的功用。太史公的《史记》，不少内容是合乎圣人之道的；《淮南子》，很少合乎圣人之道的内容。一定要说衡量功用大小的标准，不就是儒道吗？与儒道大相径庭而稍有接近的，是《淮南子》；文辞华丽而作用很小的，是司马长卿；爱心很多但用得不当的，是司马子长。孔子亦多爱心，但爱的是合乎义的事物；司马子长虽多爱心，但爱的是奇异的人和事。

[按语]

儒家主张"入世"，对治学为文强调"经世致用"，故扬雄非常重视每一部著作的社会影响。扬雄所关注的，不仅是像《淮南子》这样的哲学著作《史记》这样的史传散文，而且还包括辞赋这样的文学作品。唐宋人"文以载道"的主张，很大程度上受到了扬雄的影响。郭绍虞在其《中国文学批评史》中说"扬雄发展了传统的文学观"，应当是不无道理的。

但是，扬雄始终坚持儒家的立场并且坚持用"征圣"的标准来衡量一切文章，这就使他对前人著作的评价，产生了严重的保守倾向和极大的偏见。这种倾向和偏见，在他对《史记》的评价上表现得尤为突出。他一方面充分肯定《史记》，认为"圣人将有取焉"；另一方面，认为《史记》将项羽归入"本纪"、陈胜归入"世家"是"不与圣人同，是非颇谬于经"，而把《史记》为那些有一技之长或者较大社会影响的下层人士（如刺客、滑稽、日者、龟策等）立传视为"不忍"和"爱奇"。扬雄的这种"正统"观念直接影响了班固，以致《汉书》在编纂体例和人物褒贬上都体现了扬雄的这种倾向和偏见。

12.7

或曰："甚矣，传书之不果也[①]！"曰："不果则不果矣，人以巫鼓[②]。"

[注释]

①传(zhuàn)书:犹"传文",谓"解释经书的文字"。不果:犹"不实",谓"不可信"。

②巫:通"诬",谓"有意胡说八道"。鼓:通"蛊",谓"蛊惑"。

[译文]

有人说:"解释圣人经典的文字中,不合乎事实的现象太严重了!"扬子说:"文字不合乎事实倒也罢了,甚至还有人用捏造的事实来蛊惑人心。"

[按语]

扬雄生活的西汉末年,正是经学研究中的"今古文之争"日趋激烈的时代。这场今、古文之争,主要涉及对孔子的评价(是"先师"还是"素王")和对"五经"的认识(是"历史借鉴"还是"政治纲领")问题;但是争论的实质,却不单纯是理论问题,而是社会实际问题。在这场争论中,扬雄虽然并不属于以刘向、刘歆父子为首的古文经学一派,但是由于积极支持王莽"托古改制"的改革主张,所以被后世研究者视为"古文经学派"。扬雄所谓的"诸子",确实主要是针对今文经学派的一些代表人物,这就更给今天的研究者在确定扬雄的学术派别时造成了很大的困难,并且引发了激烈的争论。扬雄所说的"人以巫鼓",见《汉书·扬雄传》所载:"雄见诸子各以其知舛驰,大氏诋訾圣人,即为怪迂,析辩诡辞以挠世事;虽小辩,终破大道而或(惑)众,使溺于所闻而不自知其非也。"近年来,又有人认为扬雄是"今文经学派",似乎亦有道理。在我看来,扬雄纯粹是以儒学的卫道者自居,完全是以他认为客观的标准论人论事,实在是很难将他归入哪一派的。这也是他的"异端"行为的表现。

12.8

或问:"圣人之言炳若丹青①,有诸?"曰:"吁!是何言与?丹青,初则炳,久则渝②。渝乎哉?"

[注释]

①炳:明亮、显著。丹青:丹砂和空青两种可制颜料的矿石。丹砂为红色,空青为青色,用其制作的颜料,不仅色泽明亮,而且不易褪色。

②渝:改变,意为"褪色"。丹青不易褪色,但并非永远不会改变颜色,故后文云"久则渝"。

[译文]

有人问:"圣人的话,像颜料丹砂、空青一样光明显著,是这样的吗?"扬子说:"哎呀,这是什么话啊?丹砂、空青刚制成时颜色光明显著,时间一久颜色就会改变。难道圣人的话亦会改变吗?"

[按语]

在扬雄看来,"圣人之言"是永远颠扑不破的真理,是不会改变也不能改变的。扬雄完全以儒学的卫道者自居,也就难怪自汉以下直到北宋的一大批思想家和政治家,如桓谭、王充、韩愈、柳开、石介、苏洵等人,无不将扬雄视为继孟子之后的儒学继承人和维护者了。

12.9

或曰:"圣人之道若天。天则有常矣①,奚圣人之多变也②?"曰:"圣人固多变。子游、子夏得其书矣③,未得其所以书也;宰我、子贡得其言矣④,未得其所以言也;颜渊、闵子骞得其行矣⑤,未得其所以行也。圣人之书、言、行,天也⑥。天其少变乎⑦?"

[注释]

①常：谓"常行之道"，犹言"规律"。日之升降、月之盈亏、四季之更替均有规律，故云"天则有常"。

②圣人之多变：谓"圣人之道非常深奥难以捉摸"。人事万端，圣人之道莫不应之，故云"多变"。

③子游、子夏得其书：谓"子游、子夏学到了孔子所传授的礼乐制度"。《史记》载，子游为武城宰，孔子过武城闻弦歌之声后说"子游习于文学"。《论语·先进》"文学：子游、子夏"李泽厚注："'文学'并非后世的'文章'，主要指有关礼仪制度的学问。"（李泽厚《论语今读》）

④宰我、子贡得其言：谓"宰我、子贡学到了孔子所传授的语言技巧"。《史记》载宰我"利口辩辞"、子贡"利口巧辞"，孔子说："言语：宰我、子贡。"（《论语·先进》）

⑤颜渊、闵子骞得其行：谓"颜渊、闵子骞学到了孔子美好的德行"。孔子赞颜渊以"贤"、闵子骞以"孝"，见《论语》和《史记》。

⑥天：此处谓"像天一样博大深远"。

⑦天其少变乎：谓"天多变化"。日有起落、月有盈亏、四季更替、风雨阴晴、雷电灾异，皆其变也。

[译文]

有人说："圣人之道像天一样。可是天道的运行是有规律可循的，为什么圣人深奥得让人难以捉摸啊？"扬子说："圣人确实深奥而让人难以捉摸。子游、子夏能学到孔子传述的礼乐制度，却未能理解孔子传述礼乐制度的原因和目的；宰我、子贡能学到孔子传授的语言技巧，却未能理解孔子传授语言技巧的原因和目的；颜渊、闵子骞能学到孔子美好的德行，却未能理解孔子具有美好德行的根本原因。因为圣人的著述、言辞和德行,都是像天一样的博大而深奥。博大深奥的天难道会少变化吗?"

[按语]

扬雄生活的西汉末年,正是经学研究中今、古之争趋于激烈的时期。这场争论的焦点,就是关于圣人孔子和圣人之道的评价问题。扬雄强调"圣人固多变",就是强调对孔子和圣人之道的评价应当谨慎从事,不要急于下结论。扬雄的理由是:受孔子耳提面命的弟子们尚且未必能够完全了解孔子,何况我们这些距离孔子几百年之久的人。

今人研究扬雄,亦如扬雄时代的人研究孔子。在关于扬雄思想的研究中,不仅有"醇儒""杂儒""非儒"的分歧,甚至连扬雄究竟是"古文经学家"还是"今文经学家"的问题也出现了极为分歧的意见。

12.10

或曰:"圣人自恣与①?何言之多端也?"曰:"子未赌禹之行水与?一东一北,行之无碍也②。君子之行,独无碍乎?如何直往也?水避碍则通于海,君子避碍则通于理。"

[注释]

①自恣:谓"放纵自己",意为"随心所欲"。

②行之:使之通行。

[译文]

有人说:"圣人太随心所欲了吧?要不为什么他的话涉及方方面面的问题呢?"扬子说:"你没有见过大禹是怎样疏导洪水的吧?要么将水引向东边,要么将水引向北边,无非是为了使水畅通无阻。君子行事,难道不会遇到障碍吗?遇到障碍怎么能够直端端地前行呢?流水避开障碍才能通向大海,君子避开障碍才能通晓真理。"

[按语]

上一章"圣人之多变",是就圣人言论的深度而言;本章谓圣人"言之多端",是就圣人言论的广度而言。不解圣道之深奥玄妙,便难免"溺于所闻而不自知其非";不知圣道之经纬万端,便不知"避碍"而难"通于理"。

扬雄历来主张"避碍"。"避碍"并非逃避困难,而是追求办事效率。扬雄以为,要想成就大事,必"会其时之可为",即要遇到能够成就事业的机会。他在解释自己不追求政治上显达的原因时说:"为可为于可为之时,则从;为不可为于不可为之时,则凶。……故默然独守吾《太玄》。"(《汉书·扬雄传》)因此,其"避碍"不乏"审时度势"的含义。扬雄提倡"全身远祸",反对"直往",都是"避碍"的表现。

12.11

君子好人之好,而忘己之好;小人好己之恶,而忘人之好。

[译文]

君子欣赏别人的优点,却总是看不到自己的优点;小人欣赏自己的缺点,却总是看不到别人的优点。

[按语]

"严以律己,宽以待人"是中国人的传统美德。孔子提倡"躬自厚而薄责于人"(《论语·卫灵公》),还主张"君子恶称人之恶者"(《论语·阳货》)。君子待人宽厚,故常见到别人的优点;律己严格,故不见自己的优点。"小人"反此,对己宽容放纵,故将自己缺点视为优点;对人吹毛求疵,故将别人的优点视为缺点。

12.12

或曰:"子于天下则谁与①?"曰:"与夫进者乎②?"或曰:"贪夫位也,慕夫禄也,何其与③?"曰:"此贪也,非进也。夫进也者,进于道,慕于德,殷之以仁义④,进而进,退而退⑤,日孳孳而不自知倦者也⑥。"或曰:"进进,则闻命矣。请问退进?"曰:"昔乎颜渊以退为进,天下鲜俪焉⑦。"或曰:"若此,则何少于必退也⑧?"曰:"必进,易俪也;必退,易俪也。进以礼,退以义,难俪也。"

[注释]

①与:谓"赞许"。见《论语·先进》"吾与点也"注。

②进:谓"进取"。"进取"兼"仕进"与"进步"二义。

③何其与:犹"何与其",意为"为什么赞许他们"。

④殷:谓"正",犹言"纠正"。《尚书·尧典》"以殷仲春"传:"殷,正也。以正春秋之气节。"

⑤退而退:司马光《法言集注》说:"'退而退'当作'退而进'。言不以禄位之进退,务进于道德而已。故下文云'请问进退'。"汪荣宝《法言义疏》说:"温公说是也。"今从温公说。

⑥孳孳:同"孜孜",勤奋貌。

⑦俪:犹"并"犹"匹"。"鲜俪焉"犹言"少有能与他相比的人"。

⑧少:犹"小",犹言"轻视"。

[译文]

有人说:"先生赞许天下的哪一类人?"扬子说:"赞许那些追求上进的人吧!"问者说:"那是些贪恋权位、追慕利禄的人,你为什么赞许他们啊?"扬子说:"这样的人只能叫贪婪,不能叫上进。我所说的追求上进的人,是指在圣道上不断进取、对美德无限倾慕、用仁义规范言行、做了官追求上进、不做官亦求上进、每天勤奋学习而不知疲倦的人。"问话人又说:"做官要追求上进的道理,已经领教过先生了。请问什么是不做官亦求上进?"扬子说:"从前颜渊就是把不做官作为自己追求上进的表现,天下很少有能跟他相比的人。"问话人说:"如果是这样,那为什么人们并不看重那些坚持退隐的人呢?"扬子说:"坚持仕进,是很多人容易做到的;坚持退隐,也是很多人容易做到的。而能坚持仕进要合乎礼、退隐要合乎义这一原则,就很难有人做到了。"

[按语]

  扬雄把"上进"理解为对道、德、仁、义的不懈追求,实际上就是反对一般人对学习所持的急功近利和实用主义的态度。他的"不为章句"之学,表现他不愿走同时代读书人靠注解经书进入仕途的道路。他"自有大度",这个"大度"就是继承孔子的事业,实现礼乐治国、建立王道政治的理想。他"年四十余,自蜀来至游京师",原本是为了寻求实现理想的机会。理想破灭之后,他仍然没有消沉,他选择了另一种进取的道路——"欲求文章成名于后世",实际上就是充当孔子儒学的捍卫者。应当说,扬雄的一生都在不断进取,只不过他不是怀着那种"贪夫位,慕夫禄"的进取目的罢了。

  扬雄主张,仕进与退隐都应当符合礼义的原则,并且认为这是很难做到的。在扬雄一生的仕途上,曾经有过多次升迁的机会,但是主要都是因为他坚持"进以礼,退以义"的原则而失去了。汉成帝好辞赋,扬雄不是用辞赋去迎合他,却是将辞赋作为劝谏的手段。王莽需要"符命"为他篡权造舆论,扬雄精通《易》学自然是编造符命的高手,尽管他对王莽确有好感,但他仍然没有将符命作为捞取政治资本的机会。班固给他"恬于势利乃如是"的赞誉,其实这是他高尚的政治情操和伟大人格的集中体现。对于许多人来说,这确实是很难做到的。

12.13

或曰:"人有齐死生、同贫富、等贵贱①,何如?"曰:"作此者,其有惧乎?信死生齐、贫富同、贵贱等②,则吾以圣人为嚻嚻③。"

[注释]

①齐死生、同贫富、等贵贱:这是老庄学派挑战儒家礼乐主张的代表性观点,以《庄子·齐物论》为代表。《庄子·齐物论》宣扬"方生方死,方死方生",是为"齐死生";宣扬"凡物无成与毁,复通为一",是为"同贫富";宣扬"天下莫大于秋毫之末,而太山为小",是为"等贵贱"。

②信:犹言"果真"。

③嚻嚻:谓"虚言",犹言"假话"。《广雅·释训》:"嚻嚻,虚也。"

[译文]

有人问:"有人宣扬生与死的实质是一样的、贫与富的意义是相同的、贵与贱的地位是相等的,先生认为怎么样?"扬子说:"作这种理解的人,大概是心中有所恐惧吧?果真生与死一样、贫与富相同、贵与贱相等的话,那么我们就只有把圣人的言论视为骗人的假话了。"

[按语]

老庄学派"齐死生、同贫富、等贵贱"之说,目的在于否定儒家的"礼乐"理论。"礼乐"的功用在于"辨",即区别尊卑贵贱,如《史记·礼书》所云:"故礼者,养也……君子既得其养,又好其辨也。所谓辨者,贵贱有等,长少有差,贫富轻重皆有称也。"齐同则无别,无别则尊卑贵贱莫辨,这就从根本上否定了"礼乐"的合理存在。"礼乐"是孔子儒学的核心理论,否定"礼乐"就是否定孔子;所以扬雄说,如果"齐死生"之说真实可信,那就是孔子在说假话骗人。

12.14

通天、地、人曰儒①,通天、地而不通人曰伎②。

[注释]

①通天、地、人曰儒:这是以"王"释"儒"。董仲舒《春秋繁露·王道通三》:"古之造文者,三画而连其中谓之王。三者,天、地、人也。而参通之者,王也。"《说文》:"儒,柔也;术士之称。"段注:"儒之言优也、柔也,能安人、能服人。又儒者,濡也,以先王之道能濡其身……术,邑中也,固以为道之称。"按《说文》所云,"儒"为传道之士,"王"为贯通天、地、人三道之人。

②伎:通"技",谓"技艺"。知天文、明地理者,可谓有一技之长;但不识人道,更不能"参通之"者,便只能谓之"伎"。所谓"人道",即"能安人、能服人"之治国安民之道,质言之,即谓"礼乐"。在扬雄看来,"儒"以礼乐别于庄老、刑名等先秦诸子,礼乐是实现儒家"王道"政治理想的主要手段,故"儒"有似于"王";非儒者则均为"伎"而已。

[译文]

能够贯通天、地、人三道于一体的人才配称"儒",能沟通天、地神灵而不精通人道的人只配叫作"伎"。

[按语]

能够贯通天、地、人三道于一体的,绝非一般意义上的"儒",一定是极圣极智的"圣人"。《周礼》把"六德""六行""六艺"叫作"德行""道艺",有此"德行""道艺"者,非圣人不可当之。扬雄以"王"释"儒",

不乏宣示"儒术独尊"的用心。但是有人则据此认为扬雄应当属于"今文经学家"。

12.15

人必先作，然后人名之；先求，然后人与之。①人必其自爱也，然后人爱诸；人必其自敬也，然后人敬诸。自爱，仁之至也；②自敬，礼之至也。③未有不自爱敬而人爱敬之者也。

[注释]

①人必先作……先求……人与之：司马光《扬子法言集注》说："作为善恶，而人以善恶名之；自求祸福，而人以祸福与之。"

②自爱，仁之至也：自爱是仁的最高境界。《荀子·子道》："子贡入，子曰：'赐，知者若何？仁者若何？'子贡对曰：'知者知人，仁者爱人。'子曰：'可谓士君子矣。'颜渊入，子曰：'回，知者若何？仁者若何？'颜渊对曰：'知者自知，仁者自爱。'子曰：'可谓明君子矣。'"

③自敬，礼之至也：敬重自己是明礼的最高表现。《周易·坤卦·文言》："君子敬以直内，义以方外，敬义立而德不孤。"程颐认为，"敬是持己之道"，"敬以直内，有主于内则虚，自然无非僻之心"，故"入道莫如敬"（《宋元学案》卷十五《伊川学案》）。

[译文]

一个人必定是首先有所作为，然后别人才会给他以善或恶的名誉；一个人必定是首先有所追求，然后别人才会给他以祸或福的回报。一个人一定要爱护自己，然后别人才会爱护他；一个人一定要敬重自己，然后别人才会敬重他。爱护自己，是仁的最高境界；敬重自己，是礼的最高形式。没有不懂得爱护自己、敬重自己而会有人爱护和敬重他的。

[按语]

一个人的美誉或骂名、吉祥或灾祸，无不决定于自己的所作所为，正所谓"种瓜得瓜，种豆得豆"。明乎此，则"莫以善小而不为，莫以恶小而为之"。

一个不"自爱"的人，不仅不会有爱人之心，而且会自暴自弃、破罐子破摔，什么坏事都做得出来。因此，"自爱"才会"自律"。人人都能自律，就不会有人为非作歹；没有人为非作歹的社会，必然充满大爱，故曰"自爱，仁之至也"。

一个不"自敬"的人，不仅不会敬重别人，而且精神空虚、行为怪癖，无法约束自己。不能约束自己，就会藐视礼法，就会胡作非为，故曰"自敬，礼之至也"。

对治国治民的官吏来说，"自爱""自敬"尤其重要。官吏爱自己的前途、爱自己的声誉，才不至于贪酷，才不至于徇私枉法。官吏能够自尊自重，才可能尊重百姓的人格，才可能尊重百姓的利益。官吏都能"自爱""自敬"，社会风气必然会好起来，人与人之间的关系也才会和谐起来。

12.16

或问："龙、龟、鸿鹄，不亦寿乎？"曰："寿。"曰："人可寿乎？"曰："物以其性①，人以其仁。"

[注释]

①物：谓"动物"，即与"人"相对的其他一切有生命的动物。性：犹"天性"，即自然本性。

[译文]

有人问："龙、乌龟和天鹅，不都很长寿吗？"扬子说："都很长寿。"再问："人也可能长寿吗？"扬子说："动物的长寿决定于它们的自然本性，

法言 | 361

而人的长寿决定于他的仁爱之心。"

[按语]

从心理学的角度说,"仁者寿"不无道理。仁德君子大多善待别人、遇事豁达。善待别人则少招是非,遇事豁达则少计得失。既无是非仇怨之忧,亦无利害得失之虑,自会有益身心而健康长寿。

但是从社会学的层面上考察,则仁者未必寿。比干剖心、龙逢被斩、屈原自沉……古往今来,仁者不容于不仁者而寿夭的事例,岂少矣哉?故张居正在其《义命说》中不无感慨地说:"仁者不必寿,寿者不必仁。"

扬雄转述孔子"仁者寿"之说,无非出于针对世人总是不乏功利之心的考虑,其用心也可谓良苦。或认为"仁者寿"谓仁者名声不朽。

12.17

或问:"人言仙者①,有诸乎?""吁!吾闻伏羲、神农殁②,黄帝、尧、舜殂落而死,文王毕,孔子鲁城之北。③独子爱其死乎④?非人之所及也,仙亦无益子之汇矣⑤。"或曰:"圣人不师仙,厥术异也⑥。圣人之于天下,耻一物之不知;仙人之于天下,耻一日之不生。"曰:"生乎生乎!名生而实死也⑦。"或曰:"世无仙,则焉得斯语?"曰:"语乎者,非嚣嚣也与⑧?惟嚣嚣能使无为有。"或问:"仙之实?"曰:"无以为也⑨。有与无,非问也。问也者,忠孝之问也。忠臣孝子,偟乎不偟⑩?"

[注释]

①仙:谓"老而不死",即"长生不死"。《说文》:"仙,长生仙去。"段注引《释名》曰:"老而不死曰仙。"

②伏羲、神农:二人都是传说中的中国上古时期的圣王。"伏羲"亦作"伏

犠""庖犠"。《周易·系辞》:"庖犠氏没,神农氏作。神农氏没,黄帝、尧、舜氏作。"殁:同"没",与下句"殂落"皆谓"死"。

③毕:地名,今陕西西安市长安区东北一带。周文王葬于此。鲁城之北:即今山东曲阜附近。孔子葬于此。

④爱:吝惜。"爱其死"犹言"舍不得死"。

⑤子之汇:犹"子之类",即"人类"。《周易·否卦》"拔茅茹以其汇"孔颖达疏:"以其汇者,以其同类。"因为是答词,故言"子",实则"吾侪",即"我们这些人",亦即"人类"。

⑥厥术异:他们所走的道路不同。即下文所述追求完全不同。

⑦名生而实死:自命为还活着而实际上是死了的。《说文》:"名,自命也。"

⑧嚻嚻:虚妄之辞。《广雅·释训》:"嚻嚻,虚也。"

⑨无以为:即"以无为(有)",意为"把根本不存在的事物当作存在的事物"。

⑩偟:通"遑",闲暇。

[译文]

有人问:"人们所谈论的长生不死,真有这样的事吗?"扬子说:"唉!我听说伏羲、神农是死了的,黄帝、尧、舜也是死了的,周文王死后葬在毕,孔子死后葬在鲁国都城的北门外。(可见连这些圣人也没有长生不死。)唯独你就这样吝惜自己的生命吗?且不说长生不死不是人类所能达到的,再说,长生不死对我们也没有什么益处嘛。"问者说:"圣人不学习长生不死之术,是因为圣人与仙人的追求完全不同。圣人对于天下的事物,是以不了解其中的一事一物为自己的耻辱;而仙人对于天下的事物,是把在世上少活一天作为自己的耻辱。"扬子说:"长生啊、长生啊！自命为长生不死的人而实际上都是死了的。"问者又说："如果世上没有长生不死的人，那么怎么会有这样的说法呢？"扬子说："长生不死这样的说法，不就是虚妄的无稽之谈吗？只有虚妄的无稽之谈，才能使根本不存在的事物让人觉得确有其事。"问者又问："那长生不死的实质是什么？"扬子说："就是把根本不存在的现象当作存在的现象。其实长生不死的有和无，都没有必要过问。应该过问的，是有关忠孝的问题。忠臣孝子，有没有时间去过问长生不死这样的问题啊？"

[按语]

扬雄强调，长生不死的所谓"仙"，纯属骗人的鬼话，人们不应该把时间和精力花在这样的事情上。一般说来，人生最大的功利目的应该是追求长寿。长生不死是不可能的，而长寿是有可能的。但长寿的途径是做一个"仁者"，仕则为"忠臣"，不仕则为"孝子"。

12.18

或问："寿可益乎？"曰："德。"曰："回、牛之行①，德矣；曷寿之不益也？"曰："德，故尔。如回之残、牛之贼也，焉得尔？②"曰："残、贼或寿？"曰："彼妄也③。君子不妄。有生者必有死，有始者必有终，自然之道也。君子忠人，况己乎？小人欺己④，况人乎？"

[注释]

①回、牛：颜回、冉耕。《史记·仲尼弟子列传》将二人列入"德行"，并记载"回年二十九，发尽白，早死。孔子哭之恸"，还记载"伯牛有恶疾，孔子往问之"。二人都因病早死，故下句云"寿之不益"。

②如回之残、牛之贼：意为"如果颜回、冉耕不坚守仁义道德"。

"残""贼"都是"损害"的意思，《孟子》别之曰："贼仁者谓之贼，贼义者谓之残。"焉得尔：哪里会像这样。意思是说，颜回、冉耕因为坚守仁义而自甘贫穷，才弄得贫病交加而死；如果不坚守仁义而同流合污，就不至于如此了。世德堂本"得"作"德"，今依天复本改。

③彼妄：意为"那是糊里糊涂地活着"。《说文》："妄，乱也。"《增韵》："妄，诞也，罔也。"

④小人欺己：这是针对上文"人言仙者"来说的。扬雄认为，"长生不死"之说纯粹是自欺欺人的谎言。"君子忠人"在这个话题中，犹言"君子实话实说"。这个"实话"就是"有生者，必有死；有始者，必有终"。

[译文]

有人问："一个人的寿命可能延长吗？"扬子说："道德美好就可能延长。"问者说："颜回、冉耕的行为，够得上道德美好的了，为什么他们的寿命并没有延长呢？"扬子说："他们正是因为道德美好，所以才这样的。如果颜回、冉耕也做损害仁义的事，又哪里能是这样的呢？"问者说："岂不是损害仁义的人还有可能长寿？"扬子说："那是糊里糊涂地活着。君子是不会糊里糊涂地活着的。君子深知，有生必有死，有始必有终，这是自然界的规律。君子对人忠诚老实，何况寿命是与自己有关的事呢？小人连自己也要欺骗，何况是对别人呢？"

[按语]

"德可益寿"与"仁者寿"是相同的命题。道德美好固然可以益寿，但坚守美好道德也有可能弄得自己穷困潦倒甚至付出生命的代价。颜回、冉牛是如此，扬雄自己又何尝不是如此？这也正好应了张居正那句话："仁者不必寿，寿者不必仁。"大凡在一个显失公平的社会里，总是难免会有"好人活得累，坏人富且贵"的现象。古往今来，莫不如此。

《孝至》卷第十三

序

孝莫大于宁亲①，宁亲莫大于宁神②，宁神莫大于四表之欢心③。撰《孝至》。

[注释]

①宁亲：使父母安宁。

②神：指父、祖等亲人死后的灵魂。

③四表：四方之外，指四方极远之地。《尚书·尧典》："光被四表，格于天下。"引申指天下人。

[译文]

尽孝道没有比使父母安乐更重要的了，使父母安乐没有比使祖宗灵魂安宁更重要的了，使祖宗灵魂安宁没有比得到天下人欢心更重要的了。（为了让人了解孝道，）撰《孝至》一卷。

[按语]

"孝"的内涵是爱敬父母。《说文》以"子承老也"释"孝"，字像儿女把父母顶在头上。上自天子，下至庶人，爱敬父母的方式虽然不同，但是使父母安乐（"宁亲"）这个要求和目的是一致的。儒家圣哲由"爱敬父母"的内涵生发开去，上推而"尊祖敬宗"，下推而"尊兄友弟"。尊敬祖宗的手段就是祭祀,祭祀的目的是为了"宁神"。宁神源于"报本",《礼记·郊特牲》说:"人本乎祖……大报本,反始也。"《礼记·祭义》说:"君子反古复始,不忘其所生也。"为什么说"不孝有三,无后为大"?"无后"就没有人给祖宗祭祀,使祖宗的灵魂得不到安宁,所以无后又叫"断香火"。对于一国之君来说,保住江山社稷才能"宁神",才能使祖宗的灵魂不受侵扰。怎样才能保住江山社稷?在扬雄看来,国君修好政治,勤政爱民,能够得到天下人的拥戴。这样既无内乱,又不惧外侮,江山稳固,宗庙安宁,是国君对自己祖宗最大的孝心。

不难看出,扬雄是把国君的"仁政"视为孝的最高标准。换句话说,国君施行暴政,不仅是虐害了天下万民,而且是对自己祖宗的最大不孝和背叛。

13.1

孝,至矣乎①?一言而该②,圣人不加焉。

[注释]

①至:意为"最高最完美的道德标准"。

②该:完备。今作"赅"。

[译文]

孝,可算是最高最完美的道德标准了吧?一个字就使各种道德的内容包含其中,连圣人也没有对它再增加什么了。

[按语]

历来儒家都把"孝"视为所有传统美德的根本。《孝经》首章说:"夫孝,德之本也。"注家们解释说:"孝道之美,百行之本"(《白虎通·考黜》),"执一术(孝道)而百善至、百邪去"(《吕氏春秋·孝行览》),"孝统众善"(吕维祺《孝经本义》)。

"仁、义、礼、智、信"被视为做人的基本道德,谓之"五常"。孟子认为,仁、义的根本是孝、悌,礼、智是维护这个根本的,他说:"仁之实,事亲是也;义之实,从兄是也;智之实,知斯二者弗去是也;礼之实,节文斯二者是也。"(《孟子·离娄上》)《礼记》亦有相同的论述,而且把孝道的影响范围说得更大,如:"居处不庄,非孝也;事君不忠,非孝也;莅官不敬,非孝也;朋友不信,非孝也;战陈无勇,非孝也。""仁者,仁此(孝道)者也;礼者,履此者也;义者,宜此者也;信者,信此者也;强者,强此者也。"(《礼记·祭义》)

这就是扬雄把"孝"视为最高最完美道德标准的主要根据。

13.2

父母,子之天地与?无天何生?无地何形?天地裕于万物乎①?万物裕于天地乎?裕父母之裕,不裕矣。②事父母自知不足者,其舜乎?③不可得而久者,事亲之谓也。孝子爱日。

[注释]

①裕:丰厚。这里用作动词。

②裕父母之裕:意为"用父母给予自己的是否丰厚作标准来报答父母的大恩"。不裕:就不是是否丰厚的问题了。意思是说,不能计较父母给予自己的多少;如果计较,就是"不孝"。

③事父母自知不足者,其舜乎:据《史记·五帝本纪》记载,舜的父亲瞽叟爱后妻的儿子象,甚至"常欲杀舜";而舜总是"顺事父及后母与弟,日以笃谨,匪有解(懈)"。后来舜得到尧的赏赐,为他筑仓廪,给予他牛羊、缔衣和琴,还把两个女儿嫁给了他。分家的时候,象提出"舜妻尧二

女与琴，象取之"的无理要求，舜居然照样依从，并且"复事瞽叟，爱弟弥谨"。舜之所以能够这样忍让，司马迁说"舜顺适不失子道"，就是为了让父母高兴。因此，扬雄将舜作为子女孝敬父母时，从不计较父母恩情厚薄的典型。

[译文]

父母，就是子女的天地吧？没有天，万物怎能禀气萌生？没有地，万物怎能孕育成形？是天地给予万物丰厚的恩情呢？还是万物给予天地丰厚的回报？如果子女计较父母恩情的丰厚，那就不是回报丰厚的问题了。侍奉父母总是认为自己做得不够的，大概是舜吧？不可能有机会长久地去做的，就是侍奉父母这件事情。所以孝顺的子女特别珍惜父母健在的时光。

[按语]

在孔子、孟子生活的时代，"孝"被赋予的主要还是它的道德意义，强调的也主要是与"仁"相关的爱敬的意思，《论语·学而》："孝弟也者，其为仁之本与！"

秦汉之际，"孝"的作用被拔高到政治层面，成为与"忠"相并列的伦理概念，《吕氏春秋·孝行览》说："凡为天下治国家，必务本而后末。……务本莫贵于孝。"《吕氏春秋·观师》更说："先王之教，莫荣于孝，莫显于忠。忠孝，人君人亲之所甚欲也；荣显，人子人臣之所甚欲也。"

扬雄生活的汉朝，"孝"成为最高的伦理观念，以至汉高祖以后的汉代各位帝王都以"孝"为谥，"孝"也成为各地方官向朝廷甄选人才所坚持的重要标准。从此以后，在长达两千多年的中国封建社会中，"忠孝"一直成为居于首位的伦理道德。

"忠孝"是历代封建统治者巩固专制统治的手段，它对维护中华民族统一的国家政权所起的积极作用不可否认；但是，它严重地束缚了人民的民主意识和创造精神，其负面的作用和影响不可小视。

舜的父母和弟弟都是"不仁"的典型，不仅多次勾结起来谋害舜，做出了大大违背人伦的错事；而且象还在分家的时候，提出了霸占舜的妻子、要舜净身出户的无理要求。但是，舜为了"不失子道"，竟然完全接受了这样的无理要求。司马迁和扬雄对舜的这种所谓"孝道"持完全肯定和赞美的态度，封建专制下的"孝道"的负面影响已见端倪。

13.3

孝子有祭乎①？有齐乎②？夫能存亡形、属荒绝者③，唯齐也。故孝子之于齐，见父母之存也，是以祭不宾④。人而不祭，豹獭乎？⑤

[注释]

①祭：对亡故的父母和祖宗表示孝养之心的形式。《礼·祭统》："祭者，所以追养继孝也。"

②齐：通"斋"。"斋"是祭祀前参与祭祀者洁身净心以表示对亲人亡灵虔诚爱敬的行为，其主要方式是"沐浴"和"变食"。《论语》说"斋必变食，居必迁坐"。

③存亡形：意识上再现亡故父母的音容笑貌。属荒绝：联想到祖宗的形象。故《论语·八佾》说："祭如在。祭神如神在。""属"，谓联想。"荒绝"，荒远；祖宗与自己血缘渐远，故称"荒绝"。

④祭不宾：俞樾认为当作"齐（斋）不宾"，他说："以《仪礼》言之，则祭必有宾。……'祭'疑'齐'字之误。"（《诸子平议》卷三十五）按：俞说非是。扬雄的意思应当是说：祭祀时面对的是自己亲人的亡灵，绝不能用对待宾客的态度来对待祭祀。对待宾客讲究的是礼节，即所谓"客套"，

其敬重并非出自内心的真感情;而祭祀时面对亲人亡灵,最注重的是虔诚,应当是对自己亲人的爱敬,是一种发自内心的真感情。因此与《仪礼》所说的"祭必有宾"不是一回事,故"祭"字不误。

⑤人而不祭,豹獭乎:意为"人如果不是怀着对亲人的爱敬之心举行祭祀,岂不是像豹祭和獭祭一样了吗?"《礼记·王制·月令》:"獭祭鱼,然后虞人入泽梁;豹祭兽,然后田猎。"獭贪食,常捕鱼堆放在水边,类似人们祭祀时摆放的祭品,故谓之"獭祭";豹于深秋时捕杀很多野兽以备过冬,这些被豹用于过冬的猎物也类似于人们祭祀时摆放的祭品,故谓之"豹祭"。

[译文]

孝子不是要参与祭祀吗?祭祀前不是要举行斋戒吗?能够使亡故了的父母再现音容笑貌,并且联想到祖宗的,只能是斋戒。所以孝子对待斋戒,就像是在拜见活着的父母,因此祭祀时绝不能采用对待客人的态度。人如果不是怀着对父母亲人的爱敬之心参与祭祀,(只是把不少的祭品摆放在那里,)岂不是跟豹祭、獭祭一样了吗?

[按语]

儒家关于孝道有三个基本要求:生养、死葬、后祭;并且强调养要敬、葬要哀、祭要诚。在祭祀问题上,孔子主张只祭祀自己的亲人,因为不是自己的亲人就没有那份真诚的感情,所以他说:"非其鬼而祭之,谄也。"(《论语·为政》)

扬雄认为,祭祀前的斋戒最重要。斋戒是追忆父母、追念祖宗,是对亲情的追思。如果徒有祭祀的形式,而没有对亲人的那份真情,就跟豹、獭把许多猎物堆放在身边没有什么区别了。

13.4

或问:"子曰'死生尽礼'①,可谓能子乎?"曰:"石奋、石建②,父子之美也。无是父,无是子;无是子,无是父。"或曰:"必也两乎?"曰:"与尧无子、舜无父③,不如尧父舜子也。"

[注释]

①子曰"死生尽礼":鲁国大夫孟懿子向孔子问孝道,孔子回答他:"生,事之以礼;死,葬之以礼,祭之以礼。"(《论语·为政》)

②石奋、石建:石奋初事高祖刘邦,文帝时为太子太傅,景帝时为九卿。石奋有四个儿子,长子石建。父子五人"皆以驯行孝谨,官皆至二千石(公卿大夫)",故时人称石奋为"万石君"。石奋死时,石建已是古稀之年的老人了,哭泣哀思过度,一年多以后也死了。《史记》说"万石君家以孝谨闻乎郡国,虽齐、鲁诸儒质行,皆自以为不及也"。

③尧无子、舜无父:意为"尧没有好儿子,舜没有好父亲"。尧以儿子丹朱"顽凶"而不愿让他继位,见《史记·五帝本纪》。舜父事见前注。

[译文]

有人问:"依照孔子说的'无论父母生前还是死后,儿女都要按礼节尽到责任'去做,就可以算是会做儿女了吗?"扬子说:"石奋、石建,才是慈父和孝子的完美典型。没有石奋这样的父亲,就不会有石建弟兄这样的儿子;没有石建弟兄这样的儿子,也不会有石奋这样的父亲。"问者说:"一定要父子双方都非常完美吗?"扬子说:"与尧无好儿子、舜无好父亲相比,当然不如既有像尧那样的好父亲又有像舜那样的好儿子了。"

[按语]

向孔子问孝和怎样做儿女的，有各种职业和地位的人，孔子总是根据各人的具体情况作出具体的回答。如孟武伯问孝时，孔子的回答是"父母唯其疾之忧"（《论语·为政》）；子游问孝时，孔子的回答是"是谓能养"（同上）；子夏问孝时，孔子的回答是"色难"（同上）。所以"死生尽礼"并非孝道的唯一答案。

扬雄在强调尽孝不能计较父母恩情的厚薄的同时，更主张父慈子孝，尤其赞赏父子双方都能成为事业和道德上的楷模。所以他特别称举石氏"父子之美"。扬雄在孝道问题上所表现出来的这种人文主义精神，是很值得我们关注的。

13.5

"子有含菽缊絮而致滋美其亲①，将以求孝也，人曰伪。如之何？"曰："假儒衣、书②，服而读之，三月不归③，孰曰非儒也？"或曰："何以处伪④？"曰："有人则作、无人则辍之谓伪。观人者审其作、辍而已矣。不为名之名，其至矣乎！为名之名，其次也。"

[注释]

①含菽：谓"吃粗劣的食物"。含菽同"啜菽"，《礼记·檀弓下》："孔子曰：'啜菽饮水，尽其欢，斯之谓孝。'"菽，豆类总称。缊（yùn）絮：谓"穿破旧的衣服"。"缊"是乱麻、旧絮。

②假：借。

③归：归还。

④处：犹"辨别"。

[译文]

有人问:"有个做儿子的自己吃粗劣食物、穿破旧衣服,却把美味的食物、精美的衣服奉献给自己的父母,将以此求取孝顺的名声,但是别人说他是做样子给人看。应当怎样看待这件事呢?"扬子说:"如果有人借到儒生的衣服和书籍,穿在身上、阅读下去,坚持几个月之后,谁还能说他不是儒生呢?"问者又说:"凭什么辨别尽孝的人是不是做样子给人看?"扬子说:"有人看见时就做尽孝的事,没有人看见时就不做尽孝的事,这就叫做样子给人看。因此观察的人只要审查尽孝者是否有人就做、无人就止就行了。不是为了博取孝行的名声而赢得孝名,那是最高尚的了吧!为了博取孝行的名声而获得的孝名,那就要次一些了。"

[按语]

"孝"在汉代是最为重要、最受重视的道德观念之一。不仅朝廷选拔人才的科目中有"孝廉"一科,而且还推行各郡国地方官向朝廷"举孝廉"的选才制度。从汉初到东汉顺帝朝,都曾经开展过全国性的褒奖孝悌的活动,其杰出者由朝廷直接赐予爵位。受利益的驱动,也就难免会有人作伪了。

作为道德范畴的东西,"孝"主要表现为实际的行动,尽孝道者的动机是很难辨别、也是不必深究的。因此,扬雄除了对辨伪提出可操作性的标准之外,对"为名之名"并不否定,仅仅认为其境界稍次而已。

13.6

或问:"忠言嘉谟①?"曰:"言合稷、契谓之忠②,谟合皋陶谓之嘉。"或曰:"邵,如之何③?"曰:"亦勖之而已④。库⑤,则秦、仪、鞅、斯亦忠嘉矣。"

[注释]

①谟：同"谋"。

②稷：周族始祖，姓姬名弃，尧、舜时农官，故号"后稷"（"稷"为农官名）。事详《史记·周本纪》。契（xiè）：商族始祖，舜时助禹治水有功，被舜任为司徒，赐姓子氏。

③邵：通"劭"，高。《说文》："劭，高也。"

④勖（xù）：勉励。

⑤庳（bì）：低矮。

[译文]

有人问："什么是忠言和善谋？"扬子说："与稷、契的言论相合的可以称为忠言，与皋陶的谋划相合的可以称为善谋。"问者说："这样高的标准，怎么可能达到啊？"扬子说："也就是用来勉励自己而已。如果降低标准，那么苏秦、张仪、商鞅、李斯的言论和谋划，也可以称为忠言善谋了。"

[按语]

儒家的政治观点，最突出的特点就是"为天下人谋"。稷"为农师，天下得其利"，契"主司徒，敬敷五教，百姓亲和"，皋陶"为大理，平（洪潦），民各伏得其实"。三人都是为天下人谋福祉，所以都是"忠言嘉谟"。

在扬雄看来，以苏秦、张仪为代表的纵横家出于一己之私，摇唇鼓舌、播弄是非，搅得天下不得安宁。而以商鞅、韩非、李斯为代表的法家，纯粹为了维护统治者的利益，置天下百姓的生死和利益于不顾，为统治者制订各种各样的严刑酷法而残害百姓。所以他们的言论和谋略都不得谓之"忠言嘉谟"。

13.7

尧舜之道皇兮①，夏殷周之道将兮②，而以延其光兮。或曰："何谓也？"曰："尧舜以其让③，夏以其功④，殷周以其伐⑤。"

[注释]

①道：犹"治"，谓政治业绩。《广雅·释诂》："道，治也。"下句的"道"同此。皇：犹"美"，美好。《诗经·周颂·烈文》"继序其皇之"毛传："皇，美也。"

②夏殷周：谓三个朝代的开国之君，即夏禹、商汤、周武王。将：犹"大"，伟大。《诗经·豳风·破斧》"亦孔之将"毛传："将，大也。"

③让：禅让。谓尧禅让舜，舜禅让禹。

④功：谓禹治水之功。

⑤伐：谓商汤伐桀、周武伐纣。

[译文]

尧、舜的政绩真美好啊，禹、汤、周武的政绩真伟大啊，他们的思想光辉都得以长久延长啊。有人问："这是说的什么？"扬子说："尧、舜的美好在于让位给贤者，禹的伟大在于治水的功劳，汤、武的伟大在于讨伐无道。"

[按语]

尧、舜无私，禹耐劳，汤、武除暴，表现各异，但为天下人谋福祉的动机是一致的。这是儒家极力推崇三代圣王的根本原因。儒家政治观念的可贵之处，最主要的就是它的"民本思想"。时至今日，人们仍然推崇那些"为国家尽大忠，为民族尽大孝"的英雄，足见其影响之深远。

13.8

或曰:"食如蚍①,衣如华②,朱轮驷马③,金朱煌煌④,无已泰乎⑤?"曰:"由其德,舜、禹受天下不为泰;不由其德,五两之纶、半通之铜⑥,亦泰矣。"

[注释]

①蚍:同"蚁"。蚁有赤、白二种,赤蚁又分公蚁、后蚁、工蚁三类,其区分十分细密,故以喻食物之"精细"。

②华:犹"画",谓华丽。《礼记·檀弓》"华而睆"疏:"凡绘画,五色必有光华,故曰:华,画也。"

③朱轮:涂饰着红色的车轮。驷马:用四匹马驾车。

④金朱:"金"谓金印,"朱"谓红色绶带。按照汉朝官仪,乘坐驷马高车、佩金印绶带是公卿大夫或诸侯王的待遇。

⑤无已泰乎:犹"不亦泰乎",意为"不也太过分了吗"。"泰"犹"甚",《诗经·小雅·巧言》"昊天泰怃"毛传:"泰,甚也。"

⑥五两之纶:五股丝绳编织的绶带。这是秦汉最基层官吏的佩戴。"两"通"緉",丝线相交曰"绞",《说文》:"緉,绞也。""纶"谓青丝绶带,《集韵》:"纶,青丝绶也。"半通之铜:长方形的铜印。这是秦汉最基层官吏的印章。印章"一通"为正方形,取其半即为"半通"。

[译文]

有人说:"达官显贵们的饮食如蚂蚁分工似的精细,衣服如五彩绘画似的华美,乘着四马驾驶的红色车轮的轩车,身上的金质印章和红色绶带光彩夺目,不也太过分了吗?"扬子说:"如果是凭借自己的德行而拥有,像舜和禹那样接受整个天下也不为过分;如果不是凭借自己的德行而拥有，哪怕只是充当一个系五股青丝绶带、佩半方铜印的小吏，也太过分了。"

[按语]

在这里，扬雄其实表达了一个非常值得关注的思想：天下者，天下人的天下，唯有德者居之。笔者认为，扬雄这段话的锋芒所向，应该是针对当时的刘氏政权的。

13.9

天下通道五①，所以行之一，曰勉。

[注释]

①天下通道五：一说指"五常"，即仁、义、礼、智、信。如李轨注："五谓仁义礼智信也。"一说指"五伦"，即《礼记·中庸》所云："曰：君臣也，父子也，夫妇也，昆弟也，朋友之交也。五者，天下之达道也。"按：以"五常"说合乎扬雄原意。《法言》通篇议圣、议贤，无不关乎"德""智"，从未论及人伦。"五常"中除"智"之外，其余四者皆可归于"德"而与"智"相并列。

[译文]

天下通行的道德有五种，实现这些道德的方法只有一个，叫作"努力"。

[按语]

有论者指出，孔子的哲学不是思辨哲学，而是实践哲学，强调"笃行"。孔子对自己认可的很多道德原则，认为真正要实行起来才是最重要、也是最不容易的。《礼记·中庸》引孔子的话说："君子之道四，丘未能一焉。……有所不足，不敢不勉。"扬雄也是如此，所以他也提倡要努力去实践道德的要求。

13.10

或曰:"力有扛洪鼎、揭华旗①,智、德亦有之乎?"曰:"百人矣②。德谐顽嚚、让万国③,知情天地、形不测④。百人乎?"

[注释]

①扛洪鼎:举起大鼎。揭华旗:高举帅旗。"华"谓黄色,《礼记·玉藻》"大夫玄华"注:"华,黄色也。"黄为土地之色,《易经·坤卦》:"天玄而地黄。"古人以五色配五行五方,土居中,故以黄为中央正色。古代两军作战,中军主帅的帅旗即为黄色旗。

②百人矣:意为"力兼百人罢了"。

③谐顽嚚(yín):指舜能够跟愚顽的父亲和凶恶的后母和谐相处。《广雅·释诂》:"顽,愚也。"《左传·僖公二十四年》"口不道忠信之言为嚚"杜注:"嚚,恶也。"让万国:指舜能使尧禅让天下。"让"作使动。"万国"指各诸侯国,即天下。一说禅让天下给禹。

④知:同"智",智慧。情天地:了解天地实情。"情"用作动词。形不测:能发现事物奥秘。"形"犹"见",《礼记·乐记》"形于动静"注:"形,见也。""不测"谓"神秘",《易经·系辞上》:"阴阳不测之谓神。"

[译文]

有人说:"有人能双手举起大鼎,还能高擎军中的帅旗,在智慧和道德方面亦有这样杰出的人吗?"扬子说:"(举大鼎、擎帅旗,)不过具有百倍于常人的力量罢了。舜的美好道德使愚顽的父亲和凶恶的后母也能跟他和谐相处,使尧将天下也禅让给自己;其卓越智慧能够了解天地的实情,能够发现事物的奥妙。(这样的道德和智慧,)难道仅仅百倍于常人吗?"

[按语]

扬雄"尚德""尚智",并且认为人人都有可能成为"圣人"。在他看来,圣人异于常人的地方,主要是具有完美的道德和卓越的智慧。所举舜的例子,无非是为他"君子绝德,小人绝力"(《法言·渊骞》)的观点补充佐证而已。但他为什么要在全书的最后来重复这个话题?这是值得我们深思的。

13.11

或问:"君?"曰:"明光①。"问:"臣?"曰:"若禔②。""敢问何谓也?"曰:"君子在上,则明而光其下;在下,则顺而安其上。"

[注释]

①明光:明而且光。"明"谓明是非。"光"谓照临天下,犹言"鉴察臣下"。

②若禔(zhī):顺而安。《尚书·尧典》"钦若昊天"注:"若,顺也。"《玉篇》:"禔,安也。"

[译文]

有人问:"应当怎样做君王?"扬子说:"明而且光。"又问:"应当怎样做臣子呢?"扬子说:"顺而且安。"问者说:"请问什么意思?"扬子说:"君子居上位为君,应当明白是非鉴察自己的臣下;处下位为臣,应当恭顺旨意安定自己的君王。"

[按语]

本章的基本内容,可视为儒家"君君,臣臣"和"君信臣忠"伦理观念的翻版。值得注意的是,扬雄没有像其他封建时代的思想家那样相信"君权神授",不认为帝王是"龙子龙孙";他强调无论是君还是臣,都应当具有"君子"之德。在他看来，君和臣的关系既不是天定的，也不是绝对的。像舜和禹那样，道德完美、智慧卓越、功劳卓著的人，都是可以由臣而君的。封建时代的扬雄研究者，尤其是扬雄的崇拜者，都不敢承认这一点，反而竭力掩饰扬雄的这一观点。如李轨就在本章加按语说："明而光其下，尧所以为君也；顺而安其上，舜所以为臣也。王莽之事汉，则倾覆其上，篡位居摄则暴乱其下也。"其实，这根本不符合扬雄的本意。恰恰相反，西汉哀、平、孺子之世，亟待"君子"为君。在扬雄心目中，或许王莽正是这样的"君子"。

13.12

或曰："圣人事异乎①？"曰："圣人德之为事，异亚之②。故常修德者，本也；见异而修德者③，末也。本末不修而存者，未之有也。"

[注释]

①事异：谓"关注灾异"。古人认为地震、日食、山崩、雷击、冰雹等灾异现象是上天给予人君的警告，是因为人君失德造成的。

②亚之：谓"放在次要地位"。

③见：犹"现"，出现。

[译文]

有人说："圣人关注灾异现象吗？"扬子说："圣人最关注的是人君的道德，灾异仅在其次。所以经常修养道德的人君，是在关注为政的根本；出现灾异之后才修养道德的，只是在关注为政的枝节。既不关注根本又不关注枝节而能使社稷长存的，还没有过这样的事情。"

[按语]

人君"修德"就是确定正确的政治路线，选贤任能，广开言路，从谏如流；"事异"就是赈灾救灾，轻徭薄赋，关心民瘼。古往今来，莫不如此。不修德，国本不张；不事异，民心大失。故曰"本末不修而存者，未之有也"。

13.13

天地之得①，斯民也；斯民之得，一人也②；一人之得，心矣③。

[注释]

①得：行有所取，即行为的各种目的和效果。《说文》："得，行有所导也。"段注："见部曰：'寻，取也。'行而有所取，是曰得也。"

②一人：谓"人君"。

③心：谓"道德修养"。

[译文]

天地生养万物的目的，是在这些百姓身上；这些百姓能否安乐，责任就在人君身上；人君执政的好坏，取决于他的道德修养了。

[按语]

按儒家的政治理念，人君是代天安民。在封建专制制度下，国家的治乱，百姓的安乐，系于人君一人。因此儒家非常强调人君的道德修养。孔子说人君应当"修己以安百姓"（《论语·宪问》），孟子说"君子之守，修其身而天下平"（《孟子·尽心下》）。扬雄在《法言》中多次地申说了人君修养的重要性。

13.14

吾闻诸传①："老则戒之在得②。"年弥高而德弥邵者③，是孔子之徒与？

[注释]

①传：指《论语》。西汉"五经"不包括《论语》，故称"传"。

②老则戒之在得：见于《论语·季氏》："及其老也，血气既衰，戒之在得。""得"谓不求上进。

③邵：美。

[译文]

我从《论语》上听说："年老以后就要警惕不求上进。"年纪愈大而道德愈完美的，这才是孔子的信徒吧？

[按语]

这段话是扬雄用以自勉、也用以告诫世人的。写作《法言》时，扬雄已经快60岁了，60岁在古代属于"年老"。此时的扬雄受丧子之痛的折磨，更兼贫病交加，苦于来日无多，故用圣人之言自我勉励。李轨认为这是"扬子寄微言而叹慨"王莽"少则得师力行，老则诈伪篡夺"，显系附会，绝非扬雄本意。

13.15

或问："德有始而无终，与有终而无始也，孰宁①？"曰："宁先病而后瘳乎②？宁先瘳而后病乎？"

[注释]

①孰宁：《法言音义》说"天复本作'孰愈'"，今从之。"孰愈"谓"哪一个好"。

②瘳（chōu）：病愈。

[译文]

有人问："履行道德，有始而无终与有终而无始，哪一个好呢？"扬子说:"你是宁愿先生病然后治愈呢?还是宁愿治愈后又生病呢?"

[按语]

问话是一个二难选择,故扬雄以"病""瘳"为喻作答。扬雄的意思是,践行儒家道德是伴随人们终生的事情。即如《礼记·中庸》所说:"道也者,不可须臾离也。可离,非道也。"

13.16

或问:"大?"曰:"小。"问:"远?"曰:"迩①。"未达②。曰:"天下为大,治之在道,不亦小乎?四海为远,治之在心,不亦迩乎?"

[注释]

①迩:近。

②达:谓"理解"。

[译文]

有人问:"什么是大?"扬子说:"小。"又问:"什么是远?"扬子说:"近。"问者不能理解。扬子说:"天下是够大的了,要使它太平安乐就在于坚持圣人之道,事情不就小了吗?四海是够远的了,要使它安定和睦就在于要用心思考,问题不就近了吗?"

[按语]

扬雄的意思是说,天下治乱的责任系于人君一身,治国的事务虽然繁重,但只要能够坚持圣人之道,事情就变得简单多了。"四海"是指国家周边的邻邦,要处理好与这些邻邦的关系,就得善于用心思考,问题就变得切近多了。这里包含着朴素的辩证思维。

13.17

或问:"俊哲洪秀①?"曰:"知哲圣人之谓俊②,秀颖德行之谓洪③。君子动则拟诸事④,事则拟诸礼。"

[注释]

①俊哲洪秀:可能这是当时用于褒赞别人才德卓异的话。

②知:同"智",智慧。哲:深知,犹言"深刻理解"。俊:才干杰出。《说文》:"俊,材千人也。"《尚书·皋陶谟》"俊乂在官"马融注:"才德过千人曰俊。"

③秀颖:美好出众,犹言"出类拔萃"。《广雅·释言》:"秀,茂也。"茂犹美也。《正字通》:"士才拔类者曰颖。"洪:大也。李轨注:"禾秀颖则实结,人崇道则德闻洪大。"

④拟:揣度,犹言"掂量"。《说文》:"拟,度也。"段注:"今所谓揣度也。"

[译文]

有人问:"什么是俊哲洪秀?"扬子说:"具有深知圣人之道的智慧就叫作'俊哲',具有出类拔萃的德行就叫作'洪秀'。君子做什么事情都会掂量是否该做,做起事来则要掂量是否合乎礼的规范。"

[按语]

扬雄坚持"才德兼备"的人才标准。他认为,所谓"俊才",应该表现为超人的智慧,而超人的智慧,应当表现为对圣人之道的深刻理解;所谓"洪德",应该表现为卓异的道德,而卓异的道德,应当表现为一举一动都要合乎礼的规范。

扬雄的人才标准,是他"知行统一"观念的反映。"才"是理论水平,"德"

是实践成果；前者是"知"，后者是"行"。知与行相比较，扬雄更关注行。所以他指出，君子对自己的每一步行动都要认真揣量，揣量自己所做的事是否合乎礼的规范。

13.18

或问："群言之长①？群行之宗②？"曰："群言之长，德言也；群行之宗，德行也。"

[注释]

①长（zhǎng）：犹"首"，谓"最优美"。

②宗：犹"根"，谓"最根本"。

[译文]

有人问："各种言论中最优美的是什么？各种行为中最根本的是什么？"扬子说："各种言论中最优美的，是合乎道德的言论；各种行为中最根本的，是合乎道德的行为。"

[按语]

强调言、行都要合乎道德。其所谓"德"，就是儒家的"礼"。

13.19

或问："泰和①？"曰："其在唐、虞、成、周乎②？观《书》及《诗》，温温乎其和可知也③。周康之时④，颂声作乎下，《关雎》作乎上⑤，习治也。齐桓之时⑥，缊而《春秋》美邵陵⑦，习乱也。故习治则伤始乱也⑧，习乱则好始治也。"

[注释]

①泰和：最和谐，是说"人的喜怒哀乐最合乎常理"。只有在最和谐

的社会环境中，人们才能自由地表达自己的思想感情。儒家憧憬"中和"的社会环境，《礼记·中庸》："喜怒哀乐之未发，谓之中；发而皆中节，谓之和。"所谓"发而皆中节"，是说人的喜怒哀乐感情的表达都能合乎常理；换言之，赞美和讽刺都能说到问题的要害处。暴政则"钳民之口"。

②成、周："成"谓成汤；"周"谓周公。

③温温乎：温情脉脉的样子，是说"没有过激的言辞"。

④周康之时：西周康王时代。儒家宣扬，由于周公辅佐成王，遂有"成康之治"。

⑤《关雎》：《关雎》是《诗经》的开篇之作。毛传云："风之始也。所以风（讽）天下而正夫妇也。"有人认为，《关雎》的缘起，是因为周天子贪恋女色而误了早朝，故有大臣作诗以讽。

⑥齐桓之时：齐桓公在位的时代（前685~前643）。

⑦缊：碎麻，故以喻"乱"。邵陵：亦作"召陵"，地在今河南省郾城一带。公元前656年春天，齐桓公率诸侯之师伐楚，楚采用外交手段抵御齐师，最后两国罢战，在召陵订立盟约。

⑧习治：习惯于治世，是说"看惯了太平的世道"。伤：谓"惧怕"。始乱：祸乱之始，犹言"祸乱的端倪"。下文"始治"结构同此。

[译文]

有人问："什么时期社会最和谐？"扬子说："大概是唐尧、虞舜、成汤、周公执政的时期吧？观看《尚书》和《诗经》，从那些温情脉脉的言辞上大概就能了解到它们社会的和谐。周康王时期，民间一片歌颂盛世的声音，朝廷上却有人写作《关雎》批评君王的过失，这是因为人们看惯了君王执政的英明（而容不得他有半点过失）。齐桓公时期，因为天下大乱，所以《春秋》对'邵陵之盟'也予以赞美，这是因为人们看惯了战乱不息（而珍惜和平环境）。所以人们过惯了太平的日子就会惧怕祸乱的政治苗头，过惯了战乱的生活就会珍惜安定的政治机会。"

[按语]

扬雄认为，社会的治、乱，都会反映在文化典籍上；只有在最和谐的社会条件下，人们才可能最真实地反映自己喜怒哀乐的感情。

最值得注意的，是扬雄给我们透露了自己内心深处的一个秘密：文化典籍上被批评的人或事，未必是坏人坏事，被肯定的人或事，未必是真正的好人好事，因为作者要受到"习治"或"习乱"的影响。他憧憬"泰和"，盼望能有一个言论自由的社会环境，因为他生活在一个"言奇者见疑，行殊者得辟（罪），是以欲谈者宛舌而固声，欲行者拟足而投迹"（《解嘲》）的乱世。

13.20

汉德，其可谓允怀矣①！黄支之南、大夏之西、东鞮、北女②，来贡其珍。汉德其可谓允怀矣。世鲜焉！荒荒圣德③，远人咸慕，上也；武义璜璜④，兵征四方，次也；宗夷猾夏⑤，蠢迪王人⑥，屈国丧师，无次也。麟之仪仪⑦，凤之师师⑧，其至矣乎！螭虎桓桓⑨，鹰隼猇猇⑩，未至也。

[注释]

①允怀：确实令人亲爱，意为"使人愿意归附"。"允"，诚也。《论语·公冶长》"少者怀之"注："怀，亲爱之也。"

②黄支：古国名，一般认为其地在今印度泰米尔纳德邦境内。大夏：古国名，其地在今阿富汗东北部。东鞮（dī）：亦作"东鳀"，古国名，其地在今东南沿海一带。北女：汪荣宝《法言义疏》疑为"北夷"之误。

③荒荒：通"皇皇"，美盛貌。

④璜璜：犹言"堂皇"，即所谓"师出有名"。《白虎通·瑞贽》："璜之为言，光也。阳光所及，莫不动也。"又："璜者，横也。质尊之命也。"

⑤宗夷：犹"众夷"。《易·同人》"同人于宗"荀注："宗者，众也。"猾夏：扰乱中原。《广雅·释诂》："猾，扰也。"

⑥蠢迪：犹言"惊扰"。"蠢""迪"皆"动"义，大动之，故犹"惊扰"。《说文》："蠢，虫动貌。"《尔雅·释诂》："迪，作也。"郝疏："动、作义同。"王人：即"王民"，君王和臣民。

⑦麟之仪仪：麒麟一样的仁者姿态。"麒麟"是古代传说中的仁兽名。"仪仪"谓容态，《广雅·释训》："仪仪，容也。"

⑧凤之师师：凤凰一样的王者风范。"凤凰"是传说中的神鸟名，并且被认为是百鸟之王。"师师"谓学习的对象，犹言"榜样"。《尚书·皋陶谟》"百僚师师"注："师师，相师法也。"

⑨螭（chī）虎：犹言"猛虎"。"螭"似龙而黄（见《说文》），又用以指猛兽。此处取其"猛"义。桓桓：威武貌。

⑩鹰隼（sǔn）：犹言"猛鸟"。鹰隼都是所谓"鸷鸟"（见《说文》）；隼似鹰而小，但捕食猎物"每发必中"（见《埤雅》）。䎒（zhǎn）䎒：猛禽迅飞突袭猎物的状貌。

[译文]

大汉的德政，可以说确实能使远人归附了！黄支国以南、大夏国以西，以及东鞮和北女等远国，都来向汉朝进贡他们的珍宝。可以说汉朝的德政确实能使远国归附了。这样的盛世是少有的。

朝廷凭借伟大而美好的圣德，使远国之民都能仰慕，这才是治国的上策；而凭借武力以堂堂皇皇的名义，出兵征讨四方，这只能算是治国的下策；让八方蛮夷侵扰华夏，惊扰天子和臣民，使国家蒙受屈辱、军队遭到毁灭，那就是大大的失策了。

朝廷能够以麒麟一样的仁君姿态、凤凰一样的王者风范屹立于华夏，不就实现了治国的最高理想吗？如果只是拥有像猛虎一样威武、像鹰隼一般善战的武力，就还没有实现治国的最高理想。

[按语]

扬雄名义上颂扬"汉德"，实际上是在歌颂王莽的对外政策。王莽自从在哀帝朝执掌朝政以来，就对四方"远人"采取了一系列怀柔政策，"厚遗其王"是其手段之一。到平帝朝，黄支、越裳氏等国先后献给汉朝白雉、黑雉、犀牛等珍禽异兽。此时的匈奴和西域诸国，俨然藩臣，对汉朝廷俯首帖耳，言听计从。因此被扬雄认为是少有的政治局面。

扬雄为什么说使"远人咸慕"才是朝廷治国的上策？这里主要有两个方面的原因。其一，"远人咸慕"符合孔子"远人不服，则修文德以来之"的王道政治思想。其二，"远人咸慕"即"四表之欢心"，得"四表之欢心"是人君尽孝的最高境界，扬雄在《孝至·序》中说："孝莫大于宁亲，宁亲莫大于宁神，宁神莫大于四表之欢心。"

13.21

或曰："讻讻北夷①，被我纯缋②，带我金犀③，珍膳宁饷④。不亦享乎⑤？"曰："昔在高、文、武，实为兵主⑥。今稽首来臣⑦，称为北蕃⑧，是为宗庙之神、社稷之灵也⑨。可不享？"

[注释]

①讻讻：犹言"喧喧嚷嚷"。《广韵》："讻，众语也。"北夷：指匈奴。

②被：同"披"。纯缋（huì）：彩绘的丝织衣物。《说文》："纯，丝也。"

《汉书·东方朔传》"狗马被缋罽"注:"缋,五彩也。"

③金犀:戈矛与甲胄。"金"指金属,代指戈矛等进攻性武器。"犀"指犀牛,犀革可制甲胄等防御性武器。

④宁馓:即"醍醐"(精纯的牛奶)。见汤炳正先生《法言汪注补正》。

⑤享:俞樾认为"享"是"厚"字之误(见《诸子平议》卷三十五)。《太平御览》卷八四九亦引作"厚"。今从之。

⑥高、文、武:汉高祖、汉文帝、汉武帝。兵主:主要的战争对手。

⑦稽首:一种头至地的跪拜礼。《尚书·舜典》"禹拜稽首"孔疏:"稽首为敬之极,故为首至地。"

⑧北蕃:即"北藩",北方的屏障。

⑨是为宗庙之神、社稷之灵:意思是说,能使匈奴归附成为汉朝北方的屏障,这就是宗庙社稷神灵的保佑。因为在高、文、武三朝,为了抗击匈奴的入侵和骚扰,用于战争的开支巨大且伤亡惨重;如今"厚遗其王"以德化使匈奴臣服,朝廷的花费远不及用于战争的巨大。

[译文]

有人说:"喧喧嚷嚷的匈奴,身上披着我汉朝赐予的彩绘丝织衣物,手上拿着我汉朝赐予的戈矛和犀甲,嘴上吃着美味喝着醍醐。我汉朝给予他们的不也太丰厚了吗?"扬子说:"从前在高祖、文帝、武帝时代,匈奴实在是我们主要的战争对手。现在他们前来跪拜称臣,自称为汉朝北方的屏障,这是汉朝宗庙社稷的神灵也期望的结果。怎么可以不给匈奴丰厚的待遇呢?"

[按语]

出于对国家长治久安、百姓安居乐业的利益考虑,在民族关系问题上,扬雄始终坚持反对战争、拥护团结的基本立场。在扬雄看来,对待包括匈奴在内的"远人",除了施以德化之外,给予他们优厚的经济待遇也是必要的。

13.22

龙堆以西①,大漠以北②,鸟夷兽夷③,郡劳王师④,汉家不为也。朱崖之绝⑤,捐之之力也⑥。否则,介鳞易我衣裳⑦。

[注释]

①龙堆:即"白龙堆",沙漠名,在新疆以东、天山南路。

②大漠:或称"瀚海",指蒙古高原的大沙漠。

③鸟夷:即"岛夷",指东部沿海一带的居民,下文"朱崖"之民即属岛夷。《尚书·禹贡》"阳鸟攸居"曾运乾注:"鸟当读为岛。'岛夷皮服''岛夷卉服',古今文本皆作'鸟'。"扬雄《解嘲》"勃解之鸟"颜师古注:"鸟字或作岛。岛,海中山也。"兽夷:指今东北地区的居民。该地居民以狩猎为生,故称"兽夷"。亦称"夷貊"。

④郡:谓"屡次""多次"。王念孙说:"郡者,仍也。仍,重也,数也。"(《读书杂志》十六《余编》)

⑤朱崖之绝:谓朝廷放弃对朱崖的讨伐。"朱崖"亦作"珠崖",今作"琼崖",即海南岛。汉武帝以来,朱崖之民屡叛朝廷,朝廷也多次发兵征讨,均耗资巨大而收效甚微。汉元帝初元二年,朱崖又叛,元帝召问群臣对策,贾捐之上《谏伐朱崖疏》,被元帝采纳。"绝"谓"放弃讨伐"。

⑥捐之:贾捐之,贾谊曾孙,时待诏金马门。

⑦介鳞:即"甲鳞",犹言"鱼鳖",指以捕捞鱼鳖为生的"岛夷"之民。衣裳:上衣下裳,即上身穿衣服、下体系围裙。这是中原夏族的服饰,

借以指代中原居民。

[译文]

为了对付龙堆以西、大漠以北和东南沿海、东北地区这些远方的异族，频繁地动用朝廷军队，这是大汉朝廷不应当干的事情。从前朝廷放弃讨伐朱崖，是贾捐之努力的结果。否则，朱崖的岛夷一定会用他们的生命换取我中原百姓的生命。

[按语]

从汉武帝开始，汉朝发动了多次开疆拓土的战争。这些战争对中国多民族国家的形成具有非常重要的作用；但是，战争给各族人民造成的灾难和损失也是非常巨大的，有时甚至危及汉族中央政权。其中"朱崖"岛夷对汉朝军队的反抗尤为激烈，以致汉元帝不得不接受贾捐之的建议，不仅停止了讨伐"朱崖"的军事行动，而且废弃了"朱崖郡"的行政建制。

在开疆拓土问题上，扬雄始终坚持儒家"德化"的扩张原则，反对血腥的战争，更反对统治者不顾百姓死活的穷兵黩武。因此他告诫当权者谨防"介鳞易我衣裳"。

13.23

君人者，务在殷民阜财①，明道信义②，致帝者之用，成天地之化③，使粒食之民粲也、晏也④。享于鬼神，不亦飨乎？⑤

[注释]

①殷：富。阜：多。殷、阜均使动用法。

②信：同"伸"，伸张。

③天地之化：谓"天地化育人类和万物的功能"。

④粒食之民：犹"粟食之民"，指以五谷为食物的中原百姓，以区别

于以渔猎为生的"岛夷兽夷"。粢:犹"明",谓"明礼义"。晏:犹"安",谓"生活安宁"。

⑤享于鬼神,不亦飨乎:意为"人君将上述政绩献给鬼神,不正是鬼神最希望得到的吗"。《诗经》毛传:"祭神曰享,神食其所享曰飨。"

[译文]

作为统治百姓的帝王,其主要责任在于:使百姓富裕、财物充足,彰明道德、伸张正义,发挥帝王治理国家的作用,成全天地化育生灵的功德,使中原百姓明晓礼义、生活安宁。帝王能以这样的政绩献给宗庙中的鬼神,不正是鬼神最愿意接受的吗?

[按语]

本章明确地表达了扬雄的治国理念。扬雄将"殷民阜财"作为帝王的首要责任,其次是"明道信义"。因为生存是第一位的,所谓"衣食足而礼义兴"。所谓"成天地之化",即所谓"天地有好生之德",实质是"戒杀",就是不要轻易发动战争,因为这既是富民安民的根本保证,也是儒家王道理想的具体体现。扬雄还特别提醒帝王,这样的政绩才是对祖宗最好的祭祀,才是真正的"宁神",才是最大的孝心。

13.24

天道劳功①。或问:"劳功?"曰:"日一日劳②,考载曰功③。"或曰:"君逸臣劳,何天之劳?"曰:"于事则逸,于道则劳。④"

[注释]

①劳功:意为"运动不已而有所成就"。《国语·越语》"劳而不矜其功"注:"劳,动而不已也。"

②日一日劳:据汪荣宝《法言义疏》,当作"日一曰劳"。"日一"谓

太阳每一天的运动。古人凭直觉，误以为太阳在绕地运行。实际上，一个"太阳年"，就是地球围绕太阳公转的一个周期，这个周期大约365天。

③考载：谓"成岁"，即太阳运动满一年。"考"犹"成"，《诗经·卫风·考槃》"考槃在涧"毛传："考，成也。""载"犹"年"、犹"岁"，《尔雅·释天》："夏曰岁，商曰祀，周曰年，唐虞曰载。"功：谓"以劳成岁"。太阳运行一周天，完成春夏秋冬四季交替，也完成了天地化育万物的功能，故曰"功"。《说文》："功，以劳定国也。"用于"天"，则"以劳成岁"曰"功"。

④于事则逸，于道则劳：意为"从任职治事上说，天什么也没有做；从化育功能上说，天勤劳不止"。司马光说："天则无为自然而万物生成，君则垂衣端拱而百姓乂安，是其事逸也。天则阴阳往来，生生日新；君则求贤访道，一日万几，是其道劳也。"（司马光《法言集注》）

[译文]

天的大道是运动不止而获得成功。有人问："什么是运动不止而获得成功？"扬子说："太阳每天都在运动，这就叫作'劳'；运动一周天而成四季，这就叫作'功'。"又问："人世间人君无为而人臣辛劳，（天犹如人君，）为什么还会辛劳？"扬子说："从任职治事上说，天什么也没有做；但从化育万物的规律上说，天就辛劳不止了。"

[按语]

"劳功"是扬雄提供给人君的治国原则。"劳"是"劳于道"，即在行政纲领、选贤任能这些大事上要深思熟虑，不可懈怠；"功"是"求实效"，这个实效就是上一章所说的"殷民阜财"等治国理念。以"天道"喻君道，其寓意深刻。一是强调"劳功"是人君的天职，是不可推卸的责任；二是说明"劳功"非刻意的行为，只需顺乎自然、合乎天理人情，于无为处得之。

13.25

周公以来，未有汉公之懿也①，勤劳则过于阿衡②。汉兴二百一十载而中天③，其庶矣乎④！辟雍以本之⑤，校学以教之⑥，礼乐以容之⑦，舆服以表之⑧，复其井、刑⑨，勉人役⑩，唐矣夫⑪！

[注释]

①汉公：安汉公王莽。王莽于汉平帝元始元年受封安汉公。懿：美好。

②阿衡：上古官名，商汤王的得力辅臣伊尹曾任此职，故以"阿衡"代伊尹。

③汉兴二百一十载：刘邦于公元前206年称帝，"汉兴二百一十载"则是汉平帝元始四年，即公元4年。中天：犹"如日中天"，谓汉朝强盛达于极点。

④庶：犹"幸"，谓天下人之幸事。《诗经·桧风·素冠》"庶见素冠"毛传："庶，幸也。"

⑤辟雍：周王朝为贵族子弟设立的大学。《礼记·王制》："大学在郊，天子曰辟雍，诸侯曰宫。"本之：谓"培养人才的根本"。

⑥校学：犹"学校"。按汉朝制度，郡国的学校曰"学"，县、道、邑、侯国的学校曰"校"。教之：谓"推行儒家的教化"。

⑦容：修饰，犹言"提高道德修养"。

⑧舆服：车驾与服饰。表之：谓"区别尊卑等级"。

⑨井：井田制度。刑：肉刑。《法言·先知》："井田之田，田也；肉刑之刑，刑也。"

⑩勉人役：谓"鼓励百姓从事农业生产"。"役"犹"从事""经营"，《左传·成公二年》"以役王命"注："役，事也。"《国语·郑语》"正七体以役心"

注："役，营也。"又王莽于始建国元年下诏说："减轻田租，三十而税一，常有更赋……其男口不盈八而田过一井者，分余田予九族、邻里、乡党。"即所谓"勉人役"也。

⑪唐：大，谓"伟大"。《说文》："唐，大言也。"

[译文]

周公以来的首辅大臣，还没有像安汉公这样道德美好、功勋卓著的，他辅政的勤劳甚至超过了商汤王的贤臣伊尹。汉朝建立二百一十年后的今天，其富强之势如日中天，这大概是国家的大幸吧！朝廷将辟雍作为培养栋梁人才的基地，把各地的学校作为推行教化的场所，用礼乐提高人们的道德修养，用车驾和服饰明确人们的尊卑，恢复井田制和肉刑，鼓励人们从事农耕，真是伟大得很啊！

[按语]

"贬雄派"将这段话作为扬雄"媚事王莽"的铁证。"尊雄派"则竭力为扬雄开脱，如李轨注云："或以此为媚莽之言，或以为言逊之谓也。吾乃以为，箴规之深切者也。"所谓"箴规之深切者"，犹言"是规谏王莽应该做的事情"。有人则以为，扬雄是反话正说，明颂王莽，实思汉德，如吴秘说："子云……是睹民思汉德，必有中兴之义，且明德之不可已也如是。"（转引自郭君铭《扬雄〈法言〉思想研究》第171页）

笔者认为，扬雄这段话，既非讨好王莽的谀辞，也非对王莽所寄予的厚望，更不是反话正说，而是扬雄发自内心的赞誉之词。至于扬雄为什么会对王莽有如此评价，请详篇首"绪论"的相关内容。

参考资料：

一、专注

［一］班固：《汉书》，范晔：《后汉书》，中华书局 2002 年 11 月版。

［二］周啸天、尤其：《史记全本导读辞典》，四川辞书出版社 1997 年 5 月版。

［三］司马光：《资治通鉴》，中华书局 1956 年 6 月版。

［四］吕思勉：《秦汉史》，上海古籍出版社 1983 年 2 月版。

［五］蔡东藩：《前汉通俗演义》（下）、《后汉通俗演义》（上），浙江人民出版社 1980 年 4 月版。

［六］李泽厚：《中国思想史论》，安徽文艺出版社 1999 年 1 月版。

［七］徐复观：《两汉思想史》，华东师范大学出版社 2001 年 12 月版。

［八］韦政通：《中国思想史》，上海书店 2003 年 12 月版。

［九］冯友兰：《中国哲学史》，华东师范大学出版社 2000 年 11 月版。

［一〇］余敦康：《中国哲学论集》，辽宁大学出版社 1998 年 3 月版。

［一一］黄开国等：《巴蜀哲学史稿》，四川人民出版社 2001 年 8 月版。

［一二］黄开国：《国学与巴蜀哲学》，巴蜀书社 2008 年 5 月版。

［一三］冯广宏：《天府哲学面面观》，巴蜀书社 2006 年 9 月版。

［一四］孙筱：《两汉经学与社会》，中国社会科学出版社 2002 年 10 月版。

［一五］刘厚琴：《儒学与汉代社会》，齐鲁书社 2002 年 1 月版。

［一六］钟肇鹏：《谶纬论略》，辽宁教育出版社 1991 年 11 月版。

［一七］苏志宏：《秦汉礼乐教化论》，四川人民出版社 1991 年 5 月版。

［一八］中国孔子基金会：《孔孟荀之比较》，社会科学文献出版社1994年9月版。

［一九］扬雄：《扬子法言》，《诸子集成》本（七），中华书局1986年5月版。

［二〇］汪荣宝：《法言义疏》，中华书局1987年3月版。

［二一］郑万耕：《太玄校释》，北京师范大学出版社1989年版。

［二二］韩敬：《法言全译》，巴蜀书社1999年9月版。

［二三］李守奎、洪玉琴：《扬子法言译注》，黑龙江人民出版社2003年1月版。

［二四］郭君铭：《扬雄〈法言〉思想研究》，巴蜀书社2006年12月版。

［二五］王青：《扬雄评传》，南京大学出版社2000年12月版。

［二六］蓝秀隆：《扬子法言研究》，文津出版社1989年版。

［二七］黄开国：《扬雄思想初探》，巴蜀书社1989年11月版。

［二八］郑万耕：《扬雄及其太玄》，台湾蓝灯文化事业股份有限公司1992年9月版。

［二九］俞樾：《诸子平议》，上海书店1988年5月版。

［三〇］李泽厚：《论语今读》，安徽文艺出版社1998年10月版。

二、论文

［一］白寿彝：《跋扬雄法言卷十、卷十一》，《北京师范大学学报》1963年第3期。

［二］郑万耕：《扬雄的史学思想》，《史学史研究》1998年第2期。

［三］韩敬：《扬雄及其法言》，《社会科学研究》1982年第4期。

［四］杨海文：《扬雄法言的文化守成主义》，《学术研究》1997年

第 9 期。

［五］黄开国：《扬雄法言的人论及其意义》，《江西社会科学》1989年第 4 期。

［六］郑万耕：《扬雄身心观述评》，《河北师范大学学报》（哲社版）2004 年第 3 期。

［七］许结：《扬雄与两汉思想》，《中国哲学史研究》1988 年第 4 期。

［八］于迎春：《以"通儒""通人"为体现的汉代经术新变》，《中州学刊》1996 年第 4 期。

［九］黄开国：《扬雄的诸子学和儒学批判论》，《重庆社会科学》1988年第 2 期。

［一〇］韩敬：《论太玄的哲学体系》，《中国哲学史研究》1982 年第 1 期。

［一一］黄开国：《论扬雄哲学的玄范畴》，《社会科学研究》1990 年第 1 期。

［一二］石晓宁：《试谈法言的思想倾向》，《沈阳师院学报》1997 年第 1 期。

［一三］李英华：《"第二部论语"——法言述评》，《孔子研究》1997年第 2 期。

［一四］卫仲璠：《〈扬子法言会笺〉前言》，《安徽师大学报》（哲社版）1989 年第 3 期。

［一五］许结：《论扬雄融合儒道对其文论的影响》，《学术月刊》1986年第 4 期。

［一六］陈朝辉：《扬雄思想浅析》，《成都师专学报》2002 年第 1 期。

［一七］郭君铭、彭澜：《〈方言〉的创作与扬雄的民族思想》，《中华

文化论坛》2004年第3期。

［一八］江水中的齐天大圣：《扬雄与太玄》，网络论文2004年6月3日22时30分发布。

［一九］王青：《扬雄的政治倾向与经学师承》，《天下论文网》2007年11月25日14时27分发布。

［二〇］问永宁：《从〈太玄〉看扬雄的人性论思想》，《天下论文网》2007年11月25日12时59分发布。

［二一］谭继和：《"西道孔子"扬雄的大一统观与儒风在巴蜀的流布》，《中华文化论坛》2001年第1期。

［二二］沈伯俊：《在矛盾中追求超越的扬雄》，《巴蜀文化研究通讯》2003年第4期。

［二三］束景南：《〈法言〉仿〈齐论语〉辨》，《古籍整理研究学刊》1993年第3期。

［二四］张兵：《儒主道辅，本道兼儒——论扬雄〈法言〉的思想特征》，《管子学刊》2005年第1期。

［二五］问永宁：《试论扬雄的姓》，《唐都学刊》2007年第3期。

［二六］周金华：《扬雄附莽辨》，《上饶师专学报》1988年第6期。

［二七］许结：《"剧秦美新"非谀文辨》，《学术月刊》1985年第6期。

［二八］杨世明：《扬雄身后褒贬评论考议》，《四川师院学报》2001年第3期。

［二九］姜书阁：《扬雄、桓谭、王充间的思想承传关系》，《湘潭大学学报》1994年第3期。

［三〇］孟繁冶：《刘向、刘歆、扬雄之比较》，《许昌师专学报》1991年第3期。

后　记

本书初版时名为《〈扬子法言〉今读》（以下简称《今读》），由巴蜀书社于 2010 年 3 月出版。《今读》出版后，曾在国内外学术界产生了一定的影响。巴蜀地方文化学首席专家、四川省历史学会会长、四川省社科院研究员谭继和先生，对《今读》给予充分肯定，并撰写《读懂扬雄与〈扬子法言〉的现代阐释》一文（载《西华大学学报》哲社版 2012 年第 3 期）。日本著名汉学家、小樽商科大学教授嘉濑达男先生，在其《〈法言〉的分章分篇与编撰特色》（载《扬子学刊》第三辑）一文中，将《今读》的分章与近人汪荣宝《法言义疏》进行比较，得出"《义疏》与《今读》共有 38 处不同"的结论。

2018 年，为了纪念扬雄逝世 2000 周年，四川省扬雄研究会决定出版"扬雄研究系列丛书"，《今读》入选，并由巴蜀书社与作者续签图书出版合同。

2019 年，四川省扬雄研究会会长、西华大学图书馆馆长潘殊闲教授赐告作者：获悉中州古籍出版社拟编辑出版"家藏文库丛书"，他已推荐将《今读》列入该丛书出版计划。不久即收到中州古籍出版社副总编卢欣欣女士的约稿电话。卢副总编告诉作者：收入丛书后，书名不再叫《今读》，就按原著叫《法言》；为方便现代读者阅读，将原版所用的繁体字一律改为简体字。作者告诉卢副总编：为了让读者更全面、更深入地认识和理解扬雄,决定将《今读》出版以后十年来自己新的研究成果增加到绪论《读懂扬雄》之中。于是双方达成一致意见。作者又征得谭继和先生同意,将他《读懂扬雄与〈扬子法言〉的现代阐释》一文,移作本书修订再版的序言。

中州古籍出版社经与巴蜀书社协商,获得该书授权。

本书的修订再版,得益于多方鼎力玉成。值此再版重刊之际,愿借书末一纸,向提供帮助的各方表达衷心的感谢。

纪国泰

2021年8月8日写于成都